ŒUVRES
COMPLÈTES
DE
J. J. ROUSSEAU

AVEC LES NOTES DE TOUS LES COMMENTATEURS;

NOUVELLE ÉDITION
ORNÉE DE QUARANTE-DEUX VIGNETTES,
GRAVÉES PAR NOS PLUS HABILES ARTISTES,

D'APRÈS LES DESSINS DE DEVÉRIA.

NOUVELLE HÉLOISE.
TOME I.

A PARIS,
CHEZ DALIBON, LIBRAIRE
DE S. A. R. MONSEIGNEUR LE DUC DE NEMOURS,
RUE SAINT-ANDRÉ-DES-ARCS, N.. 41.

M DCCC XXVI.

ŒUVRES

COMPLÈTES

DE

J. J. ROUSSEAU.

TOME VIII.

PARIS. — IMPRIMERIE DE G. DOYEN,
RUE SAINT JACQUES, N. 38.

AVANT-PROPOS.

Le Sage a fait pour le roman ce que Corneille et Molière avoient fait pour la comédie. A des fictions interminables, où tout étoit merveilleux et sublime, excepté les pensées et le style, il substitua la peinture énergique et vraie de l'homme et de la société. L'abbé Prevost s'ouvrit une route différente : ses romans sont à ceux de Le Sage ce que le drame est à la comédie. Bien moins heureux toutefois dans la peinture des passions et des mouvements de l'ame que ne l'étoit l'auteur de Gil-Blas dans la peinture des ridicules, des vices et des travers de l'esprit, il prodigua trop souvent les aventures extraordinaires : mais il sut du moins placer, à l'imitation des grands maîtres de notre scène tragique, le principal ressort de l'action dans le cœur de ses personnages. Devenu modèle aussi bien que Le Sage, il forma plus d'imitateurs; et, ce que ne fit point Le Sage, il apprit à ses disciples comment on pouvoit le surpasser. Ainsi, par des innovations heureuses s'annonçoient les progrès d'un genre de littérature que les Scudéry et les La Calprenède sembloient avoir condamnés à l'ennui et au ridicule. Mais des exemples dangereux, et faits pour égarer le goût par les succès mêmes du talent, ne tardèrent pas à présager les vices qui devoient long-temps corrompre quelques-unes de ses parties. Dans ce même genre d'ouvrages où Le Sage avoit mis tant de naturel, se glissèrent, sous la plume de Marivaux, la métaphysique de sentiment, le néologisme, et l'afféterie de style, défauts d'autant plus contagieux dans l'auteur du roman de

Marianne, que, doué d'une finesse particulière d'esprit et de raison, il possédoit à un degré très-rare l'art délicat de graduer le sentiment, de saisir les nuances fugitives des mœurs et des caractères, et qu'enfin, malgré ces défauts trop faciles à confondre avec les qualités aimables de sa manière habituelle, il mérita d'être placé parmi les peintres de la nature humaine, rang que lui ont accordé surtout les nations étrangères, juges moins sévères que nous des convenances du style. Hugues Blair ne craint pas de le ranger sur la même ligne que Le Sage : c'est à tort; Gil-Blas est le meilleur de tous les modèles dans le genre de roman qui tient à la comédie; il renferme des situations, des traits de caractère et de dialogue, un comique enfin digne quelquefois de Molière; c'est là son premier mérite, et ce mérite est grand. Si l'énergique auteur de *Turcaret* transportoit dans ses fictions romanesques toutes les scènes heureuses dont il auroit pu enrichir son théâtre si court, et dont la lecture laisse tant de regrets, l'auteur ingénieux de *Marianne* parut transporter, au contraire, dans son théâtre si long, les fables trop peu comiques dont il formoit ses romans. Il suit de là que la distance entre les deux écrivains a dû être beaucoup moins grande dans le roman que dans la comédie; mais elle l'est assez encore pour qu'il ne soit pas permis d'établir entre eux un parallèle. Lorsqu'on veut sainement apprécier Marivaux, il ne faut pas perdre de vue que c'est avoir beaucoup d'esprit que d'en avoir trop, mais que c'est n'en avoir pas encore assez. En avouant tout le mérite des caractères du roman de *Marianne*, et surtout du caractère de *Climal*, il faut placer au moins sur la même ligne le premier volume, mais le premier volume seulement, du *Paysan perverti*. Si Voltaire descend au genre romanesque, il se joue avec son lecteur; mais il le charme, il l'entraîne, captive la raison en la révoltant, et blesse la vraisemblance sans paroître blesser la vérité. Avec Candide on s'égaie de toutes les folies humaines, et sous la plume du moderne Lucien tout offre un côté plaisant que lui seul a l'art de saisir; avec Zadig l'on est frappé du pouvoir de cette destinée qui est la Providence du vulgaire, et une énigme pour la raison des sages. Comme il se moque dans Memnon de ces vains projets de réforme conçus le matin, et que de beaux yeux, une figure séduisante, une aventure imprévue ont détruits avant le soir!

Le genre romanesque compose une partie de la gloire littéraire des Anglois au dix-huitième siècle; Richardson est une espèce d'Homère par le rang qu'il occupe; il n'imita point, il créa, il inventa. S'il exagère le vice, ses tableaux ont une telle force, que l'on s'indigne et que l'on frémit; s'il peint la vertu avec une perfection idéale, l'on admire ses héros, et ils deviennent l'objet d'une heureuse émulation. Sa *Paméla* obtint un but philosophique qui n'étoit point dans la pensée de l'auteur. L'orgueil des titres cède au saint empire de la vertu, et le grand seigneur qui sacrifie le préjugé trouve sa récompense par l'innocence qu'il recouvre, et par le bonheur d'estimer un sexe qu'il cherchoit à flétrir. Richardson embellit son héroïne par la dignité dont elle décore son nouvel état, et par les hommages qu'elle arrache à ceux qui se ménageoient des jouissances dans son abaissement. Dans ce roman, l'honnête indigence commande la vénération, et le rôle du bon Andrews a une telle vérité d'expression, que l'on peut croire que l'auteur en avoit trouvé l'estimable original. Ce ne sont point les premiers personnages qui intéressent dans *Grandisson*, mais les caractères épisodiques que Richardson a su joindre à l'action; c'est la folie de Clémentine, c'est la superstition présentée avec ses plus terribles effets, c'est le combat de l'empire de la bigoterie sur un esprit étroit, et de l'amour sur un cœur ardent, c'est cette Émilie si innocente, si ingénue, si touchante dans l'aveu d'un sentiment qu'elle ne soupçonne ni dangereux ni répréhensible.

Clarisse est le chef-d'œuvre de Richardson, et restera celui du genre romanesque. Rien de plus simple que la fable; rien de plus étonnant que l'exécution. Une jeune fille que l'on veut unir à un homme qu'elle déteste cherche un protecteur dans celui qu'elle aime; il a toutes les qualités de l'esprit, mais les vices du cœur les dégradent; il élude un mariage qui sauvoit l'honneur de Clarisse, excusoit sa fuite de la maison paternelle, et tend à son innocence les piéges les plus horribles, l'entoure des odieux ministres et des déplorables victimes de la corruption : ne pouvant vaincre sa vertu, il obtient sur sa personne un horrible triomphe; la honte, la douleur, tranchant l'existence de sa victime, les idées religieuses, l'heureuse éternité s'ouvrent pour elle, et transforment en pures délices l'horreur de ses derniers instants. Cette fable si simple fournit à l'auteur des scènes pathétiques, des tableaux sans modèle, des mouvements sublimes; l'exposition est lente et fatigue le lecteur impatient : c'est un palais superbe, mais où l'on n'arrive qu'après avoir traversé une immense avenue; à mesure que les événements se développent, l'intérêt s'accroît, les caractères se présentent à l'estime ou à l'exécration; le cœur est attendri ou indigné, saisi d'horreur ou pénétré d'admiration. Lovelace se montre digne de tous les anathèmes de la vertu, Clarisse de tous ses hommages. Aucun ouvrage n'offre des caractères aussi variés et aussi bien soutenus. La famille des Harlowe est un groupe où chaque figure se dessine par des traits marquants; le père est inflexible, le frère violent, emporté; la sœur a l'ame abjecte et l'esprit envieux; l'oncle est l'esclave de l'avarice; la mère a le cœur bon, mais c'est un être passif, incapable d'une volonté; miss Howe réunit d'estimables qualités que quelques défauts obscurcissent sans les éclipser; Hicman est plutôt son captif que son amant, mais toutes ses affections se dirigent sur Clarisse; son caractère s'ennoblit, s'épure, se sanctifie par l'héroïsme de l'amitié; celui de cette digne amie est le chef-d'œuvre de la nature; c'est l'assemblage des charmes les plus séduisants et des plus respectables vertus; elle ne se rend coupable que d'une faute que sa position excuse : mais de quelle manière elle l'expie! Que de combats, que de tourments elle entraîne! De quel héroïsme elle a besoin pour en conjurer les funestes résultats!

L'on a reproché à Richardson les qualités trop brillantes dont il décore Lovelace; l'on devoit sentir que, s'il en avoit fait un libertin vulgaire, il eût dégradé son héroïne; il falloit justifier son choix, le rendre digne de la préférence d'une femme qui ne voit que le beau côté, et qui est trop candide pour soupçonner la perfidie. Quelle conception hardie que celle de ce phénomène de corruption! aucun scrupule ne l'arrête; les ressources de son esprit répondent à la scélératesse de ses projets; il a le génie et l'audace d'un chef de parti; il est environné de disciples soumis, de complices dévoués, d'admirateurs enthousiastes; son caractère se soutient sans altération; ses compagnons éprouvent le repentir, le remords, et il meurt dans l'impénitence finale; mais le but moral est atteint, le crime a son salaire, et la cendre de Clarisse trouve un vengeur. Ce roman est rempli de scènes qu'il n'appartenoit qu'à Richardson de tracer, qui eussent effrayé un génie plus timide, qui eussent rebuté sous des pinceaux moins vigoureux. Quelle peinture que celle de cette maison de prostitution, où le vice se présente sous des formes si hideuses, où la mort jette son crêpe effrayant sur une vile créature qu'entoure l'infamie et qu'assiége le désespoir! Plusieurs scènes funéraires jettent un mélancolique intérêt sous cet ouvrage; mais toutes présentent un caractère différent. Clarisse expire dans l'abandon, trahie par celui qu'elle aimoit, injustement poursuivie par sa famille; mais son lit de mort est un sanctuaire où ceux qui la voient fléchissent un genou respectueux. Les scènes qui suivent la mort de l'auguste infortunée présentent la douleur sous toutes ses formes, et la modifient selon le caractère des personnes qui lui survivent, et qui portent sur sa tombe ou des regrets, ou des remords; mais il n'est point de tableau plus pathétique ni plus déchirant que celui de la douleur de miss Howe. Rousseau regardoit *Clarisse* comme un livre qui n'avoit d'égal dans aucune langue; Diderot le loue avec une chaleur, un abandon qui purgent son style du néologisme et de l'entortillage qui le déparent souvent. Ce n'est point un simple éloge qu'il écrit, c'est un dithyrambe qu'il prononce; le génie de Richardson le précipite dans un heureux délire; son cœur s'émeut, son imagination s'embrase, ses préventions s'évanouissent; il loue la religion qui console Clarisse, il partage la sensibilité de miss Howe. Le peintre de *Paméla* n'est plus un simple mortel, c'est un dieu dont il bâtit, dont il décore le temple, et dont il charge l'autel d'un respectueux encens.

C'est comme esprit créateur, comme esprit original, et non comme écrivain élégant, que Richardson mérite les regards de la postérité. Ne sachant que sa langue naturelle, privé du secours des grands modèles de l'antiquité, il sut penser avec force, et ne sut point s'exprimer avec grâce. Sans le secours des bonnes études l'on peut être un génie, parce que le génie est un bienfait de la nature; mais l'on ne sera jamais un modèle de style.

Les Anglois et les étrangers placent Fielding à côté

de Richardson, malgré la différence de talent des deux écrivains; le premier a une grâce, une aisance, une variété de style dont l'autre est dépourvu; il abonde en scènes comiques; il est grand observateur; il est habile peintre; il a la gaieté de Cervantes et l'originalité de Lucien; il ne frappe point, comme Richardson, le lecteur par les scènes les plus tristes; il ne met point comme lui ses héros aux prises avec la cruelle adversité; s'il peint le vice, c'est sans paroître indigné; il s'arrête comme avec une sorte de complaisance sur les tableaux qu'il lui fournit. Philosophe hardi, il ne ménage les ridicules d'aucune condition; et les travers et la corruption des grands trouvent en lui un impitoyable censeur: l'esprit orné d'une foule de connoissances, il les sème avec discernement et mesure : ami du naturel, il fuit et voue au ridicule le gigantesque et le merveilleux. Aucun de ses personnages n'excède ni en bien ni en mal les limites de la nature humaine. Il a fait plus de livres que Richardson, et tracé plus de caractères différents; il entraîne, il enchante le lecteur en l'instruisant, il ménage ses forces, et ne l'accable point sous le poids des émotions. Son *Voyage dans l'autre monde*, la première de ses productions, est une satire ingénieuse : il fait passer l'ame de Julien, empereur, que le bien qu'il fit au monde n'absout point aux yeux de la théologie, dans le corps d'un juif, dans celui d'un ministre d'état, d'un général d'armée, d'un roi de France, d'un mendiant, d'un fou; et de ces métamorphoses naissent une foule de traits piquants sur les diverses conditions. S'il fit, comme on le prétend, *Joseph Andrews* pour ridiculiser *Paméla*, un motif qui n'avoit rien de noble nous valut une production charmante. Ce roman est dans le genre comique; tous les personnages y prêtent à la plaisanterie, ou par leur singularité, ou par des vices qui ne sont point assez odieux pour enflammer l'indignation. Les contrariétés qu'éprouvent les héros se terminent d'une manière qui égaie et satisfait le lecteur. Tout le talent, toute l'originalité, toute la gaieté de Fielding se déploient dans son *Tom Jones*; Alvorthy est un de ces êtres qui font l'honneur de la nature humaine; Western a les ridicules qui s'associent avec une âme franche et généreuse; Sophie n'est point sublime comme Clarisse; elle n'est point soumise à d'aussi terribles épreuves; l'amour cause ses tourments, mais l'amour les répare. Tom Jones tombe dans les écarts d'un cœur ardent et d'une âme passionnée; ses fautes ne le rendent que plus aimable, parce qu'il n'est jamais ni faux ni méchant; tous les événements contribuent au développement de l'action, ou à faire ressortir les principaux caractères; les personnages épisodiques accroissent l'intérêt, ou par les scènes originales qu'ils produisent, ou par les incidents qu'ils font naître. Le roman d'*Amélie* nous semble inférieur aux autres ouvrages de Fielding; cependant il attache par le charme de la narration, par l'agrément des détails, par quelques scènes touchantes.

On blâme Fielding pour quelques peintures licencieuses, pour s'être complu à reposer le lecteur sur des scènes où la décence n'est point la protectrice de la volupté. Le romancier est l'historien des mœurs; il doit offrir les hommes tels qu'ils sont, nous instruire, et non pas nous tromper. Sa vie fut, dit-on, souillée par des excès : cette accusation est plus grave, si elle n'est point sans preuves; le romancier doit rester sans justification, lors même que le désordre de sa conduite auroit servi à étendre le cercle de ses observations. Il faut que l'écrivain connoisse les passions, les vices, comme il faut que le peintre étudie les physionomies; mais il n'est point indispensable, pour les effets de la peste, d'être frappé de la contagion.

Le roman de *Gulliver* est plus vanté qu'il n'est entendu; c'est une allégorie dont les compatriotes de Swift avoient sans doute la clef: elle n'est pour nous qu'obscure et bizarre; il désignoit des factions politiques qui nous sont étrangères. Voltaire compare le doyen irlandais à notre fameux curé de Meudon, et donne l'avantage au premier : mais Rabelais étoit excusable de se rendre obscur, de ne se laisser deviner que par quelques esprits pénétrants; il vivoit dans un pays et dans un siècle où il falloit mettre la lampe sous le boisseau. Swift, dans un pays libre, chez un peuple éclairé, n'avoit point la même excuse.

Sterne n'est ni un écrivain parfait, ni un écrivain raisonnable; il n'instruit point, mais il captive, il entraîne, il retrace des scènes communes, mais il rajeunit par des traits neufs et originaux. Rien de plus simple que les événements du *Voyage sentimental*; rien de plus piquant que la manière dont il les raconte. Il est des hommes pour qui les objets se peignent d'une manière si riante et si douce, avec des couleurs si attendrissantes et si enchanteresses, qu'ils jouissent quand les autres sont indifférents, qu'ils sentent leur cœur palpiter, leurs larmes couler à des spectacles qui laissent ceux qui les entourent stupidement libres de leurs émotions. Le roman de *Tristram Shandy* fut le premier ouvrage que Sterne publia. Peu de personnes devinèrent le but de l'auteur, si toutefois il en eut un, et saisirent la finesse de ses allusions; mais comme il falloit de la pénétration pour l'entendre, beaucoup de gens s'imaginèrent l'avoir entendu. La réputation de l'ouvrage fut d'autant plus prompte, que ceux qui le jugeoient sur la parole n'étoient pas les moins ardents à l'admirer. Ce livre singulier se fait supporter par des traits philosophiques, par des caractères originaux, par des observations dont la justesse surprend d'autant plus que l'auteur les place dans la bouche d'hommes qu'il affuble d'un costume burlesque.

On reconnoît une intention très-philosophique dans le roman que fournirent à Foé les aventures d'un voyageur confiné dans une île déserte, contraint de remplacer, à force d'industrie, le genre humain qui avait disparu pour lui : c'étoit une situation neuve. Sophocle et Fénélon avoient bien peint un homme dans un isolement semblable à celui du héros de Foé, mais dans une situation d'esprit bien différente. Philoctète, relégué dans une île par l'ingratitude des Grecs, gémit, et maudit les auteurs de ses maux : il est vaincu par la douleur, il est tourmenté par le remords, il peut détester ses compatriotes, mais l'ombre d'Achille le poursuit: il ne cherche point les moyens d'adoucir sa solitude; il ne soupire qu'après le tombeau. Robinson, au contraire, se fait une patrie dans son exil, un compagnon, un ami d'un sauvage, une innocente société des animaux qui l'entourent. *Robinson Crusoé* peut être considéré, ainsi que l'observe Rousseau, comme un de ces ouvrages propres à hâter dans l'adolescence le développement des idées, et à stimuler le génie inventif.

Le Vicaire de Wakefield n'offre que le tableau d'une famille innocente dont un scélérat vient troubler le bonheur. Un roman sans amour est une espèce de phénomène; Godwin tenta cette innovation dans Caleb William; philosophe, il peignit les funestes suites d'un préjugé qui fait dépendre l'honneur de l'homme le plus recommandable des outrages de l'être le plus vil. Son héros se venge d'une manière indigne d'un pareil outrage; il laisse peser le soupçon sur un innocent que les tribunaux immolent, et fait l'objet de ses perpétuelles vengeances de celui qui a dérobé son affreux secret. Tout est neuf et original dans cet ouvrage. Le romancier y dévoile les abus de la jurisprudence, y montre les lois servant aux forts et aux riches de lances et de boucliers, les rendant capables d'être oppresseurs sans danger comme sans mérite. Godwin, dans cet ouvrage, est constamment original ; il ouvre à l'imagination une carrière nouvelle. Tous les romans anglois ont le cachet de la nation qui les a produits : le goût du terroir se manifeste dans l'ensemble de l'ouvrage ou dans les épisodes. Les Anglois excellent dans le tableau de la vie domestique, et dans la peinture des idées religieuses. C'est peut-être ici le lieu de remarquer que dans ce genre de compositions, où l'on accorde généralement en France une grande supériorité aux Anglois, les Anglois regardent à leur tour notre supériorité comme incontestable et universellement reconnue : Hugues Blair y revient à plusieurs reprises dans sa rhétorique. Nous ne possédons pas, ajoute-t-il, au même point que nos voisins le talent de narrer et de remarquer avec délicatesse toutes les nuances des caractères.

C'est une particularité remarquable, que l'ouvrage espagnol le plus goûté des étrangers soit un roman. Michel Cervantes attaque un ridicule qui n'existe plus, et fait un ouvrage qui intéressera dans tous les siècles. Son héros combat des chimères, poursuit des fantômes, mais un principe vertueux le dirige dans ses extravagances ; il est ou veut être le réparateur des injustices, le défenseur des foibles, l'appui des opprimés. A l'exception des idées sur la chevalerie, sur l'auguste mission qu'il se croit chargé de remplir, il est le plus sensé des hommes, le plus prudent des amis, le meilleur des conseillers, ce qui prouve combien l'auteur connoissoit la nature humaine. Nous avons tous un travers dominant, à côté duquel se trouve la sagesse. Michel Cervantes fait naître des voyages, des expéditions de son héros, des aventures gaies, des dissertations instructives, des épisodes touchants : tantôt il offre des tableaux gracieux, des scènes mélancoliques; des réflexions d'une philosophie forte et même hardie pour son siècle. Que de naturel dans le personnage de l'écuyer de son héros, que de sens dans ses discours, que d'esprit dans ses proverbes, que de sagesse dans les jugements que sa magistrature éphémère le met à portée de rendre! Cervantes fut encore un de ces hommes que la fortune semble punir des dons que leur a faits la nature. Né dans l'indigence, il se fit soldat, fut pris par les pirates, gémit plusieurs années dans l'esclavage; il résolut de s'en affranchir et d'en affranchir ses compagnons; son noble dessein ne réussit point, mais il força les barbares d'Alger d'admirer son courage. Lorsqu'il eut brisé ses fers, l'Espagne ne lui fut pas plus favorable que ne lui avoit été l'Afrique; esclave, il espéroit le jour de l'affranchissement; libre, il ne vit point finir les tristes années de l'indigence. Il est probable qu'il dut à ses voyages, à ses infortunes, ce que l'on trouve d'attendrissant, de pathétique dans ses écrits; mais si l'on considère les tristes événements de son existence, cette liberté d'esprit, cette gaieté sans modèle, cet enjouement qui se présentent sous sa plume avec un si aimable abandon, nous paroîtront un phénomène encore plus surprenant que son génie.

Cervantes nous fait juger, dans son Don Quichotte, des romans qui faisoient les délices de son pays; ils ont causé l'extravagance de son héros; il veut prémunir contre leurs dangereux effets. Le titre seul de ces ouvrages nous en fait pressentir l'esprit. Les bons livres ne sont goûtés que par les peuples dont la raison a reçu un certain degré de culture. Dans l'enfance nous ne sommes frappés que par le merveilleux; incapables de réflexion, nous ne comparons point les objets que crée une imagination en délire avec ceux que présentent la

AVANT-PROPOS.

nature et la société. Plus tard le vrai seul captive notre attention ; le mensonge ne nous séduit qu'en prenant les couleurs de la réalité ; nous aimons à retrouver dans les livres originaux qui nous ont intéressés les sentiments qui nous ont séduits, les passions qui nous ont entraînés ; mais les nations dont la raison n'avance point ressemblent à l'homme qui arrive à la vieillesse sans avoir connu la maturité. Tous les romans qu'a produits l'Espagne ne provoquent point le même intérêt : on trouve dans quelques nouvelles des épisodes attachants, et quelquefois de ces scènes terribles que cause la jalousie sous un ciel de feu. L'auteur du roman comique s'est emparé de quelques-unes de ces richesses exotiques, et Le Sage a fait aux Espagnols des larcins beaucoup plus heureux. Né avec un esprit éminemment observateur, il savait agrandir, par le tableau des mœurs et des ridicules qu'il excellait à peindre, les sujets qu'il n'inventait point. *Le Diable Boiteux* a perdu le goût du terroir en passant sous sa main. S'il nous découvre l'intérieur des maisons, c'est pour y faire voir des scènes que la prudence, l'hypocrisie couvrent d'un voile mystérieux, et des perfidies qui font ordinairement beaucoup de victimes avant que d'être découvertes. Le protégé d'Asmodée révèle des foiblesses dont la vertu dérobe quelquefois le secret à l'amitié. Il fut moins heureux dans son *Gusman d'Alfarache*, autre production dérobée à l'Espagne, mais dont le goût a négligé de réformer le plan et d'ennoblir les personnages. Quel intérêt peuvent commander des bandits qui emploient les ruses les plus dégoûtantes pour s'affranchir du travail ? De grands scélérats inspirent quelquefois de l'admiration ; les crimes brillants supposent une extrême énergie de passions ; mais la bassesse qui ne rêve qu'à de petits moyens pour parvenir à un but misérable n'est faite que pour le mépris. Gay, poëte anglois, est le seul qui ait fixé l'attention sur des misérables d'une telle espèce, dans son célèbre opéra des Gueux; mais la malignité y cherchoit des allusions : l'on y voyoit des ministres et des grands seigneurs parodiés; le roman de Le Sage n'offre point les mêmes traits; les héros dégoûtants qu'il y fait mouvoir ne sont dignes que des bagnes ou des cabanons.

Les écrivains originaux sont les seuls qui s'assurent une réputation durable; le mérite ne se fonde point sur le grand nombre de productions, mais sur le génie qui les distingue, qui peint l'ame d'un auteur, qui nous présente la couleur de sa pensée, la teinte forte ou mélancolique de ses affections, qui ne le rend ni plus beau, ni plus parfait que les autres, mais le présente avec des traits qui le personnifient, avec une physionomie intellectuelle qui empêche de le confondre avec eux. C'est cette physionomie, au physique comme au moral, qui nous repousse ou qui nous entraîne, qui nous inspire ou une vive horreur, ou une tendre sympathie. Nous voyons des beautés régulières, mais froides; leur figure est sans défaut, mais elle est sans esprit, sans trait saillant, c'est la Galatée de Pygmalion, que Vénus n'a point animée; mais quelle est cette femme séduisante qui s'empare tout à coup de nos regards, qui ne nous laisse plus de pensée, de désirs dont elle ne soit l'objet? La nature ne la fit point parfaite, mais elle lui donna des yeux où la sensibilité se peint, un visage où l'ame écrit ses mouvements, une bouche où la volupté fixe un trône délicieux. Cette image s'applique sans effort aux ouvrages de Rousseau. Les événements de sa jeunesse inquiète, ses passions ardentes combattues par des sentiments vertueux, le désir de servir les mœurs en rappelant ses faiblesses et ses fautes, lui dictèrent la Nouvelle Héloïse, production où l'auteur semble faire divorce avec les idées qu'il manifeste dans ses premiers écrits, où le panégyriste des sauvages ne présente que des acteurs dotés d'un rang honorable, d'une éducation brillante, où le détracteur des sciences fait des savants et des docteurs de tous ses personnages; production où la critique d'une ame aride trouve partout des défauts, où l'esprit éclairé, avec un cœur sensible, oublie les fautes et se console par des larmes délicieuses de la censure qu'un goût sévère lui avoit prescrite. Comme roman, la Nouvelle Héloïse reste à une grande distance d'ouvrages conçus avec plus d'art et de sagesse; mais, sous le rapport des idées et du style, nulle fiction de ce genre ne lui peut être comparée; il est vrai que Rousseau, dialecticien profond, orateur sublime, se ménage les moyens de développer ses talents. S'il fait naître un duel, c'est pour armer la douce éloquence de Julie contre un préjugé féroce; s'il désespère un amant; le suicide est défendu et condamné; s'il prive Wolmar de l'espoir d'un heureux avenir, c'est pour faire entrer dans le cœur de son épouse les saintes et sublimes inquiétudes qui troublent sa félicité. Si ce roman est dangereux, en peignant l'amour avec les plus attrayantes couleurs, l'on peut dire à Rousseau : Tu rends la séduction innocente par l'enchantement dont tu l'environnes. Qu'un vil débauché retrace ses infames plaisirs, il révolte, il ne se fait des complices que parmi les êtres nés pour la dégradation; mais tu couvres de fleurs l'abîme qui peut engloutir la foiblesse et l'inexpérience; tu absous les coupables par les vertus dont tu les décores; tu les rends les objets d'un vif attendrissement, et peut-être d'une funeste émulation. Télémaque triomphe de la séduction des nymphes de Calypso; mais résisteroit-il au pouvoir d'Antiope, quand Mentor s'armeroit contre ses feux ? Rousseau vaincroit ces accusations par le tableau de la conduite sublime de Julie et de Saint-Preux, après leurs foiblesses. Il diroit : J'ai vécu dans un siècle où le plus saint des engagements devenoit un objet de dérision ; j'ai fait triompher les loix de l'hymen des transports de l'amour ; j'ai rendu des amants plus satisfaits d'eux-mêmes par les plaisirs auxquels ils renonçoient que par les jouissances qui leur eussent coûté des remords sur le présent, et les eussent contraints à un cruel retour sur le passé ; j'ai fait, pour mes héros, d'une erreur d'un moment, la source des actes sublimes qui ont embelli leur existence. Rousseau est le seul écrivain, à la réserve de Richardson, dans son Grandisson, qui, sans faire contraster le vice avec la vertu, sans éveiller notre intérêt par de grands crimes ou de terribles infortunes, captive l'attention, sans employer d'autre rôle épisodique que celui d'Édouard Bomston, qui vient se joindre à l'action principale par le mouvement qu'il y jette, par l'intérêt qu'il y porte, par l'impulsion qu'il communique aux principaux personnages. Poète dans sa prose pittoresque, il rend classiques les lieux qu'il décrit ; et les montagnes du Valais et le lac de Genève appellent le culte religieux que le génie imprime aux contrées qu'il honore de sa prédilection.

C'est peut-être aux peintures de l'amour si séduisantes dans l'Héloïse que nous devons nos véritables poètes érotiques, qui les ont souvent imitées. Un genre célèbre chez les anciens, mais ridiculement traité dans l'autre siècle, où l'on en cherchoit les modèles dans des romans plus ridicules encore, l'élégie alloit enfin renaître parmi nous. Devant les grâces naturelles des nouveaux disciples de Tibulle s'éclipsoient le clinquant héroïque, le vernis artificiel de la précieuse école de Dorat, et les fleurs fanées et postiches des plagiaires de Gresset; qui, prenant l'abondance pour la richesse, et le vide des sons pour l'harmonie, croyoient, en cadençant des rimes sonores, avoir égalé le *Vert-vert*, et ces épîtres charmantes qui, dans le genre léger, n'ont jamais été surpassées, si ce n'est par quelques-unes des poésies de Voltaire, qu'on retrouve presque partout au premier rang. Qui jamais posséda comme Rousseau cette logique des passions humaines, cette éloquence pénétrante où le raisonnement, revêtu d'images, devient, en quelque sorte, palpable à nos sens, où la morale, animée et fondue en sentiment, porte la persuasion par torrents dans l'esprit et dans le cœur? Ses tours, ses mouvements libres, hardis, pressés, éclatants, se précipitent l'un sur l'autre, et devancent l'imagination, qu'ils laissent long-temps ébranlée. Dans ce tourbillon d'éloquence, il circonvient le cœur de toutes parts, il le saisit, il l'enlève, et l'entraîne à volonté dans toutes les émotions qui l'agitent. Il passionne l'idée, l'image, la parole. Son style est l'éloquence même définie par Cicéron; c'est le mouvement continuel de l'ame. Son élocution hasardeuse avec prudence prouve, par sa richesse et sa nouveauté, qu'il est des hardiesses réservées à la prose oratoire, et qui ne sont pas du domaine de la poésie. Son harmonie, toujours soutenue, toujours nouvelle, sait imiter, peindre, embellir avec vérité tous les objets de la nature, tous les mouvements de l'imagination. Il transporte enfin dans notre prose la perfection continue de Racine et de Boileau; perfection qui, j'ose le dire, ne se trouve point au même degré dans les prosateurs du siècle de Louis XIV, où la poésie, au contraire, fut plus parfaite dans ses chefs-d'œuvre qu'elle ne l'a jamais été depuis. Massillon, avec moins de génie que les Pascal et les Bossuet, avoit eu plus de pureté, plus d'élégance, une plus savante correction. Après Massillon lui-même, et lorsque déjà Voltaire avoit donné à notre langue tant de clarté, tant de grâce et de souplesse, lorsque déjà Montesquieu lui avoit fait prendre à la fois la vivacité nerveuse dans sa marche, la variété pittoresque dans ses tours, Rousseau, qui ne posséda peut-être des qualités éminentes du génie que celles dont l'origine est dans une ardente sensibilité, Rousseau, qui réunit toujours les ressources oratoires et les séductions de l'éloquence à la perfection de l'art d'écrire, s'est montré, par cette perfection même, je ne dirai pas le plus grand, mais le plus habile de nos prosateurs; et la langue, maniée avec tant de puissance et d'industrie par trois classiques si diversement supérieurs, semble désormais ne pouvoir plus rien acquérir.

Quelques personnes ont avancé qu'un roman manuscrit intitulé *Laure et Felino*, et qui avoit été composé dans les premières années du dix-huitième siècle, avoit donné à J. J. Rousseau l'idée de sa *Nouvelle Héloïse*; on a été jusqu'à trouver beaucoup de rapports dans la fable des deux ouvrages; mais, comme le roman de *Laure et Felino* n'a été imprimé qu'en 1781, trois ans après la mort de l'auteur de la *Nouvelle Héloïse*, il y a lieu de douter que Rousseau en eût jamais lu le manuscrit, s'il est vrai, comme on l'assure, que ce manuscrit ait été déposé en 1713 dans une bibliothèque qu'on ne désigne pas.

« Rousseau, dit La Harpe, parut vouloir rassembler sa philosophie, ses querelles, et ses amours dans l'espèce d'ouvrage qu'on lit le plus, dans un roman; » et Rousseau avoue lui-même dans ses *Confessions* qu'il s'identifioit avec Saint-Preux le plus qu'il lui étoit possible, lui donnant les vertus et les défauts qu'il se sentoit. Dans ses continuelles extases, il s'enivroit à torrents des plus délicieux sentiments qui jamais soient entrés dans un cœur d'homme. Il se figura l'amour et l'amitié, les deux idoles de son cœur, sous les plus ravissantes images. Il se plut à les orner de tous les charmes du sexe qu'il avoit toujours adoré... Il dessina les deux caractères de Wolmar et de Julie, dans un ravissement qui lui faisoit espérer de les rendre aimables tous les deux, et, qui plus est, l'un par l'autre. « Le but qu'il s'étoit proposé en composant cet ouvrage, dit-il encore, étoit de rapprocher les partis opposés, par une estime réciproque, d'apprendre aux philosophes qu'on peut croire en Dieu sans être hypocrite, et aux croyants qu'on peut être incrédule sans être un coquin. Julie dévote est une leçon pour les philosophes, et Wolmar athée en est une pour les intolérants. Voilà le vrai but du livre. » Jean-Jacques convient lui-même qu'il a mis en scène dans la *Nouvelle Héloïse* quelques-unes des personnes qu'il avoit connues dans la société; il songeoit à mademoiselle Galley, dont il parle au neuvième livre de ses *Confessions*, en dessinant le caractère de Julie; il peignoit mademoiselle de Graffenried sous le nom de Claire; il se plaît à retracer les plus tendres souvenirs de sa vie; tout ce qu'il a connu, tout ce qu'il a aimé a sa place; madame d'Houdetot, madame d'Épinay, Diderot, le baron d'Holbach, revivent sous d'autres noms; c'est eux qu'il fait parler, qu'il fait agir, qu'il condamne, qu'il applaudit, mais qu'il aime toujours. Cet ouvrage, qu'il avoit commencé à l'Ermitage, fut achevé à Montmorency dans l'hiver de 1758 à 1759, et parut au commencement de février 1761. Il fit la plus vive sensation; l'édition fut vendue en un instant. Les libraires ne pouvoient suffire aux demandes de toutes les classes, dit l'abbé Brizard. On louoit l'ouvrage à tant par jour ou par heure. Quand il parut, on exigeoit douze sous par volume, en n'accordant que soixante minutes pour le lire. La *Nouvelle Héloïse* étoit dans tous les boudoirs, sur toutes les toilettes; et ce fut par le chemin du cœur que Rousseau arriva à faire comprendre aux rois qu'ils avoient des devoirs à remplir, et aux peuples qu'ils avoient des droits à exercer.

JULIE,

OU

LA NOUVELLE HÉLOISE,

OU

LETTRES DE DEUX AMANTS,

HABITANTS D'UNE PETITE VILLE AU PIED DES ALPES,

RECUEILLIES ET PUBLIÉES
PAR JEAN-JACQUES ROUSSEAU.

« Non la conobbe il mondo, mentre l'ebbe :
« Conobbill' io, ch' apianger qui rimasi. »
PETR.

Le monde la posséda sans la connoître; et moi
je l'ai connue, je reste ici-bas à la pleurer.

PRÉFACE.

Il faut des spectacles dans les grandes villes et des romans aux peuples corrompus. J'ai vu les mœurs de mon temps, et j'ai publié ces lettres : que n'ai-je vécu dans un siècle où je dusse les jeter au feu !

Quoique je ne porte ici que le titre d'éditeur, j'ai travaillé moi-même à ce livre, et je ne m'en cache pas. Ai-je fait le tout, et la correspondance entière est-elle une fiction ? Gens du monde, que vous importe ? C'est sûrement une fiction pour vous.

Tout honnête homme doit avouer les livres qu'il publie : je me nomme donc à la tête de ce recueil, non pour me l'approprier, mais pour en répondre. S'il y a du mal, qu'on me l'impute ; s'il y a du bien, je n'entends point m'en faire honneur. Si le livre est mauvais, j'en suis plus obligé de le reconnoître : je ne veux pas passer pour meilleur que je ne suis.

Quant à la vérité des faits, je déclare qu'ayant été plusieurs fois dans le pays des deux amants, je n'y ai jamais ouï parler du baron d'Étange, ni de sa fille, ni de M. d'Orbe, ni de milord Édouard Bomston, ni de M. de Wolmar ; j'avertis encore que la topographie est grossièrement altérée en plusieurs endroits, soit pour mieux donner le change au lecteur, soit qu'en effet l'auteur n'en sût pas davantage. Voilà tout ce que je puis dire ; que chacun pense comme il lui plaira.

Ce livre n'est point fait pour circuler dans le monde, et convient à très-peu de lecteurs. Le style rebutera les gens de goût; la matière alarmera les gens sévères; tous les sentiments seront hors de la nature pour ceux qui ne croient pas à la vertu. Il doit déplaire aux dévots, aux libertins, aux philosophes; il doit choquer les femmes galantes et scandaliser les honnêtes femmes. A qui plaira-t-il donc? Peut-être à moi seul; mais à coup sûr il ne plaira médiocrement à personne.

Quiconque veut se résoudre à lire ces lettres doit s'armer de patience sur les fautes de langue, sur le style emphatique et plat, sur les pensées communes rendues en termes ampoulés; il doit se dire d'avance que ceux qui les écrivent ne sont pas des François, des beaux-esprits, des académiciens, des philosophes, mais des provinciaux, des étrangers, des solitaires, des jeunes gens, presque des enfants, qui, dans leurs imaginations romanesques, prennent pour de la philosophie les honnêtes délires de leur cerveau.

Pourquoi craindrois-je de dire ce que je pense? Ce recueil, avec son gothique ton, convient mieux aux femmes que les livres de philosophie : il peut même être utile à celles qui, dans une vie déréglée, ont conservé quelque amour pour l'honnêteté. Quant aux filles, c'est autre chose. Jamais fille chaste n'a lu de romans; et j'ai mis à celui-ci un titre assez décidé pour qu'en l'ouvrant on sût à quoi s'en tenir. Celle qui, malgré ce titre, en osera lire une seule page est une fille perdue : mais qu'elle n'impute point sa perte à ce livre; le mal étoit fait d'avance. Puisqu'elle a commencé, qu'elle achève de lire : elle n'a plus rien à risquer.

Qu'un homme austère, en parcourant ce recueil, se rebute aux premières parties, jette le livre avec colère, et s'indigne contre l'éditeur, je ne me plaindrai point de son injustice : à sa place, j'en aurois pu faire autant. Que si, après l'avoir lu tout entier, quelqu'un m'osoit blâmer de l'avoir publié, qu'il le dise, s'il veut, à toute la terre, mais qu'il ne vienne pas me le dire : je sens que je ne pourrois de ma vie estimer cet homme-là.

N. B. L'alinéa suivant, qu'on ne voit dans aucune édition de la Nouvelle Héloïse, se trouve bien écrit de la main de Rousseau, et sans la moindre rature, dans l'un des deux manuscrits que nous avons collationnés au comité d'instruction publique : c'est celui qui a servi à faire la première édition, dont les épreuves ont été vues et corrigées par l'auteur. Nous avons cette étition sous les yeux. Le manuscrit Luxembourg * (voyez les Confessions, livre x) n'a point de préface. (Note des éditeurs de l'édition in-4° de 1793.)

Allez, bonnes gens avec qui j'aimai tant à vivre, et qui m'avez si souvent consolé des outrages des méchants, allez au loin chercher vos semblables; fuyez les villes, ce n'est pas là que vous les trouverez. Allez dans d'humbles retraites amuser quelque couple d'époux fidèles, dont l'union se resserre aux charmes de la vôtre; quelque homme simple et sensible qui sache aimer votre état; quelque solitaire ennuyé du monde, qui, blâmant vos erreurs et vos fautes, se dise pourtant avec attendrissement : Ah! voilà les ames qu'il falloit à la mienne!

* C'est celui qui est à la Bibliothèque de la chambre des députés.

AVERTISSEMENT
SUR LA PRÉFACE SUIVANTE.

La forme et la longueur de ce dialogue ou entretien supposé ne m'ayant permis de le mettre que par extrait à la tête du recueil des premières éditions, je le donne à celle-ci tout entier, dans l'espoir qu'on y trouvera quelques vues utiles sur l'objet de ces sortes d'écrits. J'ai cru d'ailleurs devoir attendre que le livre eût fait son effet avant d'en discuter les inconvénients et les avantages, ne voulant ni faire tort au libraire, ni mendier l'indulgence du public.

SECONDE PRÉFACE

DE

LA NOUVELLE HÉLOÏSE.

N. Voilà votre manuscrit ; je l'ai lu tout entier.

R. Tout entier ? J'entends ; vous comptez sur peu d'imitateurs.

N. *Vel duo vel nemo.*

R. *Turpe et miserabile**. Mais je veux un jugement positif.

N. Je n'ose.

R. Tout est osé par ce seul mot. Expliquez-vous.

N. Mon jugement dépend de la réponse que vous m'allez faire. Cette correspondance est-elle réelle, ou si c'est une fiction ?

R. Je ne vois point la conséquence. Pour dire si un livre est bon ou mauvais, qu'importe de savoir comment on l'a fait ?

N. Il importe beaucoup pour celui-ci. Un portrait a toujours son prix, pourvu qu'il ressemble, quelque étrange que soit l'original. Mais dans un tableau d'imagination, toute figure humaine doit avoir les traits communs à l'homme, ou le tableau ne vaut rien. Tous deux supposés bons, il reste encore cette

* Pers., sat. I, v. 4.

différence que le portrait intéresse peu de gens ; le tableau seul peut plaire au public.

R. Je vous suis. Si ces lettres sont des portraits, ils n'intéressent point ; si ce sont des tableaux, ils imitent mal. N'est-ce pas cela ?

N. Précisément.

R. Ainsi j'arracherai toutes vos réponses avant que vous m'ayez répondu. Au reste, comme je ne puis satisfaire à votre question, il faut vous en passer pour résoudre la mienne. Mettez la chose au pis : ma Julie...

N. Oh ! si elle avoit existé !

R. Hé bien ?

N. Mais sûrement ce n'est qu'une fiction.

R. Supposez.

N. En ce cas, je ne connois rien de si maussade. Ces lettres ne sont point des lettres ; ce roman n'est point un roman ; les personnages sont des gens de l'autre monde.

R. J'en suis fâché pour celui-ci.

N. Consolez-vous ; les fous n'y manquent pas non plus : mais les vôtres ne sont pas dans la nature.

R. Je pourrois... Non ; je vois le détour que prend votre curiosité. Pourquoi décidez-vous ainsi ? Savez-vous jusqu'où les hommes diffèrent les uns des autres ? combien les caractères sont opposés, combien les mœurs, les préjugés, varient selon les temps, les lieux, les âges ? Qui est-ce qui ose assigner des bornes précises à la nature, et dire : Voilà jusqu'où l'homme peut aller ; et pas au delà ?

N. Avec ce beau raisonnement, les monstres inouis,

SECONDE PRÉFACE.

les géants, les pygmées, les chimères de toute espèce, tout pourroit être admis spécifiquement dans la nature, tout seroit défiguré ; nous n'aurions plus de modèle commun. Je le répète, dans les tableaux de l'humanité, chacun doit reconnoître l'homme.

R. J'en conviens, pourvu qu'on sache aussi discerner ce qui fait les variétés de ce qui est essentiel à l'espèce. Que diriez-vous de ceux qui ne reconnoîtroient la nôtre que dans un habit à la françoise ?

N. Que diriez-vous de celui qui, sans exprimer ni traits ni taille, voudroit peindre une figure humaine avec un voile pour vêtement? N'auroit-on pas droit de demander où est l'homme?

R. Ni traits ni taille! Êtes-vous juste? Point de gens parfaits, voilà la chimère. Une jeune fille offensant la vertu qu'elle aime, et ramenée au devoir par l'horreur d'un plus grand crime; une amie trop facile, punie enfin par son propre cœur de l'excès de son indulgence; un jeune homme honnête et sensible, plein de foiblesse et de beaux discours; un vieux gentilhomme entêté de sa noblesse, sacrifiant tout à l'opinion ; un Anglois généreux et brave, toujours passionné par sagesse, toujours raisonnant sans raison...

N. Un mari débonnaire et hospitalier, empressé d'établir dans sa maison l'ancien amant de sa femme...

R. Je vous renvoie à l'inscription de l'estampe.

N. *Les belles ames!*... Le beau mot!

R. O philosophie! combien tu prends de peine à rétrécir les cœurs, à rendre les hommes petits !

N. L'esprit romanesque les agrandit et les trompe.

Mais revenons. Les deux amies?..... Qu'en dites-vous?.... Et cette conversation subite au temple?.... La grâce, sans doute?...

R. Monsieur...

N. Une femme chrétienne, une dévote qui n'apprend point le catéchisme à ses enfants; qui meurt sans vouloir prier Dieu; dont la mort cependant édifie un pasteur, et convertit un athée... Oh!...

R. Monsieur...

N. Quant à l'intérêt, il est pour tout le monde, il est nul. Pas une mauvaise action, pas un méchant homme qui fasse craindre pour les bons; des événements si naturels, si simples, qu'ils le sont trop; rien d'inopiné, point de coup de théâtre : tout est prévu long-temps d'avance, tout arrive comme il est prévu. Est-ce la peine de tenir registre de ce que chacun peut voir tous les jours dans sa maison ou dans celle de son voisin?

R. C'est-à-dire qu'il vous faut des hommes communs et des événements rares : je crois que j'aimerois mieux le contraire. D'ailleurs vous jugez ce que vous avez lu comme un roman. Ce n'en est point un; vous l'avez dit vous-même. C'est un recueil de lettres.

N. Qui ne sont point des lettres; je crois l'avoir dit aussi. Quel style épistolaire! qu'il est guindé! que d'exclamations! que d'apprêts! quelle emphase pour ne dire que des choses communes! quels grands mots pour de petits raisonnements! rarement du sens, de la justesse; jamais ni finesse, ni force, ni profondeur. Une diction toujours dans les nues, et des pensées qui rampent toujours. Si vos personnages sont dans la nature, avouez que le style est peu naturel.

R. Je conviens que, dans le point de vue où vous êtes, il doit vous paroître ainsi.

N. Comptez-vous que le public le verra d'un autre œil? et n'est-ce pas mon jugement que vous demandez?

R. C'est pour l'avoir plus au long que je vous réplique. Je vois que vous aimeriez mieux des lettres faites pour être imprimées.

N. Ce souhait paroît assez bien fondé pour celles qu'on donne à l'impression.

R. On ne verra donc jamais les hommes dans les livres que comme ils veulent s'y montrer?

N. L'auteur comme il veut s'y montrer; ceux qu'il dépeint tels qu'ils sont. Mais cet avantage manque encore ici. Pas un portrait vigoureusement peint, pas un caractère assez bien marqué, nulle observation solide, aucune connoissance du monde. Qu'apprend-on dans la petite sphère de deux ou trois amants ou amis toujours occupés d'eux seuls?

R. On apprend à aimer l'humanité. Dans les grandes sociétés on n'apprend qu'à haïr les hommes.

Votre jugement est sévère; celui du public doit l'être encore plus. Sans le taxer d'injustice, je veux vous dire à mon tour de quel œil je vois ces lettres, moins pour excuser les défauts que vous y blâmez que pour en trouver la source.

Dans la retraite on a d'autres manières de voir et de sentir que dans le commerce du monde; les passions, autrement modifiées, ont aussi d'autres expressions ; l'imagination, toujours frappée des mêmes objets, s'en affecte plus vivement. Ce petit nombre d'images revient toujours, se mêle à toutes les idées, et leur donne ce tour bizarre et peu varié qu'on remarque dans les discours des solitaires. S'ensuit-il de là que leur langage soit fort énergique ? Point du tout ; il n'est qu'extraordinaire. Ce n'est que dans le monde qu'on apprend à parler avec énergie. Premièrement, parce qu'il faut toujours dire autrement et mieux que les autres, et puisque, forcé d'affirmer à chaque instant ce qu'on ne croit pas, d'exprimer des sentiments qu'on n'a point, on cherche à donner à tout ce qu'on dit un tour persuasif qui supplée à la persuasion intérieure. Croyez-vous que les gens vraiment passionnés aient ces manières de parler vives, fortes, coloriées, que vous admirez dans vos drames et dans vos romans ? Non ; la passion, pleine d'elle-même, s'exprime avec plus d'abondance que de force ; elle ne songe pas même à persuader ; elle ne soupçonne pas qu'on puisse douter d'elle. Quand elle dit ce qu'elle sent, c'est moins pour l'exposer aux autres que pour se soulager. On peint plus vivement l'amour dans les grandes villes ; l'y sent-on mieux que dans les hameaux ?

N. C'est-à-dire que la foiblesse du langage prouve la force du sentiment ?

R. Quelquefois du moins elle en montre la vérité. Lisez une lettre d'amour faite par un auteur dans son cabinet, par un bel esprit qui veut briller ; pour peu qu'il ait de feu dans la tête, sa plume va, comme on dit, brûler le papier ; la chaleur n'ira pas plus loin :

vous serez enchanté, même agité peut-être, mais d'une agitation passagère et sèche, qui ne vous laissera que des mots pour tout souvenir. Au contraire, une lettre que l'amour a réellement dictée, une lettre d'un amant vraiment passionné sera lâche, diffuse, toute en longueurs, en désordre, en répétitions. Son cœur, plein d'un sentiment qui déborde, redit toujours la même chose, et n'a jamais achevé de dire, comme une source vive qui coule sans cesse et ne s'épuise jamais. Rien de saillant, rien de remarquable; on ne retient ni mots, ni tours, ni phrases; on n'admire rien, l'on n'est frappé de rien. Cependant on se sent l'ame attendrie; on se sent ému sans savoir pourquoi. Si la force du sentiment ne nous frappe pas, sa vérité nous touche; et c'est ainsi que le cœur sait parler au cœur. Mais ceux qui ne sentent rien, ceux qui n'ont que le jargon paré des passions, ne connoissent point ces sortes de beautés et les méprisent.

N. J'attends.

R. Fort bien. Dans cette dernière espèce de lettres, si les pensées sont communes, le style pourtant n'est pas familier, et ne doit pas l'être. L'amour n'est qu'illusion; il se fait, pour ainsi dire, un autre univers; il s'entoure d'objets qui ne sont point, ou auxquels lui seul a donné l'être; et, comme il rend tous ses sentiments en images, son langage est toujours figuré. Mais ces figures sont sans justesse et sans suite; son éloquence est dans son désordre; il prouve d'autant plus qu'il raisonne moins. L'enthousiasme est le dernier degré de la passion. Quand elle est à son comble, elle voit son objet parfait ; elle en fait alors son idole, elle le place dans le ciel : et, comme l'enthousiasme de la dévotion emprunte le langage de l'amour, l'enthousiasme de l'amour emprunte aussi le langage de la dévotion. Il ne voit plus que le paradis, les anges, les vertus des saints, les délices du séjour céleste. Dans ces transports, entouré de si hautes images, en parlera-t-il en termes rampants ? se résoudra-t-il d'abaisser, d'avilir ses idées, par des expressions vulgaires ? n'élèvera-t-il pas son style ? ne lui donnera-t-il pas de la noblesse, de la dignité ! Que parlez-vous de lettres, de style épistolaire ! En écrivant à ce qu'on aime, il est bien question de cela ; ce ne sont plus des lettres que l'on écrit, ce sont des hymnes.

N. Citoyen, voyons votre pou s.

R. Non, voyez l'hiver sur ma tête. Il est un âge pour l'expérience, un autre pour le souvenir. Le sentiment s'éteint à la fin ; mais l'ame sensible demeure toujours.

Je reviens à nos lettres. Si vous les lisez comme l'ouvrage d'un auteur qui veut plaire ou qui se pique d'écrire, elles sont détestables. Mais prenez-les pour ce qu'elles sont, et jugez-les dans leur espèce. Deux ou trois jeunes gens simples, mais sensibles, s'entretiennent entre eux des intérêts de leurs cœurs ; ils ne songent point à briller aux yeux les uns des autres. Ils se connaissent et s'aiment trop mutuellement pour que l'amour-propre ait plus rien à faire entre eux. Ils sont enfants ; penseront-ils en hommes ? ils sont étrangers ; écriront-ils correctement ? ils sont solitaires ; connoîtront-ils le monde et la société ? Pleins du seul sentiment qui les occupe, ils sont dans le délire, et pensent philosopher. Voulez-vous qu'ils sachent observer, juger, réfléchir ? Ils ne savent rien de tout cela : ils savent aimer ; ils rapportent tout à leur passion. L'importance qu'ils donnent à leurs folles idées est-elle moins amusante que tout l'esprit qu'ils pourroient étaler ? Ils parlent de tout, ils se trompent sur tout ; ils ne font rien connoître qu'eux : mais, en se faisant connoître, ils se font aimer ; leurs erreurs valent mieux que le savoir des sages ; leurs cœurs honnêtes portent partout, jusque dans leurs fautes, les préjugés de la vertu toujours confiante et toujours trahie. Rien ne les entend, rien ne leur répond, tout les détrompe. Ils se refusent aux vérités décourageantes : ne trouvant nulle part ce qu'ils sentent, ils se replient sur eux-mêmes ; ils se détachent du reste de l'univers, et créant entre eux un petit monde différent du nôtre, ils s'y forment un spectacle véritablement nouveau.

N. Je conviens qu'un homme de vingt ans et des filles de dix-huit ne doivent pas, quoique instruits, parler en philosophes, même en pensant l'être ; j'avoue encore, et cette différence ne m'a pas échappé, que ces filles deviennent des femmes de mérite, et ce jeune homme un meilleur observateur. Je ne fais point de comparaison entre le commencement et la fin de l'ouvrage. Les détails de la vie domestique effacent les fautes du premier âge ; la chaste épouse, la femme sensée, la digne mère de famille, font oublier la coupable amante. Mais cela même est un sujet de critique : la fin du recueil rend le commencement d'autant plus répréhensible ; on diroit que ce sont deux livres différents que les mêmes personnes ne doivent pas lire. Ayant à montrer des gens raisonnables, pourquoi les prendre avant qu'ils le soient devenus? Les jeux d'enfants qui précèdent les leçons de la sagesse empêchent de les attendre ; le mal scandalise avant que le bien puisse édifier ; enfin le lecteur indigné se rebute et quitte le livre au moment d'en tirer du profit.

R. Je pense au contraire que la fin de ce recueil seroit superflue aux lecteurs rebutés du commencement, et que ce même changement doit être agréable à ceux pour qui la fin peut être utile. Ainsi, ceux qui n'achèveront pas le livre ne perdront rien, puisqu'il ne leur est pas propre ; et ceux qui peuvent en profiter ne l'auroient pas lu, s'il eût commencé plus gravement. Pour rendre utile ce qu'on veut dire, il faut d'abord se faire écouter de ceux qui doivent en faire usage.

J'ai changé de moyen, mais non pas d'objet. Quand j'ai tâché de parler aux hommes, on ne m'a point entendu ; peut-être, en parlant aux enfants, me ferai-je mieux entendre ; et les enfants ne goûtent pas mieux la raison nue que les remèdes mal déguisés.

> Cosi all' egro franciul porgiamo asperci
> Di soave licor gl' orli del vaso ;
> Succhi amari ingannato ei beve,
> E dall' inganno suo vita riceve *.
>
> Tasso.

* C'est ainsi qu'en présentant une médecine à l'enfant malade,

SECONDE PRÉFACE.

N. J'ai peur que vous ne vous trompiez encore; ils suceront les bords du vase, et ne boiront point la liqueur.

R. Alors ce ne sera plus ma faute; j'aurai fait de mon mieux pour la faire passer.

Mes jeunes gens sont aimables; mais pour les aimer à trente ans, il faut les avoir connus à vingt. Il faut avoir vécu long-temps avec eux pour s'y plaire; et ce n'est qu'après avoir déploré leurs fautes qu'on vient à goûter leurs vertus. Leurs lettres n'intéressent pas tout d'un coup, mais peu à peu elles attachent: on ne peut ni les prendre ni les quitter. La grâce et la facilité n'y sont pas, ni la raison, ni l'esprit, ni l'éloquence; le sentiment y est; il se communique au cœur par degrés, et lui seul à la fin supplée à tout. C'est une longue romance dont les couplets, pris à part, n'ont rien qui touche, mais dont la suite produit à la fin son effet. Voilà ce que j'éprouve en les lisant : dites-moi si vous sentez la même chose?

N. Non. Je conçois pourtant cet effet par rapport à vous : si vous êtes l'auteur, l'effet est tout simple; si vous ne l'êtes pas, je le conçois encore. Un homme qui vit dans le monde ne peut s'accoutumer aux idées extravagantes, au pathos affecté, au déraisonnement continuel de vos bonnes gens. Un solitaire peut les goûter, vous en avez dit la raison vous-même. Mais avant que de publier ce manuscrit, songez que le

on arrose d'une liqueur agréable les bords du vase qui la contient; trompé par cet artifice, l'enfant boit le breuvage amer, et cette erreur lui fait recouvrer la santé.

public n'est pas composé d'ermites. Tout ce qui pourroit arriver de plus heureux seroit qu'on prît votre petit bon homme pour un Céladon, votre Edouard pour un don Quichotte, vos caillettes pour deux Astrées, et qu'on s'en amusât comme d'autant de vrais fous. Mais les longues folies n'amusent guère : il faut écrire comme Cervantes pour faire lire six volumes de visions.

R. La raison qui vous feroit supprimer cet ouvrage m'encourage à le publier.

N. Quoi! la certitude de n'être point lu.

R. Un peu de patience, et vous allez m'entendre.

En matière de morale, il n'y a point, selon moi, de lecture utile aux gens du monde. Premièrement, parce que la multitude des livres nouveaux qu'ils parcourent, et qui disent tour à tour le pour et le contre, détruit l'effet de l'un par l'autre, et rend le tout comme non avenu. Les livres choisis qu'on relit ne font point d'effet encore : s'ils soutiennent les maximes du monde, ils sont superflus; et s'ils les combattent, ils sont inutiles. Ils trouvent ceux qui les lisent liés aux vices de la société par des chaînes qu'ils ne peuvent rompre. L'homme du monde qui veut remuer un instant son ame pour la remettre dans l'ordre moral, trouvant de toutes parts une résistance invincible, est toujours forcé de garder ou reprendre sa première situation. Je suis persuadé qu'il y a peu de gens bien nés qui n'aient fait cet essai, du moins une fois en leur vie; mais, bientôt découragé d'un vain effort, on ne le répète plus, et l'on s'accoutume à regarder la morale des livres comme un babil de gens oisifs. Plus on s'éloigne des affaires, des grandes villes, des nombreuses sociétés, plus les obstacles diminuent. Il est un terme où ces obstacles cessent d'être invincibles, et c'est alors que les livres peuvent avoir quelque utilité. Quand on vit isolé, comme on ne se hâte pas de lire pour faire parade de ses lectures, on les varie moins, on les médite davantage; et comme elles ne trouvent pas un si grand contre-poids au dehors, elles font beaucoup plus d'effet au dedans. L'ennui, ce fléau de la solitude aussi bien que du grand monde, force de recourir aux livres amusants, seule ressource de qui vit seul et n'en a pas en lui-même. On lit beaucoup plus de romans dans les provinces qu'à Paris; on en lit plus dans les campagnes que dans les villes, et ils y font beaucoup plus d'impression : vous voyez pourquoi cela doit être.

Mais ces livres, qui pourroient servir à la fois d'amusement, d'instruction, de consolation au campagnard, malheureux seulement parce qu'il pense l'être, ne semblent faits, au contraire, que pour le rebuter de son état, en étendant et fortifiant le préjugé qui le lui rend méprisable : les gens du bel air, les femmes à la mode, les grands, les militaires; voilà les acteurs de tous vos romans. Le raffinement du goût des villes, les maximes de la cour, l'appareil du luxe, la morale épicurienne; voilà les leçons qu'ils prêchent et les préceptes qu'ils donnent. Le coloris de leurs fausses vertus ternit l'éclat des véritables; le manége des procédés est substitué aux devoirs réels; les beaux discours font dédaigner les belles actions;

et la simplicité des bonnes mœurs passe pour grossièreté.

Quel effet produiront de pareils tableaux sur un gentilhomme de campagne, qui voit railler la franchise avec laquelle il reçoit ses hôtes, et traiter de brutale orgie la joie qu'il fait régner dans son canton? sur sa femme, qui apprend que les soins d'une mère de famille sont au-dessous des dames de son rang? sur sa fille, à qui les airs contournés et le jargon de la ville font dédaigner l'honnête et rustique voisin qu'elle eût épousé? Tous de concert, ne voulant plus être des manants, se dégoûtent de leur village, abandonnent leur vieux château, qui bientôt devient masure, et vont dans la capitale, où le père, avec sa croix de Saint-Louis, de seigneur qu'il étoit, devient valet, ou chevalier d'industrie; la mère établit un brelan; la fille attire les joueurs; et souvent tous trois, après avoir mené une vie infâme, meurent de misère et déshonorés.

Les auteurs, les gens de lettres, les philosophes, ne cessent de crier que, pour remplir ses devoirs de citoyen, pour servir ses semblables, il faut habiter les grandes villes. Selon eux, fuir Paris, c'est haïr le genre humain; le peuple de la campagne est nul à leurs yeux : à les entendre, on croiroit qu'il n'y a des hommes qu'où il y a des pensions, des académies et des dîners.

De proche en proche, la même pente entraîne tous les états. Les contes, les romans, les pièces de théâtre, tout tire sur les provinciaux; tout tourne en dérision la simplicité des mœurs rustiques; tout prêche les manières et les plaisirs du grand monde : c'est une honte de ne les pas connoître; c'est un malheur de ne les pas goûter. Qui sait de combien de filous et de filles publiques l'attrait de ces plaisirs imaginaires peuple Paris de jour en jour? Ainsi les préjugés et l'opinion, renforçant l'effet des systèmes politiques, amoncellent, entassent les habitants de chaque pays sur quelques points du territoire, laissant tout le reste en friche et désert : ainsi, pour faire briller les capitales, se dépeuplent les nations; et ce frivole éclat, qui frappe les yeux des sots, fait courir l'Europe à grands pas vers sa ruine. Il importe au bonheur des hommes qu'on tâche d'arrêter ce torrent de maximes empoisonnées. C'est le métier des prédicateurs de nous crier, *Soyez bons et sages,* sans beaucoup s'inquiéter du succès de leurs discours. Le citoyen qui s'en inquiète ne doit point crier sottement, *Soyez bons,* mais nous faire aimer l'état qui nous porte à l'être.

N. Un moment; reprenez haleine. J'aime les vues utiles; et je vous ai si bien suivi dans celle-ci, que je crois pouvoir pérorer pour vous.

Il est clair, selon votre raisonnement, que, pour donner aux ouvrages d'imagination la seule utilité qu'ils puissent avoir, il faudrait les diriger vers un but opposé à celui que leurs auteurs se proposent; éloigner toutes les choses d'institution; ramener tout à la nature; donner aux hommes l'amour d'une vie égale et simple; les guérir des fantaisies de l'opinion; leur rendre le goût des vrais plaisirs; leur faire aimer la solitude et la paix; les tenir à quelque distance les uns des autres; et, au lieu de les exciter à s'entasser dans les villes, les porter à s'étendre également sur le territoire pour le vivifier de toutes parts. Je comprends encore qu'il ne s'agit pas de faire des Daphnis, des Sylvandres, des pasteurs d'Arcadie, des bergers du Lignon, d'illustres paysans cultivant leurs champs de leurs propres mains, et philosophant sur la nature, ni d'autres pareils êtres romanesques, qui ne peuvent exister que dans les livres; mais de montrer aux gens aisés que la vie rustique et l'agriculture ont des plaisirs qu'ils ne savent pas connoître; que ces plaisirs sont moins insipides, moins grossiers qu'ils ne pensent; qu'il y peut régner du goût, du choix, de la délicatesse; qu'un homme de mérite qui voudroit se retirer à la campagne avec sa famille, et devenir lui-même son propre fermier, y pourroit couler une vie aussi douce qu'au milieu des amusements des villes; qu'une ménagère des champs peut être une femme charmante, aussi pleine de grâces, et de grâces plus touchantes, que toutes les petites-maîtresses; qu'enfin les plus doux sentiments du cœur y peuvent animer une société plus agréable que le langage apprêté des cercles, où nos rires mordants et satiriques sont le triste supplément de la gaieté qu'on n'y connoît plus. Est-ce bien cela?

R. C'est cela même. A quoi j'ajouterai seulement une réflexion: L'on se plaint que les romans troublent les têtes : je le crois bien. En montrant sans cesse à ceux qui les lisent les prétendus charmes d'un état qui n'est pas le leur, ils les séduisent, ils leur font prendre leur état en dédain, et en faire un échange imaginaire contre celui qu'on leur fait aimer. Voulant être ce qu'on n'est pas, on parvient à se croire autre chose que ce qu'on est, et voilà comment on devient fou. Si les romans n'offroient à leurs lecteurs que des tableaux d'objets qui les environnent, que des devoirs qu'ils peuvent remplir, que des plaisirs de leur condition, les romans ne les rendroient point fous, ils les rendroient sages. Il faut que les écrits faits pour les solitaires parlent la langue des solitaires : pour les instruire, il faut qu'ils leur plaisent, qu'ils les intéressent; il faut qu'ils les attachent à leur état en le leur rendant agréable. Ils doivent combattre et détruire les maximes des grandes sociétés; ils doivent les montrer fausses et méprisables, c'est-à-dire telles qu'elles sont. A tous ces titres, un roman, s'il est bien fait, au moins s'il est utile, doit être sifflé, haï, décrié par les gens à la mode comme un livre plat, extravagant, ridicule; et voilà, monsieur, comment la folie du monde est sagesse.

N. Votre conclusion se tire d'elle-même. On ne peut mieux prévoir sa chute ni s'apprêter à tomber plus fièrement. Il me reste une seule difficulté. Les provinciaux, vous le savez, ne lisent que sur notre parole : il ne leur parvient que ce que nous leur envoyons. Un livre destiné pour les solitaires est d'abord jugé par les gens du monde : si ceux-ci le rebutent, les autres ne le lisent point. Répondez.

R. La réponse est facile. Vous parlez des beaux esprits de province, et moi je parle des vrais campagnards. Vous avez, vous autres qui brillez dans la capitale, des préjugés dont il faut vous guérir : vous croyez donner le ton à toute la France, et les trois quarts de la France ne savent pas que vous existez. Les livres qui tombent à Paris font la fortune des libraires de province.

N. Pourquoi voulez-vous les enrichir aux dépens des nôtres ?

R. Raillez. Moi, je persiste. Quand on aspire à la gloire, il faut se faire lire à Paris ; quand on veut être utile, il faut se faire lire en province. Combien d'honnêtes gens passent leur vie, dans des campagnes éloignées, à cultiver le patrimoine de leurs pères, où ils se regardent comme exilés par une fortune étroite ! Durant les longues nuits d'hiver, dépourvus de sociétés, ils emploient la soirée à lire au coin de leur feu les livres amusants qui leur tombent sous la main. Dans leur simplicité grossière, ils ne se piquent ni de littérature ni de bel esprit ; ils lisent pour se désennuyer et non pour s'instruire ; les livres de morale et de philosophie sont pour eux comme n'existant pas : on en feroit en vain pour leur usage ; ils ne leur parviendroient jamais. Cependant, loin de leur rien offrir de convenable à leur situation, vos romans ne servent qu'à la leur rendre encore plus amère. Ils changent leur retraite en un désert affreux ; et, pour quelques heures de distraction qu'ils leur donnent, ils leur préparent des mois de malaise et de vains regrets. Pourquoi n'oserois-je supposer que, par quelque heureux hasard, ce livre, comme tant d'autres plus mauvais encore, pourra tomber dans les mains de ces habitants des champs, et que l'image des plaisirs d'un état tout semblable au leur le leur rendra plus supportable ? J'aime à me figurer deux époux lisant ce recueil ensemble, y puisant un nouveau courage pour supporter leurs travaux communs, et peut-être de nouvelles vues pour les rendre utiles. Comment pourroient-ils y contempler le tableau d'un ménage heureux, sans vouloir imiter un si doux modèle? Comment s'attendriront-ils sur le charme de l'union conjugale, même privé de celui de l'amour, sans que la leur se resserre et s'affermisse? En quittant leur lecture, ils ne seront ni attristés de leur état ni rebutés de leurs soins. Au contraire, tout semblera prendre autour d'eux une face plus riante; leurs devoirs s'ennobliront à leurs yeux; ils reprendront le goût des plaisirs de la nature; ses vrais sentiments renaîtront dans leurs cœurs; et, en voyant le bonheur à leur portée, ils apprendront à le goûter. Ils rempliront les mêmes fonctions, mais ils les rempliront avec une autre ame, et feront en vrais patriarches ce qu'ils faisoient en paysans.

N. Jusqu'ici tout va fort bien. Les maris, les femmes, les mères de famille.... Mais les filles, n'en dites-vous rien?

R. Non. Une honnête fille ne lit point de livres d'amour. Que celle qui lira celui-ci, malgré son titre, ne se plaigne point du mal qu'il lui aura fait : elle ment. Le mal étoit fait d'avance; elle n'a plus rien à risquer.

N. A merveille! Auteurs érotiques, venez à l'école; nous voilà tous justifiés.

R. Oui, s'ils le sont par leur propre cœur et par l'objet de leurs écrits.

N. L'êtes-vous aux mêmes conditions?

R. Je suis trop fier pour répondre à cela; mais Julie s'étoit fait une règle pour juger les livres [1]; si vous la trouvez bonne, servez-vous-en pour juger celui-ci.

On a voulu rendre la lecture des romans utile à la jeunesse; je ne connois point de projet plus insensé : c'est commencer par mettre le feu à la maison pour faire jouer les pompes. D'après cette folle idée, au lieu de diriger vers son objet la morale de ces sortes d'ouvrages, on adresse toujours cette morale aux jeunes filles [2], sans songer que les jeunes filles n'ont point de part aux désordres dont on se plaint. En général leur conduite est régulière, quoique leurs cœurs soient corrompus. Elles obéissent à leurs mères en attendant qu'elles puissent les imiter. Quand les femmes feront leur devoir, soyez sûr que les filles ne manqueront point au leur.

N. L'observation vous est contraire en ce point. Il semble qu'il faut toujours au sexe un temps de libertinage, ou dans un état ou dans l'autre. C'est un mauvais levain qui fermente tôt ou tard. Chez les peuples qui ont des mœurs, les filles sont faciles et les femmes sévères : c'est le contraire chez ceux qui n'en ont pas. Les premiers n'ont égard qu'au délit, et les autres qu'au scandale. Il ne s'agit que d'être à l'abri des preuves; le crime est compté pour rien [3].

R. A l'envisager par ses suites on n'en jugeroit pas

---

[1] * Deuxième Partie, lettre XVIII, vers la fin.

[2] Ceci ne regarde que les modernes romans anglois.

[3] « Talis est via mulieris adulteræ quæ comedit, et tergens os « suum dicit : Non sum operata malum. » *Proverb.*, XXX, 20.

ainsi. Mais soyons justes envers les femmes; la cause de leur désordre est moins en elles que dans nos mauvaises institutions.

Depuis que tous les sentiments de la nature sont étouffés par l'extrême inégalité, c'est de l'inique despotisme des pères que viennent les vices et les malheurs des enfants; c'est dans des nœuds forcés et mal assortis que, victimes de l'avarice ou de la vanité des parents, de jeunes femmes effacent, par un désordre dont elles font gloire, le scandale de leur première honnêteté. Voulez-vous donc remédier au mal, remontez à sa source. S'il y a quelque réforme à tenter dans les mœurs publiques, c'est par les mœurs domestiques qu'elle doit commencer, et cela dépend absolument des pères et mères. Mais ce n'est point ainsi qu'on dirige les instructions; vos lâches auteurs ne prêchent jamais que ceux qu'on opprime; et la morale des livres sera toujours vaine, parce qu'elle n'est que l'art de faire sa cour au plus fort.

N. Assurément la vôtre n'est pas servile; mais à force d'être libre, ne l'est-elle point trop? Est-ce assez qu'elle aille à la source du mal? ne craignez-vous point qu'elle en fasse?

R. Du mal! A qui? Dans des temps d'épidémie et de contagion, quand tout est atteint dès l'enfance, faut-il empêcher le débit des drogues bonnes aux malades, sous prétexte qu'elles pourroient nuire aux gens sains? Monsieur, nous pensons si différemment sur ce point, que, si l'on pouvoit espérer quelque succès pour ces lettres, je suis très-persuadé qu'elles feroient plus de bien qu'un meilleur livre.

N. Il est vrai que vous avez une excellente prêcheuse. Je suis charmé de vous voir raccommodé avec les femmes; j'étois fâché que vous leur défendissiez de nous faire des sermons [1].

R. Vous êtes pressant, il faut me taire; je ne suis ni assez fou ni assez sage pour avoir toujours raison : laissons cet os à ronger à la critique.

N. Bénignement : de peur qu'elle n'en manque. Mais n'eût-on sur tout le reste rien à dire à tout autre, comment passer au sévère censeur des spectacles les situations vives et les sentiments passionnés dont tout ce recueil est rempli? Montrez-moi une scène de théâtre qui forme un tableau pareil à ceux du bosquet de Clarens [2] et du cabinet de toilette. Relisez la lettre sur les spectacles; relisez ce recueil..... Soyez conséquent, ou quittez vos principes.... Que voulez-vous qu'on pense?

R. Je veux, monsieur, qu'un critique soit conséquent lui-même, et qu'il ne juge qu'après avoir examiné. Relisez mieux l'écrit que vous venez de citer; relisez aussi la préface de Narcisse, vous y verrez la réponse à l'inconséquence que vous me reprochez. Les étourdis qui prétendent en trouver dans le Devin du Village en trouveront sans doute bien plus ici. Ils feront leur métier : mais vous....

N. Je me rappelle deux passages [3].... Vous estimez peu vos contemporains.

R. Monsieur, je suis aussi leur contemporain. Oh!

---

[1] Voyez la Lettre à M. d'Alembert, sur les spectacles.
[2] On prononce *Claran*.
[3] Préface de Narcisse; Lettre à M. d'Alembert.

SECONDE PRÉFACE.

que ne suis-je né dans un siècle où je dusse jeter ce recueil au feu !

N. Vous outrez, à votre ordinaire; mais, jusqu'à certain point vos maximes sont assez justes. Par exemple, si votre Héloïse eût été toujours sage, elle instruiroit beaucoup moins; car à qui serviroit-elle de modèle ! C'est dans les siècles les plus dépravés qu'on aime les leçons de la morale la plus parfaite : cela dispense de les pratiquer, et l'on contente à peu de frais, par une lecture oisive, un reste de goût pour la vertu.

R. Sublimes auteurs, rabaissez un peu vos modèles, si vous voulez qu'on cherche à les imiter. A qui vantez-vous la pureté qu'on n'a pas souillée ? Eh ! parlez-nous de celle qu'on peut recouvrer ; peut-être au moins quelqu'un pourra vous entendre.

N. Votre jeune homme a déjà fait ces réflexions : mais n'importe; on ne vous fera pas moins un crime d'avoir dit ce qu'on fait, pour montrer ensuite ce qu'on devroit faire ; sans compter qu'inspirer l'amour aux filles et la réserve aux femmes, c'est renverser l'ordre établi, et ramener toute cette petite morale que la philosophie a proscrite. Quoi que vous en puissiez dire, l'amour dans les filles est indécent et scandaleux, et il n'y a qu'un mari qui puisse autoriser un amant. Quelle étrange maladresse que d'être indulgent pour des filles qui ne doivent point vous lire, et sévère pour les femmes qui vous jugeront ! Croyez-moi, si vous avez peur de réussir, tranquillisez-vous; vos mesures sont trop bien prises pour vous laisser craindre un pareil affront. Quoi qu'il en soit, je vous garderai le secret; ne soyez imprudent qu'à demi. Si vous croyez donner un livre utile, à la bonne heure; mais gardez-vous de l'avouer.

R. De l'avouer, monsieur! Un honnête homme se cache-t-il, quand il parle au public? ose-t-il imprimer ce qu'il n'oseroit reconnoître? Je suis l'éditeur de ce livre, et je m'y nommerai comme éditeur.

N. Vous vous y nommerez! vous?

R. Moi-même.

N. Quoi! vous y mettrez votre nom?

R. Oui, monsieur.

N. Votre vrai nom? *Jean-Jacques Rousseau*, en toutes lettres?

R. *Jean-Jacques Rousseau*, en toutes lettres.

N. Vous n'y pensez pas! que dira-t-on de vous?

R. Ce qu'on voudra. Je me nomme à la tête de ce recueil, non pour me l'approprier, mais pour en répondre. S'il y a du mal, qu'on me l'impute; s'il y a du bien, je n'entends point m'en faire honneur. Si l'on trouve le livre mauvais en lui-même, c'est une raison de plus pour y mettre mon nom. Je ne veux pas passer pour meilleur que je ne suis.

N. Êtes-vous content de cette réponse?

R. Oui, dans des temps où il n'est possible à personne d'être bon.

N. Et les belles ames, les oubliez-vous?

R. La nature les fit, vos institutions les gâtent.

N. A la tête d'un livre d'amour on lira ces mots: *Par J. J. Rousseau, citoyen de Genève!*

R. *Citoyen de Genève!* Non pas cela. Je ne profane point le nom de ma patrie; je ne le mets qu'aux écrits que je crois lui pouvoir faire honneur.

N. Vous portez vous-même un nom qui n'est pas sans honneur, et vous avez aussi quelque chose à perdre. Vous donnez un livre foible et plat qui vous fera tort. Je voudrois vous en empêcher; mais si vous en faites la sottise, j'approuve que vous la fassiez hautement et franchement; cela du moins sera dans votre caractère. Mais, à propos, mettrez-vous aussi votre devise à ce livre?

R. Mon libraire m'a déjà fait cette plaisanterie, et je l'ai trouvée si bonne, que j'ai promis de lui en faire honneur. Non, monsieur, je ne mettrai point ma devise à ce livre; mais je ne la quitterai pas pour cela, et je m'effraie moins que jamais de l'avoir prise. Souvenez-vous que je songeois à faire imprimer ces lettres quand j'écrivois contre les spectacles; et que le soin d'excuser un de ces écrits ne m'a point fait altérer la vérité dans l'autre. Je me suis accusé d'avance plus fortement peut-être que personne ne m'accusera. Celui qui préfère la vérité à sa gloire, peut espérer de la préférer à sa vie. Vous voulez qu'on soit toujours conséquent; je doute que cela soit possible à l'homme; mais ce qui lui est possible est d'être toujours vrai : voilà ce que je veux tâcher d'être.

N. Quand je vous demande si vous êtes l'auteur de ces lettres, pourquoi donc éludez-vous ma question?

R. Pour cela même que je ne veux pas dire un mensonge.

N. Mais refusez-vous aussi de dire la vérité?

R. C'est encore lui rendre honneur que de déclarer qu'on veut la taire : vous auriez meilleur marché d'un homme qui voudroit mentir. D'ailleurs les gens de goût se trompent-ils sur la plume des auteurs ? Comment osez-vous faire une question que c'est à vous de résoudre ?

N. Je la résoudrois bien pour quelques lettres ; elles sont certainement de vous ; mais je ne vous reconnois plus dans les autres, et je doute qu'on se puisse contrefaire à ce point. La nature, qui n'a pas peur qu'on la méconnoisse, change souvent d'apparence ; et souvent l'art se décèle en voulant être plus naturel qu'elle ; c'est le grogneur de la fable, qui rend la voix de l'animal mieux que l'animal même. Ce recueil est plein de choses d'une maladresse que le dernier barbouilleur eût évitée : les déclamations, les répétitions, les contradictions, les éternelles rabâcheries. Où est l'homme capable de mieux faire qui pourroit se résoudre à faire si mal ? Où est celui qui auroit laissé la choquante proposition que ce fou d'Édouard fait à Julie ? Où est celui qui n'auroit pas corrigé le ridicule du petit bon homme qui, voulant toujours mourir, a soin d'en avertir tout le monde, et finit par se porter toujours bien ? Où est celui qui n'eût pas commencé par se dire : Il faut marquer avec soin les caractères ; il faut exactement varier les styles ? Infailliblement, avec ce projet, il auroit mieux fait que la nature.

J'observe que dans une société très-intime les styles se rapprochent ainsi que les caractères, et que les amis,

SECONDE PRÉFACE.

confondant leurs ames, confondent aussi leurs manières de penser, de sentir, et de dire. Cette Julie, telle qu'elle est, doit être une créature enchanteresse ; tout ce qui l'approche doit lui ressembler ; tout doit devenir Julie autour d'elle ; tous ses amis ne doivent avoir qu'un ton. Mais ces choses se sentent et ne s'imaginent pas. Quand elles s'imagineroient, l'inventeur n'oseroit les mettre en pratique : il ne lui faut que des traits qui frappent la multitude ; ce qui redevient simple à force de finesse ne lui convient plus : or, c'est là qu'est le sceau de la vérité ; c'est là qu'un œil attentif cherche et retrouve la nature.

R. Hé bien ! vous concluez donc ?

N. Je ne conclus pas ; je doute ; et je ne saurois vous dire combien ce doute m'a tourmenté durant la lecture de ces lettres. Certainement, si tout cela n'est que fiction, vous avez fait un mauvais livre ; mais dites que ces deux femmes ont existé, et je relis ce recueil tous les ans jusqu'à la fin de ma vie.

R. Eh! qu'importe qu'elles aient existé ? vous les chercheriez en vain sur la terre : elles ne sont plus.

N. Elles ne sont plus ? elles furent donc ?

R. Cette conclusion est conditionnelle : si elles furent, elles ne sont plus.

N. Entre nous, convenez que ces petites subtilités sont plus déterminantes qu'embarrassantes.

R. Elles sont ce que vous les forcez d'être, pour ne point me trahir ni mentir.

N. Ma foi, vous avez beau faire, on vous devinera malgré vous. Ne voyez-vous pas que votre épigraphe seule dit tout ?

R. Je vois qu'elle ne dit rien sur le fait en question: car qui peut savoir si j'ai trouvé cette épigraphe dans le manuscrit, ou si c'est moi qui l'y ai mise? qui peut dire si je ne suis point dans le même doute où vous êtes, si tout cet air de mystère n'est pas peut-être une feinte pour vous cacher ma propre ignorance sur ce que vous voulez savoir?

N. Mais enfin, vous connoissez les lieux? vous avez été à Vevai, dans le pays de Vaud?

R. Plusieurs fois; et je vous déclare que je n'y ai point ouï parler du baron d'Étange ni de sa fille. Le nom de M. de Wolmar n'y est même pas connu. J'ai été à Clarens; je n'y ai rien vu de semblable à la maison décrite dans ces lettres. J'y ai passé, revenant d'Italie, l'année même de l'événement funeste, et l'on n'y pleuroit ni Julie de Wolmar, ni rien qui lui ressemblât, que je sache. Enfin, autant que je puis me rappeler la situation du pays, j'ai remarqué dans ces lettres des transpositions de lieux et des erreurs de topographie; soit que l'auteur n'en sût pas davantage, soit qu'il voulût dépayser ses lecteurs. C'est là tout ce que vous apprendrez de moi sur ce point; et soyez sûr que d'autres ne m'arracheront pas ce que j'aurai refusé de vous dire.

N. Tout le monde aura la même curiosité que moi. Si vous oubliez cet ouvrage, dites donc au public ce que vous m'avez dit. Faites plus; écrivez cette conversation pour toute préface: les éclaircissements nécessaires y sont tous.

R. Vous avez raison, elle vaut mieux que ce que j'aurois dit de mon chef. Au reste, ces sortes d'apologies ne réussissent guère.

N. Non, quand on voit que l'auteur s'y ménage; mais j'ai pris soin qu'on ne trouvât pas ce défaut dans celle-ci. Seulement je vous conseille d'en transposer les rôles. Feignez que c'est moi qui vous presse de publier ce recueil, et que vous vous en défendez. Donnez-vous les objections, et à moi les réponses. Cela sera plus modeste, et fera un meilleur effet.

R. Cela sera-t-il aussi dans le caractère dont vous m'avez loué ci-devant?

N. Non, je vous tendois un piége: laissez les choses comme elles sont.

JULIE,
OU
LA NOUVELLE HÉLOÏSE.

PREMIÈRE PARTIE.

LETTRE I.

DE SAINT-PREUX A JULIE.

Il faut vous fuir, mademoiselle, je le sens bien; j'aurois dû beaucoup moins attendre, ou plutôt il falloit ne vous voir jamais. Mais que faire aujourd'hui? comment m'y prendre? Vous m'avez promis de l'amitié; voyez mes perplexités, et conseillez-moi.

Vous savez que je ne suis entré dans votre maison que sur l'invitation de madame votre mère. Sachant que j'avois cultivé quelques talents agréables, elle a cru qu'ils ne seroient pas inutiles, dans un lieu dépourvu de maîtres, à l'éducation d'une fille qu'elle adore. Fier, à mon tour, d'orner de quelques fleurs un si beau naturel, j'osai me charger de ce dangereux soin sans en prévoir le péril, ou du moins sans le redouter. Je ne vous dirai point que je commence à payer le prix de ma témérité : j'espère que je ne m'oublierai jamais jusqu'à vous tenir des discours qu'il ne vous convient pas d'entendre, et manquer au respect que je dois à vos mœurs encore plus qu'à votre naissance et à vos charmes. Si je souffre, j'ai du moins la consolation de souffrir seul, et je ne voudrois pas d'un bonheur qui pût coûter au vôtre.

Cependant je vous vois tous les jours, et je m'aperçois que, sans y songer, vous aggravez innocemment des maux que vous ne pouvez plaindre, et que vous devez ignorer. Je sais, il est vrai, le parti que dicte en pareil cas la prudence au défaut de l'espoir; et je me serois efforcé de la prendre, si je pouvois accorder en cette occasion la prudence avec l'honnêteté : mais comment me retirer décemment d'une maison dont la maîtresse elle-même m'a offert l'entrée, où elle m'accable de bontés, où elle me croit de quelque utilité à ce qu'elle a de plus cher au monde? comment frustrer cette tendre mère du plaisir de surprendre un jour son époux par vos progrès dans les études qu'elle lui cache à ce dessein? Faut-il quitter impoliment sans lui rien dire? faut-il lui déclarer le sujet de ma retraite? et cet aveu même ne l'offensera-t-il pas de la part d'un homme dont la naissance et la fortune ne peuvent lui permettre d'aspirer à vous?

Je ne vois, mademoiselle, qu'un moyen de sortir

de l'embarras où je suis, c'est que la main qui m'y plonge m'en retire; que ma peine, ainsi que ma faute me vienne de vous; et qu'au moins par pitié pour moi vous daigniez m'interdire votre présence. Montrez ma lettre à vos parents, faites-moi refuser votre porte, chassez-moi comme il vous plaira; je puis tout endurer de vous; je ne puis vous fuir de moi-même.

Vous, me chasser! moi, vous fuir! et pourquoi? Pourquoi donc est-ce un crime d'être sensible au mérite, et d'aimer ce qu'il faut qu'on honore? Non, belle Julie; vos attraits avoient ébloui mes yeux; jamais ils n'eussent égaré mon cœur sans l'attrait plus puissant qui les anime. C'est cette union touchante d'une sensibilité si vive et d'une inaltérable douceur; c'est cette pitié si tendre à tous les maux d'autrui; c'est cet esprit juste et ce goût exquis qui tirent leur pureté de celle de l'ame; ce sont, en un mot, les charmes des sentiments, bien plus que ceux de la personne, que j'adore en vous. Je consens qu'on vous puisse imaginer plus belle encore : mais plus aimable et plus digne du cœur d'un honnête homme; non, Julie, il n'est pas possible.

J'ose me flatter quelquefois que le ciel a mis une conformité secrète entre nos affections, ainsi qu'entre nos goûts et nos âges. Si jeunes encore, rien n'altère en nous les penchants de la nature, et toutes nos inclinations semblent se rapporter.

Avant que d'avoir pris les uniformes préjugés du monde, nous avons des manières uniformes de sentir et de voir; et pourquoi n'oserois-je pas imaginer dans nos cœurs ce même concert que j'aperçois dans nos jugements? Quelquefois nos yeux se rencontrent; quelques soupirs nous échappent en même temps; quelques larmes furtives... ô Julie! si cet accord venoit de plus loin... si le ciel nous avoit destinés... toute la force humaine... Ah! pardon! je m'égare, j'ose prendre mes vœux pour de l'espoir; l'ardeur de mes désirs prête à leur objet la possibilité qui lui manque.

Je vois avec effroi quel tourment mon cœur se prépare. Je ne cherche point à flatter mon mal; je voudrois le haïr s'il étoit possible. Jugez si mes sentiments sont purs par la sorte de grâce que je viens vous demander. Tarissez, s'il se peut, la source du poison qui me nourrit et me tue. Je ne veux que guérir ou mourir; et j'implore vos rigueurs comme un amant imploreroit vos bontés.

Oui, je promets, je jure de faire de mon côté tous mes efforts pour recouvrer ma raison, ou concentrer au fond de mon ame le trouble que j'y sens naître : mais, par pitié, détournez de moi ces yeux si doux qui me donnent la mort; dérobez aux miens vos traits, votre air, vos bras, vos mains, vos blonds cheveux, vos gestes; trompez l'avide imprudence de mes regards; retenez cette voix touchante qu'on n'entend point sans émotion:

soyez, hélas! une autre que vous-même, pour que mon cœur puisse revenir à lui.

Vous le dirai-je sans détour? Dans ces jeux que l'oisiveté de la soirée engendre, vous vous livrez devant tout le monde à des familiarités cruelles; vous n'avez pas plus de réserve avec moi qu'avec un autre. Hier même, il s'en fallut peu que, par pénitence, vous ne me laissassiez prendre un baiser : vous résistâtes foiblement. Heureusement je n'eus garde de m'obstiner. Je sentis à mon trouble croissant que j'allois me perdre, et je m'arrêtai. Ah! si du moins je l'eusse pu savourer à mon gré, ce baiser eût été mon dernier soupir, et je serois mort le plus heureux des hommes.

De grâce, quittons ces jeux qui peuvent avoir des suites funestes. Non, il n'y en a pas un qui n'ait son danger, jusqu'au plus puéril de tous. Je tremble toujours d'y rencontrer votre main, et je ne sais comment il arrive que je la rencontre toujours. A peine se pose-t-elle sur la mienne, qu'un tressaillement me saisit, le jeu me donne la fièvre, ou plutôt le délire : je ne vois, je ne sens plus rien : et, dans ce moment d'aliénation, que dire, que faire, où me cacher, comment répondre de moi?

Durant nos lectures, c'est un autre inconvénient. Si je vous vois un instant sans votre mère ou sans votre cousine, vous changez tout à coup de maintien; vous prenez un air si sérieux, si froid, si glacé, que le respect et la crainte de vous déplaire m'ôtent la présence d'esprit et le jugement, et j'ai peine à bégayer en tremblant quelques mots d'une leçon que toute votre sagacité vous fait suivre à peine. Ainsi l'inégalité que vous affectez tourne à la fois au préjudice de tous deux : vous me désolez et ne vous instruisez point, sans que je puisse concevoir quel motif fait ainsi changer d'humeur une personne si raisonnable. J'ose vous le demander, comment pouvez-vous être si folâtre en public, et si grave dans le tête-à-tête? Je pensois que ce devoit être tout le contraire, et qu'il falloit composer son maintien à proportion du nombre des spectateurs. Au lieu de cela, je vous vois, toujours avec une égale perplexité de ma part, le ton de cérémonie en particulier, et le ton familier devant tout le monde. Daignez être plus égale, peut-être serai-je moins tourmenté.

Si la commisération naturelle aux ames bien nées peut vous attendrir sur les peines d'un infortuné auquel vous avez témoigné quelque estime, de légers changements dans votre conduite rendront sa situation moins violente, et lui feront supporter plus paisiblement et son silence et ses maux. Si sa retenue et son état ne vous touchent pas, et que vous vouliez user du droit de le perdre, vous le pouvez sans qu'il en murmure : il aime mieux encore périr par votre ordre que par un transport indiscret qui le rendît coupable à vos yeux. Enfin, quoi que vous ordonniez de mon sort, au moins n'aurai-je point à me reprocher d'avoir pu former un espoir téméraire; et si vous avez lu cette lettre, vous avez fait tout ce que j'oserois vous demander, quand même je n'aurois point de refus à craindre.

LETTRE II.

DE SAINT-PREUX A JULIE.

Que je me suis abusé, mademoiselle, dans ma première lettre! Au lieu de soulager mes maux, je n'ai fait que les augmenter en m'exposant à votre disgrâce, et je sens que le pire de tous est de vous déplaire. Votre silence, votre air froid et réservé, ne m'annoncent que trop mon malheur. Si vous avez exaucé ma prière en partie, ce n'est que pour mieux m'en punir.

> E poi ch' amor di me vi fece accorta,
> Fur i biondi capelli allor velati,
> E l'amoroso sguardo in se raccolto [1].

Vous retranchez en public l'innocente familiarité dont j'eus la folie de me plaindre; mais vous n'en êtes que plus sévère dans le particulier; et votre ingénieuse rigueur s'exerce également par votre complaisance et par vos refus.

[1] Et l'amour vous ayant rendue attentive, vous voilâtes vos blonds cheveux, et recueillîtes en vous-même vos doux regards.
METAST.

Que ne pouvez-vous connoître combien cette froideur m'est cruelle! vous me trouveriez trop puni. Avec quelle ardeur ne voudrois-je pas revenir sur le passé, et faire que vous n'eussiez point vu cette fatale lettre! Non, dans la crainte de vous offenser encore, je n'écrirois point celle-ci si je n'eusse écrit la première, et je ne veux pas redoubler ma faute, mais la réparer. Faut-il, pour vous apaiser, dire que je m'abusois moi-même? Faut-il protester que ce n'étoit pas de l'amour que j'avois pour vous?... Moi, je prononcerois cet odieux parjure? Le vil mensonge est-il digne d'un cœur où vous régnez? Ah! que je sois malheureux, s'il faut l'être; pour avoir été téméraire, je ne serai ni menteur ni lâche, et le crime que mon cœur a commis, ma plume ne peut le désavouer.

Je sens d'avance le poids de votre indignation, et j'en attends les derniers effets comme une grâce que vous me devez au défaut de tout autre; car le feu qui me consume mérite d'être puni, mais non méprisé. Par pitié, ne m'abandonnez pas à moi-même; daignez au moins disposer de mon sort; dites quelle est votre volonté. Quoi que vous puissiez me prescrire, je ne saurai qu'obéir. M'imposez-vous un silence éternel, je saurai me contraindre à le garder. Me bannissez-vous de votre présence, je jure que vous ne me verrez plus. M'ordonnez-vous de mourir, ah! ce ne sera pas le plus difficile. Il n'y a point d'ordre auquel je ne souscrive, hors celui de ne vous plus aimer : encore obéirois-je en cela même, s'il m'étoit possible.

Cent fois le jour je suis tenté de me jeter à vos pieds, de les arroser de mes pleurs, d'y obtenir la mort ou mon pardon : toujours un effroi mortel glace mon courage, mes genoux tremblent et n'osent fléchir; la parole expire sur mes lèvres, et mon âme ne trouve aucune assurance contre la frayeur de vous irriter.

Est-il au monde un état plus affreux que le mien? Mon cœur sent trop combien il est coupable, et ne sauroit cesser de l'être; le crime et le remords l'agitent de concert; et sans savoir quel sera mon destin, je flotte dans un doute insupportable, entre l'espoir de la clémence et la crainte du châtiment.

Mais non, je n'espère rien, je n'ai droit de rien espérer. La seule grâce que j'attends de vous est de hâter mon supplice. Contentez une juste vengeance. Est-ce être assez malheureux que de me voir réduit à la solliciter moi-même? Punissez-moi; vous le devez; mais si vous n'êtes impitoyable, quittez cet air froid et mécontent qui me met au désespoir : quand on envoie un coupable à la mort, on ne lui montre plus de colère.

LETTRE III.

DE SAINT-PREUX A JULIE.

Ne vous impatientez pas, mademoiselle; voici la dernière importunité que vous recevrez de moi.

Quand je commençois de vous aimer, que j'étois loin de voir tous les maux que je m'apprêtois! Je ne sentis d'abord que celui d'un amour sans espoir, que la raison peut vaincre à force de temps; j'en connus ensuite un plus grand dans la douleur de vous déplaire; et maintenant j'éprouve le plus cruel de tous dans le sentiment de vos propres peines. O Julie! je le vois avec amertume, mes plaintes troublent votre repos : vous gardez un silence invincible : mais tout décèle à mon cœur attentif vos agitations secrètes. Vos yeux deviennent sombres, rêveurs, fixés en terre; quelques regards égarés s'échappent sur moi; vos vives couleurs se fanent; une pâleur étrangère couvre vos joues; la gaieté vous abandonne; une tristesse mortelle vous accable; et il n'y a que l'inaltérable douceur de votre ame qui vous préserve d'un peu d'humeur.

Soit sensibilité, soit dédain, soit pitié pour mes souffrances, vous en êtes affectée, je le vois; je crains de contribuer aux vôtres, et cette crainte m'afflige beaucoup plus que l'espoir qui devroit en naître ne peut me flatter; car, ou je me trompe moi-même, ou votre bonheur m'est plus cher que le mien.

Cependant, en revenant à mon tour sur moi, je commence à connoître combien j'avois mal jugé de mon propre cœur, et je vois trop tard que ce que j'avois d'abord pris pour un délire passager fera le destin de ma vie. C'est le progrès de votre tristesse qui m'a fait sentir celui de mon mal. Jamais, non jamais le feu de vos yeux, l'éclat de votre teint, les charmes de votre esprit, toutes les grâces de votre ancienne gaieté, n'eussent produit un effet semblable à celui de votre abattement. N'en doutez point, divine Julie, si vous pouviez voir quel embrasement ces huit jours de langueur ont allumé dans mon ame, vous gémiriez vous-même des maux que vous me causez. Ils sont désormais sans remède, et je sens avec désespoir que le feu qui me consume ne s'éteindra qu'au tombeau.

N'importe; qui ne peut se rendre heureux peut au moins mériter de l'être, et je saurai vous forcer d'estimer un homme à qui vous n'avez pas daigné faire la moindre réponse. Je suis jeune et peux mériter un jour la considération dont je ne suis pas maintenant digne. En attendant, il faut vous rendre le repos que j'ai perdu pour toujours, et que je vous ôte ici malgré moi. Il est juste que je porte seul la peine du crime dont je suis seul coupable. Adieu, trop belle Julie; vivez tranquille, et reprenez votre enjouement, dès demain vous ne me verrez plus. Mais soyez sûre que l'amour ardent et pur dont j'ai brûlé pour vous ne s'éteindra de ma vie; que mon cœur, plein d'un si digne objet, ne sauroit plus s'avilir, qu'il partagera désormais ses uniques hommages entre vous et la vertu, et qu'on ne verra jamais profaner par d'autres feux l'autel où Julie fut adorée.

BILLET DE JULIE.

N'emportez pas l'opinion d'avoir rendu votre éloignement nécessaire. Un cœur vertueux sauroit se vaincre ou se taire, et deviendroit peut-être à craindre. Mais vous.... vous pouvez rester.

RÉPONSE.

Je me suis tu long-temps; vos froideurs m'ont fait parler à la fin. Si l'on peut se vaincre pour la vertu, l'on ne supporte point le mépris de ce qu'on aime. Il faut partir.

IIe BILLET DE JULIE.

Non, monsieur, après ce que vous avez paru sentir, après ce que vous m'avez osé dire, un homme tel que vous avez feint d'être ne part point, il fait plus.

RÉPONSE.

Je n'ai rien feint qu'une passion modérée dans un cœur au désespoir. Demain vous serez contente, et, quoi que vous en puissiez dire, j'aurai moins fait que de partir.

IIIe BILLET DE JULIE.

Insensé! si mes jours te sont chers, crains d'attenter aux tiens. Je suis obsédée, et ne puis ni vous parler ni vous écrire jusqu'à demain. Attendez.

LETTRE IV.

DE JULIE A SAINT-PREUX.

Il faut donc l'avouer enfin, ce fatal secret trop mal déguisé! Combien de fois j'ai juré qu'il ne sortiroit de mon cœur qu'avec la vie! La tienne en danger me l'arrache; il m'échappe, et l'honneur est perdu. Hélas! j'ai trop tenu parole : est-il une mort plus cruelle que de survivre à l'honneur?

Que dire? comment rompre un si pénible silence? ou plutôt n'ai-je pas déjà tout dit, et ne m'as-tu pas trop entendue? Ah! tu en as trop vu pour ne pas deviner le reste! Entraînée par degrés dans les piéges d'un vil séducteur, je vois, sans pouvoir m'arrêter, l'horrible précipice où je cours. Homme artificieux! c'est bien plus mon amour que le tien qui fait ton audace. Tu vois l'égarement de mon cœur, tu t'en prévaux pour me perdre, et quand tu me rends méprisable, le pire de mes maux est d'être forcée à te mépriser. Ah! malheureux, je t'estimois, et tu me déshonores! crois-moi, si ton cœur étoit fait pour jouir en paix de ce triomphe, il ne l'eût jamais obtenu.

Tu le sais, tes remords en augmenteront; je n'avois point dans l'ame des inclinations vicieuses. La modestie et l'honnêteté m'étoient chères; j'aimois à les nourrir dans une vie simple et laborieuse. Que m'ont servi des soins que le ciel a rejetés? Dès le premier jour que j'eus le malheur de te voir, je sentis le poison qui corrompt mes sens et ma raison; je le sentis du premier instant; et tes yeux, tes sentiments, tes discours, ta plume criminelle, le rendent chaque jour plus mortel.

Je n'ai rien négligé pour arrêter le progrès de cette passion funeste. Dans l'impuissance de résister, j'ai voulu me garantir d'être attaquée; tes poursuites ont trompé ma vaine prudence. Cent fois j'ai voulu me jeter aux pieds des auteurs de mes jours; cent fois j'ai voulu leur ouvrir mon cœur coupable : ils ne peuvent connoître ce qui s'y passe ; ils voudront appliquer des remèdes ordinaires à un mal désespéré ; ma mère est foible et sans autorité ; je connois l'inflexible sévérité de mon père, et je ne ferai que perdre et déshonorer moi, ma famille et toi-même. Mon amie est absente, mon frère n'est plus ; je ne trouve aucun protecteur au monde contre l'ennemi qui me poursuit ; j'implore en vain le ciel, le ciel est sourd aux prières des foibles. Tout fomente l'ardeur qui me dévore ; tout m'abandonne à moi-même, ou plutôt tout me livre à toi ; la nature entière semble être ta complice ; tous mes efforts sont vains, je t'adore en dépit de moi-même. Comment mon cœur, qui n'a pu résister dans toute sa force, céderoit-il maintenant à demi ? comment ce cœur, qui ne sait rien dissimuler, te cacheroit-il le reste de sa foiblesse ? Ah ! le premier pas qui coûte le plus étoit celui qu'il ne falloit pas faire ; comment m'arrêterois-je aux autres ? Non, de ce premier pas je me sens entraîner dans l'abîme, et tu peux me rendre aussi malheureuse qu'il te plaira.

Tel est l'état affreux où je me vois, que je ne puis plus avoir recours qu'à celui qui m'y a réduite, et que, pour me garantir de ma perte, tu dois être mon unique défenseur contre toi. Je pouvois, je le sais, différer cet aveu de mon désespoir ; je pouvois quelque temps déguiser ma honte, et céder par degrés pour m'en imposer à moi-même.

Vaine adresse qui pouvoit flatter mon amour-propre, et non pas sauver ma vertu! Va, je vois trop, je sens trop où mène la première faute, et je ne cherchois pas à préparer ma ruine, mais à l'éviter.

Toutefois, si tu n'es pas le dernier des hommes, si quelque étincelle de vertu brilla dans ton ame, s'il y reste encore quelque trace des sentiments d'honneur dont tu m'as paru pénétré, puis-je te croire assez vil pour abuser de l'aveu fatal que mon délire m'arrache? Non, je te connois bien; tu soutiendras ma foiblesse, tu deviendras ma sauvegarde; tu protégeras ma personne contre mon propre cœur. Tes vertus sont le dernier refuge de mon innocence; mon honneur s'ose confier au tien, tu ne peux conserver l'un sans l'autre : ame généreuse, ah! conserve-les tous deux; et, du moins pour l'amour de toi-même, daigne prendre pitié de moi.

O Dieu! suis-je assez humiliée? Je t'écris à genoux; je baigne mon papier de mes pleurs; j'élève à toi mes timides supplications. Et ne pense pas cependant que j'ignore que c'étoit à moi d'en recevoir, et que, pour me faire obéir, je n'avois qu'à me rendre avec art méprisable. Ami, prends ce vain empire, et laisse-moi l'honnêteté : j'aime mieux être ton esclave et vivre innocente que d'acheter ta dépendance au prix de mon déshonneur. Si tu daignes m'écouter, que d'amour, que de respects ne dois-tu pas attendre de celle qui te devra son retour à la vie! Quels charmes dans la douce union de deux ames pures! tes désirs vaincus seront la source de ton bonheur, et les plaisirs dont tu jouiras seront dignes du ciel même.

Je crois, j'espère, qu'un cœur qui m'a paru mériter tout l'attachement du mien ne démentira pas la générosité que j'attends de lui; j'espère encore que, s'il étoit assez lâche pour abuser de mon égarement et des aveux qu'il m'arrache, le mépris, l'indignation, me rendroient la raison que j'ai perdue, et que je ne serois pas assez lâche moi-même pour craindre un amant dont j'aurois à rougir. Tu seras vertueux, ou méprisé; je serai respectée, ou guérie : voilà l'unique espoir qui me reste avant celui de mourir.

LETTRE V.

DE SAINT-PREUX A JULIE.

Puissances du ciel! j'avois une ame pour la douleur, donnez-m'en une pour la félicité. Amour, vie de l'ame, viens soutenir la mienne prête à défaillir. Charme inexprimable de la vertu, force invincible de la voix de ce qu'on aime, bonheur, plaisirs, transports, que vos traits sont poignants! qui peut en soutenir l'atteinte? Oh! comment suffire au torrent de délices qui vient inonder mon cœur? comment expier les alarmes d'une craintive amante? Julie... non; ma Julie à genoux! ma Julie verser des pleurs!... celle à qui l'univers devroit des hommages supplier un homme qui l'adore de ne pas se déshonorer lui-même! si je pouvois m'indigner contre toi, je le ferois, pour tes frayeurs qui nous avilissent. Juge mieux, beauté pure et céleste, de la nature de ton empire. Eh! si j'adore les charmes de ta personne, n'est-ce pas surtout pour l'empreinte de cette ame sans tache qui l'anime, et dont tous tes traits portent la divine enseigne? Tu crains de céder à mes poursuites? Mais quelles poursuites peut redouter celle qui couvre de respect et d'honnêteté tous les sentiments qu'elle inspire? est-il un homme assez vil sur la terre pour oser être téméraire avec toi?

Permets, permets que je savoure le bonheur inattendu d'être aimé... aimé de celle... trône du monde, combien je te vois au-dessous de moi! Que je la relise mille fois cette lettre adorable où ton amour et tes sentiments sont écrits en caractères de feu; où, malgré tout l'emportement d'un cœur agité, je vois avec transport combien dans une ame honnête les passions les plus vives gardent encore le saint caractère de la vertu! Quel monstre, après avoir lu cette touchante lettre, pourroit abuser de ton état, et témoigner par l'acte le plus marqué son profond mépris pour lui-même? Non, chère amante, prends confiance en un ami fidèle qui n'est point fait pour te tromper. Bien que ma raison soit à jamais perdue, bien que le trouble de mes sens s'accroisse à chaque instant, ta personne est désormais pour moi le plus charmant, mais le plus sacré dépôt dont jamais mortel fut honoré. Ma flamme et son objet conserveront ensemble une inaltérable pureté. Je frémirois de porter la main sur tes chastes attraits plus que du plus vil inceste; et tu n'es pas dans une sûreté plus inviolable avec ton père qu'avec ton amant. Oh! si jamais cet amant heureux s'oublie un moment devant toi!... L'amant de Julie auroit une ame abjecte! Non, quand je cesserai d'aimer la vertu, je ne t'aimerai plus; à ma première lâcheté, je ne veux plus que tu m'aimes.

Rassure-toi donc, je t'en conjure au nom du tendre et pur amour qui nous unit; c'est à lui de t'être garant de ma retenue et de mon respect; c'est à lui de te répondre de lui-même. Et pourquoi tes craintes iroient-elles plus loin que mes désirs? à quel autre bonheur voudrois-je aspirer, si tout mon cœur suffit à peine à celui qu'il goûte? Nous sommes jeunes tous deux, il est vrai; nous aimons pour la première et l'unique fois de la vie, et n'avons nulle expérience des passions : mais l'honneur qui nous conduit est-il un guide trompeur? a-t-il besoin d'une expérience suspecte qu'on n'acquiert qu'à force de vices? J'ignore si je m'abuse; mais il me semble que les sentiments droits sont tous au fond de mon cœur. Je ne suis point un vil séducteur, comme tu m'appelles dans ton désespoir, mais un homme simple et sensible, qui montre aisément ce qu'il sent, et ne sent rien dont il doive rougir. Pour dire tout en un seul mot, j'abhorre encore plus le crime que je n'aime Julie. Je ne sais, non, je ne sais pas même si l'amour que tu fais naître est compatible avec l'oubli de la vertu, et si tout autre qu'une ame honnête peut sentir assez tous tes charmes. Pour moi, plus j'en suis pénétré, plus mes sentiments s'élèvent. Quel bien, que je n'aurois pas fait pour lui-même, ne ferois-je pas maintenant pour me rendre digne de toi! Ah! daigne te confier aux feux que tu m'inspires, et que tu sais si bien purifier; crois qu'il suffit que je t'adore pour respecter à jamais le précieux dépôt dont tu m'as chargé. Oh! quel cœur je vais posséder! Vrai bonheur, gloire de ce qu'on aime, triomphe d'un amour qui s'honore, combien tu vaux mieux que tous ses plaisirs!

LETTRE VI.

DE JULIE A CLAIRE.

Veux-tu, ma cousine, passer ta vie à pleurer cette pauvre Chaillot, et faut-il que les morts te fassent oublier les vivants? Tes regrets sont justes, et je les partage; mais doivent-ils être éternels? Depuis la perte de ta mère, elle t'avoit élevée avec le plus grand soin : elle étoit plutôt ton amie que ta gouvernante; elle t'aimoit tendrement, et m'aimoit parce que tu m'aimes; elle ne nous inspira jamais que des principes de sagesse et d'honneur. Je sais tout cela, ma chère, et j'en conviens avec plaisir. Mais conviens aussi que la bonne femme étoit peu prudente avec nous; qu'elle nous faisoit sans nécessité les confidences les plus indiscrètes; qu'elle nous entretenoit sans cesse des maximes de la galanterie, des aventures de sa jeunesse, du manége des amants; et que, pour nous garantir des piéges des hommes, si elle ne nous apprenoit pas à leur en tendre, elle nous instruisoit au moins de mille choses que de jeunes filles se passeroient bien de savoir. Console-toi donc de sa perte comme d'un mal qui n'est pas sans quelque dédommagement : à l'âge où nous sommes, ses leçons commençoient à devenir dangereuses, et le ciel nous l'a peut-être ôtée au moment où il n'étoit pas bon qu'elle nous restât plus long-temps. Souviens-toi de tout ce que tu me disois quand je perdis le meilleur des frères. La Chaillot t'est-elle plus chère? as-tu plus de raison de la regretter?

Reviens, ma chère; elle n'a plus besoin de toi. Hélas! tandis que tu perds ton temps en regrets superflus, comment ne crains-tu point de t'en attirer d'autres? comment ne crains-tu point, toi qui connois l'état de mon cœur, d'abandonner ton amie à des périls que ta présence auroit prévenus? Oh! qu'il s'est passé de choses depuis ton départ! Tu frémiras en apprenant quels dangers j'ai courus par mon imprudence. J'espère en être délivrée; mais je me vois, pour ainsi dire, à la discrétion d'autrui: c'est à toi de me rendre à moi-même. Hâte-toi donc de revenir. Je n'ai rien dit tant que tes soins étoient utiles à ta pauvre bonne; j'eusse été la première à t'exhorter à les lui rendre. Depuis qu'elle n'est plus, c'est à sa famille que tu les dois: nous les remplirons mieux ici de concert que tu ne ferois seule à la campagne, et tu t'acquitteras des devoirs de la reconnoissance sans rien ôter à ceux de l'amitié.

Depuis le départ de mon père, nous avons repris notre ancienne habitude de vivre, et ma mère me quitte moins; mais c'est par habitude plus que par défiance. Ses sociétés lui prennent encore bien des moments qu'elle ne veut pas dérober à mes petites études, et Babi remplit alors sa place assez négligemment. Quoique je trouve à cette bonne mère beaucoup trop de sécurité, je ne puis me résoudre à l'en avertir ; je voudrois bien pourvoir à ma sûreté sans perdre son estime, et c'est toi seule qui peux concilier tout cela. Reviens, ma Claire, reviens sans tarder. J'ai regret aux leçons que je prends sans toi, et j'ai peur de devenir trop savante : nôtre maître n'est pas seulement un homme de mérite : il est vertueux, et n'en est que plus à craindre. Je suis trop contente de lui pour l'être de moi : à son âge et au nôtre, avec l'homme le plus vertueux, quand il est aimable, il vaut mieux être deux filles qu'une.

LETTRE VII.

RÉPONSE.

Je t'entends, et tu me fais trembler, non que je croie le danger aussi pressant que tu l'imagines. Ta crainte modère la mienne sur le présent ; mais l'avenir m'épouvante, et si tu ne peux te vaincre, je ne vois plus que des malheurs. Hélas ! combien de fois la pauvre Chaillot m'a-t-elle prédit que le premier soupir de ton cœur feroit le destin de ta vie ! Ah ! cousine, si jeune encore faut-il voir déjà ton sort s'accomplir ! Qu'elle va nous manquer cette femme habile que tu nous crois avantageux de perdre! Il l'eût été peut-être de tomber d'abord en de plus sûres mains; mais nous sommes trop instruites en sortant des siennes pour nous laisser gouverner par d'autres, et pas assez pour nous gouverner nous-mêmes; elle seule pouvoit nous garantir des dangers auxquels elle nous avoit exposées. Elle nous a beaucoup appris; et nous avons, ce me semble, beaucoup pensé pour notre âge. La vive et tendre amitié qui nous unit presque dès le berceau nous a, pour ainsi dire, éclairé le cœur de bonne heure sur toutes les passions. Nous connoissons assez bien leurs signes et leurs effets: il n'y a que l'art de les réprimer qui nous manque. Dieu veuille que ton jeune philosophe connoisse mieux que nous cet art-là.

Quand je dis *nous*, tu m'entends; c'est surtout de toi que je parle: car pour moi, la bonne m'a toujours dit que mon étourderie me tiendroit lieu de raison, que je n'aurois jamais l'esprit de savoir aimer, et que j'étois trop folle pour faire un jour des folies. Ma Julie, prends garde à toi; mieux elle auguroit de ta raison, plus elle craignoit pour ton cœur. Aie bon courage cependant; tout ce que la sagesse et l'honneur pourront faire, je sais que ton ame le fera; et la mienne fera, n'en doute pas, tout ce que l'amitié peut faire à son tour. Si nous en savons trop pour notre âge, au moins cette étude n'a rien coûté à nos mœurs. Crois, ma chère, qu'il y a bien des filles plus simples qui sont moins honnêtes que nous : nous le sommes, parce que nous voulons l'être; et, quoi qu'on en puisse dire, c'est le moyen de l'être plus sûrement.

Cependant, sur ce que tu me marques, je n'aurai pas un moment de repos que je ne sois auprès de toi, car, si tu crains le danger, il n'est pas tout-à-fait chimérique. Il est vrai que le préservatif est facile : deux mots à ta mère, et tout est fini. Mais je te comprends, tu ne veux point d'un expédient qui finit tout : tu veux bien t'ôter le pouvoir de succomber, mais non pas l'honneur de combattre. O pauvre cousine!... encore si la moindre lueur... Le baron d'Étange consentir à donner sa fille, son enfant unique, à un petit bourgeois sans fortune! L'espères-tu?.... Qu'espères-tu donc? que veux-tu?.... Pauvre, pauvre cousine!.... Ne crains rien toutefois de ma part; ton secret sera gardé par ton amie. Bien des gens trouveroient plus honnête de le révéler; peut-être auroient-ils raison. Pour moi, qui ne suis pas une grande raisonneuse, je ne veux point d'une honnêteté qui trahit l'amitié, la foi, la confiance; j'imagine que chaque relation, chaque âge a ses maximes, ses devoirs, ses vertus; que ce qui seroit prudence à d'autres à moi seroit perfidie, et qu'au lieu de nous rendre sages on nous rend méchants en confondant tout cela. Si ton amour est foible, nous le vaincrons; s'il est extrême, c'est l'exposer à des tragédies que de l'attaquer par des moyens violents; et il ne convient à l'amitié de tenter que ceux dont elle peut répondre. Mais en revanche tu n'as qu'à marcher droit quand tu seras sous ma garde. Tu verras, tu verras ce que c'est qu'une duègne de dix-huit ans.

Je ne suis pas, comme tu sais, loin de toi pour mon plaisir; et le printemps n'est pas si agréable en campagne que tu penses; on y souffre à la fois le froid et le chaud; on n'a point d'ombre à la promenade, et il faut se chauffer dans la maison. Mon père, de son côté, ne laisse pas, au milieu de ses bâtiments, de s'apercevoir qu'on a la gazette ici plus tard qu'à la ville. Ainsi tout le monde ne demande pas mieux que d'y retourner, et tu m'embrasseras, j'espère, dans quatre ou cinq jours. Mais ce qui m'inquiète est que quatre ou cinq jours font je ne sais combien d'heures, dont plusieurs sont destinées au philosophe. Au philosophe, entends-tu, cousine. Pense que toutes ces heures-là ne doivent sonner que pour lui.

Ne va pas ici rougir et baisser les yeux. Prendre un air grave, il t'est impossible; cela ne peut aller à tes traits. Tu sais bien que je ne saurois pleurer sans rire, et que je n'en suis pas pour cela moins sensible; je n'en ai pas moins de chagrin d'être loin de toi; je n'en regrette pas moins la bonne Chaillot. Je te sais un gré infini de vouloir partager avec moi le soin de sa famille; je ne l'abandonnerai de mes jours; mais tu ne serois plus toi-même si tu perdois quelque occasion de faire du bien. Je conviens que la pauvre mie étoit babillarde, assez libre dans ses propos familiers, peu discrète avec de jeunes filles, et qu'elle aimoit à parler de son vieux temps : aussi ne sont-ce pas tant les qualités de son esprit que je regrette, bien qu'elle en eût d'excellentes parmi de mauvaises. La perte que je pleure en elle, c'est son bon cœur, son parfait attachement, qui lui donnoit à la fois pour moi la tendresse d'une mère et la confiance d'une sœur. Elle me tenoit lieu de toute ma famille. A peine ai-je connu ma mère; mon père m'aime autant qu'il peut aimer : nous avons perdu ton aimable frère; je ne vois presque jamais les miens. Me voilà comme une orpheline délaissée. Mon enfant, tu me restes seule; car ta bonne mère, c'est toi. Tu as raison pourtant; tu me restes. Je pleurois! j'étois donc folle : qu'avois-je à pleurer?

P. S. De peur d'accident, j'adresse cette lettre à notre maître, afin qu'elle te parvienne plus sûrement.

LETTRE VIII[1].

DE SAINT-PREUX A JULIE.

Quels sont, belle Julie, les bizarres caprices de l'amour! Mon cœur a plus qu'il n'espéroit, et n'est pas content! Vous m'aimez, vous me le dites, et je soupire! Ce cœur injuste ose désirer encore, quand il n'a plus rien à désirer; il me punit de ses fantaisies, et me rend inquiet au sein du bonheur. Ne croyez pas que j'ai oublié les lois qui me sont imposées, ni perdu la volonté de les observer; non: mais un secret dépit m'agite en voyant que ces lois ne coûtent qu'à moi, que vous qui vous prétendiez si foible êtes si forte à présent, et que j'ai si peu de combats à rendre contre moi-même, tant je vous trouve attentive à les prévenir.

Que vous êtes changée depuis deux mois, sans que rien ait changé que vous! Vos langueurs ont disparu; il n'est plus question de dégoût ni d'abattement; toutes les grâces sont venues reprendre leurs postes; tous vos charmes se sont ranimés; la rose qui vient d'éclore n'est pas plus fraîche que

---

[1] On sent qu'il y a ici une lacune, et l'on en trouvera souvent dans la suite de cette correspondance. Plusieurs lettres se sont perdues, d'autres ont été supprimées, d'autres ont souffert des retranchements; mais il ne manque rien d'essentiel qu'on ne puisse aisément suppléer à l'aide de ce qui reste.

vous ; les saillies ont recommencé ; vous avez de l'esprit avec tout le monde ; vous folâtrez, même avec moi, comme auparavant ; et, ce qui m'irrite plus que tout le reste, vous me jurez un amour éternel d'un air aussi gai que si vous disiez la chose du monde la plus plaisante.

Dites, dites, volage ; est-ce là le caractère d'une passion violente réduite à se combattre elle-même ? et si vous aviez le moindre désir à vaincre, la contrainte n'étoufferoit-elle pas au moins l'enjouement ? Oh ! que vous étiez bien plus aimable quand vous étiez moins belle ! Que je regrette cette pâleur touchante, précieux gage du bonheur d'un amant ! et que je hais l'indiscrète santé que vous avez recouvrée aux dépens de mon repos ! Oui, j'aimerois mieux vous voir malade encore que cet air content, ces yeux brillants, ce teint fleuri, qui m'outragent. Avez-vous oublié sitôt que vous n'étiez pas ainsi quand vous imploriez ma clémence ? Julie, Julie, que cet amour si vif est devenu tranquille en peu de temps !

Mais ce qui m'offense plus encore, c'est qu'après vous être remise à ma discrétion, vous paroissez vous en défier, et que vous fuyez les dangers comme s'il vous en restoit à craindre. Est-ce ainsi que vous honorez ma retenue ? et mon inviolable respect méritoit-il cet affront de votre part ? Bien loin que le départ de votre père nous ait laissé plus de liberté, à peine peut-on vous voir seule. Votre inséparable cousine ne vous quitte plus. Insensiblement nous allons reprendre nos premières manières de vivre et notre ancienne circonspection, avec cette unique différence qu'alors elle vous étoit à charge, et qu'elle vous plaît maintenant.

Quel sera donc le prix d'un si pur hommage, si votre estime ne l'est pas? et de quoi me sert l'abstinence éternelle et volontaire de ce qu'il y a de plus doux au monde, si celle qui l'exige ne m'en sait aucun gré? Certes, je suis las de souffrir inutilement, et de me condamner aux plus dures privations sans en avoir même le mérite. Quoi! faut-il que vous embellissiez impunément tandis que vous me méprisez? Faut-il qu'incessamment mes yeux dévorent des charmes dont jamais ma bouche n'ose approcher? Faut-il enfin que je m'ôte à moi-même toute espérance, sans pouvoir au moins m'honorer d'un sacrifice aussi rigoureux? Non, puisque vous ne vous fiez pas à ma foi, je ne veux plus la laisser vainement engagée : c'est une sûreté injuste que celle que vous tirez à la fois de ma parole et de vos précautions; vous êtes trop ingrate, ou je suis trop scrupuleux, et je ne veux plus refuser de la fortune les occasions que vous n'aurez pu lui ôter. Enfin, quoi qu'il en soit de mon sort, je sens que j'ai pris une charge au-dessus de mes forces. Julie, reprenez la garde de vous-même, je vous rends un dépôt trop dangereux pour la fidélité du dépositaire, et dont la défense coûtera moins à votre cœur que vous n'avez feint de le craindre.

Je vous le dis sérieusement : comptez sur vous, ou chassez-moi, c'est-à-dire ôtez-moi la vie. J'ai pris un engagement téméraire. J'admire comment je l'ai pu tenir si long-temps; je sais que je le dois toujours; mais je sens qu'il m'est impossible. On mérite de succomber quand on s'impose de si périlleux devoirs. Croyez-moi, chère et tendre Julie, croyez-en ce cœur sensible qui ne vit que pour vous; vous serez toujours respectée : mais je puis un instant manquer de raison, et l'ivresse des sens peut dicter un crime dont on auroit horreur de sang-froid. Heureux de n'avoir point trompé votre espoir, j'ai vaincu deux mois, et vous me devez le prix de deux siècles de souffrances.

LETTRE IX.

DE JULIE A SAINT-PREUX.

J'entends; les plaisirs du vice et l'honneur de la vertu vous feroient un sort agréable. Est-ce là votre morale?... Eh! mon bon ami, vous vous lassez bien vite d'être généreux! Ne l'étiez-vous donc que par artifice! La singulière marque d'attachement que de vous plaindre de ma santé! Seroit-ce que vous espériez voir mon fol amour achever de la détruire, et que vous m'attendiez au moment de vous demander la vie? ou bien, comptiez-vous de me respecter aussi long-temps que je ferois peur, et de vous rétracter quand je deviendrois supportable? Je ne vois pas dans de pareils sacrifices un mérite à tant faire valoir.

Vous me reprochez avec la même équité le soin que je prends de vous sauver des combats pénibles avec vous-même, comme si vous ne deviez pas plutôt m'en remercier. Puis vous vous rétractez de l'engagement que vous avez pris comme d'un devoir trop à charge; en sorte que, dans la même lettre, vous vous plaignez de ce que vous avez trop de peine, et de ce que vous n'en avez pas assez. Pensez-y mieux, et tâchez d'être d'accord avec vous pour donner à vos prétendus griefs une couleur moins frivole; ou plutôt, quittez toute cette dissimulation qui n'est pas dans votre caractère. Quoi que vous puissiez dire, votre cœur est plus content du mien qu'il ne feint de l'être : ingrat, vous savez trop qu'il n'aura jamais tort avec vous! Votre lettre même vous dément par son style enjoué, et vous n'auriez pas tant d'esprit si vous étiez moins tranquille. En voilà trop sur les vains reproches qui vous regardent; passons à ceux qui me regardent moi-même, et qui semblent d'abord mieux fondés.

Je le sens bien, la vie égale et douce que nous menons depuis deux mois ne s'accorde pas avec ma déclaration précédente, et j'avoue que ce n'est pas sans raison que vous êtes surpris de ce contraste. Vous m'avez d'abord vue au désespoir, vous me trouvez à présent trop paisible; de là vous accusez mes sentiments d'inconstance et mon cœur de caprice. Ah! mon ami, ne le jugez-vous point trop sévèrement? Il faut plus d'un jour pour le connoître. Attendez, et vous trouverez peut-être que ce cœur qui vous aime n'est pas indigne du vôtre.

Si vous pouviez comprendre avec quel effroi j'éprouvai les premières atteintes du sentiment qui m'unit à vous, vous jugeriez du trouble qu'il dut me causer: j'ai été élevée dans des maximes si sévères, que l'amour le plus pur me paroissoit le comble du déshonneur. Tout m'apprenoit ou me faisoit croire qu'une fille sensible étoit perdue au premier mot tendre échappé de sa bouche; mon imagination troublée confondoit le crime avec l'aveu de la passion; et j'avois une si affreuse idée de ce premier pas, qu'à peine voyois-je au-delà nul intervalle jusqu'au dernier. L'excessive défiance de moi-même augmenta mes alarmes; les combats de la modestie me parurent ceux de la chasteté: je pris le tourment du silence pour l'emportement des désirs. Je me crus perdue aussitôt que j'aurois parlé, et cependant il falloit parler ou vous perdre. Ainsi, ne pouvant plus déguiser mes sentiments, je tâchai d'exciter la générosité des vôtres; et, me fiant plus à vous qu'à moi, je voulus, en intéressant votre honneur à ma défense, me ménager des ressources dont je me croyois dépourvue.

J'ai reconnu que je me trompois; je n'eus pas parlé que je me trouvai soulagée; vous n'eûtes pas répondu que je me sentis tout-à-fait calme : et deux mois d'expérience m'ont appris que mon cœur trop tendre a besoin d'amour, mais que mes sens n'ont aucun besoin d'amant. Jugez, vous qui aimez la vertu, avec quelle joie je fis cette heureuse découverte. Sortie de cette profonde ignominie où mes terreurs m'avoient plongée, je goûte le plaisir délicieux d'aimer purement. Cet état fait le bonheur de ma vie; mon humeur et ma santé s'en ressentent; à peine puis-je en concevoir un plus doux, et l'accord de l'amour et de l'innocence me semble être le paradis sur la terre.

Dès-lors je ne vous craignis plus; et, quand je pris soin d'éviter la solitude avec vous, ce fut autant pour vous que pour moi; car vos yeux et vos soupirs annonçoient plus de transports que de sagesse; et si vous eussiez oublié l'arrêt que vous avez prononcé vous-même, je ne l'aurois pas oublié.

Ah! mon ami, que ne puis-je faire passer dans votre ame le sentiment de bonheur et de paix qui règne au fond de la mienne! que ne puis-je vous apprendre à jouir tranquillement du plus délicieux état de la vie! Les charmes de l'union des cœurs se joignent pour nous à ceux de l'innocence : nulle crainte, nulle honte ne trouble notre félicité ; au sein des vrais plaisirs de l'amour, nous pouvons parler de la vertu sans rougir.

E v'è il piacer con l' onestade accanto [1].

Je ne sais quel triste pressentiment s'élève dans mon sein, et me crie que nous jouissons du seul temps heureux que le ciel nous ait destiné. Je n'entrevois dans l'avenir qu'absence, orages, troubles, contradictions : la moindre altération à notre situation présente me paroît ne pouvoir être qu'un mal. Non, quand un lien plus doux nous uniroit à jamais, je ne sais si l'excès du bonheur n'en deviendroit pas bientôt la ruine. Le moment de la possession est une crise de l'amour, et tout changement est dangereux au nôtre : nous ne pouvons plus qu'y perdre.

Je t'en conjure, mon tendre et unique ami, tâche de calmer l'ivresse des vains désirs que suivent toujours les regrets, le repentir, la tristesse. Goûtons en paix notre situation présente. Tu te plais à m'instruire, et tu sais trop si je me plais à recevoir tes leçons. Rendons-les encore plus fréquentes; ne nous quittons qu'autant qu'il faut pour la bienséance; employons à nous écrire les moments que nous ne pouvons passer à nous voir, et profitons

---

[1] Et le plaisir s'unit à l'honnêteté. MÉTAST.

d'un temps précieux après lequel peut-être nous soupirerons un jour. Ah! puisse notre sort, tel qu'il est, durer autant que notre vie! L'esprit s'orne, la raison s'éclaire; l'ame se fortifie, le cœur jouit : que manque-t-il à notre bonheur?

LETTRE X.

DE SAINT-PREUX A JULIE.

Que vous avez raison, ma Julie, de dire que je ne vous connois point encore! toujours je crois connoître tous les trésors de votre belle ame, et toujours j'en découvre de nouveaux. Quelle femme jamais associa comme vous la tendresse à la vertu, et, tempérant l'une par l'autre, les rendit toutes deux plus charmantes? Je trouve je ne sais quoi d'aimable et d'attrayant dans cette sagesse qui me désole; et vous ornez avec tant de grâce les privations que vous m'imposez, qu'il s'en faut peu que vous ne me les rendiez chères.

Je le sens chaque jour davantage, le plus grand des biens est d'être aimé de vous; il n'y en a point, il n'y en peut avoir qui l'égale; et s'il falloit choisir entre votre cœur et votre possession même, non, charmante Julie, je ne balancerois pas un instant. Mais d'où viendroit cette amère alternative, et pourquoi rendre incompatible ce que la nature a voulu réunir? le temps est précieux, dites-vous; sachons en jouir tel qu'il est, et gardons-nous, par notre impatience, d'en troubler le paisible cours. Eh! qu'il passe et qu'il soit heureux! Pour profiter d'un état aimable, faut-il en négliger un meilleur, et préférer le repos à la félicité suprême? Ne perd-on pas tout le temps qu'on peut mieux employer? Ah! si l'on peut vivre mille ans et un quart d'heure, à quoi bon compter tristement les jours qu'on aura vécu?

Tout ce que vous dites du bonheur de notre situation présente est incontestable; je sens que nous devons être heureux, et pourtant je ne le suis pas. La sagesse a beau parler par votre bouche, la voix de la nature est la plus forte. Le moyen de lui résister quand elle s'accorde à la voix du cœur? Hors vous seule je ne vois rien dans ce séjour terrestre qui soit digne d'occuper mon ame et mes sens: non, sans vous la nature n'est plus rien pour moi, mais son empire est dans vos yeux, et c'est là qu'elle est invincible.

Il n'en est pas ainsi de vous, céleste Julie; vous vous contentez de charmer nos sens, et n'êtes point en guerre avec les vôtres. Il semble que des passions humaines soient au-dessous d'une ame si sublime; et comme vous avez la beauté des anges, vous en avez la pureté. O pureté que je respecte en murmurant, que ne puis-je ou vous rabaisser ou m'élever jusqu'à vous! Mais non, je ramperai toujours sur la terre, et vous verrai toujours briller dans les cieux. Ah! soyez heureuse aux dépens de mon repos; jouissez de toutes vos vertus; périsse le vil mortel qui tentera jamais d'en souiller une! Soyez heureuse; je tâcherai d'oublier combien je suis à plaindre, et je tirerai de votre bonheur même la consolation de mes maux. Oui, chère amante, il me semble que mon amour est aussi parfait que son adorable objet; tous les désirs enflammés par vos charmes s'éteignent dans les perfections de votre ame; je la vois si paisible, que je n'ose en troubler la tranquillité. Chaque fois que je suis tenté de vous dérober la moindre caresse, le danger de vous offenser me retient, mon cœur me retient encore plus par la crainte d'altérer une félicité si pure; dans le prix des biens où j'aspire, je ne vois plus que ce qu'ils vous peuvent coûter; et, ne pouvant accorder mon bonheur avec le vôtre, jugez comment j'aime, c'est au mien que j'ai renoncé.

Que d'inexplicables contradictions dans les sentiments que vous m'inspirez! je suis à la fois soumis et téméraire, impétueux et retenu; je ne saurois lever les yeux sur vous sans éprouver des combats en moi-même. Vos regards, votre voix, portent au cœur, avec l'amour, l'attrait touchant de l'innocence; c'est un charme divin qu'on auroit regret d'effacer. Si j'ose former des vœux extrêmes, ce n'est plus qu'en votre absence; mes désirs, n'osant aller jusqu'à vous, s'adressent à votre image, et c'est sur elle que je me venge du respect que je suis contraint de vous porter.

Cependant je languis, et me consume; le feu coule dans mes veines; rien ne sauroit l'éteindre ni le calmer, et je l'irrite en voulant le contraindre. Je dois être heureux, je le suis, j'en conviens; je ne me plains point de mon sort; tel qu'il est je n'en changerois pas avec les rois de la terre. Cependant un mal réel me tourmente, je cherche vainement à le fuir; je ne voudrois point mourir, et toutefois je me meurs; je voudrois vivre pour vous, et c'est vous qui m'ôtez la vie.

LETTRE XI.

DE JULIE A SAINT-PREUX.

Mon ami, je sens que je m'attache à vous chaque jour davantage; je ne puis plus me séparer de vous; la moindre absence m'est insupportable, et il faut que je vous voie ou que je vous écrive, afin de m'occuper de vous sans cesse.

Ainsi mon amour s'augmente avec le vôtre; car je connois à présent combien vous m'aimez, par la crainte réelle que vous avez de me déplaire, au lieu que vous n'en aviez d'abord qu'une apparente pour mieux venir à vos fins. Je sais fort bien distinguer en vous l'empire que le cœur a su prendre, du délire d'une imagination échauffée ; et je vois cent fois plus de passion dans la contrainte où vous êtes que dans vos premiers emportements. Je sais bien aussi que votre état, tout gênant qu'il est, n'est pas sans plaisir. Il est doux pour un véritable amant de faire des sacrifices qui lui sont tous comptés, et dont aucun n'est perdu dans le cœur de ce qu'il aime. Qui sait même si, connoissant ma sensibilité, vous n'employez pas pour me séduire une adresse mieux entendue! Mais non, je suis injuste, et vous n'êtes pas capable d'user d'artifice avec moi. Cependant, si je suis sage je me défierai plus encore de la pitié que de l'amour. Je me sens mille fois plus attendrie par vos respects que par vos transports, et je crains bien qu'en prenant le parti le plus honnête vous n'ayez pris enfin le plus dangereux.

Il faut que je vous dise, dans l'épanchement de mon cœur, une vérité qu'il sent fortement, et dont le vôtre doit vous convaincre : c'est qu'en dépit de la fortune, des parents, et de nous-mêmes, nos destinées sont à jamais unies, et que nous ne pouvons plus être heureux ou malheureux qu'ensemble. Nos ames se sont pour ainsi dire touchées par tous les points, et nous avons partout senti la même cohérence. (Corrigez-moi, mon ami, si j'applique mal vos leçons de physique.) Le sort pourra bien nous séparer, mais non pas nous désunir. Nous n'aurons plus les mêmes plaisirs et les mêmes peines; et comme ces aimants dont vous me parliez, qui ont, dit-on, les mêmes mouvements en différents lieux, nous sentirons les mêmes choses aux deux extrémités du monde.

Défaites-vous donc de l'espoir, si vous l'eûtes jamais, de vous faire un bonheur exclusif, et de l'acheter aux dépens du mien. N'espérez pas pouvoir être heureux si j'étois déshonorée, ni pouvoir, d'un œil satisfait, contempler mon ignominie et mes larmes. Croyez-moi, mon ami, je connois votre cœur bien mieux que vous ne le connoissez. Un amour si tendre et si vrai doit savoir commander aux désirs; vous en avez trop fait pour achever sans vous perdre, et ne pouvez plus combler mon malheur sans faire le vôtre.

Je voudrois que vous pussiez sentir combien il est important pour tous deux que vous vous en remettiez à moi du soin de notre destin commun. Doutez-vous que vous ne me soyez aussi cher que moi-même? et pensez-vous qu'il pût exister pour moi quelque félicité que vous ne partageriez pas? Non, mon ami; j'ai les mêmes intérêts que vous, et un peu plus de raison pour les conduire. J'avoue que je suis la plus jeune; mais n'avez-vous jamais remarqué que si la raison d'ordinaire est plus foible et s'éteint plus tôt chez les femmes, elle est aussi plus tôt formée, comme un frêle tournesol croît et meurt avant un chêne? Nous nous trouvons, dès le premier âge, chargées d'un si dangereux dépôt, que le soin de le conserver nous éveille bientôt le jugement; et c'est un excellent moyen de bien voir les conséquences des choses, que de sentir vivement tous les risques qu'elles nous font courir. Pour moi, plus je m'occupe de notre situation, plus je trouve que la raison vous demande ce que je vous demande au nom de l'amour. Soyez donc docile à sa douce voix, et laissez-vous conduire, hélas! par un autre aveugle, mais qui tient au moins un appui.

Je ne sais, mon ami, si nos cœurs auront le bonheur de s'entendre, et si vous partagerez, en lisant cette lettre, la tendre émotion qui l'a dictée; je ne sais si nous pourrons jamais nous accorder sur la manière de voir comme sur celle de sentir : mais je sais bien que l'avis de celui des deux qui sépare le moins son bonheur du bonheur de l'autre est l'avis qu'il faut préférer.

LETTRE XII.

DE SAINT-PREUX A JULIE.

Ma Julie, que la simplicité de votre lettre est touchante! Que j'y vois bien la sérénité d'une ame innocente, et la tendre sollicitude de l'amour! Vos pensées s'exhalent sans art et sans peine : elles por-

PARTIE I, LETTRE XII.

tent au cœur une impression délicieuse que ne produit point un style apprêté. Vous donnez des raisons invincibles d'un air si simple, qu'il y faut réfléchir pour en sentir la force; et les sentiments élevés vous coûtent si peu, qu'on est tenté de les prendre pour des manières de penser communes. Ah! oui, sans doute, c'est à vous de régler nos destins; ce n'est pas un droit que je vous laisse, c'est un devoir que j'exige de vous, c'est une justice que je vous demande, et votre raison me doit dédommager du mal que vous avez fait à la mienne. Dès cet instant je vous remets pour ma vie l'empire de mes volontés: disposez de moi comme d'un homme qui n'est plus rien pour lui-même, et dont tout l'être n'a de rapport qu'à vous. Je tiendrai, n'en doutez pas, l'engagement que je prends, quoi que vous puissiez me prescrire. Ou j'en vaudrai mieux, ou vous en serez plus heureuse, et je vois partout le prix assuré de mon obéissance. Je vous remets donc sans réserve le soin de notre bonheur commun; faites le vôtre, et tout est fait. Pour moi, qui ne puis ni vous oublier un instant, ni penser à vous sans des transports qu'il faut vaincre, je vais m'occuper uniquement des soins que vous m'avez imposés.

Depuis un an que nous étudions ensemble, nous n'avons guère fait que des lectures sans ordre et presque au hasard, plus pour consulter votre goût que pour l'éclairer. D'ailleurs tant de trouble dans l'ame ne nous laissoit guère de liberté d'esprit. Les yeux étoient mal fixés sur le livre, la bouche en prononçoit les mots, l'attention manquoit toujours. Votre petite cousine, qui n'étoit pas si préoccupée, nous reprochoit notre peu de conception, et se faisoit un honneur facile de nous devancer. Insensiblement elle est devenue le maître du maître; et, quoique nous ayons quelquefois ri de ses prétentions, elle est au fond la seule des trois qui sait quelque chose de tout ce que nous avons appris.

Pour regagner donc le temps perdu (ah! Julie, en fut-il jamais de mieux employé!), j'ai imaginé une espèce de plan qui puisse réparer, par la méthode, le tort que les distractions ont fait au savoir. Je vous l'envoie; nous le lirons tantôt ensemble, et je me contente d'y faire ici quelques légères observations.

Si nous voulions, ma charmante amie, nous charger d'un étalage d'érudition, et savoir pour les autres plus que pour nous, mon système ne vaudroit rien; car il tend toujours à tirer peu de beaucoup de choses, et à faire un petit recueil d'une grande bibliothèque. La science est, dans la plupart de ceux qui la cultivent, une monnoie dont on fait grand cas, qui cependant n'ajoute au bien-être qu'autant qu'on la communique, et n'est bonne que dans le commerce. Otez à nos savants le plaisir de se faire écouter, le savoir ne sera rien pour eux. Ils n'amassent dans le cabinet que pour répandre dans le public; ils ne veulent être sages qu'aux yeux d'autrui, et ils ne se soucieroient plus de l'étude s'ils n'avoient plus d'admirateurs [1]. Pour nous, qui voulons profiter de nos connoissances, nous ne les amassons point pour les revendre, mais pour les convertir à notre usage; ni pour nous en charger, mais pour nous en nourrir. Peu lire, et penser beaucoup à nos lectures, ou, ce qui est la même chose, en causer beaucoup entre nous, est le moyen de les bien digérer. Je pense que, quand on a une fois l'entendement ouvert par l'habitude de réfléchir, il vaut toujours mieux trouver de soi-même les choses qu'on trouveroit dans les livres; c'est le vrai secret de les bien mouler à sa tête, et de se les approprier : au lieu qu'en les recevant telles qu'on nous les donne, c'est presque toujours sous une forme qui n'est pas la nôtre. Nous sommes plus riches que nous ne pensons; mais, dit Montaigne, on nous dresse à l'emprunt et à la quête; on nous apprend à nous servir du bien d'autrui plutôt que du nôtre; ou plutôt, accumulant sans cesse, nous n'osons toucher à rien : nous sommes comme ces avares qui ne songent qu'à remplir leurs

---

[1] C'est ainsi que pensoit Sénèque lui-même. « Si l'on me donnoit, dit-il, la science à condition de ne la pas montrer, je n'en voudrois point. » Sublime philosophie, voilà donc ton usage [*]!

[*] « Si cum hâc exceptione detur sapientia ut illam inclusam teneam, nec « enuntiem, rejiciam. » Epist. VI. — Tel est le passage de Sénèque.

greniers, et dans le sein de l'abondance se laissent mourir de faim.

Il y a, je l'avoue, bien des gens à qui cette méthode seroit fort nuisible, et qui ont besoin de beaucoup lire et peu méditer, parce que, ayant la tête mal faite, ils ne rassemblent rien de si mauvais que ce qu'ils produisent d'eux-mêmes. Je vous recommande tout le contraire, à vous qui mettez dans vos lectures mieux que ce que vous y trouvez, et dont l'esprit actif fait sur le livre un autre livre, quelquefois meilleur que le premier. Nous nous communiquerons donc nos idées; je vous dirai ce que les autres auront pensé, vous me direz sur le même sujet ce que vous pensez vous-même; et souvent après la leçon j'en sortirai plus instruit que vous.

Moins vous aurez de lecture à faire, mieux il faudra la choisir, et voici les raisons de mon choix. La grande erreur de ceux qui étudient est, comme je viens de vous dire, de se fier trop à leurs livres, et de ne pas tirer assez de leur fonds, sans songer que de tous les sophistes notre propre raison est presque toujours celui qui nous abuse le moins. Sitôt qu'on veut rentrer en soi-même, chacun sent ce qui est bien; chacun discerne ce qui est beau; nous n'avons pas besoin qu'on nous apprenne à connoître ni l'un ni l'autre, et l'on ne s'en impose là-dessus qu'autant qu'on veut s'en imposer. Mais les exemples du très-bon et du très-beau sont plus rares et moins connus; il les faut aller chercher loin de nous. La vanité, mesurant les forces de la nature sur notre foiblesse, nous fait regarder comme chimériques les qualités que nous ne sentons pas en nous-mêmes; la paresse et le vice s'appuient sur cette prétendue impossibilité; et, ce qu'on ne voit pas tous les jours, l'homme foible prétend qu'on ne le voit jamais. C'est cette erreur qu'il faut détruire. Ce sont ces grands objets qu'il faut s'accoutumer à sentir et à voir, afin de s'ôter tout prétexte de ne les pas imiter. L'ame s'élève, le cœur s'enflamme à la contemplation de ces divins modèles; à force de les considérer on cherche à leur devenir semblable, et l'on ne souffre plus rien de médiocre sans un dégoût mortel.

N'allons donc pas chercher dans les livres des principes et des règles que nous trouvons plus sûrement au dedans de nous. Laissons là toutes ces vaines disputes des philosophes sur le bonheur et sur la vertu; employons à nous rendre bons et heureux le temps qu'ils perdent à chercher comment on doit l'être, et proposons-nous de grands exemples à imiter plutôt que de vains systèmes à suivre.

J'ai toujours cru que le bon n'étoit que le beau mis en action, que l'un tenoit intimement à l'autre, et qu'ils avoient tous deux une source commune dans la nature bien ordonnée. Il suit de cette idée que le goût se perfectionne par les mêmes moyens que la sagesse, et qu'une ame bien touchée des charmes de la vertu doit à proportion être aussi sensible à tous les autres genres de beautés. On s'exerce à voir comme à sentir, ou plutôt une vue exquise n'est qu'un sentiment délicat et fin. C'est ainsi qu'un peintre, à l'aspect d'un beau paysage ou devant un beau tableau, s'extasie à des objets qui ne sont pas même remarqués d'un spectateur vulgaire. Combien de choses qu'on n'aperçoit que par sentiment et dont il est impossible de rendre raison! Combien de ces je ne sais quoi qui reviennent si fréquemment, et dont le goût seul décide! Le goût est en quelque manière le microscope du jugement; c'est lui qui met les petits objets à sa portée, et ses opérations commencent où s'arrêtent celles du dernier. Que faut-il donc pour le cultiver? S'exercer à voir ainsi qu'à sentir, et à juger du beau par inspection comme du bon par sentiment. Non, je soutiens qu'il n'appartient pas même à tous les cœurs d'être émus au premier regard de Julie.

Voilà, ma charmante écolière, pourquoi je borne toutes vos études à des livres de goût et de mœurs. Voilà pourquoi, tournant toute ma méthode en exemples, je ne vous donne point d'autre définition des vertus qu'un tableau des gens vertueux, ni d'autres règles pour bien écrire que les livres qui sont bien écrits.

Ne soyez donc pas surprise des retranchements que je fais à vos précédentes lectures; je suis convaincu qu'il faut les resserrer pour les rendre utiles, et je vois tous les jours mieux que tout ce qui ne dit rien à l'ame n'est pas digne de vous occuper. Nous allons supprimer les langues, hors l'italienne, que vous savez et que vous aimez. Nous laisserons là nos éléments d'algèbre et de géométrie. Nous quitterions même la physique si les termes qu'elle vous fournit m'en laissoient le courage. Nous renoncerons pour jamais à l'histoire moderne, excepté celle de notre pays; encore n'est-ce que parce que c'est un pays libre et simple, où l'on trouve des hommes antiques dans les temps modernes : car ne vous laissez pas éblouir par ceux qui disent que l'histoire la plus intéressante pour chacun est celle de son pays; cela n'est pas vrai. Il y a des pays dont l'histoire ne peut pas même être lue, à moins qu'on ne soit imbécile ou négociateur. L'histoire la plus intéressante est celle où l'on trouve le plus d'exemples de mœurs, de caractères de toute espèce, en un mot le plus d'instruction. Ils vous diront qu'il y a autant de tout cela parmi nous que parmi les anciens. Cela n'est pas vrai. Ouvrez leur histoire et faites-les taire. Il y a des peuples sans physionomie auxquels il ne faut point de peintres; il y a des gouvernements sans caractère auxquels il ne faut point d'historiens, et où, sitôt qu'on sait quelle place un homme occupe, on sait d'avance tout ce qu'il y fera. Ils diront que ce sont les bons historiens qui nous manquent; mais demandez-leur pourquoi. Cela n'est pas vrai. Donnez matière à de bonnes histoires, et les bons historiens se trouveront. Enfin ils diront que les hommes de tous les temps se ressemblent, qu'ils ont les mêmes vertus et les mêmes vices; qu'on n'admire les anciens que parce qu'ils sont anciens. Cela n'est pas vrai non plus; car on faisoit autrefois de grandes choses avec de petits moyens, et l'on fait aujourd'hui tout le contraire. Les anciens étoient contemporains de leurs historiens, et nous ont pourtant appris à les admirer. Assurément, si la postérité jamais admire les nôtres, elle ne l'aura pas appris de nous.

J'ai laissé par égard pour votre inséparable cousine quelques livres de petite littérature que je n'aurois pas laissés pour vous. Hors le Pétrarque, le Tasse, le Métastase, et les maîtres du théâtre françois, je n'y mêle ni poëtes ni livres d'amour, contre l'ordinaire des lectures consacrées à votre sexe. Qu'apprendrions-nous de l'amour dans ces livres? Ah! Julie, notre cœur nous en dit plus qu'eux, et le langage imité des livres est bien froid pour quiconque est passionné lui-même. D'ailleurs ces études énervent l'ame, la jettent dans la mollesse, et lui ôtent tout son ressort. Au contraire, l'amour véritable est un feu dévorant qui porte son ardeur dans les autres sentiments, et les anime d'une vigueur nouvelle. C'est pour cela qu'on a dit que l'amour faisoit des héros. Heureux celui que le sort eût placé pour le devenir, et qui auroit Julie pour amante!

LETTRE XIII.

DE JULIE A SAINT-PREUX.

Je vous le disois bien que nous étions heureux ; rien ne me l'apprend mieux que l'ennui que j'éprouve au moindre changement d'état. Si nous avions des peines bien vives, une absence de deux jours nous en feroit-elle tant? je dis nous, car je sais que mon ami partage mon impatience ; il la partage, parce que je la sens, et il la sent encore pour lui-même : je n'ai plus besoin qu'il me dise ces choses-là.

Nous ne sommes à la campagne que d'hier au soir ; il n'est pas encore l'heure où je vous verrois à la ville, et cependant mon déplacement me fait déjà trouver votre absence plus insupportable. Si vous ne m'aviez pas défendu la géométrie, je vous dirois que mon inquiétude est en raison composée des intervalles du temps et du lieu ; tant je trouve que l'éloignement ajoute au chagrin de l'absence.

J'ai apporté votre lettre et votre plan d'études pour méditer l'un et l'autre ; et j'ai déjà relu deux fois la première : la fin m'en touche extrêmement. Je vois, mon ami, que vous sentez le véritable amour, puisqu'il ne vous a point ôté le goût des choses honnêtes, et que vous savez encore dans la partie la plus sensible de votre cœur faire des sacrifices à la vertu. En effet, employer la voie de l'instruction pour corrompre une femme, est de toutes les séductions la plus condamnable ; et vouloir attendrir sa maîtresse à l'aide des romans, est avoir bien peu de ressources en soi-même. Si vous eussiez plié dans vos leçons la philosophie à vos vues, si vous eussiez tâché d'établir des maximes favorables à votre intérêt, en voulant me tromper vous m'eussiez bientôt détrompée ; mais la plus dangereuse de vos séductions est de n'en point employer. Du moment que la soif d'aimer s'empara de mon cœur, et que j'y sentis naître le besoin d'un éternel attachement, je ne demandai point au ciel de m'unir à un homme aimable, mais à un homme qui eût l'ame belle ; car je sentois bien que c'est, de tous les agréments qu'on peut avoir, le moins sujet au dégoût, et que la droiture et l'honneur ornent tous les sentiments qu'ils accompagnent. Pour avoir bien placé ma préférence, j'ai eu, comme Salomon, avec ce que j'avois demandé, encore ce que je ne demandois pas. Je tire un bon augure pour mes autres vœux de l'accomplissement de celui-là, et je ne désespère pas, mon ami, de pouvoir vous rendre aussi heureux un jour que vous méritez de l'être. Les moyens en sont lents, difficiles, douteux ; les obstacles terribles. Je n'ose rien me promettre; mais croyez que tout ce que la patience et l'amour pourront faire ne sera pas oublié. Continuez cependant à complaire en tout à ma mère, et préparez-vous, au retour de mon père, qui se retire enfin tout-à-fait après trente ans de service, à supporter les hauteurs d'un vieux gentilhomme brusque, mais plein d'honneur, qui vous aimera sans vous caresser, et vous estimera sans le dire.

J'ai interrompu ma lettre pour m'aller promener dans les bocages qui sont près de notre maison. O mon doux ami! je t'y conduisois avec moi, ou plutôt je t'y portois dans mon sein. Je choisissois les lieux que nous devions parcourir ensemble; j'y marquois des asiles dignes de nous retenir; nos cœurs s'épanchoient d'avance dans ces retraites délicieuses; elles ajoutoient au plaisir que nous goûtions d'être ensemble; elles recevoient à leur tour un nouveau prix du séjour de deux vrais amants, et je m'étonnois de n'y avoir point remarqué seule les beautés que j'y trouvois avec toi.

Parmi les bosquets naturels que forme ce lieu charmant, il en est un plus charmant que les autres, dans lequel je me plais davantage, et où, par cette raison, je destine une petite surprise à mon ami. Il ne sera pas dit qu'il aura toujours de la déférence, et moi jamais de générosité. C'est là que je veux lui faire sentir, malgré les préjugés vulgaires, combien ce que le cœur donne vaut mieux que ce qu'arrache l'importunité. Au reste, de peur que votre imagination vive ne se mette un peu trop en frais, je dois vous prévenir que nous n'irons point ensemble dans le bosquet sans l'*inséparable cousine.*

A propos d'elle, il est décidé, si cela ne vous fâche pas trop, que vous viendrez nous voir lundi. Ma mère enverra sa calèche à ma cousine; vous vous rendrez chez elle à dix heures; elle vous amènera; vous passerez la journée avec nous, et nous nous en retournerons tous ensemble le lendemain après le dîner.

J'en étois ici de ma lettre quand j'ai réfléchi que je n'avois pas pour vous la remettre les mêmes commodités qu'à la ville. J'avois d'abord pensé de vous renvoyer un de vos livres par Gustin [1], le fils du jardinier, et de mettre à ce livre une couverture de papier, dans laquelle j'aurois inséré ma lettre. Mais, outre qu'il n'est pas sûr que vous vous avisassiez de la chercher, ce seroit une imprudence impardonnable d'exposer à de pareils hasards le destin de notre vie. Je vais donc me contenter de vous marquer simplement, par un billet, le rendez-vous de lundi, et je garderai la lettre pour vous la donner à vous-même. Aussi-bien j'aurois un peu de souci qu'il n'y eût trop de commentaires sur le mystère du bosquet.

[1] * C'étoit le nom d'un jardinier de Montmorency avec lequel Jean-Jacques aimoit à causer.

LETTRE XIV.

DE SAINT-PREUX A JULIE.

Qu'as-tu fait, ah! qu'as-tu fait, ma Julie? tu voulois me récompenser, et tu m'as perdu. Je suis ivre, ou plutôt insensé. Mes sens sont altérés, toutes mes facultés sont troublées par ce baiser mortel. Tu voulois soulager mes maux! Cruelle! tu les aigris. C'est du poison que j'ai cueilli sur tes lèvres; il fermente; il embrase mon sang; il me tue, et ta pitié me fait mourir.

O souvenir immortel de cet instant d'illusion, de délire et d'enchantement, jamais, jamais tu ne t'effaceras de mon ame; et, tant que les charmes de Julie y seront gravés, tant que ce cœur agité me fournira des sentiments et des soupirs, tu feras le supplice et le bonheur de ma vie!

Hélas! je jouissois d'une apparente tranquillité; soumis à tes volontés suprêmes, je ne murmurois plus d'un sort auquel tu daignois présider. J'avois dompté les fougueuses saillies d'une imagination téméraire; j'avois couvert mes regards d'un voile, et mis une entrave à mon cœur; mes désirs n'osoient plus s'échapper qu'à demi; j'étois aussi content que je pouvois l'être. Je reçois ton billet, je vole chez ta cousine; nous nous rendons à Clarens, je t'aperçois, et mon sein palpite; le doux son de ta voix y porte une agitation nouvelle ; je t'aborde comme transporté, et j'avois grand besoin de la diversion de ta cousine pour cacher mon trouble à ta mère. On parcourt le jardin, l'on dîne tranquillement, tu me rends en secret ta lettre que je n'ose lire devant ce redoutable témoin ; le soleil commence à baisser ; nous fuyons tous trois dans le bois le reste de ses rayons, et ma paisible simplicité n'imaginoit pas même un état plus doux que le mien.

En approchant du bosquet j'aperçus, non sans une émotion secrète, vos signes d'intelligence, vos sourires mutuels, et le coloris de tes joues prendre un nouvel éclat. En y entrant, je vis avec surprise ta cousine s'approcher de moi, et, d'un air plaisamment suppliant, me demander un baiser. Sans rien comprendre à ce mystère, j'embrassai cette charmante amie ; et, tout aimable, toute piquante qu'elle est, je ne connus jamais mieux que les sensations ne sont rien que ce que le cœur les fait être. Mais que devins-je un moment après quand je sentis... la main me tremble... un doux frémissement... ta bouche de roses... la bouche de Julie... se poser, se presser sur la mienne, et mon corps serré dans tes bras ! Non, le feu du ciel n'est pas plus vif ni plus prompt que celui qui vint à l'instant m'embraser. Toutes les parties de moi-même se rassemblèrent sous ce toucher délicieux. Le feu s'exhaloit avec nos soupirs de nos lèvres brûlantes, et mon cœur se mouroit sous le poids de la volupté... quand tout à coup je te vis pâlir, fermer tes beaux yeux, t'appuyer sur ta cousine, et tomber en défaillance. Ainsi la frayeur éteignit le plaisir, et mon bonheur ne fut qu'un éclair.

A peine sais-je ce qui m'est arrivé depuis ce fatal moment. L'impression profonde que j'ai reçue ne peut plus s'effacer. Une faveur!... c'est un tourment horrible... Non, garde tes baisers, je ne les saurois supporter... ils sont trop âcres, trop pénétrants; ils percent, ils brûlent jusqu'à la moelle... ils me rendroient furieux. Un seul, un seul m'a jeté dans un égarement dont je ne puis plus revenir. Je ne suis plus le même, et ne te vois plus la même. Je ne te vois plus comme autrefois réprimante et sévère; mais je te sens et te touche sans cesse unie à mon sein comme tu fus un instant. O Julie! quelque sort que m'annonce un transport dont je ne suis plus maître, quelque traitement que ta rigueur me destine, je ne puis plus vivre dans l'état où je suis, et je sens qu'il faut enfin que j'expire à tes pieds... ou dans tes bras.

LETTRE XV.

DE JULIE A SAINT-PREUX.

Il est important, mon ami, que nous nous séparions pour quelque temps, et c'est ici la première épreuve de l'obéissance que vous m'avez promise. Si je l'exige en cette occasion, croyez que j'en ai des raisons très-fortes ; il faut bien, et vous le savez trop, que j'en aie pour m'y résoudre ; quant à vous, vous n'en avez pas besoin d'autre que ma volonté.

Il y a long-temps que vous avez un voyage à faire en Valais. Je voudrois que vous pussiez l'entreprendre à présent qu'il ne fait pas encore froid. Quoique l'automne soit encore agréable ici, vous voyez déjà blanchir la pointe de la Dent-de-Jamant[1], et dans six semaines je ne vous laisserois pas faire ce voyage dans un pays si rude. Tâchez donc de partir dès demain : vous m'écrirez à l'adresse que je vous envoie, et vous m'enverrez la vôtre quand vous serez arrivé à Sion.

Vous n'avez jamais voulu me parler de l'état de vos affaires ; mais vous n'êtes pas dans votre patrie : je sais que vous y avez peu de fortune et que vous ne faites que la déranger ici, où vous ne resteriez pas sans moi. Je puis donc supposer qu'une

---
[1] * Haute montagne du pays de Vaud.

partie de votre bourse est dans la mienne, et je vous envoie un léger à-compte dans celle que renferme cette boîte, qu'il ne faut pas ouvrir devant le porteur. Je n'ai garde d'aller au-devant des difficultés; je vous estime trop pour vous croire capable d'en faire.

Je vous défends, non seulement de retourner sans mon ordre, mais de venir nous dire adieu. Vous pouvez écrire à ma mère ou à moi, simplement pour nous avertir que vous êtes forcé de partir sur-le-champ pour une affaire imprévue, et me donner, si vous voulez, quelques avis sur mes lectures jusqu'à votre retour. Tout cela doit être fait naturellement et sans aucune apparence de mystère. Adieu, mon ami; n'oubliez pas que vous emportez le cœur et le repos de Julie.

LETTRE XVI.

RÉPONSE.

Je relis votre terrible lettre, et je frissonne à chaque ligne. J'obéirai pourtant, je l'ai promis, je le dois; j'obéirai. Mais vous ne savez pas, non, barbare, vous ne saurez jamais ce qu'un tel sacrifice coûte à mon cœur. Ah! vous n'aviez pas besoin de l'épreuve du bosquet pour me le rendre sensible : c'est un raffinement de cruauté perdu pour votre ame impitoyable, et je puis au moins vous défier de me rendre plus malheureux.

Vous recevrez votre boîte dans le même état où vous l'avez envoyée. C'est trop d'ajouter l'opprobre à la cruauté; si je vous ai laissée maîtresse de mon sort, je ne vous ai point laissée l'arbitre de mon honneur. C'est un dépôt sacré (l'unique, hélas! qui me reste) dont jusqu'à la fin de ma vie nul ne sera chargé que moi seul.

LETTRE XVII.

RÉPLIQUE.

Votre lettre me fait pitié; c'est la seule chose sans esprit que vous ayez jamais écrite.

J'offense donc votre honneur, pour lequel je donnerois mille fois ma vie? J'offense donc ton honneur, ingrat! qui m'as vue prête à t'abandonner le mien? Où est-il donc cet honneur que j'offense? Dis-le-moi, cœur rampant, ame sans délicatesse. Ah! que tu es méprisable si tu n'as qu'un honneur que Julie ne connoisse pas! Quoi! ceux qui veulent partager leur sort n'oseroient partager leurs biens, et celui qui fait profession d'être à moi se tient outragé de mes dons! Et depuis quand est-il vil de recevoir de ce qu'on aime? Depuis quand ce que le cœur donne déshonore-t-il le cœur qui accepte? mais on méprise un homme qui reçoit d'un autre : on méprise celui dont les besoins passent la fortune. Et qui le méprise? Des ames abjectes qui mettent l'honneur dans la richesse, et pèsent les vertus au poids de l'or. Est-ce dans ces basses maximes qu'un homme de bien met son honneur? et le préjugé même de la raison n'est-il pas en faveur du plus pauvre?

Sans doute, il est des dons vils qu'un honnête homme ne peut accepter; mais apprenez qu'ils ne déshonorent pas moins la main qui les offre, et qu'un don honnête à faire est toujours honnête à recevoir; or sûrement mon cœur ne me reproche pas celui-ci, il s'en glorifie[1]. Je ne sache rien de plus misérable qu'un homme dont on achète le cœur et les soins, si ce n'est la femme qui les paie; mais entre deux cœurs unis la communauté des biens est une justice et un devoir; et si je me trouve encore en arrière de ce qui me reste de plus qu'à vous, j'accepte sans scrupule ce que je réserve, et je vous dois ce que je ne vous ai pas donné. Ah! si les dons de l'amour sont à charge, quel cœur jamais peut être reconnoissant?

Supposeriez-vous que je refuse à mes besoins ce que je destine à pourvoir aux vôtres? Je vais vous donner du contraire une preuve sans réplique.

---

[1] Elle a raison. Sur le motif secret de ce voyage, on voit que jamais argent ne fut plus honnêtement employé. C'est grand dommage que cet emploi n'ait pas fait un meilleur profit.

C'est que la bourse que je vous renvoie contient le double de ce qu'elle contenoit la première fois, et qu'il ne tiendroit qu'à moi de la doubler encore. Mon père me donne pour mon entretien une pension, modique à la vérité, mais à laquelle je n'ai jamais besoin de toucher, tant ma mère est attentive à pourvoir à tout, sans compter que ma broderie et ma dentelle suffisent pour m'entretenir de l'une et de l'autre. Il est vrai que je n'étois pas toujours aussi riche; les soucis d'une passion fatale m'ont fait depuis long-temps négliger certains soins auxquels j'employois mon superflu; c'est une raison de plus d'en disposer comme je fais : il faut vous humilier pour le mal dont vous êtes cause, et que l'amour expie les fautes qu'il fait commettre.

Venons à l'essentiel. Vous dites que l'honneur vous défend d'accepter mes dons. Si cela est, je n'ai plus rien à dire, et je conviens avec vous qu'il ne vous est pas permis d'aliéner un pareil soin. Si donc vous pouvez me prouver cela, faites-le clairement, incontestablement, et sans vaine subtilité; car vous savez que je hais les sophismes. Alors vous pouvez me rendre la bourse, je la reprends sans me plaindre, et il n'en sera plus parlé.

Mais comme je n'aime ni les gens pointilleux ni le faux point d'honneur, si vous me renvoyez encore une fois la boîte sans justification, ou que votre justification soit mauvaise, il faudra ne nous plus voir. Adieu; pensez-y.

LETTRE XVIII.

DE SAINT-PREUX A JULIE.

J'ai reçu vos dons; je suis parti sans vous voir; me voici bien loin de vous : êtes-vous contente de vos tyrannies, et vous ai-je assez obéi ?

Je ne puis vous parler de mon voyage; à peine sais-je comment il s'est fait. J'ai mis trois jours à faire vingt lieues; chaque pas qui m'éloignoit de vous séparoit mon corps de mon ame, et me donnoit un sentiment anticipé de la mort. Je voulois vous décrire ce que je verrois : vain projet ! Je n'ai rien vu que vous, et ne puis vous peindre que Julie. Les puissantes émotions que je viens d'éprouver coup sur coup m'ont jeté dans des distractions continuelles; je me sentois toujours où je n'étois point : à peine avois-je assez de présence d'esprit pour suivre et demander mon chemin, et je suis arrivé à Sion sans être parti de Vevai.

C'est ainsi que j'ai trouvé le secret d'éluder votre rigueur et de vous voir sans vous désobéir. Oui, cruelle, quoi que vous ayez su faire, vous n'avez pû me séparer de vous tout entier. Je n'ai traîné dans mon exil que la moindre partie de moi-même : tout ce qu'il y a de vivant en moi demeure auprès de vous sans cesse. Il erre impunément sur vos yeux, sur vos lèvres, sur votre sein, sur tous vos charmes; il pénètre partout comme une vapeur subtile; et je suis plus heureux en dépit de vous que je ne fus jamais de votre gré.

J'ai ici quelques personnes à voir, quelques affaires à traiter; voilà ce qui me désole. Je ne suis point à plaindre dans la solitude où je puis m'occuper de vous et me transporter aux lieux où vous êtes. La vie active qui me rappelle à moi tout entier m'est seule insupportable. Je vais faire mal et vite pour être promptement libre, et pouvoir m'égarer à mon aise dans les lieux sauvages qui forment à mes yeux les charmes de ce pays. Il faut tout fuir et vivre seul au monde, quand on n'y peut vivre avec vous.

LETTRE XIX.

DE SAINT-PREUX A JULIE.

Rien ne m'arrête plus ici que vos ordres, cinq jours que j'y ai passés ont suffi et au-delà pour mes affaires; si toutefois on peut appeler des affaires celles où le cœur n'a point de part. Enfin vous n'avez plus de prétexte, et ne pouvez me retenir loin de vous qu'afin de me tourmenter.

Je commence à être fort inquiet du sort de ma première lettre; elle fut écrite et mise à la poste en arrivant; l'adresse en est fidèlement copiée sur celle que vous m'envoyâtes ; je vous ai envoyé la mienne avec le même soin, et si vous aviez fait exactement réponse, elle auroit déjà dû me parvenir. Cette réponse pourtant ne vient point, et il n'y a nulle cause possible et funeste de son retard que mon esprit troublé ne se figure. O ma Julie ! que d'imprévues catastrophes peuvent en huit jours rompre à jamais les plus doux liens du monde ! Je frémis de songer qu'il n'y a pour moi qu'un seul moyen d'être heureux, et des millions d'être misérable [1] ! Julie, m'auriez-vous oublié ? Ah ! c'est la plus affreuse de mes craintes ! Je puis préparer ma constance aux autres malheurs, mais toutes les forces de mon ame défaillent au seul soupçon de celui-là.

Je vois le peu de fondement de mes alarmes et ne saurois les calmer. Le sentiment de mes maux s'aigrit sans cesse loin de vous ; et, comme si je n'en avois pas assez pour m'abattre, je m'en forge encore d'incertains pour irriter tous les autres. D'abord mes inquiétudes étoient moins vives. Le trouble d'un départ subit, l'agitation du voyage, donnoient le change à mes ennuis. Ils se rani-

---

[1] On me dira que c'est le devoir d'un éditeur de corriger les fautes de langue. Oui bien pour les éditeurs qui font cas de cette correction ; oui bien pour les livres dont on peut corriger le style sans le refondre et le gâter ; oui bien quand on est assez sûr de sa plume pour ne pas substituer ses propres fautes à celles de l'auteur. Et avec tout cela, qu'aura-t-on gagné à faire parler un Suisse comme un académicien ?

ment dans la tranquille solitude. Hélas! je combattois; un fer mortel a percé mon sein, et la douleur ne s'est fait sentir que long-temps après la blessure.

Cent fois, en lisant des romans, j'ai ri des froides plaintes des amants sur l'absence. Ah! je ne savois pas alors à quel point la vôtre un jour me seroit insupportable! Je sens aujourd'hui combien une ame paisible est peu propre à juger des passions, et combien il est insensé de rire des sentiments qu'on n'a point éprouvés. Vous le dirai-je pourtant? je ne sais quelle idée consolante et douce tempère en moi l'amertume de votre éloignement, en songeant qu'il s'est fait par votre ordre. Les maux qui me viennent de vous me sont moins cruels que s'ils m'étoient envoyés par la fortune : s'ils servent à vous contenter, je ne voudrois pas ne les point sentir; ils sont les garants de leur dédommagement, et je connois trop bien votre ame pour vous croire barbare à pure perte.

Si vous voulez m'éprouver, je n'en murmure plus; il est juste que vous sachiez si je suis constant, patient, docile, digne en un mot des biens que vous me réservez. Dieux! si c'étoit là votre idée, je me plaindrois de trop peu souffrir. Ah! non, pour nourrir dans mon cœur une si douce attente, inventez, s'il se peut, des maux mieux proportionnés à leur prix.

LETTRE XX.

DE JULIE A SAINT-PREUX.

Je reçois à la fois vos deux lettres; et je vois, par l'inquiétude que vous marquez dans la seconde sur le sort de l'autre, que, quand l'imagination prend les devants, la raison ne se hâte pas comme elle, et souvent la laisse aller seule. Pensâtes-vous, en arrivant à Sion, qu'un courrier tout prêt n'attendoit pour partir que votre lettre, que cette lettre me seroit remise en arrivant ici, et que les occasions ne favoriseroient pas moins ma réponse? Il n'en va pas ainsi, mon bel ami. Vos deux lettres me sont parvenues à la fois, parce que le courrier, qui ne passe qu'une fois la semaine [1], n'est parti qu'avec la seconde. Il faut un certain temps pour distribuer les lettres; il en faut à mon commissionnaire pour me rendre la mienne en secret, et le courrier ne retourne pas d'ici le lendemain du jour qu'il est arrivé. Ainsi, tout bien calculé, il nous faut huit jours, quand celui du courrier est bien choisi, pour recevoir réponse l'un de l'autre; ce que je vous explique afin de calmer une fois pour toutes votre impatiente vivacité. Tandis que vous déclamez contre la fortune et ma négligence, vous voyez que je m'informe adroitement de tout ce

[1] Il passe à présent deux fois.

qui peut assurer notre correspondance, et prévenir vos perplexités. Je vous laisse à décider de quel côté sont les plus tendres soins.

Ne parlons plus de peines, mon bon ami : ah! respectez et partagez plutôt le plaisir que j'éprouve, après huit mois d'absence, de revoir le meilleur des pères! Il arriva jeudi au soir, et je n'ai songé qu'à lui [1] depuis cet heureux moment. O toi que j'aime le mieux au monde après les auteurs de mes jours, pourquoi tes lettres, tes querelles viennent-elles contrister mon ame, et troubler les premiers plaisirs d'une famille réunie? Tu voudrois que mon cœur s'occupât de toi sans cesse ; mais, dis-moi, le tien pourroit-il aimer une fille dénaturée à qui les feux de l'amour feroient oublier les droits du sang, et que les plaintes d'un amant rendroient insensible aux caresses d'un père? Non, mon digne ami, n'empoisonne point par d'injustes reproches l'innocente joie que m'inspire un si doux sentiment. Toi dont l'ame est si tendre et si sensible, ne conçois-tu point quel charme c'est de sentir, dans ces purs et sacrés embrassements, le sein d'un père palpiter d'aise contre celui de sa fille? Ah! crois-tu qu'alors le cœur puisse un moment se partager, et rien dérober à la nature?

Sol che son figlia mi rammento adesso [2].

[1] L'article qui précède prouve qu'elle ment.
[2] Tout ce dont je me souviens en ce moment c'est que je suis sa fille.

Ne pensez pas pourtant que je vous oublie. Oublia-t-on jamais ce qu'on a une fois aimé? Non, les impressions plus vives, qu'on suit quelques instants, n'effacent pas pour cela les autres. Ce n'est point sans chagrin que je vous ai vu partir, ce n'est point sans plaisir que je vous verrois de retour. Mais... prenez patience ainsi que moi, puisqu'il le faut, sans en demander davantage. Soyez sûr que je vous rappellerai le plus tôt qu'il me sera possible; et pensez que souvent tel qui se plaint bien haut de l'absence n'est pas celui qui en souffre le plus.

LETTRE XXI.

DE SAINT-PREUX A JULIE.

Que j'ai souffert en la recevant, cette lettre souhaitée avec tant d'ardeur! J'attendois le courrier à la poste. A peine le paquet étoit-il ouvert que je me nomme; je me rends importun: on me dit qu'il y a une lettre, je tressaille; je la demande, agité d'une mortelle impatience; je la reçois enfin. Julie, j'aperçois les traits de ta main adorée! La mienne tremble en s'avançant pour recevoir ce précieux dépôt. Je voudrois baiser mille fois ces sacrés caractères: ô circonspection d'un amour craintif! je n'ose porter la lettre à ma bouche, ni l'ouvrir devant tant de témoins. Je me dérobe à la hâte. Mes genoux trembloient sous moi; mon émotion croissante me laisse à peine apercevoir mon chemin. J'ouvre la lettre au premier détour; je la parcours, je la dévore; et à peine suis-je à ces lignes où tu peins si bien les plaisirs de ton cœur en embrassant ce respectable père, que je fonds en larmes; on me regarde; j'entre dans une allée pour échapper au spectateur; là je partage ton attendrissement; j'embrasse avec transport cet heureux père que je connois à peine; et la voix de la nature me rappelant au mien, je donne de nouveaux pleurs à sa mémoire honorée.

Eh! que vouliez-vous apprendre, incomparable fille, dans mon vain et triste savoir? Ah! c'est de vous qu'il faut apprendre tout ce qui peut entrer de bon, d'honnête, dans une ame humaine, et surtout ce divin accord de la vertu, de l'amour, et de la nature, qui ne se trouva jamais qu'en vous. Non, il n'y a point d'affection saine qui n'ait sa place dans votre cœur, qui ne s'y distingue par la sensibilité qui vous est propre; et, pour savoir moi-même régler le mien, comme j'ai soumis toutes mes actions à vos volontés, je vois bien qu'il faut soumettre encore tous mes sentiments aux vôtres.

Quelle différence pourtant de votre état au mien! daignez le remarquer. Je ne parle point du rang et de la fortune, l'honneur et l'amour doivent en cela suppléer à tout; mais vous êtes environnée de gens que vous chérissez et qui vous adorent : les soins d'une tendre mère, d'un père dont vous êtes l'unique espoir; l'amitié d'une cousine qui semble ne respirer que par vous; toute une famille dont vous faites l'ornement; une ville entière fière de vous avoir vue naître, tout occupe et partage votre sensibilité; et ce qu'il en reste à l'amour n'est que la moindre partie de ce que lui ravissent les droits du sang et de l'amitié. Mais moi, Julie, hélas! errant, sans famille et presque sans patrie, je n'ai que vous sur la terre, et l'amour seul me tient lieu de tout. Ne soyez donc pas surprise si, bien que votre ame soit la plus sensible, la mienne sait le mieux aimer, et si, vous cédant en tant de choses, j'emporte au moins le prix de l'amour.

Ne craignez pourtant pas que je vous importune encore de mes indiscrètes plaintes. Non, je respecterai vos plaisirs, et pour eux-mêmes qui sont si purs, et pour vous qui les ressentez. Je m'en formerai dans l'esprit le touchant spectacle, je les partagerai de loin; et, ne pouvant être heureux de ma propre félicité, je le serai de la vôtre. Quelles que soient les raisons qui me tiennent éloigné de vous, je les respecte; et que me serviroit de les connoître, si, quand je devrois les désapprouver, il n'en faudroit pas moins obéir à la volonté qu'elles vous inspirent? M'en coûtera-t-il plus de garder le silence qu'il ne m'en coûta de vous quitter? Souvenez-vous toujours, ô Julie! que votre ame a deux corps à gouverner, et que celui qu'elle anime par son choix lui sera toujours le plus fidèle :

> Nodo più forte,
> Fabricato da noi, non dalla sorte [1].

Je me tais donc ; et, jusqu'à ce qu'il vous plaise de terminer mon exil, je vais tâcher d'en tempérer l'ennui en parcourant les montagnes du Valais tandis qu'elles sont encore praticables. Je m'aperçois que ce pays ignoré mérite les regards des hommes, et qu'il ne lui manque, pour être admiré, que des spectateurs qui le sachent voir. Je tâcherai d'en tirer quelques observations dignes de vous plaire. Pour amuser une jolie femme, il faudroit peindre un peuple aimable et galant : mais toi, ma Julie, ah! je le sais bien, le tableau d'un peuple heureux et simple est celui qu'il faut à ton cœur.

LETTRE XXII.

DE JULIE A SAINT-PREUX.

Enfin le premier pas est franchi, et il a été question de vous. Malgré le mépris que vous

[1] Le plus fort des nœuds, notre ouvrage, et non celui du sort.

témoignez pour ma doctrine, mon père en a été surpris : il n'a pas moins admiré mes progrès dans la musique et dans le dessin[1] ; et, au grand étonnement de ma mère, prévenue par vos calomnies[2], au blason près, qui lui a paru négligé, il a été fort content de tous mes talents. Mais ces talents ne s'acquièrent pas sans maître : il a fallu nommer le mien ; et je l'ai fait avec une énumération pompeuse de toutes les sciences qu'il vouloit bien m'enseigner, hors une. Il s'est rappelé de vous avoir vu plusieurs fois à son précédent voyage, et il n'a pas paru qu'il eût conservé de vous une impression désavantageuse.

Ensuite il s'est informé de votre fortune ; on lui a dit qu'elle étoit médiocre : de votre naissance ; on lui a dit qu'elle étoit honnête. Ce mot *honnête* est fort équivoque à l'oreille d'un gentilhomme, et a excité des soupçons que l'éclaircissement a confirmés. Dès qu'il a su que vous n'étiez pas noble, il a demandé ce qu'on vous donnoit par mois. Ma mère, prenant la parole, a dit qu'un pareil arrangement n'étoit pas même proposable ; et qu'au contraire vous aviez rejeté constamment tous les moindres présents qu'elle avoit tâché de vous faire

---

[1] Voilà, ce me semble, un sage de vingt ans qui sait prodigieusement de choses ! il est vrai que Julie le félicite à trente de n'être plus si savant.

[2] Cela se rapporte à une lettre à la mère, écrite sur un ton équivoque, et qui a été supprimée.

en choses qui ne se refusent pas; mais cet air de fierté n'a fait qu'exciter la sienne. Eh le moyen de supporter l'idée d'être redevable à un roturier? Il a donc été décidé qu'on vous offriroit un paiement, au refus duquel, malgré tout votre mérite, dont on convient, vous seriez remercié de vos soins. Voilà, mon ami, le résumé d'une conversation qui a été tenue sur le compte de mon très-honoré maître, et durant laquelle son humble écolière n'étoit pas fort tranquille. J'ai cru ne pouvoir trop me hâter de vous en donner avis, afin de vous laisser le temps d'y réfléchir. Aussitôt que vous aurez pris votre résolution, ne manquez pas de m'en instruire; car cet article est de votre compétence, et mes droits ne vont pas jusque-là.

J'apprends avec peine vos courses dans les montagnes; non que vous n'y trouviez, à mon avis, une agréable diversion, et que le détail de ce que vous aurez vu ne me soit fort agréable à moi-même : mais je crains pour vous des fatigues que vous n'êtes guère en état de supporter. D'ailleurs la saison est fort avancée; d'un jour à l'autre tout peut se couvrir de neige; et je prévois que vous aurez encore plus à souffrir du froid que de la fatigue. Si vous tombiez malade dans le pays où vous êtes, je ne m'en consolerois jamais. Revenez donc, mon bon ami, dans mon voisinage. Il n'est pas temps encore de rentrer à Vevai, mais je veux que vous habitiez un séjour moins rude, et que nous soyons plus à portée d'avoir aisément des nouvelles l'un de l'autre. Je vous laisse le maître du choix de votre station. Tâchez seulement qu'on ne sache point ici où vous êtes, et soyez discret sans être mystérieux. Je ne vous dis rien sur ce chapitre, je me fie à l'intérêt que vous avez d'être prudent, et plus encore à celui que j'ai que vous le soyiez.

Adieu, mon ami; je ne puis m'entretenir plus long-temps avec vous. Vous savez de quelles précautions j'ai besoin pour vous écrire. Ce n'est pas tout : mon père a amené un étranger respectable, son ancien ami, et qui lui a sauvé autrefois la vie à la guerre. Jugez si nous nous sommes efforcés de le bien recevoir. Il repart demain, et nous nous hâtons de lui procurer, pour le jour qui nous reste, tous les amusements qui peuvent marquer notre zèle à un tel bienfaiteur. On m'appelle : il faut finir. Adieu derechef.

LETTRE XXIII.

DE SAINT-PREUX A JULIE.

A peine ai-je employé huit jours à parcourir un pays qui demanderoit des années d'observation : mais, outre que la neige me chasse, j'ai voulu revenir au-devant du courrier qui m'apporte, j'espère, une de vos lettres. En attendant qu'elle arrive je commence par vous écrire celle-ci, après laquelle j'en écrirai, s'il est nécessaire, une seconde pour répondre à la vôtre.

Je ne vous ferai point ici un détail de mon voyage et de mes remarques; j'en ai fait une relation que je compte vous porter. Il faut réserver notre correspondance pour les choses qui nous touchent de plus près l'un et l'autre. Je me contenterai de vous parler de la situation de mon ame : il est juste de vous rendre compte de l'usage qu'on fait de votre bien.

J'étois parti, triste de mes peines et consolé de votre joie; ce qui me tenoit dans un certain état de langueur qui n'est pas sans charme pour un cœur sensible. Je gravissois lentement et à pied des sentiers assez rudes, conduit par un homme que j'avois pris pour être mon guide, et dans lequel, durant toute la route, j'ai trouvé plutôt un ami qu'un mercenaire. Je voulois rêver, et j'en étois toujours détourné par quelque spectacle inattendu. Tantôt d'immenses roches pendoient en ruines au-dessus de ma tête. Tantôt de hautes et bruyantes cascades m'inondoient de leur épais brouillard. Tantôt un torrent éternel ouvroit à mes côtés un abîme dont les yeux n'osoient sonder la profondeur. Quelquefois je me perdois dans l'obscurité d'un bois touffu. Quelquefois, en sortant d'un gouffre, une agréable prairie réjouissoit tout à coup mes regards. Un mélange étonnant de la nature sauvage et de la nature cultivée montroit partout la main des hommes, où l'on eût cru qu'ils n'avoient jamais pénétré : à côté d'une caverne on trouvoit des maisons ; on voyoit des pamprés secs où l'on n'eût cherché que des ronces, des vignes dans des terres éboulées, d'excellents fruits sur des rochers, et des champs dans des précipices.

Ce n'étoit pas seulement le travail des hommes qui rendoit ces pays étranges si bizarrement contrastés ; la nature sembloit encore prendre plaisir à s'y mettre en opposition avec elle-même, tant on la trouvoit différente en un même lieu sous divers aspects. Au levant les fleurs du printemps, au midi les fruits de l'automne, au nord les glaces de l'hiver : elle réunissoit toutes les saisons dans le même instant, tous les climats dans le même lieu, des terrains contraires sur le même sol, et formoit l'accord inconnu partout ailleurs des productions des plaines et de celles des Alpes. Ajoutez à tout cela les illusions de l'optique, les pointes des monts différemment éclairés, le clair-obscur du soleil et des ombres, et tous les accidents de lumière qui en résultoient le matin et le soir ; vous aurez quelque idée des scènes continuelles qui ne cessèrent d'attirer mon admiration, et qui sembloient m'être offertes en un vrai théâtre ; car la perspective des monts étant verticale frappe les yeux tout à la fois et bien plus puissamment que celle des plaines ;

qui ne se voit qu'obliquement, en fuyant, et dont chaque objet vous en cache un autre.

J'attribuai, durant la première journée, aux agrémens de cette variété le calme que je sentois renaître en moi. J'admirois l'empire qu'ont sur nos passions les plus vives les êtres les plus insensibles, et je méprisois la philosophie de ne pouvoir pas même autant sur l'ame qu'une suite d'objets inanimés. Mais cet état paisible ayant duré la nuit et augmenté le lendemain, je ne tardai pas de juger qu'il avoit encore quelque autre cause qui ne m'étoit pas connue. J'arrivai ce jour-là sur des montagnes les moins élevées, et, parcourant ensuite leurs inégalités, sur celles des plus hautes qui étoient à ma portée. Après m'être promené dans les nuages, j'atteignois un séjour plus serein d'où l'on voit dans la saison le tonnerre et l'orage se former au-dessous de soi; image trop vaine de l'ame du sage, dont l'exemple n'exista jamais, ou n'existe qu'aux mêmes lieux d'où l'on en a tiré l'emblème.

Ce fut là que je démêlai sensiblement dans la pureté de l'air où je me trouvois la véritable cause du changement de mon humeur, et du retour de cette paix intérieure que j'avois perdue depuis si long-temps. En effet, c'est une impression générale qu'éprouvent tous les hommes, quoiqu'ils ne l'observent pas tous, que sur les hautes montagnes, où l'air est pur et subtil, on se sent plus de facilité dans la respiration, plus de légèreté dans le corps, plus de sérénité dans l'esprit ; les plaisirs y sont moins ardents, les passions plus modérées. Les méditations y prennent je ne sais quel caractère grand et sublime, proportionné aux objets qui nous frappent ; je ne sais quelle volupté tranquille qui n'a rien d'âcre et de sensuel. Il semble qu'en s'élevant au-dessus du séjour des hommes on y laisse tous les sentiments bas et terrestres, et qu'à mesure qu'on approche des régions éthérées, l'ame contracte quelque chose de leur inaltérable pureté. On y est grave sans mélancolie, paisible sans indolence, content d'être et de penser : tous les désirs trop vifs s'émoussent ; ils perdent cette pointe aiguë qui les rend douloureux, ils ne laissent au fond du cœur qu'une émotion légère et douce ; et c'est ainsi qu'un heureux climat fait servir à la félicité de l'homme les passions qui font ailleurs son tourment. Je doute qu'aucune agitation violente, aucune maladie de vapeurs pût tenir contre un pareil séjour prolongé, et je suis surpris que des bains de l'air salutaire et bienfaisant des montagnes ne soient pas un des grands remèdes de la médecine et de la morale :

> Qui non palazzi, non teatro o loggia ;
> Ma'n lor vece un' abete, un faggio, un pino,
> Trà l'erba verde e'l bel monte vicino
> Levan di terra al ciel nostr' intelletto [1].

[1] Au lieu des palais, des pavillons, des théâtres, les chênes, les noirs sapins, les hêtres, s'élancent de l'herbe verte au sommet des

Supposez les impressions réunies de ce que je viens de vous décrire, et vous aurez quelque idée de la situation délicieuse où je me trouvois. Imaginez la variété, la grandeur, la beauté de mille étonnants spectacles; le plaisir de ne voir autour de soi que des objets tout nouveaux, des oiseaux étrangers, des plantes bizarres et inconnues, d'observer en quelque sorte une autre nature, et de se trouver dans un nouveau monde. Tout cela fait aux yeux un mélange inexprimable, dont le charme augmente encore par la subtilité de l'air qui rend les couleurs plus vives, les traits plus marqués, rapproche tous les points de vue; les distances paroissant moindres que dans les plaines, où l'épaisseur de l'air couvre la terre d'un voile, l'horizon présente aux yeux plus d'objets qu'il semble n'en pouvoir contenir : enfin ce spectacle a je ne sais quoi de magique, de surnaturel, qui ravit l'esprit et les sens : on oublie tout, on s'oublie soi-même, on ne sait plus où l'on est.

J'aurois passé tout le temps de mon voyage dans le seul enchantement du paysage, si je n'en eusse éprouvé un plus doux encore dans le commerce des habitants. Vous trouverez dans ma description un léger crayon de leurs mœurs, de leur simplicité, de leur égalité d'ame, et de cette paisible tranquillité qui les rend heureux par l'exemption

---

monts, et semblent élever au ciel, avec leurs têtes, les yeux et l'esprit des mortels. Petrarc.

des peines plutôt que par le goût des plaisirs. Mais ce que je n'ai pu vous peindre et qu'on ne peut guère imaginer, c'est leur humanité désintéressée, et leur zèle hospitalier pour tous les étrangers que le hasard ou la curiosité conduisent chez eux. J'en fis une épreuve surprenante, moi qui n'étois connu de personne, et qui ne marchois qu'à l'aide d'un conducteur. Quand j'arrivois le soir dans un hameau, chacun venoit avec tant d'empressement m'offrir sa maison, que j'étois embarrassé du choix; et celui qui obtenoit la préférence en paroissoit si content, que la première fois je pris cette ardeur pour de l'avidité. Mais je fus bien étonné quand, après en avoir usé chez mon hôte à peu près comme au cabaret, il refusa le lendemain mon argent, s'offensant même de ma proposition; et il en a partout été de même. Ainsi c'étoit le pur amour de l'hospitalité, communément assez tiède, qu'à sa vivacité j'avois pris pour l'âpreté du gain. Leur désintéressement fût si complet, que dans tout le voyage je n'ai pu trouver à placer un patagon [1]. En effet, à quoi dépenser de l'argent dans un pays où les maîtres ne reçoivent point le prix de leurs frais, ni les domestiques celui de leurs soins, et où l'on ne trouve aucun mendiant? Cependant l'argent est fort rare dans le Haut-Valais; mais c'est pour cela que les habitants sont à leur aise; car les denrées y sont abondantes sans aucun

---

[1] Écu du pays.

débouché au dehors, sans consommation de luxe au dedans, et sans que le cultivateur montagnard, dont les travaux sont les plaisirs, devienne moins laborieux. Si jamais ils ont plus d'argent, ils seront infailliblement plus pauvres. Ils ont la sagesse de le sentir, et il y a dans le pays des mines d'or qu'il n'est pas permis d'exploiter.

J'étois d'abord fort surpris de l'opposition de ces usages avec ceux du Bas-Valais, où, sur la route d'Italie, on rançonne assez durement les passagers : et j'avois peine à concilier dans un même peuple des manières si différentes. Un Valaisan m'en expliqua la raison. Dans la vallée, me dit-il, les étrangers qui passent sont des marchands, et d'autres gens uniquement occupés de leur négoce et de leur gain. Il est juste qu'ils nous laissent une partie de leur profit, et nous les traitons comme ils traitent les autres. Mais ici, où nulle affaire n'appelle les étrangers, nous sommes sûrs que leur voyage est désintéressé ; l'accueil qu'on leur fait l'est aussi. Ce sont des hôtes qui nous viennent voir parce qu'ils nous aiment, et nous les recevons avec amitié.

Au reste, ajouta-t-il en souriant, cette hospitalité n'est pas coûteuse, et peu de gens s'avisent d'en profiter. Ah ! je le crois, lui répondis-je. Que feroit-on chez un peuple qui vit pour vivre, non pour gagner ni pour briller ? Hommes heureux et dignes de l'être, j'aime à croire qu'il faut vous ressembler en quelque chose pour se plaire au milieu de vous.

Ce qui me paroissoit le plus agréable dans leur accueil, c'étoit de n'y pas trouver le moindre vestige de gêne ni pour eux ni pour moi. Ils vivoient dans leur maison comme si je n'y eusse pas été, et il ne tenoit qu'à moi d'y être comme si j'eusse été seul. Ils ne connoissent point l'incommode vanité d'en faire les honneurs aux étrangers, comme pour les avertir de la présence d'un maître dont on dépend au moins en cela. Si je ne disois rien, ils supposoient que je voulois vivre à leur manière; je n'avois qu'à dire un mot pour vivre à la mienne, sans éprouver jamais de leur part la moindre marque de répugnance ou d'étonnement. Le seul compliment qu'ils me firent, après avoir su que j'étois Suisse, fut de me dire que nous étions frères, et que je n'avois qu'à me regarder chez eux comme étant chez moi. Puis ils ne s'embarrassèrent plus de ce que je faisois, n'imaginant pas même que je pusse avoir le moindre doute sur la sincérité de leurs offres, ni le moindre scrupule à m'en prévaloir. Ils en usent entre eux avec la même simplicité; les enfants en âge de raison sont les égaux de leurs pères, les domestiques s'asseient à table avec leurs maîtres; la même liberté règne dans les maisons et dans la république, et la famille est l'image de l'état.

La seule chose sur laquelle je ne jouissois pas

de la liberté étoit la durée excessive des repas. J'étois bien le maître de ne pas me mettre à table; mais, quand j'y étois une fois, il y falloit rester une partie de la journée, et boire d'autant. Le moyen d'imaginer qu'un homme et un Suisse n'aimât pas à boire? En effet, j'avoue que le bon vin me paroît une excellente chose, et que je ne hais point à m'en égayer, pourvu qu'on ne m'y force pas. J'ai toujours remarqué que les gens faux sont sobres, et la grande réserve de la table annonce assez souvent des mœurs feintes et des ames doubles. Un homme franc craint moins ce babil affectueux et ces tendres épanchements qui précèdent l'ivresse; mais il faut savoir s'arrêter et prévenir l'excès. Voilà ce qu'il ne m'étoit guère possible de faire avec d'aussi déterminés buveurs que les Valaisans, des vins aussi violents que ceux du pays, et sur des tables où l'on ne vit jamais d'eau. Comment se résoudre à jouer si sottement le sage et à fâcher de si bonnes gens? Je m'enivrois donc par reconnoissance; et ne pouvant payer mon écot de ma bourse, je le payois de ma raison.

Un autre usage qui ne me gênoit guère moins, c'étoit de voir, même chez des magistrats, la femme et les filles de la maison, debout derrière ma chaise, servir à table comme des domestiques. La galanterie françoise se seroit d'autant plus tourmentée à réparer cette incongruité, qu'avec la figure des

PARTIE I, LETTRE XXIII.

Valaisanes, des servantes mêmes rendroient leurs services embarrassants. Vous pouvez m'en croire, elles sont jolies puisqu'elles m'ont paru l'être. Des yeux accoutumés à vous voir sont difficiles en beauté.

Pour moi, qui respecte encore plus les usages des pays où je vis que ceux de la galanterie, je recevois leur service en silence avec autant de gravité que don Quichotte chez la duchesse. J'opposois quelquefois en souriant les grandes barbes et l'air grossier des convives au teint éblouissant de ces jeunes beautés timides qu'un mot faisoit rougir, et ne rendoit que plus agréables. Mais je fus un peu choqué de l'énorme ampleur de leur gorge, qui n'a dans sa blancheur éblouissante qu'un des avantages du modèle que j'osois lui comparer; modèle unique et voilé, dont les contours furtivement observés me peignent ceux de cette coupe célèbre à qui le plus beau sein du monde servit de moule [1].

Ne soyez pas surprise de me trouver si savant sur des mystères que vous cachez si bien : je le suis en dépit de vous; un sens en peut quelquefois instruire un autre : malgré la plus jalouse vigilance, il échappe à l'ajustement le mieux concerté quelques légers interstices par lesquels la vue

---

[1] C'étoit celui d'Hélène. Minerva templum habet... in quo Helena « sacravit calicem ex Electro; adjicit historia, mammæ suæ mensura. » PLIN., lib. XXXIII, cap. XXXIII.

opère l'effet du toucher. L'œil avide et téméraire s'insinue impunément sous les fleurs d'un bouquet; il erre sous la chenille et la gaze, et fait sentir à la main la résistance élastique qu'elle n'oseroit éprouver.

> Parte appar delle mamme acerbe e crude :
> Parte altrui ne ricopre invida vestra,
> Invida, ma s'agli occhi il varco chiude,
> L'amoroso pensier gia non arresta [1].

Je remarquois aussi un grand défaut dans l'habillement des Valaisanes, c'est d'avoir des corps de robe si élevés par-derrière qu'elles en paroissent bossues; cela fait un effet singulier avec leurs petites coiffures noires et le reste de leur ajustement, qui ne manque au surplus ni de simplicité ni d'élégance. Je vous porte un habit complet à la valaisane, et j'espère qu'il vous ira bien; il a été pris sur la plus jolie taille du pays.

Tandis que je parcourois avec extase ces lieux si peu connus et si dignes d'être admirés, que faisiez-vous cependant, ma Julie? Étiez-vous oubliée de votre ami? Julie oubliée! Ne m'oublierois-je pas plutôt moi-même? et que pourrois-je être un moment seul, moi qui ne suis plus rien que par vous? Je n'ai jamais mieux remarqué avec quel

---

[1] Son acerbe et dure mamelle se laisse entrevoir : un vêtement jaloux en cache en vain la plus grande partie; l'amoureux désir, plus perçant que l'œil, pénètre à travers tous les obstacles.

Tasso.

instinct je place en divers lieux notre existence commune selon l'état de mon ame. Quand je suis triste, elle se réfugie auprès de la vôtre, et cherche des consolations aux lieux où vous êtes; c'est ce que j'éprouvois en vous quittant. Quand j'ai du plaisir, je n'en saurois jouir seul, et pour le partager avec vous je vous appelle alors où je suis. Voilà ce qui m'est arrivé durant toute cette course, où la diversité des objets me rappelant sans cesse en moi-même, je vous conduisois partout avec moi. Je ne faisois pas un pas que nous ne le fissions ensemble. Je n'admirois pas une vue sans me hâter de vous la montrer. Tous les arbres que je rencontrois vous prêtoient leur ombre, tous les gazons vous servoient de siége. Tantôt, assis à vos côtés, je vous aidois à parcourir des yeux les objets; tantôt à vos genoux j'en contemplois un plus digne des regards d'un homme sensible. Rencontrois-je un pas difficile, je vous le voyois franchir avec la légèreté d'un faon qui bondit après sa mère. Falloit-il traverser un torrent, j'osois presser dans mes bras une si douce charge; je passois le torrent lentement, avec délices, et voyois à regret le chemin que j'allois atteindre. Tout me rappeloit à vous dans ce séjour paisible, et les touchants attraits de la nature, et l'inaltérable pureté de l'air, et les mœurs simples des habitants, et leur sagesse égale et sûre, et l'aimable pudeur du sexe, et ses innocentes grâces; et tout ce qui frappoit agréablement mes yeux et mon cœur leur peignoit celle qu'ils cherchent.

O ma Julie! disois-je avec attendrissement, que ne puis-je couler mes jours avec toi dans ces lieux ignorés, heureux de notre bonheur et non du regard des hommes! Que ne puis-je ici rassembler toute mon ame en toi seule, et devenir à mon tour l'univers pour toi! Charmes adorés, vous jouiriez alors des hommages qui vous sont dus! délices de l'amour, c'est alors que nos cœurs vous savoureroient sans cesse! Une longue et douce ivresse nous laisseroit ignorer le cours des ans : et quand enfin l'âge auroit calmé nos premiers feux, l'habitude de penser et sentir ensemble feroit succéder à leurs transports une amitié non moins tendre. Tous les sentiments honnêtes, nourris dans la jeunesse avec ceux de l'amour, en rempliroient un jour le vide immense; nous pratiquerions au sein de cet heureux peuple, et à son exemple, tous les devoirs de l'humanité : sans cesse nous nous unirions pour bien faire, et nous ne mourrions point sans avoir vécu.

La poste arrive, il faut finir ma lettre, et courir recevoir la vôtre. Que le cœur me bat jusqu'à ce moment! Hélas! j'étois heureux dans mes chimères : mon bonheur fuit avec elles; que vais-je être en réalité?

LETTRE XXIV.

DE SAINT-PREUX A JULIE.

Je réponds sur-le-champ à l'article de votre lettre qui regarde le paiement, et n'ai, Dieu merci, nul besoin d'y réfléchir. Voici, ma Julie, quel est mon sentiment sur ce point.

Je distingue dans ce qu'on appelle honneur celui qui se tire de l'opinion publique, et celui qui dérive de l'estime de soi-même. Le premier consiste en vains préjugés plus mobiles qu'une onde agitée; le second a sa base dans les vérités éternelles de la morale. L'honneur du monde peut être avantageux à la fortune; mais il ne pénètre point dans l'ame, et n'influe en rien sur le vrai bonheur. L'honneur véritable, au contraire, en forme l'essence, parce qu'on ne trouve qu'en lui ce sentiment permanent de satisfaction intérieure qui seul peut rendre heureux un être pensant. Appliquons, ma Julie, ces principes à votre question; elle sera bientôt résolue.

Que je m'érige en maître de philosophie, et prenne, comme ce fou de la fable, de l'argent pour enseigner la sagesse, cet emploi paroîtra bas aux yeux du monde, et j'avoue qu'il a quelque chose de ridicule en soi; cependant comme aucun homme ne peut tirer sa subsistance absolument de lui-même, et qu'on ne sauroit l'en tirer de plus près que par son travail, nous mettrons ce mépris au rang des plus dangereux préjugés; nous n'aurons point la sottise de sacrifier la félicité à cette opinion insensée; vous ne m'en estimerez pas moins, et je n'en serai pas plus à plaindre quand je vivrai des talents que j'ai cultivés.

Mais ici, ma Julie, nous avons d'autres considérations à faire. Laissons la multitude, et regardons en nous-mêmes. Que serai-je réellement à votre père en recevant de lui le salaire des leçons que je vous aurai données, et lui vendant une partie de mon temps, c'est-à-dire de ma personne? Un mercenaire, un homme à ses gages, une espèce de valet; et il aura de ma part, pour garant de sa confiance et pour sûreté de ce qui lui appartient, ma foi tacite, comme celle du dernier de ses gens.

Or, quel bien plus précieux peut avoir un père que sa fille unique, fût-ce même une autre que Julie? Que fera donc celui qui lui vend ses services? Fera-t-il taire ses sentiments pour elle? Ah! tu sais si cela se peut! Ou bien, se livrant sans scrupule au penchant de son cœur, offensera-t-il, dans la partie la plus sensible, celui à qui il doit fidélité? Alors je ne vois plus dans un tel maître qu'un perfide qui foule aux pieds les droits les plus sacrés[1],

---

[1] Malheureux jeune homme, qui ne voit pas qu'en se laissant payer en reconnoissance ce qu'il refuse de recevoir en argent, il

un traître, un séducteur domestique que les lois condamnent très-justement à la mort. J'espère que celle à qui je parle sait m'entendre; ce n'est pas la mort que je crains, mais la honte d'en être digne, et le mépris de moi-même.

Quand les lettres d'Héloïse et d'Abélard tombèrent entre vos mains, vous savez ce que je vous dis de cette lecture et de la conduite du théologien. J'ai toujours plaint Héloïse; elle avoit un cœur fait pour aimer : mais Abélard ne m'a jamais paru qu'un misérable digne de son sort, et connoissant aussi peu l'amour que la vertu. Après l'avoir jugé faudra-t-il que je l'imite ? Malheur à quiconque prêche une morale qu'il ne veut pas pratiquer ! Celui qu'aveugle sa passion jusqu'à ce point en est bientôt puni par elle, et perd le goût des sentiments auxquels il a sacrifié son honneur. L'amour est privé de son plus grand charme quand l'honnêteté l'abandonne; pour en sentir tout le prix, il faut que le cœur s'y complaise, et qu'il nous élève en élevant l'objet aimé. Otez l'idée de la perfection, vous ôtez l'enthousiasme : ôtez l'estime, et l'amour n'est plus rien. Comment une femme pourroit-elle honorer un homme qui se déshonore ?

---

viole des droits plus sacrés encore ! Au lieu d'instruire, il corrompt; au lieu de nourrir, il empoisonne; il se fait remercier par une mère abusée d'avoir perdu son enfant. On sent pourtant qu'il aime sincèrement la vertu, mais sa passion l'égare, et si sa grande jeunesse ne l'excusoit pas, avec ses beaux discours il ne seroit qu'un scélérat. Les deux amants sont à plaindre; la mère seule est inexcusable.

Comment pourra-t-il adorer lui-même celle qui n'a pas craint de s'abandonner à un vil corrupteur? Ainsi bientôt ils se mépriseront mutuellement; l'amour ne sera plus pour eux qu'un honteux commerce; ils auront perdu l'honneur, et n'auront point trouvé la félicité.

Il n'en est pas ainsi, ma Julie, entre deux amants de même âge, tous deux épris du même feu, qu'un mutuel attachement unit, qu'aucun lien particulier ne gêne, qui jouissent tous deux de leur première liberté, et dont aucun droit ne proscrit l'engagement réciproque. Les lois les plus sévères ne peuvent leur imposer d'autre peine que le prix même de leur amour; la seule punition de s'être aimés est l'obligation de s'aimer à jamais; et s'il est quelques malheureux climats au monde où l'homme barbare brise ces innocentes chaînes, il en est puni sans doute par les crimes que cette contrainte engendre.

Voilà mes raisons, sage et vertueuse Julie; elles ne sont qu'un froid commentaire de celles que vous m'exposâtes avec tant d'énergie et de vivacité dans une de vos lettres; mais c'en est assez pour vous montrer combien je m'en suis pénétré. Vous vous souvenez que je n'insistai point sur mon refus, et que, malgré la répugnance que le préjugé m'a laissée, j'acceptai vos dons en silence, ne trouvant point en effet dans le véritable honneur de solide raison pour les refuser. Mais ici le devoir, la raison, l'amour même, tout parle d'un ton que je ne peux méconnoître. S'il faut choisir entre l'honneur et vous, mon cœur est prêt à vous perdre. Il vous aime trop, ô Julie! pour vous conserver à ce prix.

~~~~~~~~~~~~~~~~~~~~

LETTRE XXV.

DE JULIE A SAINT-PREUX.

La relation de votre voyage est charmante, mon bon ami; elle me feroit aimer celui qui l'a écrite, quand même je ne le connoîtrois pas. J'ai pourtant à vous tancer sur un passage dont vous vous doutez bien, quoique je n'aie pu m'empêcher de rire de la ruse avec laquelle vous vous êtes mis à l'abri du Tasse, comme derrière un rempart. Eh! comment ne sentiez-vous point qu'il y a bien de la différence entre écrire au public ou à sa maîtresse? L'amour, si craintif, si scrupuleux, n'exige-t-il pas plus d'égards que la bienséance? Pouviez-vous ignorer que ce style n'est pas de mon goût? et cherchiez-vous à me déplaire? Mais en voilà déjà trop, peut-être, sur un sujet qu'il ne falloit point relever. Je suis d'ailleurs trop occupée de votre seconde lettre pour répondre en détail à la première. Ainsi, mon ami, laissons le Valais pour une autre fois, et bornons-nous maintenant à nos affaires; nous serons assez occupés.

Je savois le parti que vous prendriez. Nous nous connoissons trop bien pour en être encore à ces éléments. Si jamais la vertu nous abandonne, ce ne sera pas, croyez-moi, dans les occasions qui demandent du courage et des sacrifices [1]. Le premier mouvement aux attaques vives est de résister ; et nous vaincrons, je l'espère, tant que l'ennemi nous avertira de prendre les armes. C'est au milieu du sommeil, c'est dans le sein d'un doux repos, qu'il faut se défier des surprises : mais c'est surtout la continuité des maux qui rend leur poids insupportable ; et l'ame résiste bien plus aisément aux vives douleurs qu'à la tristesse prolongée. Voilà, mon ami, la dure espèce de combat que nous aurons désormais à soutenir : ce ne sont point des actions héroïques que le devoir nous demande, mais une résistance plus héroïque encore à des peines sans relâche.

Je l'avois trop prévu ; le temps du bonheur est passé comme un éclair ; celui des disgrâces commence, sans que rien m'aide à juger quand il finira. Tout m'alarme et me décourage ; une langueur mortelle s'empare de mon ame ; sans sujet bien précis de pleurer, des pleurs involontaires s'échappent de mes yeux ; je ne lis pas dans l'avenir des maux inévitables ; mais je cultivois l'espérance, et je la vois flétrir tous les jours. Que sert,

---

[1] On verra bientôt que la prédiction ne sauroit plus mal cadrer avec l'événement.

hélas! d'arroser le feuillage quand l'arbre est coupé par le pied?

Je le sens, mon ami, le poids de l'absence m'accable. Je ne puis vivre sans toi, je le sens; c'est ce qui m'effraie le plus. Je parcours cent fois le jour les lieux que nous habitions ensemble, et ne t'y trouve jamais. Je t'attends à ton heure ordinaire : l'heure passe, et tu ne viens point. Tous les objets que j'aperçois me portent quelque idée de ta présence pour m'avertir que je t'ai perdu. Tu n'as point ce supplice affreux. Ton cœur seul peut te dire que je te manque. Ah! si tu savois quel pire tourment c'est de rester quand on se sépare, combien tu préfèrerois ton état au mien!

Encore si j'osois gémir, si j'osois parler de mes peines, je me sentirois soulagée des maux dont je pourrois me plaindre : mais, hors quelques soupirs exhalés en secret dans le sein de ma cousine, il faut étouffer tous les autres, il faut contenir mes larmes; il faut sourire quand je me meurs.

> Sentirsi, oh dei! morir,
> E non poter mai dir :
> Morir mi sento [1].

Le pis est que tous ces maux aggravent sans cesse mon plus grand mal, et que plus ton souvenir me désole, plus j'aime à me le rappeler. Dis-

---

[1] O dieux! se sentir mourir, et n'oser dire : Je me sens mourir!
MÉTAST.

moi, mon ami, mon doux ami, sens-tu combien un cœur languissant est tendre, et combien la tristesse fait fermenter l'amour?

Je voulois vous parler de mille choses; mais, outre qu'il vaut mieux attendre de savoir positivement où vous êtes, il ne m'est pas possible de continuer cette lettre dans l'état où je me trouve en l'écrivant. Adieu, mon ami, je quitte la plume, mais croyez que je ne vous quitte pas.

BILLET.

J'écris, par un batelier que je ne connois point, ce billet à l'adresse ordinaire, pour donner avis que j'ai choisi mon asile à Meillerie, sur la rive opposée, afin de jouir au moins de la vue du lieu dont je n'ose approcher.

LETTRE XXVI.

DE SAINT-PREUX A JULIE.

Que mon état est changé dans peu de jours! Que d'amertumes se mêlent à la douceur de me rapprocher de vous! Que de tristes réflexions m'assiégent? Que de traverses mes craintes me

font prévoir! O Julie! que c'est un fatal présent du ciel qu'une ame sensible! Celui qui l'a reçu doit s'attendre à n'avoir que peine et douleur sur la terre. Vil jouet de l'air et des saisons, le soleil ou les brouillards, l'air couvert et serein, règleront sa destinée, et il sera content ou triste au gré des vents. Victime des préjugés, il trouvera dans d'absurdes maximes un obstacle invincible aux justes vœux de son cœur. Les hommes le puniront d'avoir des sentiments droits de chaque chose, et d'en juger par ce qui est véritable plutôt que par ce qui est de convention. Seul il suffiroit pour sa propre misère, en se livrant indiscrètement aux attraits divins de l'honnête et du beau, tandis que les pesantes chaînes de la nécessité l'attachent à l'ignominie. Il cherchera la félicité suprême sans se souvenir qu'il est homme : son cœur et sa raison seront incessamment en guerre, et des désirs sans bornes lui prépareront d'éternelles privations.

Telle est la situation cruelle où me plonge le sort qui m'accable, et mes sentiments qui m'élèvent, et ton pére qui me méprise, et toi qui fais le charme et le tourment de ma vie. Sans toi, beauté fatale, je n'aurois jamais senti ce contraste insupportable de grandeur au fond de mon ame et de bassesse dans ma fortune ; j'aurois vécu tranquille, et serois mort content, sans daigner remarquer quel rang j'avois occupé sur la terre. Mais t'avoir vue et ne pouvoir te posséder, t'adorer et n'être qu'un homme, être aimé et ne pouvoir être heureux, habiter les mêmes lieux et ne pouvoir vivre ensemble!... O Julie! à qui je ne puis renoncer! ô destinée que je ne puis vaincre! quels combats affreux vous excitez en moi, sans pouvoir jamais surmonter mes désirs ni mon impuissance!

Quel effet bizarre et inconcevable! Depuis que je suis rapproché de vous, je ne roule dans mon esprit que des pensées funestes. Peut-être le séjour où je suis contribue-t-il à cette mélancolie : il est triste et horrible; il en est plus conforme à l'état de mon ame, et je n'en habiterois pas si patiemment un plus agréable. Une file de rochers stériles borde la côte et environne mon habitation, que l'hiver rend encore plus affreuse. Ah! je le sens, ma Julie, s'il falloit renoncer à vous, il n'y auroit plus pour moi d'autre séjour ni d'autre saison.

Dans les violents transports qui m'agitent, je ne saurois demeurer en place; je cours, je monte avec ardeur, je m'élance sur les rochers, je parcours à grands pas tous les environs, et trouve partout dans les objets la même horreur qui règne au dedans de moi. On n'aperçoit plus de verdure, l'herbe est jaune et flétrie, les arbres sont dépouillés, le séchard [1] et la froide bise entassent la neige et les glaces; et toute la nature est morte à mes yeux, comme l'espérance au fond de mon cœur.

[1] Vent du nord-est.

Parmi les rochers de cette côte, j'ai trouvé, dans un abri solitaire, une petite esplanade d'où l'on découvre à plein la ville heureuse où vous habitez. Jugez avec quelle avidité mes yeux se portèrent vers ce séjour chéri. Le premier jour, je fis mille efforts pour discerner votre demeure; mais l'extrême éloignement les rendit vains, et je m'aperçus que mon imagination donnoit le change à mes yeux fatigués. Je courus chez le curé emprunter un télescope, avec lequel je vis ou crus voir votre maison; et depuis ce temps je passe les jours entiers dans cet asile à contempler ces murs fortunés qui renferment la source de ma vie. Malgré la saison, je m'y rends dès le matin, et n'en reviens qu'à la nuit. Des feuilles et quelques bois secs que j'allume servent, avec mes courses, à me garantir du froid excessif. J'ai pris tant de goût pour ce lieu sauvage, que j'y porte même de l'encre et du papier; et j'y écris maintenant cette lettre sur un quartier que les glaces ont détaché du rocher voisin.

C'est là, ma Julie, que ton malheureux amant achève de jouir des derniers plaisirs qu'il goûtera peut-être en ce monde. C'est de là qu'à travers les airs et les murs il ose en secret pénétrer jusque dans ta chambre. Tes traits charmants le frappent encore; tes regards tendres raniment son cœur mourant; il entend le son de ta douce voix; il ose chercher encore en tes bras ce délire qu'il éprouva dans le bosquet. Vain fantôme d'une ame agitée, qui s'égare dans ses désirs! Bientôt forcé de rentrer en moi-même, je te contemple au moins dans le détail de ton innocente vie : je suis de loin les diverses occupations de ta journée, et je me les représente dans les temps et les lieux où j'en fus quelquefois l'heureux témoin. Toujours je te vois vaquer à des soins qui te rendent plus estimable, et mon cœur s'attendrit avec délices sur l'inépuisable bonté du tien. Maintenant, me dis-je au matin, elle sort d'un paisible sommeil, son teint a la fraîcheur de la rose, son ame jouit d'une douce paix; elle offre à celui dont elle tient l'être un jour qui ne sera point perdu pour la vertu. Elle passe à présent chez sa mère : les tendres affections de son cœur s'épanchent avec les auteurs de ses jours; elle les soulage dans le détail des soins de la maison; elle fait peut-être la paix d'un domestique imprudent; elle lui fait peut-être une exhortation secrète; elle demande peut-être une grâce pour un autre. Dans un autre temps elle s'occupe, sans ennui, des travaux de son sexe; elle orne son ame de connoissances utiles; elle ajoute à son goût exquis les agrémens des beaux-arts, et ceux de la danse à sa légèreté naturelle. Tantôt je vois une élégante et simple parure orner des charmes qui n'en ont pas besoin. Ici je la vois consulter un pasteur vénérable sur la peine ignorée d'une famille indigente; là, secourir ou consoler la triste veuve et l'orphelin délaissé. Tantôt elle charme une honnête société par ses discours sensés et modestes ; tantôt, en riant avec ses compagnes, elle ramène une jeunesse folâtre au ton de la sagesse et des bonnes mœurs. Quelques moments, ah ! pardonne ! j'ose te voir même t'occuper de moi ; je vois tes yeux attendris parcourir une de mes lettres ; je lis dans leur douce langueur que c'est à ton amant fortuné que s'adressent les lignes que tu traces ; je vois que c'est de lui que tu parles à ta cousine avec une si tendre émotion. O Julie ! ô Julie ! et nous ne serions pas unis ? et nos jours ne couleroient pas ensemble ? et nous pourrions être séparés pour toujours ? Non, que jamais cette affreuse idée ne se présente à mon esprit ! En un instant elle change tout mon attendrissement en fureur, la rage me fait courir de caverne en caverne ; des gémissements et des cris m'échappent malgré moi ; je rugis comme une lionne irritée ; je suis capable de tout, hors de renoncer à toi ; et il n'y a rien, non, rien que je ne fasse pour te posséder ou mourir.

J'en étois ici de ma lettre ; et je n'attendois qu'une occasion sûre pour vous l'envoyer, quand j'ai reçu de Sion la dernière que vous m'y avez écrite. Que la tristesse qu'elle respire a charmé la mienne ! Que j'y ai vu un frappant exemple de ce que vous me disiez de l'accord de nos ames dans des lieux éloignés ! Votre affliction, je l'avoue, est plus patiente ; la mienne est plus emportée : mais il faut bien que le même sentiment prenne la teinture des caractères qui l'éprouvent, il est bien naturel que les plus grandes pertes causent les plus grandes douleurs. Que dis-je, des pertes? Eh! qui les pourroit supporter? Non, connoissez-le enfin, ma Julie; un éternel arrêt du ciel nous destina l'un pour l'autre; c'est la première loi qu'il faut écouter, c'est le premier soin de la vie de s'unir à qui doit nous la rendre douce. Je le vois, j'en gémis, tu t'égares dans tes vains projets, tu veux forcer des barrières insurmontables, et négliges les seuls moyens possibles; l'enthousiasme de l'honnêteté t'ôte la raison, et ta vertu n'est plus qu'un délire.

Ah! si tu pouvois rester toujours jeune et brillante comme à présent, je ne demanderois au ciel que de te voir éternellement heureuse, te voir tous les ans de ma vie une fois, une seule fois, et passer le reste de mes jours à contempler de loin ton asile, à t'adorer parmi ces rochers. Mais, hélas! vois la rapidité de cet astre qui jamais n'arrête; il vole, et le temps fuit, l'occasion s'échappe: ta beauté, ta beauté même aura son terme; elle doit décliner et périr un jour comme une fleur qui tombe sans avoir été cueillie; et moi cependant je gémis, je souffre, ma jeunesse s'use dans les larmes, et se flétrit dans la douleur. Pense, pense, Julie, que nous comptons déjà des années perdues pour le plaisir. Pense qu'elles ne reviendront jamais; qu'il en sera de même de celles qui nous restent si nous les laissons échapper encore. O amante aveuglée! tu cherches un chimérique bonheur pour un temps où nous ne serons plus; tu regardes un avenir éloigné ; et tu ne vois pas que nous nous consumons sans cesse, et que nos ames, épuisées d'amour et de peines, se fondent et coulent comme l'eau [1]. Reviens, il en est temps encore, reviens, ma Julie, de cette erreur funeste. Laisse là tes projets, et sois heureuse. Viens, ô mon ame! dans les bras de ton ami réunir les deux moitiés de notre être: viens à la face du ciel, guide de notre fuite et témoin de nos serments, jurer de vivre et de mourir l'un à l'autre. Ce n'est pas toi, je le sais, qu'il faut rassurer contre la crainte de l'indigence. Soyons heureux et pauvres, ah! quel trésor nous aurons acquis! Mais ne faisons point cet affront à l'humanité, de croire qu'il ne restera pas sur la terre entière un asile à deux amants infortunés. J'ai des bras, je suis robuste, le pain gagné par mon travail te paroîtra plus délicieux que les mets des festins. Un repas apprêté par l'amour peut-il être jamais insipide ? Ah! tendre et chère amante, dussions-nous n'être heureux qu'un seul jour, veux-tu quitter cette courte vie sans avoir goûté le bonheur?

[1] * « Sicut aqua effusus sum. » Psalm. xxi, 15. — « Omnes « morimur et quasi aquæ dilabimur in terram. » Reg., II, xiv, vers. 14.

Je n'ai plus qu'un mot à vous dire, ô Julie ! vous connoissez l'antique usage du rocher de Leucate, dernier refuge de tant d'amants malheureux. Ce lieu-ci lui ressemble à bien des égards : la roche est escarpée, l'eau est profonde, et je suis au désespoir.

~~~~~~~~~~~~~~~~~~~~~~~~~~~~~~~~

LETTRE XXVII.

DE CLAIRE A SAINT-PREUX.

Ma douleur me laisse à peine la force de vous écrire. Vos malheurs et les miens sont au comble. L'aimable Julie est à l'extrémité, et n'a peut-être pas deux jours à vivre. L'effort qu'elle fit pour vous éloigner d'elle commença d'altérer sa santé ; la première conversation qu'elle eut sur votre compte avec son père y porta de nouvelles attaques : d'autres chagrins plus récents ont accru ces agitations, et votre dernière lettre a fait le reste. Elle en fut si vivement émue, qu'après avoir passé une nuit dans d'affreux combats, elle tomba hier dans l'accès d'une fièvre ardente qui n'a fait qu'augmenter sans cesse, et lui a enfin donné le transport. Dans cet état elle vous nomme à chaque instant, et parle de vous avec une véhémence qui montre combien elle en est occupée. On éloigne son père autant qu'il est possible ; cela prouve assez que ma tante à conçu des soupçons : elle m'a même demandé avec inquiétude si vous n'étiez pas de retour; et je vois que, le danger de sa fille effaçant pour le moment toute autre considération, elle ne seroit pas fâchée de vous voir ici.

Venez donc, sans différer. J'ai pris ce bateau exprès pour vous porter cette lettre; il est à vos ordres, servez-vous-en pour votre retour, et surtout ne perdez pas un moment, si vous voulez revoir la plus tendre amante qui fut jamais.

LETTRE XXVIII.

DE JULIE A CLAIRE.

Que ton absence me rend amère la vie que tu m'as rendue! Quelle convalescence! Une passion plus terrible que la fièvre et le transport m'entraîne à ma perte. Cruelle! tu me quittes quand j'ai plus besoin de toi; tu m'as quittée pour huit jours; peut-être ne me reverras-tu jamais. Oh! si tu savois ce que l'insensé m'ose proposer!... et de quel ton!... m'enfuir! le suivre! m'enlever! Le malheureux!... De qui me plains-je? mon cœur, mon indigne cœur m'en dit cent fois plus que lui... Grand Dieu! que seroit-ce s'il savoit tout!... il en deviendroit furieux, je serois entraînée. Il faudroit partir... Je frémis...

Enfin mon père m'a donc vendue! il fait de sa fille une marchandise, une esclave! il s'acquitte à mes dépens! il paie sa vie de la mienne!... car, je le sens bien, je n'y survivrai jamais... Père barbare et dénaturé! Mérite-t-il... Quoi! mériter! c'est le meilleur des pères; il veut unir sa fille à son ami, voilà son crime. Mais ma mère, ma tendre mère! quel mal m'a-t-elle fait!... Ah! beaucoup : elle m'a trop aimée, elle m'a perdue.

Claire, que ferai-je? que deviendrai-je? Hanz ne vient point. Je ne sais comment t'envoyer cette lettre. Avant que tu la reçoives... avant que tu sois de retour... qui sait? fugitive, errante, déshonorée... C'en est fait, c'en est fait, la crise est venue. Un jour, une heure, un moment, peut-être... qui est-ce qui sait éviter son sort?... Oh! dans quelque lieu que je vive et que je meure, en quelque asile obscur que je traîne ma honte et mon désespoir, Claire, souviens-toi de ton amie... Hélas! la misère et l'opprobre changent les cœurs..... Ah! si jamais le mien t'oublie, il aura beaucoup changé.

LETTRE XXIX.

DE JULIE A CLAIRE.

Reste, ah! reste, ne reviens jamais : tu viendrois trop tard. Je ne dois plus te voir; comment soutiendrai-je ta vue!

Où étois-tu, ma douce amie, ma sauvegarde, mon ange tutélaire? Tu m'as abandonnée, et j'ai péri. Quoi! ce fatal voyage étoit-il si nécessaire ou si pressé? Pouvois-tu me laisser à moi-même dans l'instant le plus dangereux de ma vie? Que de regrets tu t'es préparés par cette coupable négligence! ils seront éternels ainsi que mes pleurs. Ta perte n'est pas moins irréparable que la mienne, et une autre amie digne de toi n'est pas plus facile à recouvrer que mon innocence.

Qu'ai-je dit, misérable? je ne puis ni parler ni me taire. Que sert le silence quand le remords crie? L'univers entier ne me reproche-t-il pas ma faute? Ma honte n'est-elle pas écrite sur tous les objets? Si je ne verse mon cœur dans le tien, il faudra que j'étouffe. Et toi, ne te reproches-tu rien, facile et trop confiante amie? Ah! que ne me trahissois-tu! C'est ta fidélité, ton aveugle amitié, c'est ta malheureuse indulgence qui m'a perdue.

Quel démon t'inspira de le rappeler, ce cruel

qui fait mon opprobre? Ses perfides soins devoient-ils me redonner la vie pour me la rendre odieuse? Qu'il fuie à jamais, le barbare! qu'un reste de pitié le touche; qu'il ne vienne plus redoubler mes tourments par sa présence; qu'il renonce au plaisir féroce de contempler mes larmes. Que dis-je, hélas! il n'est point coupable; c'est moi seule qui le suis; tous mes malheurs sont mon ouvrage, et je n'ai rien à reprocher qu'à moi. Mais le vice a déjà corrompu mon ame; c'est le premier de ses efforts de nous faire accuser autrui de nos crimes.

Non, non, jamais il ne fut capable d'enfreindre ses serments. Son cœur vertueux ignore l'art abject d'outrager ce qu'il aime. Ah! sans doute il sait mieux aimer que moi, puisqu'il sait mieux se vaincre. Cent fois mes yeux furent témoins de ses combats et de sa victoire; les siens étinceloient du feu de ses désirs; il s'élançoit vers moi dans l'impétuosité d'un transport aveugle, il s'arrêtoit tout à coup; une barrière insurmontable sembloit m'avoir entourée; et jamais son amour impétueux, mais honnête, ne l'eût franchie. J'osai trop contempler ce dangereux spectacle. Je me sentois troubler de ses transports; ses soupirs oppressoient mon cœur; je partageois ses tourments en ne pensant que les plaindre. Je le vis, dans des agitations convulsives, prêt à s'évanouir à mes pieds. Peut-être l'amour seul m'auroit épargnée; ô ma cousine! c'est la pitié qui me perdit.

Il sembloit que ma passion funeste voulût se couvrir pour me séduire du masque de toutes les vertus. Ce jour même il m'avoit pressée avec plus d'ardeur de le suivre. C'étoit désoler le meilleur des pères; c'étoit plonger le poignard dans le sein maternel : je résistai; je rejetai ce projet avec horreur. L'impossibilité de voir jamais nos vœux accomplis, le mystère qu'il falloit lui faire de cette impossibilité, le regret d'abuser un amant si soumis et si tendre après avoir flatté son espoir, tout abattoit mon courage, tout augmentoit ma foiblesse, tout aliénoit ma raison; il falloit donner la mort aux auteurs de mes jours, à mon amant, ou à moi-même. Sans savoir ce que je faisois, je choisis ma propre infortune. J'oubliai tout, et ne me souvins que de l'amour. C'est ainsi qu'un instant d'égarement m'a perdue à jamais. Je suis tombée dans l'abîme d'ignominie dont une fille ne revient point; et si je vis, c'est pour être plus malheureuse.

Je cherche en gémissant quelque reste de consolation sur la terre : je n'y vois que toi, mon aimable amie; ne me prive pas d'une si charmante ressource, je t'en conjure; ne m'ôte pas les douceurs de ton amitié. J'ai perdu le droit d'y prétendre, mais jamais je n'en eus si grand besoin. Que la pitié supplée à l'estime. Viens, ma chère, ouvrir ton ame à mes plaintes; viens recueillir les larmes de ton amie; garantis-moi, s'il se peut, du mépris de moi-même, et fais-moi croire que je n'ai pas tout perdu puisque ton cœur me reste encore.

LETTRE XXX.

RÉPONSE.

Fille infortunée! hélas! qu'as-tu fait? Mon Dieu! tu étois si digne d'être sage! Que te dirai-je dans l'horreur de ta situation, et dans l'abattement où elle te plonge? Achèverai-je d'accabler ton pauvre cœur? ou t'offrirai-je des consolations qui se refusent au mien? Te montrerai-je les objets tels qu'ils sont, ou tels qu'il te convient de les voir? Sainte et pure amitié, porte à mon esprit tes douces illusions; et, dans la tendre pitié que tu m'inspires, abuse-moi la première sur des maux que tu ne peux plus guérir.

J'ai craint, tu le sais, le malheur dont tu gémis. Combien de fois je te l'ai prédit sans être écoutée!... il est l'effet d'une téméraire confiance..... Ah! ce n'est plus de tout cela qu'il s'agit. J'aurois trahi ton secret, sans doute, si j'avois pu te sauver ainsi: mais j'ai lu mieux que toi dans ton cœur trop sensible; je le vis se consumer d'un feu dévorant que rien ne pouvoit éteindre. Je sentis dans ce cœur palpitant d'amour qu'il falloit être heureuse ou mourir; et quand la peur de succomber te fit bannir ton amant avec tant de larmes, je jugeai que bientôt tu ne serois plus, ou qu'il seroit bientôt rappelé. Mais quel fut mon effroi quand je te vis dégoûtée de vivre, et si près de la mort? N'accuse ni ton amant ni toi d'une faute dont je suis la plus coupable, puisque je l'ai prévue sans la prévenir.

Il est vrai que je partis malgré moi; tu le vis, il fallut obéir; si je t'avois crue si près de ta perte, on m'auroit plutôt mise en pièces que de m'arracher à toi. Je m'abusai sur le moment du péril. Foible et languissante encore, tu me parus en sûreté contre une si courte absence : je ne prévis pas la dangereuse alternative où tu t'allois trouver; j'oubliai que ta propre foiblesse laissoit ce cœur abattu moins en état de se défendre contre lui-même. J'en demande pardon au mien; j'ai peine à me repentir d'une erreur qui t'a sauvé la vie; je n'ai pas ce dur courage qui te faisoit renoncer à moi; je n'aurois pu te perdre sans un mortel désespoir, et j'aime encore mieux que tu vives et que tu pleures.

Mais pourquoi tant de pleurs, chère et douce amie? Pourquoi ces regrets plus grands que ta faute, et ce mépris de toi-même que tu n'as pas mérité? Une foiblesse effacera-t-elle tant de sacrifices? et le danger même dont tu sors n'est-il pas une preuve de ta vertu? Tu ne penses qu'à ta défaite, et oublies tous les triomphes pénibles qui l'ont précédée. Si tu as plus combattu que celles qui résistent, n'as-tu pas plus fait pour l'honneur qu'elles ? Si rien ne peut te justifier, songe au moins à ce qui t'excuse. Je connois à peu près ce qu'on appelle amour ; je saurai toujours résister aux transports qu'il inspire : mais j'aurois fait moins de résistance à un amour pareil au tien ; et, sans avoir été vaincue, je suis moins chaste que toi.

Ce langage te choquera ; mais ton plus grand malheur est de l'avoir rendu nécessaire : je donnerois ma vie pour qu'il ne te fût pas propre, car je hais les mauvaises maximes encore plus que les mauvaises actions [1]. Si la faute étoit à commettre, que j'eusse la bassesse de te parler ainsi, et toi celle de m'écouter, nous serions toutes deux les dernières des créatures. A présent, ma chère, je dois te parler ainsi, et tu dois m'écouter, ou tu es perdue ; car il reste en toi mille adorables qualités que l'estime de toi-même peut seule conserver, qu'un excès de honte et l'abjection qui le suit détruiroient infailliblement ; et c'est sur ce que tu croiras valoir encore que tu vaudras en effet.

Garde-toi donc de tomber dans un abattement dangereux qui t'aviliroit plus que ta foiblesse. Le véritable amour est-il fait pour dégrader l'ame ? Qu'une faute que l'amour a commise ne t'ôte point

---

[1] Ce sentiment est juste et sain. Les passions déréglées inspirent les mauvaises actions ; mais les mauvaises maximes corrompent la raison même, et ne laissent plus de ressource pour revenir au bien.

ce noble enthousiasme de l'honnête et du beau, qui t'éleva toujours au-dessus de toi-même.

Une tache paroît-elle au soleil? combien de vertus te reste pour une qui s'est altérée! en seras-tu moins douce, moins sincère, moins modeste, moins bienfaisante? en seras-tu moins digne, en un mot, de tous nos hommages? L'honneur, l'humanité, l'amitié, le pur amour en seront-ils moins chers à mon cœur? En aimeras-tu moins les vertus mêmes que tu n'auras plus? Non, chère et bonne Julie : ta Claire en te plaignant t'adore; elle sait, elle sent qu'il n'y a rien de bien qui ne puisse encore sortir de ton ame. Ah! crois-moi, tu pourrois beaucoup perdre avant qu'aucune autre plus sage que toi te valût jamais.

Enfin tu me restes; je puis me consoler de tout, hors de te perdre. Ta première lettre m'a fait frémir. Elle m'eût presque fait désirer la seconde, si je ne l'avois reçue en même temps. Vouloir délaisser son amie! projeter de s'enfuir sans moi! Tu ne parles point de ta plus grande faute : c'étoit de celle-là qu'il falloit cent fois plus rougir. Mais l'ingrate ne songe qu'à son amour... Tiens, je t'aurois été tuer au bout du monde.

Je compte avec une mortelle impatience les moments que je suis forcée à passer loin de toi. Ils se prolongent cruellement. Nous sommes encore pour six jours à Lausanne, après quoi je volerai vers mon unique amie. J'irai la consoler ou m'affliger avec elle, essuyer ou partager ses pleurs. Je ferai parler dans ta douleur moins l'inflexible raison que la tendre amitié. Chère cousine, il faut gémir, nous aimer, nous taire, et, s'il se peut, effacer, à force de vertus, une faute qu'on ne répare point avec des larmes. Ah! ma pauvre Chaillot!

LETTRE XXXI.

DE SAINT-PREUX A JULIE.

Quel prodige du ciel es-tu donc, inconcevable Julie? et par quel art, connu de toi seule, peux-tu rassembler dans un cœur tant de mouvements incompatibles? Ivre d'amour et de volupté, le mien nage dans la tristesse; je souffre et languis de douleur au sein de la félicité suprême, et je me reproche comme un crime l'excès de mon bonheur. Dieu! quel tourment affreux de n'oser se livrer tout entier à nul sentiment, de les combattre incessamment l'un par l'autre, et d'allier toujours l'amertume au plaisir! il vaudroit mieux cent fois n'être que misérable.

Que me sert, hélas! d'être heureux! Ce ne sont plus mes maux, mais les tiens que j'éprouve, et ils ne m'en sont que plus sensibles. Tu veux en vain me cacher tes peines; je les lis malgré toi dans la langueur et l'abattement de tes yeux. Ces yeux touchants peuvent-ils dérober quelque secret à l'amour ? Je vois, je vois, sous une apparente sérénité, les déplaisirs cachés qui t'assiégent; et ta tristesse, voilée d'un doux sourire, n'en est que plus amère à mon cœur.

Il n'est plus temps de me rien dissimuler. J'étois hier dans la chambre de ta mère ; elle me quitta un moment ; j'entends des gémissements qui me percent l'ame : pouvois-je à cet effet méconnoître leur source ? Je m'approche du lieu d'où ils semblent partir ; j'entre dans ta chambre, je pénètre jusqu'à ton cabinet. Que devins-je, en entr'ouvrant la porte, quand j'aperçus celle qui devroit être sur le trône de l'univers assise à terre, la tête appuyée sur un fauteuil inondé de ses larmes ! Ah ! j'aurois moins souffert s'il l'eût été de mon sang ! De quels remords je fus à l'instant déchiré ! mon bonheur devint mon supplice ; je ne sentis plus que tes peines, et j'aurois racheté de ma vie tes pleurs et tous mes plaisirs. Je voulois me précipiter à tes pieds; je voulois essuyer de mes lèvres ces précieuses larmes, les recueillir au fond de mon cœur, mourir, où les tarir pour jamais ; j'entends revenir ta mère, il faut retourner brusquement à ma place : j'emporte en moi toutes tes douleurs, et des regrets qui ne finiront qu'avec elles.

Que je suis humilié, que je suis avili de ton

repentir! Je suis donc bien méprisable, si notre union te fait mépriser de toi-même; et si le charme de mes jours est le supplice des tiens! Sois plus juste envers toi, ma Julie; vois d'un œil moins prévenu les sacrés liens que ton cœur a formés. N'as-tu pas suivi la plus pure loi de la nature? N'as-tu pas librement contracté le plus saint des engagements? Qu'as-tu fait que les lois divines et humaines ne puissent et ne doivent autoriser? Que manque-t-il au nœud qui nous joint qu'une déclaration publique? Veuille être à moi, tu n'es plus coupable. O mon épouse! ô ma digne et chaste compagne! ô charme et bonheur de ma vie! non, ce n'est point ce qu'a fait ton amour qui peut être un crime, mais ce que tu lui voudrois ôter: ce n'est qu'en acceptant un autre époux que tu peux offenser l'honneur. Sois sans cesse à l'ami de ton cœur, pour être innocente. La chaîne qui nous lie est légitime; l'infidélité seule qui la romproit seroit blâmable, et c'est désormais à l'amour d'être garant de la vertu.

Mais quand ta douleur seroit raisonnable, quand tes regrets seroient fondés, pourquoi m'en dérobes-tu ce qui m'appartient? pourquoi mes yeux ne versent-ils pas la moitié de tes pleurs? Tu n'as pas une peine que je ne doive sentir, pas un sentiment que je ne doive partager; et mon cœur, justement jaloux, te reproche toutes les larmes que tu ne répands pas dans mon sein. Dis, froide et mystérieuse amante, tout ce que ton ame ne communique point à la mienne n'est-il pas un vol que tu fais à l'amour? Tout ne doit-il pas être commun entre nous? ne te souvient-il plus de l'avoir dit? Ah! si tu savois aimer comme moi, mon bonheur te consoleroit comme ta peine m'afflige, et tu sentirois mes plaisirs comme je sens ta tristesse.

Mais je le vois, tu me méprises comme un insensé, parce que ma raison s'égare au sein des délices. Mes emportements t'effraient, mon délire te fait pitié, et tu ne sens pas que toute la force humaine ne peut suffire à des félicités sans bornes. Comment veux-tu qu'une ame sensible goûte modérément des biens infinis? comment veux-tu qu'elle supporte à la fois tant d'espèces de transports sans sortir de son assiette? Ne sais-tu pas qu'il est un terme où nulle raison ne résiste plus, et qu'il n'est point d'homme au monde dont le bon sens soit à toute épreuve? Prends donc pitié de l'égarement où tu m'as jeté, et ne méprise pas des erreurs qui sont ton ouvrage. Je ne suis plus à moi, je l'avoue; mon ame aliénée est toute en toi. J'en suis plus propre à sentir tes peines, et plus digne de les partager. O Julie! ne te dérobe pas à toi-même.

LETTRE XXXII.

RÉPONSE.

Il fut un temps, mon aimable ami, où nos lettres étoient faciles et charmantes; le sentiment qui les dictoit couloit avec une élégante simplicité : il n'avoit besoin ni d'art ni de coloris, et sa pureté faisoit toute sa parure. Cet heureux temps n'est plus; hélas! il ne peut revenir; et, pour premier effet d'un changement si cruel, nos cœurs ont déjà cessé de s'entendre.

Tes yeux ont vu mes douleurs. Tu crois en avoir pénétré la source; tu veux me consoler par de vains discours, et quand tu penses m'abuser, c'est toi, mon ami, qui t'abuses. Crois-moi, crois-en le cœur tendre de ta Julie; mon regret est bien moins d'avoir donné trop à l'amour que de l'avoir privé de son plus grand charme. Ce doux enchantement de vertu s'est évanoui comme un songe : nos feux ont perdu cette ardeur divine qui les animoit en les épurant; nous avons recherché le plaisir, et le bonheur a fui loin de nous. Ressouviens-toi de ces moments délicieux où nos cœurs s'unissoient d'autant mieux que nous nous respections davantage, où la passion tiroit de son propre excès la force de se vaincre elle-même, où l'innocence nous consoloit de la contrainte, où les hommages rendus à l'honneur tournoient tous au profit de l'amour. Compare un état si charmant à notre situation présente : que d'agitations ! que d'effroi ! que de mortelles alarmes ! que de sentiments immodérés ont perdu leur première douceur ! Qu'est devenu ce zèle de sagesse et d'honnêteté dont l'amour animoit toutes les actions de notre vie, et qui rendoit à son tour l'amour plus délicieux ? Notre jouissance étoit paisible et durable, nous n'avons plus que des transports : ce bonheur insensé ressemble à des accès de fureur plus qu'à de tendres caresses. Un feu pur et sacré brûloit nos cœurs ; livrés aux erreurs des sens, nous ne sommes plus que des amants vulgaires : trop heureux si l'amour jaloux daigne présider encore à des plaisirs que le plus vil mortel peut goûter sans lui.

Voilà, mon ami, les pertes qui nous sont communes, et que je ne pleure pas moins pour toi que pour moi. Je n'ajoute rien sur les miennes, ton cœur est fait pour les sentir. Vois ma honte, et gémis si tu sais aimer. Ma faute est irréparable, mes pleurs ne tariront point.—O toi qui les fais couler ! crains d'attenter à de si justes douleurs ; tout mon espoir est de les rendre éternelles : le pire de mes maux seroit d'en être consolée ; et c'est le dernier degré de l'opprobre de perdre, avec l'innocence, le sentiment qui nous la fait aimer.

Je connois mon sort, j'en sens l'horreur, et cependant il me reste une consolation dans mon désespoir ; elle est unique, mais elle est douce. C'est de toi que je l'attends, mon aimable ami. Depuis que je n'ose plus porter mes regards sur moi-même, je les porte avec plus de plaisir sur celui que j'aime. Je te rends tout ce que tu m'ôtes de ma propre estime, et tu ne m'en deviens que plus cher en me forçant à me haïr. L'amour, cet amour fatal qui me perd, te donne un nouveau prix : tu t'élèves quand je me dégrade ; ton ame semble avoir profité de tout l'avilissement de la mienne. Sois donc désormais mon unique espoir : c'est à toi de justifier, s'il se peut, ma faute ; couvre-la de l'honnêteté de tes sentiments ; que ton mérite efface ma honte ; rends excusable, à force de vertus, la perte de celles que tu me coûtes. Sois tout mon être, à présent que je ne suis plus rien. Le seul honneur qui me reste est tout en toi ; et, tant que tu seras digne de respect, je ne serai pas tout-à-fait méprisable.

Quelque regret que j'aie au retour de ma santé, je ne saurois le dissimuler plus long-temps ; mon visage démentiroit mes discours, et ma feinte convalescence ne peut plus tromper personne. Hâte-toi donc, avant que je sois forcée de reprendre mes occupations ordinaires, de faire la démarche dont nous sommes convenus : je vois clairement que ma mère a conçu des soupçons, et qu'elle nous observe. Mon père n'en est pas là, je l'avoue : ce fier gentilhomme n'imagine pas même qu'un roturier puisse être amoureux de sa fille. Mais enfin tu sais ses résolutions; il te préviendra si tu ne le préviens, et, pour avoir voulu te conserver le même accès dans notre maison, tu t'en banniras tout-à-fait. Crois-moi, parle à ma mère tandis qu'il en est encore temps; feins des affaires qui t'empêchent de continuer à m'instruire, et renonçons à nous voir si souvent, pour nous voir au moins quelquefois : car si l'on te ferme la porte, tu ne peux plus t'y présenter; mais si tu te la fermes toi-même, tes visites seront en quelque sorte à ta discrétion, et, avec un peu d'adresse et de complaisance, tu pourras les rendre plus fréquentes dans la suite, sans qu'on l'aperçoive ou qu'on le trouve mauvais. Je te dirai ce soir les moyens que j'imagine d'avoir d'autres occasions de nous voir, et tu conviendras que l'inséparable cousine, qui causoit autrefois tant de murmures, ne sera pas maintenant inutile à deux amants qu'elle n'eût point dû quitter.

LETTRE XXXIII.

DE JULIE A SAINT-PREUX.

Ah! mon ami, le mauvais refuge pour deux amants qu'une assemblée! quel tourment de se voir et de se contraindre! il vaudroit mieux cent fois ne se point voir. Comment avoir l'air tranquille avec tant d'émotion? comment être si différent de soi-même? comment songer à tant d'objets quand on n'est occupé que d'un seul? comment contenir le geste et les yeux quand le cœur vole? Je ne sentis de ma vie un trouble égal à celui que j'éprouvai hier quand on t'annonça chez madame d'Hervart. Je pris ton nom prononcé pour un reproche qu'on m'adressoit; je m'imaginai que tout le monde m'observoit de concert: je ne savois plus ce que je faisois; et à ton arrivée je rougis si prodigieusement, que ma cousine, qui veilloit sur moi, fut contrainte d'avancer son visage et son éventail, comme pour me parler à l'oreille. Je tremblai que cela même ne fît un mauvais effet, et qu'on ne cherchât du mystère à cette chuchoterie. En un mot, je trouvois partout de nouveaux sujets d'alarmes, et je ne sentis jamais mieux combien une conscience coupable arme contre nous de témoins qui n'y songent pas.

Claire prétendit remarquer que tu ne faisois pas une meilleure figure : tu lui paroissois embarrassé de ta contenance, inquiet de ce que tu devois faire, n'osant aller ni venir, ni m'aborder, ni t'éloigner, et promenant tes regards à la ronde, pour avoir, disoit-elle, occasion de les tourner sur nous. Un peu remise de mon agitation, je crus m'apercevoir moi-même de la tienne, jusqu'à ce que la jeune madame Belon t'ayant adressé la parole, tu t'assis en causant avec elle; et devins plus calme à ses côtés.

Je sens, mon ami, que cette manière de vivre, qui donne tant de contrainte et si peu de plaisir, n'est pas bonne pour nous : nous nous aimons trop pour pouvoir nous gêner ainsi. Ces rendez-vous publics ne conviennent qu'à des gens qui, sans connoître l'amour, ne laissent pas d'être bien ensemble, et qui peuvent se passer du mystère : les inquiétudes sont trop vives de ma part, les indiscrétions trop dangereuses de la tienne; et je ne puis pas tenir une madame Belon toujours à mes côtés, pour faire diversion au besoin.

Reprenons, reprenons cette vie solitaire et paisible dont je t'ai tiré si mal à propos. C'est elle qui a fait naître et nourri nos feux; peut-être s'affoibliroient-ils par une manière de vivre plus dissipée. Toutes les grandes passions se forment dans la solitude; on n'en a point de semblables dans le monde, où nul objet n'a le temps de faire une profonde impression, et où la multitude des goûts énerve la force des sentiments. Cet état est aussi plus convenable à ma mélancolie; elle s'entretient du même aliment que mon amour : c'est ta chère image qui soutient l'une et l'autre, et j'aime mieux te voir tendre et sensible au fond de mon cœur, que contraint et distrait dans une assemblée.

Il peut d'ailleurs venir un temps où je serois forcée à une plus grande retraite : fût-il déjà venu ce temps désiré! La prudence et mon inclination veulent également que je prenne d'avance des habitudes conformes à ce que peut exiger la nécessité. Ah! si de mes fautes pouvoit naître le moyen de les réparer! Le doux espoir d'être un jour....... Mais insensiblement j'en dirois plus que je n'en veux dire sur le projet qui m'occupe. Pardonne-moi ce mystère, mon unique ami; mon cœur n'aura jamais de secret qui ne te fût doux à savoir. Tu dois pourtant ignorer celui-ci; et tout ce que je t'en puis dire à présent, c'est que l'amour qui fit nos maux doit nous en donner le remède. Raisonne, commente si tu veux, dans ta tête; mais je te défends de m'interroger là-dessus.

LETTRE XXXIV.

RÉPONSE.

Nò, non vedrete mai
Cambiar gl' affetti miei,
Bei lumi onde imparai
A sospirar d'amor [1].

Que je dois l'aimer, cette jolie madame Belon, pour le plaisir qu'elle m'a procuré! Pardonne-le-moi, divine Julie, j'osai jouir un moment de tes

---

[1] Non, non, beaux yeux qui m'apprîtes à soupirer, jamais vous ne verrez changer mes affections.   MÉTAST.

tendres alarmes, et ce moment fut un des plus doux de ma vie. Qu'ils étoient charmants, ces regards inquiets et curieux qui se portoient sur nous à la dérobée, et se baissoient aussitôt pour éviter les miens ! Que faisoit alors ton heureux amant ? S'entretenoit-il avec madame Belon ? Ah ! ma Julie, peux-tu le croire ? Non, non ; fille incomparable ; il étoit plus dignement occupé. Avec quel charme son cœur suivoit les mouvements du tien ! avec quelle avide impatience ses yeux dévoroient tes attraits ! Ton amour, ta beauté, remplissoient, ravissoient son ame ; elle pouvoit suffire à peine à tant de sentiments délicieux. Mon seul regret étoit de goûter, aux dépens de celle que j'aime, des plaisirs qu'elle ne partageoit pas. Sais-je ce que, durant tout ce temps, me dit madame Belon ? Sais-je ce que je lui répondis ? Le savois-je au moment de notre entretien ? A-t-elle pù le savoir elle-même ? et pouvoit-elle comprendre la moindre chose aux discours d'un homme qui parloit sans penser, et répondoit sans entendre ?

Com' uom che par ch' ascolti, e nulla intende [1].

Aussi m'a-t-elle pris dans le plus parfait dédain. Elle a dit à tout le monde, à toi peut-être, que je n'ai pas le sens commun, qui pis est, pas le moindre esprit, et que je suis tout aussi sot que mes livres. Que m'importe ce qu'elle en dit et ce qu'elle en

[1] Comme celui qui semble écouter, et qui n'entend rien.

pense? Ma Julie ne décide-t-elle pas seule de mon être et du rang que je veux avoir? Que le reste de la terre pense de moi comme il voudra, tout mon prix est dans ton estime.

Ah! crois qu'il n'appartient ni à madame Belon, ni à toutes les beautés supérieures à la sienne, de faire la diversion dont tu parles, et d'éloigner un moment de toi mon cœur et mes yeux. Si tu pouvois douter de ma sincérité, si tu pouvois faire cette mortelle injure à mon amour et à tes charmes, dis-moi, qui pourroit avoir tenu registre de tout ce qui se fit autour de toi? Ne te vis-je pas briller entre ces jeunes beautés comme le soleil entre les astres qu'il éclipse? n'aperçus-je pas les cavaliers[1] se rassembler autour de ta chaise? ne vis-je pas, au dépit de tes compagnes, l'admiration qu'ils marquoient pour toi? ne vis-je pas leurs respects empressés, et leurs hommages et leurs galanteries? ne te vis-je pas recevoir tout cela avec cet air de modestie et d'indifférence qui en impose plus que la fierté? ne vis-je pas, quand tu te dégantois pour la collation, l'effet que ce bras découvert produisit sur les spectateurs? ne vis-je pas le jeune étranger qui releva ton gant vouloir baiser la main charmante qui le recevoit? n'en vis-je pas un plus téméraire, dont l'œil ardent suçoit mon sang et ma

---

[1] *Cavaliers*, vieux mot qui ne se dit plus; on dit *hommes*. J'ai cru devoir aux provinciaux cette importante remarque, afin d'être au moins une fois utile au public.

vie, t'obliger, quand tu t'en fus aperçue, d'ajouter une épingle à ton fichu? Je n'étois pas si distrait que tu penses; je vis tout cela, Julie, et n'en fus point jaloux; car je connois ton cœur : il n'est pas, je le sais bien, de ceux qui peuvent aimer deux fois. Accuseras-tu le mien d'en être?

Reprenons-la donc, cette vie solitaire que je ne quittai qu'à regret. Non, le cœur ne se nourrit point dans le tumulte du monde. Les faux plaisirs lui rendent la privation des vrais plus amère; et il préfère sa souffrance à de vains dédommagements. Mais, ma Julie, il en est, il en peut être de plus solides à la contrainte où nous vivons, et tu sembles les oublier! Quoi! passer quinze jours entiers si près l'un de l'autre sans se voir ou sans se rien dire! Ah! que veux-tu qu'un cœur brûlé d'amour fasse durant tant de siècles? L'absence même seroit moins cruelle. Que sert un excès de prudence qui nous fait plus de maux qu'il n'en prévient? que sert de prolonger sa vie avec son supplice? ne vaudroit-il pas mieux cent fois se voir un seul instant et puis mourir?

Je ne le cache point, ma douce amie; j'aimerois à pénétrer l'aimable secret que tu me dérobes, il n'en fut jamais de plus intéressant pour nous; mais j'y fais d'inutiles efforts. Je saurai pourtant garder le silence que tu m'imposes, et contenir une indiscrète curiosité; mais, en respectant un si doux mystère, que n'en puis-je au moins assurer l'éclaircissement! Qui sait, qui sait encore si tes projets ne portent point sur des chimères? Chère ame de ma vie, ah! commençons du moins par les bien réaliser.

P. S. J'oubliois de te dire que M. Roguin m'a offert une compagnie dans le régiment qu'il lève pour le roi de Sardaigne. J'ai été sensiblement touché de l'estime de ce brave officier; je lui ai dit, en le remerciant, que j'avois la vue trop courte pour le service, et que ma passion pour l'étude s'accordoit mal avec une vie aussi active. En cela je n'ai point fait un sacrifice à l'amour. Je pense que chacun doit sa vie et son sang à la patrie; qu'il n'est pas permis de s'aliéner à des princes auxquels on ne doit rien, moins encore de se vendre, et de faire du plus noble métier du monde celui d'un vil mercenaire. Ces maximes étoient celles de mon père, que je serois bien heureux d'imiter dans son amour pour ses devoirs et pour son pays. Il ne voulut jamais entrer au service d'aucun prince étranger; mais dans la guerre de 1712, il porta les armes avec honneur pour la patrie; il se trouva dans plusieurs combats, à l'un desquels il fut blessé; et à la bataille de Wilmerghen il eut le bonheur d'enlever un drapeau ennemi sous les yeux du général de Sacconex.

LETTRE XXXV.

DE JULIE A SAINT-PREUX.

Je ne trouve pas, mon ami, que les deux mots que j'avois dits en riant sur madame Belon, valussent une explication si sérieuse. Tant de soins à se justifier produisent quelquefois un préjugé contraire; et c'est l'attention qu'on donne aux bagatelles qui seule en fait des objets importants. Voilà ce qui sûrement n'arrivera pas entre nous; car les cœurs bien occupés ne sont guère pointilleux, et les tracasseries des amants sur des riens ont presque toujours un fondement beaucoup plus réel qu'il ne semble.

Je ne suis pas fâchée pourtant que cette bagatelle nous fournisse une occasion de traiter entre nous de la jalousie; sujet malheureusement trop important pour moi.

Je vois, mon ami, par la trempe de nos ames et par le tour commun de nos goûts, que l'amour sera la grande affaire de notre vie. Quand une fois il a fait les impressions profondes que nous en avons reçues, il faut qu'il éteigne ou absorbe toutes les autres passions; le moindre refroidissement seroit bientôt pour nous la langueur de la mort; un dégoût invincible, un éternel ennui, succéderoient à l'amour éteint; et nous ne saurions long-temps vivre après avoir cessé d'aimer. En mon particulier, tu sens bien qu'il n'y a que le délire de la passion qui puisse me voiler l'horreur de ma situation présente, et qu'il faut que j'aime avec transport, ou que je meure de douleur. Vois donc si je suis fondée à discuter sérieusement un point d'où doit dépendre le bonheur ou le malheur de mes jours.

Autant que je puis juger de moi-même, il me semble que, souvent affectée avec trop de vivacité, je suis pourtant peu sujette à l'emportement. Il faudroit que mes peines eussent fermenté longtemps en dedans pour que j'osasse en découvrir la source à leur auteur; et comme je suis persuadée qu'on ne peut faire une offense sans le vouloir, je supporterois plutôt cent sujets de plainte qu'une explication. Un pareil caractère doit mener loin, pour peu qu'on ait de penchant à la jalousie, et j'ai bien peur de sentir en moi ce dangereux penchant. Ce n'est pas que je ne sache que ton cœur est fait pour le mien et non pour un autre. Mais on peut s'abuser soi-même, prendre un goût passager pour une passion, et faire autant de choses par fantaisie qu'on en eût peut-être fait par amour. Or si tu peux te croire inconstant sans l'être, à plus forte raison puis-je t'accuser à tort d'infidélité. Ce doute affreux empoisonneroit pourtant ma vie; je gémirois sans me plaindre, et mourrois inconsolable sans avoir cessé d'être aimée.

Prévenons, je t'en conjure, un malheur dont la seule idée me fait frissonner. Jure-moi donc, mon doux ami, non par l'amour, serment qu'on ne tient que quand il est superflu, mais par ce nom sacré de l'honneur, si respecté de toi, que je ne cesserai jamais d'être la confidente de ton cœur, et qu'il n'y surviendra point de changement dont je ne sois la première instruite. Ne m'allègue pas que tu n'auras jamais rien à m'apprendre; je le crois, je l'espère; mais préviens mes folles alarmes, et donne-moi, dans tes engagements pour un avenir qui ne doit point être, l'éternelle sécurité du présent. Je serois moins à plaindre d'apprendre de toi mes malheurs réels, que d'en souffrir sans cesse d'imaginaires; je jouirois au moins de tes remords; si tu ne partageois plus mes feux, tu partagerois encore mes peines, et je trouverois moins amères les larmes que je verserois dans ton sein.

C'est ici, mon ami, que je me félicite doublement de mon choix, et par le doux lien qui nous unit, et par la probité qui l'assure. Voilà l'usage de cette règle de sagesse dans les choses de pur sentiment; voilà comment la vertu sévère sait écarter les peines du tendre amour. Si j'avois un amant sans principes, dût-il m'aimer éternellement, où seroient pour moi les garants de cette constance? quels moyens aurois-je de me délivrer de mes défiances continuelles? et comment m'assurer de n'être point abusée, ou par sa feinte, ou par ma crédulité? Mais toi, mon digne ami, toi qui n'es capable ni d'artifice ni de déguisement, tu me garderas, je le sais, la sincérité que tu m'auras promise. La honte d'avouer une infidélité ne l'emportera point dans ton ame droite sur le devoir de tenir ta parole; et si tu pouvois ne plus aimer ta Julie, tu lui dirois........ Oui, tu pourrois lui dire : O Julie! je ne..... Mon ami, jamais je n'écrirai ce mot-là.

Que penses-tu de mon expédient? C'est le seul, j'en suis sûre, qui pouvoit déraciner en moi tout sentiment de jalousie. Il y a je ne sais quelle délicatesse qui m'enchante à me fier de ton amour à ta bonne foi, et à m'ôter le pouvoir de croire une infidélité que tu ne m'apprendrois pas toi-même. Voilà, mon cher, l'effet assuré de l'engagement que je t'impose; car je pourrois te croire amant volage, mais non pas ami trompeur; et quand je douterois de ton cœur, je ne puis jamais douter de ta foi. Quel plaisir je goûte à prendre en ceci des précautions inutiles, à prévenir les apparences d'un changement dont je sens si bien l'impossibilité! Quel charme de parler de jalousie avec un amant si fidèle! Ah! si tu pouvois cesser de l'être, ne crois pas que je t'en parlasse ainsi. Mon pauvre cœur ne seroit pas si sage au besoin, et la moindre défiance m'ôteroit bientôt la volonté de m'en garantir.

Voilà, mon très-honoré maître, matière à discussion pour ce soir; car je sais que vos deux humbles disciples auront l'honneur de souper avec vous chez le père de l'inséparable. Vos doctes commentaires sur la gazette vous ont tellement fait trouver grâce devant lui, qu'il n'a pas fallu beaucoup de manége pour vous faire inviter. La fille a fait accorder son clavecin; le père a feuilleté Lamberti; moi, je recorderai peut-être la leçon du bosquet de Clarens. O docteur en toutes facultés, vous avez partout quelque science de mise! M. d'Orbe, qui n'est pas oublié, comme vous pouvez penser, a le mot pour entamer une savante dissertation sur le futur hommage du roi de Naples, durant laquelle nous passerons tous trois dans la chambre de la cousine. C'est là, mon féal, qu'à genoux devant votre dame et maîtresse, vos deux mains dans les siennes, et en présence de son chancelier, vous lui jurerez foi et loyauté à toute épreuve; non pas à dire amour éternel, engagement qu'on n'est maître ni de tenir ni de rompre; mais vérité, sincérité, franchise inviolable. Vous ne jurerez point d'être toujours soumis, mais de ne point commettre acte de félonie, et de déclarer au moins la guerre avant de secouer le joug. Ce faisant, aurez l'accolade, et serez reconnu vassal unique, et loyal chevalier.

Adieu, mon bon ami; l'idée du souper de ce soir m'inspire de la gaieté. Ah! qu'elle me sera douce quand je te la verrai partager!

LETTRE XXXVI.

DE JULIE A SAINT-PREUX.

Baise cette lettre, et saute de joie pour la nouvelle que je vais t'apprendre; mais pense que, pour ne point sauter, et n'avoir rien à baiser, je n'y suis pas la moins sensible. Mon père, obligé d'aller à Berne pour son procès, et de là à Soleure pour sa pension, a proposé à ma mère d'être du voyage; et elle l'a accepté, espérant pour sa santé quelque effet salutaire du changement d'air. On vouloit me faire la grâce de m'emmener aussi, et je ne jugeai pas à propos de dire ce que j'en pensois; mais la difficulté des arrangements de voiture a fait abandonner ce projet, et l'on travaille à me consoler de n'être pas de la partie. Il falloit feindre de la tristesse, et le faux rôle que je me vois contrainte à jouer m'en donne une si véritable, que le remords m'a presque dispensée de la feinte.

Pendant l'absence de mes parents, je ne resterai point maîtresse de maison; mais on me dépose chez le père de la cousine, en sorte que je serai tout de bon, durant ce temps, inséparable de l'inséparable. De plus, ma mère a mieux aimé se passer de femme de chambre, et me laisser Babi pour gouvernante; sorte d'Argus peu dangereux, dont on ne doit ni corrompre la fidélité ni se faire des confidents, mais qu'on écarte aisément au besoin, sur la moindre lueur de plaisir ou de gain qu'on leur offre.

Tu comprends quelle facilité nous aurons à nous voir durant une quinzaine de jours; mais c'est ici que la discrétion doit suppléer à la contrainte, et qu'il faut nous imposer volontairement la même réserve à laquelle nous sommes forcés dans d'autres temps. Non seulement tu ne dois pas, quand je serai chez ma cousine, y venir plus souvent qu'auparavant, de peur de la compromettre; j'espère même qu'il ne faudra te parler ni des égards qu'exige son sexe, ni des droits sacrés de l'hospitalité, et qu'un honnête homme n'aura pas besoin qu'on l'instruise du respect dû par l'amour à l'amitié qui lui donne asile. Je connois tes vivacités, mais j'en connois les bornes inviolables. Si tu n'avois jamais fait de sacrifices à ce qui est honnête, tu n'en aurois point à faire aujourd'hui.

D'où vient cet air mécontent et cet œil attristé? Pourquoi murmurer des lois que le devoir t'impose? Laisse à ta Julie le soin de les adoucir; t'es-tu jamais repenti d'avoir été docile à sa voix? Près des coteaux fleuris d'où part la source de la Vevaise, il est un hameau solitaire qui sert quelquefois de repaire aux chasseurs, et ne devroit servir que d'asile aux amants. Autour de l'habitation principale dont M. d'Orbe dispose, sont épars assez loin quelques chalets [1], qui de leurs toits de chaume peuvent couvrir l'amour et le plaisir, amis de la simplicité rustique. Les fraîches et discrètes laitières savent garder pour autrui le secret dont elles ont besoin pour elles-mêmes. Les ruisseaux qui traversent les prairies sont bordés d'arbrisseaux et de bocages délicieux. Des bois épais offrent au-delà des asiles plus déserts et plus sombres.

> Al bel seggio riposto, ombroso e fosco.
> Nè mai pastori appressan, ne bifolci [2].

L'art ni la main des hommes n'y montrent nulle part leurs soins inquiétants; on n'y voit partout que les tendres soins de la mère commune. C'est là, mon ami, qu'on n'est que sous ses auspices, et qu'on peut n'écouter que ses lois. Sur l'invitation de M. d'Orbe, Claire a déjà persuadé à son papa qu'il avoit envie d'aller faire avec quelques amis une chasse de deux ou trois jours dans ce canton, et d'y mener les inséparables. Ces inséparables en ont d'autres, comme tu ne sais que trop bien. L'un, représentant le maître de la maison, en fera naturellement les honneurs; l'autre, avec moins d'éclat, pourra faire à sa Julie ceux d'un humble chalet;

---

[1] Sorte de maison de bois où se font les fromages et diverses espèces de laitage dans la montagne.

[2] Jamais pâtre ni laboureur n'approcha des épais ombrages qui couvrent ces charmants asiles.   PÉTRARC.

et ce chalet, consacré par l'amour, sera pour eux le temple de Gnide. Pour exécuter heureusement et sûrement ce charmant projet, il n'est question que de quelques arrangements qui se concerteront facilement entre nous, et qui feront partie eux-mêmes des plaisirs qu'ils doivent produire. Adieu, mon ami, je te quitte brusquement, de peur de surprise. Aussi-bien je sens que le cœur de ta Julie vole un peu trop tôt habiter le chalet.

P. S. Tout bien considéré, je pense que nous pourrons sans indiscrétion nous voir presque tous les jours; savoir, chez ma cousine, de deux jours l'un, et l'autre à la promenade.

LETTRE XXXVII.

DE JULIE A SAINT=PREUX.

Ils sont partis ce matin, ce tendre père et cette mère incomparable, en accablant des plus tendres caresses une fille chérie, et trop indigne de leurs bontés. Pour moi, je les embrassois avec un léger serrement de cœur, tandis qu'au dedans de lui-même ce cœur ingrat et dénaturé pétilloit d'une odieuse joie. Hélas! qu'est devenu ce temps heureux où je menois incessamment sous leurs yeux une vie innocente et sage, où je n'étois bien que contre leur sein, et ne pouvois les quitter d'un seul pas sans déplaire! Maintenant, coupable et craintive, je tremble en pensant à eux; je rougis en pensant à moi; tous mes bons sentiments se dépravent, et je me consume en vains et stériles regrets, que n'anime pas même un vrai repentir. Ces amères réflexions m'ont rendu toute la tristesse que leurs adieux ne m'avoient pas d'abord donnée. Une secrète angoisse étouffoit mon ame après le départ de ces chers parents. Tandis que Babi faisoit les paquets, je suis entrée machinalement dans la chambre de ma mère; et voyant quelques-unes de ses hardes encore éparses, je les ai toutes baisées, l'une après l'autre, en fondant en larmes. Cet état d'attendrissement m'a un peu soulagée, et j'ai trouvé quelque sorte de consolation à sentir que les doux mouvements de la nature ne sont pas tout-à-fait éteints dans mon cœur. Ah! tyran, tu veux en vain l'asservir tout entier, ce tendre et trop foible cœur; malgré toi, malgré tes prestiges, il lui reste au moins des sentiments légitimes; il respecte et chérit encore des droits plus sacrés que les tiens.

Pardonne, ô mon doux ami! ces mouvements involontaires, et ne crains pas que j'étende ces réflexions aussi loin que je le voudrois. Le moment de nos jours peut-être où notre amour est le plus en liberté n'est pas, je le sais bien, celui des regrets: je ne veux ni te cacher mes peines, ni t'en accabler; il faut que tu les connoisses, non pour

les porter, mais pour les adoucir. Dans le sein de qui les épancherois-je, si je n'osois les verser dans le tien? N'es-tu pas mon tendre consolateur? N'est-ce pas toi qui soutiens mon courage ébranlé? N'est-ce pas toi qui nourris dans mon ame le goût de la vertu, même après que je l'ai perdu? Sans toi, sans cette adorable amie dont la main compatissante essuya si souvent mes pleurs, combien de fois n'eussé-je pas déjà succombé sous le plus mortel abattement! Mais vos tendres soins me soutiennent; je n'ose m'avilir tant que vous m'estimez encore, et je me dis avec complaisance que vous ne m'aimeriez pas tant l'un et l'autre, si je n'étois digne que de mépris. Je vole dans les bras de cette chère cousine, ou plutôt de cette tendre sœur, déposer au fond de son cœur une importune tristesse. Toi, viens ce soir achever de rendre au mien la joie et la sérénité qu'il a perdues.

LETTRE XXXVIII.

DE SAINT-PREUX À JULIE.

Non, Julie, il ne m'est pas possible de ne te voir chaque jour que comme je t'ai vue la veille; il faut que mon amour s'augmente et croisse incessamment avec tes charmes; et tu m'es une source inépuisable de sentiments nouveaux que je n'aurois pas même imaginés. Quelle soirée inconcevable! Que de délices inconnues tu fis éprouver à mon cœur? O tristesse enchanteresse! ô langueur d'une amie attendrie! combien vous surpassez les turbulents plaisirs, et la gaieté folâtre, et la joie emportée, et tous les transports qu'une ardeur sans mesure offre aux désirs effrénés des amants! Paisible et pure jouissance qui n'as rien d'égal dans la volupté des sens, jamais, jamais ton pénétrant souvenir ne s'effacera de mon cœur! Dieux! quel ravissant spectacle, ou plutôt quelle extase de voir deux beautés si touchantes s'embrasser tendrement, le visage de l'une se pencher sur le sein de l'autre, leurs douces larmes se confondre, et baigner ce sein charmant comme la rosée du ciel humecte un lis fraîchement éclos! J'étois jaloux d'une amitié si tendre; je lui trouvois je ne sais quoi de plus intéressant qu'à l'amour même, et je me voulois une sorte de mal de ne pouvoir t'offrir des consolations aussi chères, sans les troubler par l'agitation de mes transports. Non, rien, rien sur la terre n'est capable d'exciter un si voluptueux attendrissement que vos mutuelles caresses; et le spectacle de deux amants eût offert à mes yeux une sensation moins délicieuse.

Ah! qu'en ce moment j'eusse été amoureux de cette aimable cousine, si Julie n'eût pas existé! Mais non, c'étoit Julie elle-même qui répandoit son charme invincible sur tout ce qui l'environnoit. Ta robe, ton ajustement, tes gants, ton éventail, ton ouvrage; tout ce qui frappoit autour de toi mes regards enchantoit mon cœur, et toi seule faisois tout l'enchantement. Arrête, ô ma douce amie! à force d'augmenter mon ivresse tu m'ôterois le plaisir de la sentir. Ce que tu me fais éprouver approche d'un vrai délire, et je crains d'en perdre enfin la raison. Laisse-moi du moins connoître un égarement qui fait mon bonheur, laisse-moi goûter ce nouvel enthousiasme, plus sublime, plus vif, que toutes les idées que j'avois de l'amour. Quoi! tu peux te croire avilie! quoi! la passion t'ôte-t-elle aussi le sens? Moi je te trouve trop parfaite pour une mortelle. Je t'imaginerois d'une espèce plus pure, si ce feu dévorant qui pénètre ma substance ne m'unissoit à la tienne, et ne me faisoit sentir qu'elles sont la même. Non, personne au monde ne te connoît; tu ne te connois pas toi-même; mon cœur seul te connoît, te sent, et sait te mettre à ta place. Ma Julie! ah! quels hommages te seroient ravis si tu n'étois qu'adorée! Ah! si tu n'étois qu'un ange, combien tu perdrois de ton prix!

Dis-moi comment il se peut qu'une passion telle que la mienne puisse augmenter. Je l'ignore, mais je l'éprouve. Quoique tu me sois présente dans tous les temps, il y a quelques jours surtout que ton image, plus belle que jamais, me poursuit et me tourmente avec une activité à laquelle ni lieu ni temps ne me dérobe, et je crois que tu me laissas avec elle dans ce chalet que tu quittas en finissant ta dernière lettre. Depuis qu'il est question de ce rendez-vous champêtre, je suis trois fois sorti de la ville; chaque fois mes pieds m'ont porté des mêmes côtés, et chaque fois la perspective d'un séjour si désiré m'a paru plus agréable.

> Non vide il mondo si leggiadri rami,
> Ne mosse 'l vento mai si verdi frondi [1].

Je trouve la campagne plus riante, la verdure plus fraîche et plus vive, l'air plus pur, le ciel plus serein, le chant des oiseaux semble avoir plus de tendresse et de volupté; le murmure des eaux inspire une langueur plus amoureuse; la vigne en fleurs exhale au loin de plus doux parfums; un charme secret embellit tous les objets ou fascine mes sens; on diroit que la terre se pare pour former à ton heureux amant un lit nuptial digne de la beauté qu'il adore, et du feu qui le consume. O ma Julie! ô chère et précieuse moitié de mon ame! hâtons-nous d'ajouter à ces ornements du printemps la présence de deux amants fidèles. Portons le sentiment du plaisir dans des lieux qui n'en offrent qu'une vaine image; allons animer toute la nature, elle est morte sans les feux de l'amour.

[1] Jamais œil d'homme ne vit des bocages aussi charmants, jamais zéphyr n'agita de plus verts feuillages. — PÉTRARC.

Quoi ! trois jours d'attente ? trois jours encore ! Ivre d'amour, affamé de transports, j'attends ce moment tardif avec une douloureuse impatience. Ah ! qu'on seroit heureux si le ciel ôtoit de la vie tous les ennuyeux intervalles qui séparent de pareils instants !

LETTRE XXXIX.

DE JULIE A SAINT-PREUX.

Tu n'as pas un sentiment, mon bon ami, que mon cœur ne partage ; mais ne me parle plus de plaisir tandis que des gens qui valent mieux que nous souffrent, gémissent, et que j'ai leur peine à me reprocher. Lis la lettre ci-jointe, et sois tranquille, si tu le peux ; pour moi, qui connois l'aimable et bonne fille qui l'a écrite, je n'ai pu la lire sans des larmes de remords et de pitié. Le regret de ma coupable négligence m'a pénétré l'ame, et je vois avec une amère confusion jusqu'où l'oubli du premier de mes devoirs m'a fait porter celui de tous les autres. J'avois promis de prendre soin de cette pauvre enfant ; je la protégeois auprès de ma mère ; je la tenois en quelque manière sous ma garde ; et pour n'avoir su me garder moi-même, je l'abandonne sans me souvenir d'elle, et l'expose à des dangers pires que ceux où j'ai succombé. Je frémis en songeant que deux jours plus tard c'en étoit fait peut-être de mon dépôt, et que l'indigence et la séduction perdroient une fille modeste et sage qui peut faire un jour une excellente mère de famille. O mon ami! comment y a-t-il dans le monde des hommes assez vils pour acheter de la misère un prix que le cœur seul doit payer, et recevoir d'une bouche affamée les tendres baisers de l'amour!

Dis-moi, pourrois-tu n'être pas touché de la piété filiale de ma Fanchon, de ses sentiments honnêtes, de son innocente naïveté? Ne l'es-tu pas de la rare tendresse de cet amant qui se vend lui-même pour soulager sa maîtresse? Ne seras-tu pas trop heureux de contribuer à former un nœud si bien assorti? Ah! si nous étions sans pitié pour les cœurs unis qu'on divise, de qui pourroient-ils jamais en attendre? Pour moi j'ai résolu de réparer envers ceux-ci ma faute à quelque prix que ce soit, et de faire en sorte que ces deux jeunes gens soient unis par le mariage. J'espère que le ciel bénira cette entreprise, et qu'elle sera pour nous d'un bon augure. Je te propose et te conjure au nom de notre amitié de partir dès aujourd'hui, si tu le peux, ou tout au moins demain matin, pour Neufchâtel. Va négocier avec M. de Merveilleux le congé de cet honnête garçon; n'épargne ni les supplications ni l'argent : porte avec toi la lettre de ma Fanchon; il n'y a point de cœur sensible qu'elle ne doive attendrir. Enfin, quoi qu'il nous en coûte et de plaisir et d'argent, ne reviens qu'avec le congé absolu de Claude Anet, ou crois que l'amour ne me donnera de mes jours un moment de pure joie.

Je sens combien d'objections ton cœur doit avoir à me faire; doutes-tu que le mien ne les ait faites avant toi! Et je persiste; car il faut que ce mot de vertu ne soit qu'un vain nom, ou qu'elle exige des sacrifices. Mon ami, mon digne ami, un rendez-vous manqué peut revenir mille fois; quelques heures agréables s'éclipsent comme un éclair et ne sont plus; mais si le bonheur d'un couple honnête est dans tes mains, songe à l'avenir que tu vas te préparer. Crois-moi, l'occasion de faire des heureux est plus rare qu'on ne pense, la punition de l'avoir manquée est de ne plus la retrouver; et l'usage que nous ferons de celle-ci va nous laisser un sentiment éternel de contentement ou de repentir. Pardonne à mon zèle ces discours superflus; j'en dis trop à un honnête homme, et cent fois trop à un ami. Je sais combien tu hais cette volupté cruelle qui nous endurcit aux maux d'autrui. Tu l'as dit mille fois toi-même : Malheur à qui ne sait pas sacrifier un jour de plaisir aux devoirs de l'humanité!

LETTRE XL.

DE FANCHON REGARD A JULIE.

Mademoiselle,

Pardonnez une pauvre fille au désespoir, qui, ne sachant plus que devenir, ose encore avoir recours à vos bontés; car vous ne vous lassez point de consoler les affligés; et je suis si malheureuse qu'il n'y a que vous et le bon Dieu que mes plaintes n'importunent pas. J'ai eu bien du chagrin de quitter l'apprentissage où vous m'aviez mise; mais, ayant eu le malheur de perdre ma mère cet hiver, il a fallu revenir auprès de mon pauvre père que sa paralysie retient toujours dans son lit.

Je n'ai pas oublié le conseil que vous aviez donné à ma mère, de tâcher de m'établir avec un honnête homme qui prît soin de la famille. Claude Anet, que monsieur votre père avoit ramené du service, est un brave garçon, rangé, qui sait un bon métier, et qui me veut du bien. Après tant de charité que vous avez eue pour nous, je n'osois plus vous être incommode, et c'est lui qui nous a fait vivre pendant tout l'hiver. Il devoit m'épouser ce printemps; il avoit mis son cœur à ce mariage. Mais on m'a tellement tourmentée pour payer trois ans de loyer échu à Pâques, que, ne sachant où prendre tant d'argent comptant, le pauvre jeune homme s'est engagé derechef sans m'en rien dire, dans la compagnie de M. de Merveilleux, et m'a apporté l'argent de son engagement[1]. M. de Merveilleux n'est à Neufchâtel plus que pour sept ou huit jours, et Claude Anet doit partir dans trois ou quatre pour suivre la recrue : ainsi nous n'avons pas le temps ni le moyen de nous marier; et il me laisse sans aucune ressource. Si, par votre crédit ou celui de monsieur le baron, vous pouviez nous obtenir au moins un délai de cinq ou six semaines, on tâcheroit, pendant ce temps-là, de prendre quelque arrangement pour nous marier ou pour rembourser ce pauvre garçon : mais je le connois bien, il ne voudra jamais reprendre l'argent qu'il m'a donné.

Il est venu ce matin un monsieur bien riche m'en offrir beaucoup davantage; mais Dieu m'a fait la grâce de le refuser. Il a dit qu'il reviendroit demain matin savoir ma dernière résolution. Je lui ai dit de n'en pas prendre la peine, et qu'il la savoit déjà. Que Dieu le conduise! il sera reçu demain comme aujourd'hui. Je pourrois aussi-bien recourir à la bourse des pauvres; mais on est si méprisé qu'il vaut mieux pâtir : et puis Claude

---

[1] Rousseau, dans le livre IV de ses *Confessions*, se loue de M. de Merveilleux, officier dans les gardes-suisses, et de sa mère, qui tâchèrent, mais sans succès, de lui rendre service lorsqu'il vint pour la première fois, en 1731, à Paris, où l'envoyoit M. de Bonac, ambassadeur de France à Soleure.

Anet a trop de cœur pour vouloir d'une fille assistée.

Excusez la liberté que je prends, ma bonne demoiselle; je n'ai trouvé que vous seule à qui j'ose avouer ma peine, et j'ai le cœur si serré qu'il faut finir cette lettre. Votre bien humble et affectionnée servante à vous servir.

FANCHON REGARD.

LETTRE XLI.

RÉPONSE.

J'ai manqué de mémoire et toi de confiance, ma chère enfant : nous avons eu grand tort toutes deux; mais le mien est impardonnable. Je tâcherai du moins de le réparer. Babi, qui te porte cette lettre, est chargée de pourvoir au plus pressé. Elle retournera demain matin pour t'aider à congédier ce monsieur, s'il revient; et l'après-dînée nous irons te voir, ma cousine et moi; car je sais que tu ne peux pas quitter ton pauvre père, et je veux connoître par moi-même l'état de ton petit ménage.

Quant à Claude Anet, n'en sois point en peine : mon père est absent; mais, en attendant son retour, on fera ce qu'on pourra; et tu peux compter que je n'oublierai ni toi ni ce brave garçon. Adieu, mon enfant, que le bon Dieu te console! Tu as bien fait de n'avoir pas recours à la bourse publique; c'est ce qu'il ne faut jamais faire tant qu'il reste quelque chose dans celle des bonnes gens.

LETTRE XLII.

DE SAINT-PREUX A JULIE.

Je reçois votre lettre, et je pars à l'instant : ce sera toute ma réponse. Ah! cruelle! que mon cœur en est loin de cette odieuse vertu que vous me supposez et que je déteste! Mais vous ordonnez, il faut obéir! Dussé-je en mourir cent fois, il faut être estimé de Julie.

LETTRE XLIII.

DE SAINT-PREUX A JULIE.

J'arrivai hier matin à Neufchâtel; j'appris que M. de Merveilleux étoit à la campagne, je courus l'y chercher : il étoit à la chasse, et je l'attendis jusqu'au soir. Quand je lui eus expliqué le sujet de mon voyage, et que je l'eus prié de mettre un prix au congé de Claude Anet, il me fit beaucoup de difficultés. Je crus les lever en offrant de moi-même une somme assez considérable, et l'augmentant à mesure qu'il résistoit; mais n'ayant rien pu obtenir, je fus obligé de me retirer, après m'être assuré de le retrouver ce matin, bien résolu de ne le plus quitter jusqu'à ce qu'à force d'argent, ou d'importunités, ou de quelque manière que ce pût être, j'eusse obtenu ce que j'étois venu lui demander. M'étant levé pour cela de très-bonne heure, j'étois prêt à monter à cheval, quand je reçus, par un exprès, ce billet de M. de Merveilleux, avec le congé du jeune homme en bonne forme:

« Voilà, Monsieur, le congé que vous êtes venu
« solliciter: je l'ai refusé à vos offres, je le donne à
« vos intentions charitables, et vous prie de croire
« que je ne mets point à prix une bonne action. »

Jugez à la joie que vous donnera cet heureux succès, de celle que j'ai sentie en l'apprenant. Pourquoi faut-il qu'elle ne soit pas aussi parfaite qu'elle devroit l'être! Je ne puis me dispenser d'aller remercier et rembourser M. de Merveilleux; et si cette visite retarde mon départ d'un jour, comme il est à craindre, n'ai-je pas droit de dire qu'il s'est montré généreux à mes dépens? N'importe, j'ai fait ce qui vous est agréable, je puis tout supporter à ce prix. Qu'on est heureux de pouvoir bien faire en servant ce qu'on aime, et réunir ainsi dans le même soin les charmes de l'amour et de la vertu! Je l'avoue, ô Julie! je partis le cœur plein d'impatience et de chagrin. Je vous reprochois d'être si sensible aux peines d'autrui, et de compter pour rien les miennes, comme si j'étois le seul au monde qui n'eût rien mérité de vous. Je trouvois de la barbarie, après m'avoir leurré d'un si doux espoir, à me priver, sans nécessité, d'un bien dont vous m'aviez flatté vous-même. Tous ces murmures se sont évanouis; je sens renaître à leur place, au fond de mon ame, un contentement inconnu : j'éprouve déjà le dédommagement que vous m'avez promis, vous que l'habitude de bien faire a tant instruite du goût qu'on y trouve. Quel étrange empire est le vôtre, de pouvoir rendre les privations aussi douces que les plaisirs, et donner à ce qu'on fait pour vous le même charme qu'on trouveroit à se contenter soi-même! Ah! je l'ai dit cent fois, tu es un ange du ciel, ma Julie! sans doute avec tant d'autorité sur mon ame la tienne est plus divine qu'humaine. Comment n'être pas éternellement à toi puisque ton règne est céleste? et que serviroit de cesser de t'aimer s'il faut toujours qu'on t'adore?

P. S. Suivant mon calcul, nous avons encore au moins cinq ou six jours jusqu'au retour de la maman. Seroit-il impossible, durant cet intervalle, de faire un pélerinage au chalet?

LETTRE XLIV.

DE JULIE A SAINT-PREUX.

Ne murmure pas tant, mon ami, de ce retour précipité; il nous est plus avantageux qu'il ne semble; et quand nous aurions fait par adresse ce que nous avons fait par bienfaisance, nous n'aurions pas mieux réussi. Regarde ce qui seroit arrivé si nous n'eussions suivi que nos fantaisies. Je serois allée à la campagne précisément la veille du retour de ma mère à la ville; j'aurois eu un exprès avant d'avoir pu ménager notre entrevue; il auroit fallu partir sur-le-champ, peut-être sans pouvoir t'avertir, te laisser dans des perplexités mortelles, et notre séparation se seroit faite au moment qui la rendoit le plus douloureuse. De plus, on auroit su que nous étions tous deux à la campagne; malgré nos précautions, peut-être eût-on su que nous y étions ensemble; du moins on l'auroit soupçonné, c'en étoit assez. L'indiscrète avidité du présent nous ôtoit toute ressource pour l'avenir, et le remords d'une bonne œuvre dédaignée nous eût tourmentés toute la vie.

Compare à présent cet état à notre situation réelle. Premièrement, ton absence a produit un excellent effet. Mon argus n'aura pas manqué de dire à ma mère qu'on t'avoit peu vu chez ma cousine : elle sait ton voyage et le sujet : c'est une raison de plus pour t'estimer. Eh le moyen d'imaginer que des gens qui vivent en bonne intelligence prennent volontairement pour s'éloigner le seul moment de liberté qu'ils ont pour se voir? Quelle ruse avons-nous employée pour écarter une trop juste défiance? La seule, à mon avis, qui soit permise à d'honnêtes gens, celle de l'être à un point qu'on ne puisse croire, en sorte qu'on prenne un effort de vertu pour un acte d'indifférence. Mon ami, qu'un amour caché par de tels moyens doit être doux aux cœurs qui le goûtent! Ajoute à cela le plaisir de réunir des amants désolés, et de rendre heureux deux jeunes gens si dignes de l'être. Tu l'as vue ma Fanchon; dis, n'est-elle pas charmante? et ne mérite-t-elle pas bien tout ce que tu as fait pour elle? N'est-elle pas trop jolie et trop malheureuse pour rester fille impunément? Claude Anet, de son côté, dont le bon naturel a résisté par miracle à trois ans de service, en eût-il pu supporter encore autant sans devenir un vaurien comme tous les autres? Au lieu de cela, ils s'aiment et seront unis; ils sont pauvres et seront aidés; ils sont honnêtes gens et pourront continuer de l'être; car mon père a promis de prendre soin de leur établissement. Que de biens tu as procurés à eux et à nous par ta complaisance, sans parler du compte que je t'en dois tenir! Tel est, mon ami, l'effet assuré des sacrifices qu'on fait à la vertu : s'ils coûtent souvent à faire, il est toujours doux de les avoir faits, et l'on n'a jamais vu personne se repentir d'une bonne action.

Je me doute bien qu'à l'exemple de l'inséparable tu m'appelleras aussi la *précheuse*, et il est vrai que je ne fais pas mieux ce que je dis que les gens du métier. Si mes sermons ne valent pas les leurs, au moins je vois avec plaisir qu'ils ne sont pas comme eux jetés au vent. Je ne m'en défends point, mon aimable ami; je voudrois ajouter autant de vertus aux tiennes qu'un fol amour m'en a fait perdre, et ne pouvant plus m'estimer moi-même, j'aime à m'estimer encore en toi. De ta part, il ne s'agit que d'aimer parfaitement, et tout viendra comme de lui-même. Avec quel plaisir tu dois voir augmenter sans cesse les dettes que l'amour s'oblige à payer !

Ma cousine a su les entretiens que tu as eus avec son père au sujet de M. d'Orbe; elle y est aussi sensible que si nous pouvions, en offices de l'amitié, n'être pas toujours en reste avec elle. Mon Dieu! mon ami, que je suis une heureuse fille! que je suis aimée! et que je trouve charmant de l'être! Père, mère, amie, amant, j'ai beau chérir tout ce qui m'environne, je me trouve toujours ou prévenue ou surpassée. Il semble que tous les plus doux sentiments du monde viennent sans cesse chercher mon ame, et j'ai le regret de n'en avoir qu'une pour jouir de tout mon bonheur.

J'oubliois de t'annoncer une visite pour demain matin : c'est milord Bomston qui vient de Genève, où il a passé sept ou huit mois. Il dit t'avoir vu à Sion à son retour d'Italie. Il te trouva fort triste, et parle au surplus de toi comme j'en pense. Il fit hier ton éloge si bien et si à propos devant mon père, qu'il m'a tout-à-fait disposée à faire le sien. En effet, j'ai trouvé du sens, du sel, du feu dans sa conversation. Sa voix s'élève, et son œil s'anime au récit des grandes actions, comme il arrive aux hommes capables d'en faire. Il parle aussi avec intérêt des choses de goût, entre autres de la musique italienne, qu'il porte jusqu'au sublime; je croyois entendre encore mon pauvre frère. Au surplus, il met plus d'énergie que de grâce dans ses discours, et je lui trouve même l'esprit un peu rêche [1]. Adieu, mon ami.

LETTRE XLV.

DE SAINT-PREUX A JULIE.

Je n'en étois encore qu'à la seconde lecture de ta lettre quand milord Édouard Bomston est entré.

---

[1] Terme du pays, pris ici métaphoriquement. Il signifie au propre une surface rude au toucher, et qui cause un frissonnement désagréable en y passant la main, comme celle d'une brosse fort serrée, ou du velours d'Utrecht.

Ayant tant d'autres choses à te dire, comment aurois-je pensé, ma Julie, à te parler de lui? Quand on se suffit l'un à l'autre, s'avise-t-on de songer à un tiers? Je vais te rendre compte de ce que j'en sais, maintenant que tu parois le désirer.

Ayant passé le Simplon, il étoit venu jusqu'à Sion au-devant d'une chaise qu'on devoit lui amener de Genève à Brigue; et le désœuvrement rendant les hommes assez liants, il me rechercha. Nous fîmes une connoissance aussi intime qu'un Anglois naturellement peu prévenant peut la faire avec un homme fort préoccupé qui cherche la solitude. Cependant nous sentîmes que nous nous convenions; il y a un certain unisson d'ames qui s'aperçoit au premier instant; et nous fûmes familiers au bout de huit jours, mais pour toute la vie, comme deux François l'auroient été au bout de huit heures pour tout le temps qu'ils ne se seroient pas quittés. Il m'entretint de ses voyages, et, le sachant Anglois, je crus qu'il m'alloit parler d'édifices et de peintures. Bientôt je vis avec plaisir que les tableaux et les monuments ne lui avoient point fait négliger l'étude des mœurs et des hommes. Il me parla cependant des beaux-arts avec beaucoup de discernement, mais modérément et sans prétention. J'estimai qu'il en jugeoit avec plus de sentiment que de science, et par les effets plus que par les règles, ce qui me confirma qu'il avoit l'ame sensible. Pour la musique italienne, il m'en parut enthousiaste comme à toi; il m'en fit même entendre, car il mène un virtuose avec lui : son valet de chambre joue fort bien du violon, et lui-même passablement du violoncelle. Il me choisit plusieurs morceaux très-pathétiques, à ce qu'il prétendoit : mais, soit qu'un accent si nouveau pour moi demandât une oreille plus exercée, soit que le charme de la musique, si doux dans la mélancolie, s'efface dans une profonde tristesse, ces morceaux me firent peu de plaisir; et j'en trouvai le chant agréable, à la vérité, mais bizarre et sans expression.

Il fut aussi question de moi, et milord s'informa avec intérêt de ma situation. Je lui en dis tout ce qu'il en devoit savoir. Il me proposa un voyage en Angleterre, avec des projets de fortune impossibles dans un pays où Julie n'étoit pas. Il me dit qu'il alloit passer l'hiver à Genève, l'été suivant à Lausanne, et qu'il viendroit à Vevai avant de retourner en Italie : il m'a tenu parole, et nous nous sommes revus avec un nouveau plaisir.

Quant à son caractère, je le crois vif et emporté, mais vertueux et ferme. Il se pique de philosophie, et de ces principes dont nous avons autrefois parlé. Mais au fond je le crois par tempérament ce qu'il pense être par méthode; et le vernis stoïque qu'il met à ses actions ne consiste qu'à parer de beaux raisonnements le parti que son cœur lui a fait prendre. J'ai cependant appris avec un peu de peine qu'il avoit eu quelques affaires en Italie, et qu'il s'y étoit battu plusieurs fois.

Je ne sais ce que tu trouves de rêche dans ses manières; véritablement elles ne sont pas prévenantes, mais je n'y sens rien de repoussant. Quoique son abord ne soit pas aussi ouvert que son cœur, et qu'il dédaigne les petites bienséances, il ne laisse pas, ce me semble, d'être d'un commerce agréable. S'il n'a pas cette politesse réservée et circonspecte qui se règle uniquement sur l'extérieur, et que nos jeunes officiers nous apportent de France, il a celle de l'humanité, qui se pique moins de distinguer au premier coup d'œil les états et les rangs, et respecte en général tous les hommes. Te l'avouerai-je naïvement! la privation de grâces est un défaut que les femmes ne pardonnent point même au mérite; et j'ai peur que Julie n'ait été femme une fois en sa vie.

Puisque je suis en train de sincérité, je te dirai encore, ma jolie prêcheuse, qu'il est inutile de vouloir donner le change à mes droits, et qu'un amour affamé ne se nourrit point de sermons. Songe, songe aux dédommagements promis et dus : car toute la morale que tu m'as débitée est fort bonne; mais quoi que tu puisses dire, le chalet valoit encore mieux.

LETTRE XLVI.

DE JULIE A SAINT-PREUX.

Hé bien donc, mon ami, toujours le chalet ! l'histoire de ce chalet te pèse furieusement sur le cœur ; et je vois bien qu'à la mort ou à la vie il faut te faire raison du chalet. Mais des lieux où tu ne fus jamais te sont-ils si chers qu'on ne puisse t'en dédommager ailleurs ? et l'Amour, qui fit le palais d'Armide au fond d'un désert, ne sauroit-il nous faire un chalet à la ville ? Écoute : on va marier ma Fanchon : mon père, qui ne hait pas les fêtes et l'appareil, veut lui faire une noce où nous serons tous : cette noce ne manquera pas d'être tumultueuse. Quelquefois le mystère a su tendre son voile au sein de la turbulente joie et du fracas des festins. Tu m'entends, mon ami, ne seroit-il pas doux de retrouver dans l'effet de nos soins les plaisirs qu'ils nous ont coûtés ?

Tu t'animes, ce me semble, d'un zèle assez superflu sur l'apologie de milord Édouard, dont je suis fort éloignée de mal penser. D'ailleurs comment jugerois-je un homme que je n'ai vu qu'une après-midi ? et comment en pourrois-tu juger toi-même sur une connoissance de quelques jours ? Je n'en parle que par conjecture, et tu ne peux guère être plus avancé ; car les propositions qu'il t'a faites sont de ces offres vagues dont un air de puissance et la facilité de les éluder rendent souvent les étrangers prodigues. Mais je reconnois tes vivacités ordinaires, et combien tu as de penchant à te prévenir pour ou contre les gens presque à la première vue. Cependant nous examinerons à loisir les arrangements qu'il t'a proposés. Si l'amour favorise le projet qui m'occupe, il s'en présentera peut-être de meilleurs pour nous. O mon bon ami! la patience est amère, mais son fruit est doux.

Pour revenir à ton Anglois, je t'ai dit qu'il me paroissoit avoir l'ame grande et forte, et plus de lumières que d'agréments dans l'esprit. Tu dis à peu près la même chose; et puis, avec cet air de supériorité masculine qui n'abandonne point nos humbles adorateurs, tu me reproches d'avoir été de mon sexe une fois en ma vie; comme si jamais une femme devoit cesser d'en être! Te souvient-il qu'en lisant ta République de Platon nous avons autrefois disputé sur ce point de la différence morale des sexes? Je persiste dans l'avis dont j'étois alors, et ne saurois imaginer un modèle commun de perfection pour deux êtres si différents. L'attaque et la défense, l'audace des hommes, la pudeur des femmes, ne sont point des conventions, comme le pensent tes philosophes, mais des institutions naturelles dont il est facile de rendre raison, et dont se déduisent aisément toutes les autres distinctions morales. D'ailleurs, la destina-

tion de la nature n'étant pas la même; les inclinations, les manières de voir et de sentir, doivent être dirigées de chaque côté selon ses vues. Il ne faut point les mêmes goûts ni la même constitution pour labourer la terre et pour allaiter des enfants. Une taille plus haute, une voix plus forte et des traits plus marqués, semblent n'avoir aucun rapport nécessaire au sexe; mais les modifications extérieures annoncent l'intention de l'ouvrier dans les modifications de l'esprit. Une femme parfaite et un homme parfait ne doivent pas plus se ressembler d'ame que de visage. Ces vaines imitations de sexe sont le comble de la déraison; elles font rire le sage et fuir les amours. Enfin je trouve qu'à moins d'avoir cinq pieds et demi de haut, une voix de basse, et de la barbe au menton, l'on ne doit point se mêler d'être homme.

Vois combien les amants sont maladroits en injures! Tu me reproches une faute que je n'ai pas commise, ou que tu commets aussi bien que moi, et l'attribues à un défaut dont je m'honore. Veux-tu que, te rendant sincérité pour sincérité, je te dise naïvement ce que je pense de la tienne? Je n'y trouve qu'un raffinement de flatterie apparente, les éloges enthousiastes dont tu m'accables à tout propos. Mes prétendues perfections t'aveuglent au point que, pour démentir les reproches que tu te fais en secret de ta prévention, tu n'as pas l'esprit d'en trouver un solide à me faire.

Crois-moi, ne te charge point de me dire mes vérités, tu t'en acquitterois trop mal. Les yeux de l'amour, tout perçants qu'ils sont, savent-ils voir des défauts ? C'est à l'intègre amitié que ces soins appartiennent, et là-dessus ta disciple Claire est cent fois plus savante que toi. Oui, mon ami, loue-moi, admire-moi, trouve-moi belle, charmante, parfaite ; tes éloges me plaisent sans me séduire, parce que je vois qu'ils sont le langage de l'erreur et non de la fausseté, et que tu te trompes toi-même, mais que tu ne veux pas me tromper. O que les illusions de l'amour sont aimables ! ses flatteries sont en un sens des vérités : le jugement se tait, mais le cœur parle. L'amant qui loue en nous des perfections que nous n'avons pas les voit en effet telles qu'il les représente ; il ne ment point en disant des mensonges ; il flatte sans s'avilir, et l'on peut au moins l'estimer sans le croire.

J'ai entendu, non sans quelque battement de cœur, proposer d'avoir demain deux philosophes à souper. L'un est milord Édouard : l'autre est un sage dont la gravité s'est quelquefois un peu dérangée aux pieds d'une jeune écolière ; ne le connoîtriez-vous point ? Exhortez-le, je vous prie, à tâcher de garder demain le décorum philosophique un peu mieux qu'à son ordinaire. J'aurai soin d'avertir aussi la petite personne de baisser les yeux, et d'être aux siens le moins jolie qu'il se pourra.

LETTRE XLVII.

DE SAINT-PREUX A JULIE.

Ah, mauvaise! est-ce là la circonspection que tu m'avois promise? est-ce ainsi que tu ménages mon cœur et voiles tes attraits? Que de contraventions à tes engagements! Premièrement ta parure, car tu n'en n'avois point, et tu sais bien que jamais tu n'es si dangereuse; secondement ton maintien si doux, si modeste, si propre à laisser remarquer à loisir toutes tes grâces; ton parler plus rare, plus réfléchi, plus spirituel encore qu'à l'ordinaire, qui nous rendoit tous plus attentifs, et faisoit voler l'oreille et le cœur au devant de chaque mot; cet air que tu chantas à demi-voix, pour donner encore plus de douceur à ton chant, et qui, bien que françois, plut à milord Édouard même; ton regard timide et tes yeux baissés, dont les éclairs inattendus me jetoient dans un trouble inévitable; enfin ce je ne sais quoi d'inexprimable, d'enchanteur, que tu semblois avoir répandu sur toute ta personne pour faire tourner la tête à tout le monde, sans paroître même y songer. Je ne sais, pour moi, comment tu t'y prends; mais si telle est ta manière d'être jolie le moins qu'il est possible, je t'avertis que c'est beaucoup plus qu'il ne faut pour avoir des sages autour de toi.

Je crains fort que le pauvre philosophe anglois n'ait un peu ressenti la même influence. Après avoir reconduit ta cousine, comme nous étions tous encore fort éveillés, il nous proposa d'aller chez lui faire de la musique et boire du punch. Tandis qu'on rassembloit ses gens, il ne cessa de nous parler de toi avec un feu qui me déplut, et je n'entendis pas ton éloge dans sa bouche avec autant de plaisir que tu avois entendu le mien. En général, j'avoue que je n'aime point que personne, excepté ta cousine, me parle de toi; il me semble que chaque mot m'ôte une partie de mon secret ou de mes plaisirs; et, quoi que l'on puisse dire, on y met un intérêt si suspect, ou l'on est si loin de ce que je sens, que je n'aime à écouter là-dessus que moi-même.

Ce n'est pas que j'aie comme toi du penchant à la jalousie. Je connois mieux ton ame; j'ai des garants qui ne me permettent pas même d'imaginer ton changement possible. Après tes assurances, je ne te dis plus rien des autres prétendants. Mais celui-ci, Julie... des conditions sortables... les préjugés de ton père... Tu sais bien qu'il s'agit de ma vie; daigne donc me dire un mot là-dessus. Un mot de Julie et je suis tranquille à jamais.

J'ai passé la nuit à entendre ou exécuter de la musique italienne; car il s'est trouvé des duo, et il a fallu hasarder d'y faire ma partie. Je n'ose te parler encore de l'effet qu'elle a produit sur moi;

j'ai peur, j'ai peur que l'impression du souper d'hier ne se soit prolongée sur ce que j'entendois, et que je n'aie pris l'effet de tes séductions pour le charme de la musique. Pourquoi la même cause qui me la rendoit ennuyeuse à Sion ne pourroit-elle pas ici me la rendre agréable dans une situation contraire ? N'es-tu pas la première source de toutes les affections de mon ame ? et suis-je à l'épreuve des prestiges de ta magie ? Si la musique eût réellement produit cet enchantement, il eût agi sur tous ceux qui l'entendoient. Mais, tandis que ces chants me tenoient en extase, M. d'Orbe dormoit tranquillement dans un fauteuil, et, au milieu de mes transports, il s'est contenté, pour tout éloge, de demander si ta cousine savoit l'italien.

Tout ceci sera mieux éclairci demain, car nous avons pour ce soir un nouveau rendez-vous de musique. Milord veut la rendre complète, et il a mandé de Lausanne un second violon qu'il dit être assez entendu. Je porterai de mon côté des scènes, des cantates françoises, et nous verrons.

En arrivant chez moi j'étois d'un accablement que m'a donné le peu d'habitude de veiller et qui se perd en t'écrivant. Il faut pourtant tâcher de dormir quelques heures. Viens avec moi, ma douce amie : ne me quitte point durant mon sommeil : mais soit que ton image le trouble ou le favorise, soit qu'il m'offre ou non les noces de la Fanchon, un instant délicieux qui ne peut m'échapper et qu'il me prépare, c'est le sentiment de mon bonheur au réveil.

LETTRE XLVIII.

DE SAINT-PREUX A JULIE.

Ah! ma Julie, qu'ai-je entendu? Quels sons touchants! quelle musique! quelle source délicieuse de sentiments et de plaisirs! Ne perds pas un moment; rassemble avec soin tes opéra, tes cantates, ta musique françoise, fais un grand feu bien ardent, jettes-y tout ce fatras, et l'attise avec soin, afin que tant de glace puisse y brûler et donner de la chaleur au moins une fois. Fais ce sacrifice propitiatoire au dieu du goût, pour expier ton crime et le mien d'avoir profané ta voix à cette lourde psalmodie, et d'avoir pris si longtemps pour le langage du cœur un bruit qui ne fait qu'étourdir l'oreille. O que ton digne frère avoit raison! Dans quelle étrange erreur j'ai vécu jusqu'ici sur les productions de cet art charmant! je sentois leur peu d'effet, et l'attribuois à sa foiblesse. Je disois: La musique n'est qu'un vain son qui peut flatter l'oreille et n'agit qu'indirectement et légèrement sur l'ame : l'impression des accords est purement mécanique et physique; qu'a-t-elle à faire au sentiment? et pourquoi devrois-je espérer d'être plus vivement touché d'une belle harmonie que d'un bel accord de couleurs? Je n'apercevois pas dans les accents de la mélodie, appliqués à ceux de la langue, le lien puissant et secret des passions avec les sons : je ne voyois pas que l'imitation des tons divers dont les sentimens animent la voix parlante donne à son tour à la voix chantante le pouvoir d'agiter les cœurs, et que l'énergique tableau des mouvemens de l'ame de celui qui se fait entendre est ce qui fait le vrai charme de ceux qui l'écoutent.

C'est ce que me fit remarquer le chanteur de milord, qui pour un musicien ne laisse pas de parler assez bien de son art. L'harmonie, me disoit-il, n'est qu'un accessoire éloigné dans la musique imitative; il n'y a dans l'harmonie proprement dite aucun principe d'imitation. Elle assure, il est vrai, les intonations; elle porte témoignage de leur justesse; et, rendant les modulations plus sensibles, elle ajoute de l'énergie à l'expression et de la grâce au chant. Mais c'est de la seule mélodie que sort cette puissance invincible des accents passionnés; c'est d'elle que dérive tout le pouvoir de la musique sur l'ame. Formez les plus savantes successions d'accords sans mélange de mélodie, vous serez ennuyés au bout d'un quart d'heure. De beaux chants sans aucune harmonie sont long-temps à l'épreuve de l'ennui. Que l'accent du sentiment anime les chants les plus simples, ils seront intéressants. Au contraire, une mélodie qui ne parle point chante toujours mal, et la seule harmonie n'a jamais rien su dire au cœur.

C'est en ceci, continuoit-il, que consiste l'erreur des François sur les forces de la musique. N'ayant et ne pouvant avoir une mélodie à eux dans une langue qui n'a point d'accent, et sur une poésie maniérée qui ne connut jamais la nature, ils n'imaginent d'effets que ceux de l'harmonie et des éclats de voix qui ne rendent pas les sons plus mélodieux, mais plus bruyants ; et ils sont si malheureux dans leurs prétentions, que cette harmonie même qu'ils cherchent leur échappe ; à force de la vouloir charger ils n'y mettent plus de choix, ils ne connoissent plus les choses d'effet, ils ne font plus que du remplissage ; ils se gâtent l'oreille, et ne sont plus sensibles qu'au bruit ; en sorte que la plus belle voix pour eux n'est que celle qui chante le plus fort. Aussi, faute d'un genre propre, n'ont-ils jamais fait que suivre pesamment et de loin nos modèles ; et depuis leur célèbre Lulli, ou plutôt le nôtre, qui ne fit qu'imiter les opéra dont l'Italie étoit déjà pleine de son temps, on les a toujours vus, l'espace de trente ou quarante ans, copier, gâter nos vieux auteurs, et faire à peu près de notre musique comme les autres peuples font de leurs modes. Quand ils se vantent de leurs chansons, c'est leur propre condamnation qu'ils prononcent; s'ils savoient chanter des sentiments, ils ne chanteroient pas de l'esprit : mais parce que leur musique n'exprime rien, elle est plus propre aux chansons qu'aux opéra; et parce que la nôtre est toute passionnée, elle est plus propre aux opéra qu'aux chansons.

Ensuite, m'ayant récité sans chant quelques scènes italiennes, il me fit sentir les rapports de la musique à la parole dans le récitatif, de la musique au sentiment dans les airs, et partout l'énergie que la mesure exacte et le choix des accords ajoutent à l'expression. Enfin, après avoir joint à la connaissance que j'ai de la langue la meilleure idée qu'il me fut possible de l'accent oratoire et pathétique, c'est-à-dire de l'art de parler à l'oreille et au cœur dans une langue sans articuler des mots, je me mis à écouter cette musique enchanteresse, et je sentis bientôt, aux émotions qu'elle me causoit, que cet art avoit un pouvoir supérieur à celui que j'avois imaginé. Je ne sais quelle sensation voluptueuse me gagnoit insensiblement. Ce n'étoit plus une vaine suite de sons comme dans nos récits. A chaque phrase, quelque image entroit dans mon cerveau ou quelque sentiment dans mon cœur; le plaisir ne s'arrêtoit point à l'oreille, il pénétroit jusqu'à l'ame; l'exécution couloit sans effort avec une facilité charmante; tous les concertants sembloient animés du même esprit; le chanteur, maître de sa voix, en tiroit sans gêne tout ce que le chant et les paroles demandoient de lui; et je trouvai surtout un grand soulagement à ne sentir ni ces lourdes cadences, ni ces pénibles efforts de voix, ni cette contrainte que donne chez nous au musicien le perpétuel combat du chant et de la mesure, qui, ne pouvant jamais s'accorder, ne lassent guère moins l'auditeur que l'exécutant.

Mais quand après une suite d'airs agréables on vint à ces grands morceaux d'expression qui savent exciter et peindre le désordre des passions violentes, je perdois à chaque instant l'idée de musique, de chant, d'imitation; je croyois entendre la voix de la douleur, de l'emportement, du désespoir; je croyois voir des mères éplorées, des amants trahis, des tyrans furieux; et, dans les agitations que j'étois forcé d'éprouver, j'avois peine à rester en place. Je connus alors pourquoi cette même musique qui m'avoit autrefois ennuyé m'échauffoit maintenant jusqu'au transport; c'est que j'avois commencé de la concevoir, et que sitôt qu'elle pouvoit agir elle agissoit avec toute sa force. Non, Julie, on ne supporte point à demi de pareilles impressions : elles sont excessives ou nulles, jamais foibles ou médiocres; il faut rester insensible, ou se laisser émouvoir outre mesure; ou c'est le vain bruit d'une langue qu'on n'entend point, ou c'est une impétuosité de sentiment qui vous entraîne, et à laquelle il est impossible à l'ame de résister.

Je n'avois qu'un regret, mais il ne me quittoit point : c'étoit qu'un autre que toi formât des sons dont j'étois si touché, et de voir sortir de la bouche d'un vil *castrato* les plus tendres expressions de l'amour. O ma Julie! n'est-ce pas à nous de revendiquer tout ce qui appartient au sentiment? Qui sentira, qui dira mieux que nous ce que doit dire et sentir une ame attendrie? Qui saura prononcer d'un ton plus touchant le *cor mio, l'idolo amato?* Ah! que le cœur prêtera d'énergie à l'art si jamais nous chantons ensemble un de ces duo charmants qui font couler des larmes si délicieuses! Je te conjure premièrement d'entendre un essai de cette musique, soit chez toi, soit chez l'inséparable. Milord y conduira quand tu voudras tout son monde, et je suis sûr qu'avec un organe aussi sensible que le tien, et plus de connoissance que je n'en avois de la déclamation italienne, une seule séance suffira pour t'amener au point où je suis, et te faire partager mon enthousiasme. Je te propose et te prie encore de profiter du séjour du virtuose pour prendre leçon de lui, comme j'ai commencé de faire dès ce matin. Sa manière d'enseigner est simple, nette, et consiste en pratique plus qu'en discours; il ne dit pas ce qu'il faut faire, il le fait; et en ceci, comme en bien d'autres choses, l'exemple vaut mieux que la règle. Je vois déjà qu'il n'est question que de s'asservir à la mesure, de la bien sentir, de phraser et ponctuer avec soin, de soutenir également des sons et non de les renfler, enfin d'ôter de la voix les éclats et toute la pretintaille françoise, pour la rendre juste, expressive et flexible; la tienne, naturellement si légère et si douce, prendra facilement ce nouveau pli; tu trouveras bientôt dans ta sensibilité l'énergie et la vivacité de l'accent qui anime la musique italienne,

E'l cantar che nell' anima si sente [1].

Laisse donc pour jamais cet ennuyeux et lamentable chant françois qui ressemble aux cris de la colique mieux qu'aux transports des passions. Apprends à former ces sons divins que le sentiment inspire, seuls dignes de ta voix, seuls dignes de ton cœur, et qui portent toujours avec eux le charme et le feu des caractères sensibles.

LETTRE XLIX.

DE JULIE A SAINT-PREUX.

Tu sais bien, mon ami, que je ne puis t'écrire qu'à la dérobée, et toujours en danger d'être surprise. Ainsi, dans l'impossibilité de faire de longues lettres, je me borne à répondre à ce qu'il y a de plus essentiel dans les tiennes, ou à suppléer à ce

---

[1] Et le chant qui se sent dans l'âme.   PÉTR.

que je ne t'ai pu dire dans des conversations non moins furtives de bouche que par écrit. C'est ce que je ferai, surtout aujourd'hui que deux mots au sujet de milord Édouard me font oublier le reste de ta lettre.

Mon ami, tu crains de me perdre, et me parles de chansons! belle matière à tracasserie entre amants qui s'entendroient moins. Vraiment tu n'es pas jaloux, on le voit bien ; mais pour le coup je ne serai pas jalouse moi-même, car j'ai pénétré dans ton ame et ne sens que ta confiance où d'autres croiroient sentir ta froideur. O la douce et charmante sécurité que celle qui vient du sentiment d'une union parfaite! C'est par elle, je le sais, que tu tires de ton propre cœur le bon témoignage du mien ; c'est par elle aussi que le mien te justifie ; et je te croirois bien moins amoureux si je te voyois plus alarmé.

Je ne sais ni ne veux savoir si milord Édouard a d'autres attentions pour moi que celles qu'ont tous les hommes pour les personnes de mon âge ; ce n'est point de ses sentiments qu'il s'agit, mais de ceux de mon père et des miens ; ils sont aussi d'accord sur son compte que sur celui des prétendus prétendants dont tu dis que tu ne dis rien. Si son exclusion et la leur suffisent à ton repos, sois tranquille. Quelque honneur que nous fît la recherche d'un homme de ce rang, jamais, du consentement du père ni de la fille, Julie d'Étange ne sera lady Bomston. Voilà sur quoi tu peux compter.

Ne va pas croire qu'il ait été pour cela question de milord Édouard, je suis sûre que de nous quatre tu es le seul qui puisses même lui supposer du goût pour moi. Quoi qu'il en soit, je sais à cet égard la volonté de mon père sans qu'il en ait parlé ni à moi ni à personne; et je n'en serois pas mieux instruite quand il me l'auroit positivement déclarée. En voilà assez pour calmer tes craintes, c'est-à-dire autant que tu en dois savoir. Le reste seroit pour toi de pure curiosité, et tu sais que j'ai résolu de ne la pas satisfaire. Tu as beau me reprocher cette réserve et la prétendre hors de propos dans nos intérêts communs; si je l'avois toujours eue, elle me seroit moins importante aujourd'hui. Sans le compte indiscret que je te rendis d'un discours de mon père, tu n'aurois point été te désoler à Meillerie; tu ne m'eusses point écrit la lettre qui m'a perdue; je vivrois innocente, et pourrois encore aspirer au bonheur. Juge, par ce que me coûte une seule indiscrétion, de la crainte que je dois avoir d'en commettre d'autres. Tu as trop d'emportement pour avoir de la prudence; tu pourrois plutôt vaincre tes passions que les déguiser. La moindre alarme te mettroit en fureur; à la moindre lueur favorable tu ne douterois plus de rien; on liroit tous nos secrets dans ton ame, et tu détruirois à force de zèle tout le succès de mes soins. Laisse-moi donc les soucis de l'amour, et n'en garde que les plaisirs; ce partage est-il si pénible? et ne sens-tu pas que tu ne peux rien à notre bonheur que de n'y point mettre obstacle?

Hélas! que me serviront désormais ces précautions tardives? Est-il temps d'affermir ses pas au fond du précipice, et de prévenir les maux dont on se sent accablé? Ah! misérable fille, c'est bien à toi de parler de bonheur! en peut-il jamais être où règnent la honte et le remords? Dieu! quel état cruel, de ne pouvoir ni supporter son crime, ni s'en repentir; d'être assiégé par mille frayeurs, abusé par mille espérances vaines; et de ne jouir pas même de l'horrible tranquillité du désespoir! Je suis désormais à la seule merci du sort. Ce n'est plus ni de force ni de vertu qu'il est question, mais de fortune et de prudence; et il ne s'agit pas d'éteindre un amour qui doit durer autant que ma vie, mais de le rendre innocent ou de mourir coupable. Considère cette situation, mon ami, et vois si tu peux te fier à mon zèle.

LETTRE L.

DE JULIE A SAINT-PREUX.

Je n'ai point voulu vous expliquer hier en vous quittant la cause de la tristesse que vous m'avez reprochée, parce que vous n'étiez pas en état de m'entendre. Malgré mon aversion pour les éclaircissements, je vous dois celui-ci, puisque je l'ai promis, et je m'en acquitte.

Je ne sais si vous vous souvenez des étranges discours que vous me tîntes hier au soir, et des manières dont vous les accompagnâtes : quant à moi, je ne les oublierai jamais assez tôt pour votre honneur et pour mon repos, et malheureusement j'en suis trop indignée pour pouvoir les oublier aisément. De pareilles expressions avoient quelquefois frappé mon oreille en passant auprès du port; mais je ne croyois pas qu'elles pussent jamais sortir de la bouche d'un honnête homme; je suis très-sûre au moins qu'elles n'entrèrent jamais dans le dictionnaire des amants; et j'étois bien éloignée de penser qu'elles pussent être d'usage entre vous et moi. Eh dieux! quel amour est le vôtre, s'il assaisonne ainsi ses plaisirs! Vous sortiez, il est vrai, d'un long repas, et je vois ce qu'il faut pardonner en ce pays aux excès qu'on y peut faire; c'est aussi pour cela que je vous en parle. Soyez certain qu'un tête-à-tête où vous m'auriez traitée ainsi de sang-froid eût été le dernier de notre vie.

Mais ce qui m'alarme sur votre compte, c'est que souvent la conduite d'un homme échauffé de vin n'est que l'effet de ce qui se passe au fond de son cœur dans les autres temps. Croirai-je que dans un état où l'on ne déguise rien vous vous montrâtes tel que vous êtes? Que deviendrois-je si vous pensiez à jeun comme vous parliez hier au soir? Plutôt que de supporter un pareil mépris, j'aimerois mieux éteindre un feu si grossier, et perdre un amant qui, sachant si mal honorer sa maîtresse, mériteroit si peu d'en être estimé. Dites-moi, vous qui chérissiez les sentiments honnêtes, seriez-vous tombé dans cette erreur cruelle, que l'amour heureux n'a plus de ménagement à garder avec la pudeur, et qu'on ne doit plus de respect à celle dont on n'a plus de rigueur à craindre? Ah! si vous aviez toujours pensé ainsi, vous auriez été moins à redouter, et je ne serois pas si malheureuse. Ne vous y trompez pas, mon ami, rien n'est si dangereux pour les vrais amants que les préjugés du monde; tant de gens parlent d'amour, et si peu savent aimer, que la plupart prennent pour ses pures et douces lois les viles maximes d'un commerce abject, qui, bientôt assouvi de lui-même, a recours aux monstres de l'imagination, et se déprave pour se soutenir.

Je ne sais si je m'abuse; mais il me semble que le véritable amour est le plus chaste de tous les liens. C'est lui, c'est son feu divin qui sait épurer nos penchants naturels, en les concentrant dans un seul objet; c'est lui qui nous dérobe aux tentations, et qui fait qu'excepté cet objet unique un sexe n'est plus rien pour l'autre. Pour une femme ordinaire, tout homme est toujours un homme;

mais pour celle dont le cœur aime, il n'y a point d'homme que son amant. Que dis-je ? un amant n'est-il qu'un homme ? Ah ! qu'il est un être bien plus sublime ! Il n'y a point d'homme pour celle qui aime : son amant est plus; tous les autres sont moins; elle et lui sont les seuls de leur espèce. Ils ne désirent pas, ils aiment. Le cœur ne suit point les sens, il les guide; il couvre leurs égarements d'un voile délicieux. Non, il n'y a rien d'obscène que la débauche et son grossier langage. Le véritable amour, toujours modeste, n'arrache point ses faveurs avec audace; il les dérobe avec timidité. Le mystère, le silence, la honte craintive, aiguisent et cachent ses doux transports. Sa flamme honore et purifie toutes ses caresses; la décence et l'honnêteté l'accompagnent au sein de la volupté même, et lui seul sait tout accorder aux désirs sans rien ôter à la pudeur. Ah! dites, vous qui connûtes les vrais plaisirs, comment une cynique effronterie pourroit-elle s'allier avec eux ? comment ne banniroit-elle pas leur délire et tout leur charme ? comment ne souilleroit-elle pas cette image de perfection sous laquelle on se plaît à contempler l'objet aimé ? Croyez-moi, mon ami, la débauche et l'amour ne sauroient loger ensemble, et ne peuvent pas même se compenser. Le cœur fait le vrai bonheur quand on s'aime, et rien n'y peut suppléer sitôt qu'on ne s'aime plus.

Mais quand vous seriez assez malheureux pour vous plaire à ce déshonnête langage, comment avez-vous pu vous résoudre à l'employer si mal à propos, et à prendre avec celle qui vous est chère un ton et des manières qu'un homme d'honneur doit même ignorer? Depuis quand est-il doux d'affliger ce qu'on aime? et quelle est cette volupté barbare qui se plaît à jouir du tourment d'autrui? Je n'ai pas oublié que j'ai perdu le droit d'être respectée ; mais si je l'oubliois jamais, est-ce à vous de me le rappeler? est-ce à l'auteur de ma faute d'en aggraver la punition? Ce seroit à lui plutôt à m'en consoler. Tout le monde a droit de me mépriser, hors vous. Vous me devez le prix de l'humiliation où vous m'avez réduite; et tant de pleurs versés sur ma foiblesse méritoient que vous me la fissiez moins cruellement sentir. Je ne suis ni prude ni précieuse : hélas! que j'en suis loin, moi qui n'ai pas su même être sage! Vous le savez trop, ingrat, si ce tendre cœur sait rien refuser à l'amour. Mais au moins ce qu'il lui cède, il ne veut le céder qu'à lui, et vous m'avez trop bien appris son langage pour lui en pouvoir substituer un si différent.. Des injures, des coups m'outrageroient moins que de semblables caresses. Ou renoncez à Julie, ou sachez être estimé d'elle. Je vous l'ai déjà dit, je ne connois point d'amour sans pudeur; et s'il m'en coûtoit de perdre le vôtre, il m'en coûteroit encore plus de le conserver à ce prix.

Il me reste beaucoup de choses à dire sur le même sujet; mais il faut finir cette lettre, et je les renvoie à un autre temps. En attendant, remarquez un effet de vos fausses maximes sur l'usage immodéré du vin. Votre cœur n'est point coupable, j'en suis très-sûre; cependant vous avez navré le mien; et, sans savoir ce que vous faisiez, vous désoliez comme à plaisir ce cœur trop facile à s'alarmer, et pour qui rien n'est indifférent de ce qui lui vient de vous.

LETTRE LI.

RÉPONSE.

Il n'y a pas une ligne dans votre lettre qui ne me fasse glacer le sang; et j'ai peine à croire, après l'avoir relue vingt fois, que ce soit à moi qu'elle est adressée. Qui? moi? moi? j'aurois offensé Julie? j'aurois profané ses attraits? celle à qui chaque instant de ma vie j'offre des adorations eût été en butte à mes outrages! Non, je me serois percé le cœur mille fois avant qu'un projet si barbare en eût approché. Ah! que tu le connois mal ce cœur qui t'idolâtre, ce cœur qui vole et se prosterne sous chacun de tes pas, ce cœur qui voudroit inventer pour toi de nouveaux hommages inconnus aux mortels! que tu le connois mal, ô Julie! si tu l'accuses de manquer envers toi à ce respect ordinaire et commun qu'un amant vulgaire auroit même pour sa maîtresse ! Je ne crois être ni impudent ni brutal; je hais les discours déshonnêtes, et n'entrerai de mes jours dans les lieux où l'on apprend à les tenir : mais, que je le redise après toi, que je renchérisse sur ta juste indignation; quand je serois le plus vil des mortels, quand j'aurois passé mes premiers ans dans la crapule, quand le goût des honteux plaisirs pourroit trouver place en un cœur où tu règnes, oh! dis-moi, ô Julie! ange du ciel! dis-moi comment je pourrois apporter devant toi l'effronterie qu'on ne peut avoir que devant celles qui l'aiment. Ah! non, il n'est pas possible. Un seul de tes regards eût contenu ma bouche et purifié mon cœur. L'amour eût couvert mes désirs emportés des charmes de ta modestie; il l'eût vaincue sans l'outrager; et, dans la douce union de nos ames, leur seul délire eût produit les erreurs des sens. J'en appelle à ton propre témoignage. Dis si, dans toutes les fureurs d'une passion sans mesure, je cessai jamais d'en respecter le charmant objet. Si je reçus le prix que ma flamme avoit mérité, dis si j'abusai de mon bonheur pour outrager ta douce honte. Si d'une main timide l'amour ardent et craintif attenta quelquefois à tes charmes, dis si jamais une témérité brutale osa les profaner. Quand un transport indiscret écarte un instant le voile qui les couvre, l'aimable pudeur n'y substitue-t-elle pas aussitôt le sien? Ce vêtement sacré t'abandonneroit-il un moment quand tu n'en aurois point d'autre? Incorruptible comme ton ame honnête, tous les feux de la mienne l'ont-ils jamais altérée? Cette union si touchante et si tendre ne suffit-elle pas à notre félicité? ne fait-elle pas seule tout le bonheur de nos jours? connoissons-nous au monde quelques plaisirs hors ceux que l'amour donne? en voudrions-nous connoître d'autres? Conçois-tu comment cet enchantement eût pu se détruire? Comment! j'aurois oublié dans un moment l'honnêteté, notre amour, mon honneur, et l'invincible respect que j'aurois toujours eu pour toi, quand même je ne t'aurois point adorée! Non, ne le crois pas; ce n'est point moi qui pus t'offenser; je n'en ai nul souvenir; et si j'eusse été coupable un instant, le remords me quitteroit-il jamais? Non, Julie; un démon, jaloux d'un sort trop heureux pour un mortel, a pris ma figure pour le troubler, et m'a laissé mon cœur pour me rendre plus misérable.

J'abjure, je déteste un forfait que j'ai commis puisque tu m'en accuses, mais auquel ma volonté n'a point de part. Que je vais l'abhorrer cette fatale intempérance qui me paroissoit favorable aux épanchements du cœur, et qui put démentir si cruellement le mien! J'en fais par toi l'irrévocable serment, dès aujourd'hui je renonce pour ma vie au vin comme au plus mortel poison : jamais cette liqueur funeste ne troublera mes sens, jamais elle ne souillera mes lèvres, et son délire insensé ne me rendra plus coupable à mon insu. Si j'enfreins ce vœu solennel, amour, accable-moi du châtiment dont je serai digne : puisse à l'instant l'image de ma Julie sortir pour jamais de mon cœur, et l'abandonner à l'indifférence et au désespoir.

Ne pense pas que je veuille expier mon crime par une peine si légère, c'est une précaution et non pas un châtiment : j'attends de toi celui que j'ai mérité, je l'implore pour soulager mes regrets. Que l'amour offensé se venge et s'apaise; punis-moi sans me haïr, je souffrirai sans murmure. Sois juste et sévère; il le faut, j'y consens : mais si tu veux me laisser la vie, ôte-moi tout, hormis ton cœur.

LETTRE LII.

DE JULIE A SAINT-PREUX.

Comment, mon ami, renoncer au vin pour sa maîtresse? Voilà ce qu'on appelle un sacrifice! Oh! je défie qu'on trouve dans les quatre cantons un homme plus amoureux que toi! Ce n'est pas qu'il n'y ait parmi nos jeunes gens de petits messieurs francisés qui boivent de l'eau par air; mais tu seras le premier à qui l'amour en aura fait boire;

c'est un exemple à citer dans les fastes galants de la Suisse. Je me suis même informée de tes déportements, et j'ai appris avec une extrême édification que, soupant hier chez M. de Vueillerans, tu laissas faire la rondé à six bouteilles après le repas, sans y toucher, et ne marchandois non plus les verres d'eau que les convives ceux de vin de la Côte. Cependant cette pénitence dure depuis trois jours que ma lettre est écrite; et trois jours font au moins six repas : or, à six repas observés par fidélité l'on en peut ajouter six autres par crainte, et six par honte, et six par habitude, et six par obstination. Que de motifs peuvent prolonger des privations pénibles dont l'amour seul auroit la gloire! Daigneroit-il se faire honneur de ce qui peut n'être pas à lui?

Voilà plus de mauvaises plaisanteries que tu ne m'as tenu de mauvais propos; il est temps d'enrayer. Tu es grave naturellement; je me suis aperçue qu'un long badinage t'échauffe, comme une longue promenade échauffe un homme replet; mais je tire à peu près de toi la vengeance que Henri IV tira du duc de Mayenne, et ta souveraine veut imiter la clémence du meilleur des rois. Aussi bien je craindrois qu'à force de regrets et d'excuses tu ne te fisses à la fin un mérite d'une faute si bien réparée; et je veux me hâter de l'oublier, de peur que, si j'attendois trop long-temps, ce ne fût plus générosité, mais ingratitude.

A l'égard de ta résolution de renoncer au vin pour toujours, elle n'a pas autant d'éclat à mes yeux que tu pourrois croire; les passions vives ne songent guère à ces petits sacrifices, et l'amour ne se repaît point de galanterie. D'ailleurs il y a quelquefois plus d'adresse que de courage à tirer avantage pour le moment présent d'un avenir incertain, et à se payer d'avance d'une abstinence éternelle à laquelle on renonce quand on veut. Eh! mon bon ami, dans tout ce qui flatte les sens, l'abus est-il donc inséparable de la jouissance? L'ivresse est-elle nécessairement attachée au goût du vin? et la philosophie seroit-elle assez vaine où assez cruelle pour n'offrir d'autre moyen d'user modérément des choses qui plaisent que de s'en priver tout-à-fait?

Si tu tiens ton engagement, tu t'ôtes un plaisir innocent, et risques ta santé en changeant de manière de vivre; si tu l'enfreins, l'amour est doublement offensé; et ton honneur même en souffre. J'use donc en cette occasion de mes droits; et non seulement je te relève d'un vœu nul, comme fait sans mon congé, mais je te défends même de l'observer au-delà du terme que je vais te prescrire. Mardi nous aurons ici la musique de milord Édouard. A la collation je t'enverrai une coupe à demi pleine d'un nectar pur et bienfaisant. Je veux qu'elle soit bue en ma présence et à mon intention, après avoir fait de quelques gouttes une libation expiatoire aux Grâces. Ensuite mon pénitent reprendra dans ses repas l'usage sobre du vin tempéré par le cristal des fontaines ; et, comme dit ton bon Plutarque, en calmant les ardeurs de Bacchus par le commerce des nymphes.

A propos du concert de mardi, cet étourdi de Regianino ne s'est-il pas mis dans la tête que j'y pourrois déjà chanter un air italien et même un duo avec lui ? Il vouloit que je le chantasse avec toi pour mettre ensemble ses deux écoliers ; mais il y a dans ce duo de certains *ben mio* dangereux à dire sous les yeux d'une mère quand le cœur est de la partie ; il vaut mieux renvoyer cet essai au premier concert qui se fera chez l'inséparable. J'attribue la facilité avec laquelle j'ai pris le goût de cette musique à celui que mon frère m'avoit donné pour la poésie italienne, et que j'ai si bien entretenu avec toi, que je sens aisément la cadence des vers, et qu'au dire de Regianino, j'en prends assez bien l'accent. Je commence chaque leçon par lire quelques octaves du Tasse ou quelque scène du Métastase ; ensuite il me fait dire et accompagner du récitatif ; et je crois continuer de parler ou de lire, ce qui sûrement ne m'arrivoit pas dans le récitatif françois. Après cela, il faut soutenir en mesure des sons égaux et justes ; exercice que les éclats auxquels j'étois accoutumée me rendent assez difficile. Enfin nous passons aux airs ; et il se trouve que la justesse et la flexibilité de la voix, l'expression pathétique, les sons renforcés, et tous les passages, sont un effet naturel de la douceur du chant et de la précision de la mesure; de sorte que ce qui me paroissoit le plus difficile à apprendre n'a pas même besoin d'être enseigné. Le caractère de la mélodie a tant de rapport au ton de la langue, et une si grande pureté de modulation, qu'il ne faut qu'écouter la basse et savoir parler pour déchiffrer aisément le chant. Toutes les passions y ont des expressions aiguës et fortes; tout au contraire de l'accent traînant et pénible du chant françois, le sien, toujours doux et facile, mais vif et touchant, dit beaucoup avec peu d'effort : enfin je sens que cette musique agite l'ame et repose la poitrine; c'est précisément celle qu'il faut à mon cœur et à mes poumons. A mardi donc, mon aimable ami, mon maître, mon pénitent, mon apôtre : hélas ! que ne m'es-tu point ? pourquoi faut-il qu'un seul titre manque à tant de droits ?

P. S. Sais-tu qu'il est question d'une jolie promenade sur l'eau, pareille à celle que nous fîmes il y a deux ans avec la pauvre Chaillot! Que mon rusé maître étoit timide alors! qu'il trembloit en me donnant la main pour sortir du bateau! Ah, l'hypocrite!... il a beaucoup changé.

LETTRE LIII.

DE JULIE A SAINT-PREUX.

Ainsi tout déconcerte nos projets, tout trompe notre attente, tout trahit des feux que le ciel eût dû couronner! vils jouets d'une aveugle fortune, tristes victimes d'un moqueur espoir; toucherons-nous sans cesse au plaisir qui fuit sans jamais l'atteindre? Cette noce trop vainement désirée devoit se faire à Clarens; le mauvais temps nous contrarie, il faut la faire à la ville. Nous devions nous y ménager une entrevue; tous deux obsédés d'importuns, nous ne pouvons leur échapper en même temps, et le moment où l'un des deux se dérobe est celui où il est impossible à l'autre de le joindre! Enfin, un favorable instant se présente; la plus cruelle des mères vient nous l'arracher; et peu s'en faut que cet instant ne soit celui de la perte de deux infortunés qu'il devoit rendre heureux! Loin de rebuter mon courage, tant d'obstacles l'ont irrité; je ne sais quelle nouvelle force m'anime, mais je me sens une hardiesse que je n'eus jamais; et, si tu l'oses partager, ce soir, ce soir même peut acquitter mes promesses, et payer d'une seule fois toutes les dettes de l'amour.

Consulte-toi bien, mon ami, et vois jusqu'à quel point il t'est doux de vivre; car l'expédient que je te propose peut nous mener tous deux à la mort : si tu la crains, n'achève point cette lettre ; mais si la pointe d'une épée n'effraie pas plus aujourd'hui ton cœur que ne l'effrayoient jadis les gouffres de Meillerie, le mien court le même risque et n'a pas balancé. Écoute.

Babi, qui couche ordinairement dans ma chambre, est malade depuis trois jours ; et, quoique je voulusse absolument la soigner, on l'a transportée ailleurs malgré moi : mais, comme elle est mieux, peut-être elle reviendra dès demain. Le lieu où l'on mange est loin de l'escalier qui conduit à l'appartement de ma mère et au mien : à l'heure du souper toute la maison est déserte, hors la cuisine et la salle à manger. Enfin la nuit dans cette saison est déjà obscure à la même heure ; son voile peut dérober aisément dans la rue les passants aux spectateurs, et tu sais parfaitement les êtres de la maison.

Ceci suffit pour me faire entendre. Viens cette après-midi chez ma Fanchon ; je t'expliquerai le reste, et te donnerai les instructions nécessaires : que si je ne le puis, je les laisserai par écrit à l'ancien entrepôt de nos lettres, où, comme je t'en ai prévenu, tu trouveras déjà celle-ci : car le sujet en est trop important pour oser le confier à personne.

Oh ! comme je vois à présent palpiter ton cœur ! Comme j'y lis tes transports, et comme je les partage ! Non, mon doux ami ; non, nous ne quitterons point cette courte vie sans avoir un instant goûté le bonheur : mais songe pourtant que cet instant est environné des horreurs de la mort ; que l'abord est sujet à mille hasards, le séjour dangereux, la retraite d'un péril extrême ; que nous sommes perdus si nous sommes découverts, et qu'il faut que tout nous favorise pour pouvoir éviter de l'être. Ne nous abusons point : je connois trop mon père pour douter que je ne te visse à l'instant percer le cœur de sa main, si même il ne commençoit par moi ; car sûrement je ne serois pas plus épargnée : et crois-tu que je t'exposerois à ce risque si je n'étois sûre de le partager ?

Pense encore qu'il n'est point question de te fier à ton courage ; il n'y faut pas songer ; et je te défends même très-expressément d'apporter aucune arme pour ta défense, pas même ton épée : aussi bien te seroit-elle parfaitement inutile ; car, si nous sommes surpris, mon dessein est de me précipiter dans tes bras, de t'enlacer fortement dans les miens, et de recevoir ainsi le coup mortel pour n'avoir plus à me séparer de toi ; plus heureuse à ma mort que je ne le fus de ma vie.

J'espère qu'un sort plus doux nous est réservé ; je sens au moins qu'il nous est dû ; et la fortune se lassera de nous être injuste. Viens donc, ame de mon cœur, vie de ma vie, viens te réunir à toi-même, viens sous les auspices du tendre amour recevoir le prix de ton obéissance et de tes sacrifices; viens avouer, même au sein des plaisirs, que c'est de l'union des cœurs qu'ils tirent leur plus grand charme.

LETTRE LIV.

DE SAINT-PREUX A JULIE.

J'arrive plein d'une émotion qui s'accroît en entrant dans cet asile. Julie! me voici dans ton cabinet, me voici dans le sanctuaire de tout ce que mon cœur adore. Le flambeau de l'amour guidoit mes pas, et j'ai passé sans être aperçu. Lieu charmant, lieu fortuné, qui jadis vit tant réprimer de regards tendres, tant étouffer de soupirs brûlants; toi qui vis naître et mourir mes premiers feux, pour la seconde fois tu les verras couronner; témoin de ma constance immortelle, sois le témoin de mon bonheur; et voile à jamais les plaisirs du plus fidèle et du plus heureux des hommes.

Que ce mystérieux séjour est charment! Tout y flatte et nourrit l'ardeur qui me dévore. O Julie! il est plein de toi, et la flamme de mes désirs s'y répand sur tous tes vestiges. Oui, tous mes sens y sont enivrés à la fois. Je ne sais quel parfum presque insensible, plus doux que la rose et plus léger que l'iris, s'exhale ici de toutes parts : j'y crois entendre le son flatteur de ta voix. Toutes les parties de ton habillement éparses présentent à mon ardente imagination celles de toi-même qu'elles recèlent : cette coiffure légère que parent de grands cheveux blonds qu'elle feint de couvrir; cet heureux fichu contre lequel une fois au moins je n'aurai point à murmurer; ce déshabillé élégant et simple qui marque si bien le goût de celle qui le porte; ces mules si mignonnes qu'un pied souple remplit sans peine; ce corps si délié qui touche et embrasse... Quelle taille enchanteresse!... au-devant deux légers contours... O spectacle de volupté! la baleine a cédé à la force de l'impression... Empreintes délicieuses que je vous baise mille fois! Dieux! dieux! que sera-ce quand... Ah! je crois déjà sentir ce tendre cœur battre sous une heureuse main! Julie! ma charmante Julie! je te vois, je te sens partout, je te respire avec l'air que tu as respiré; tu pénètres toute ma substance. Que ton séjour est brûlant et douloureux pour moi! il est terrible à mon impatience. Oh! viens, vole, ou je suis perdu.

Quel bonheur d'avoir trouvé de l'encre et du papier! J'exprime ce que je sens pour en tempérer l'excès, je donne le change à mes transports en les décrivant.

Il me semble entendre du bruit: seroit-ce ton barbare père? Je ne crois pas être lâche... mais qu'en ce moment la mort me seroit horrible! mon désespoir seroit égal à l'ardeur qui me consume.

Ciel, je te demande encore une heure de vie, et j'abandonne le reste de mon être à ta rigueur. O désirs! ô crainte! ô palpitations cruelles!... on ouvre!... on entre!... c'est elle! c'est elle! je l'entrevois; je l'ai vue, j'entends refermer la porte. Mon cœur, mon foible cœur, tu succombes à tant d'agitations. Ah! cherche des forces pour supporter la félicité qui t'accable!

LETTRE LV.

DE SAINT-PREUX A JULIE.

Oh! mourons, ma douce amie, mourons, la bien-aimée de mon cœur! Que faire désormais d'une jeunesse insipide dont nous avons épuisé toutes les délices? Explique-moi, si tu le peux, ce que j'ai senti dans cette nuit inconcevable; donne-moi l'idée d'une vie ainsi passée; ou laisse m'en quitter une qui n'a plus rien de ce que je viens d'éprouver avec toi. J'avois goûté le plaisir, et croyois concevoir le bonheur! Ah! je n'avois senti qu'un vain songe, et n'imaginois que le bonheur d'un enfant. Mes sens abusoient mon ame grossière; je ne cherchois qu'en eux le bien suprême, et j'ai trouvé que leurs plaisirs épuisés n'étoient que le commencement des miens. O chef-d'œuvre unique de la nature! divine Julie! possession délicieuse à laquelle tous les transports du plus ardent amour suffisent à peine ! non, ce ne sont point ces transports que je regrette le plus : ah ! non, retire, s'il le faut, ces faveurs enivrantes pour lesquelles je donnerois mille vies ; mais rends-moi tout ce qui n'étoit point elles, et les effaçoit mille fois. Rends-moi cette étroite union des ames que tu m'avois annoncée et que tu m'as si bien fait goûter ; rends-moi cet abattement si doux rempli par les effusions de nos cœurs ; rends-moi ce sommeil enchanteur trouvé sur ton sein ; rends-moi ce réveil plus délicieux encore, et ces soupirs entrecoupés, et ces douces larmes, et ces baisers qu'une voluptueuse langueur nous faisoit lentement savourer, et ces gémissements si tendres durant lesquels tu pressois sur ton cœur ce cœur fait pour s'unir à lui.

Dis-moi, Julie, toi qui d'après ta propre sensibilité sais si bien juger de celle d'autrui, crois-tu que ce que je sentois auparavant fût véritablement de l'amour ? mes sentiments, n'en doute pas, ont depuis hier changé de nature ; ils ont pris je ne sais quoi de moins impétueux, mais de plus doux, de plus tendre, et de plus charmant. Te souvient-il de cette heure entière que nous passâmes à parler paisiblement de notre amour et de cet avenir obscur et redoutable par qui le présent nous étoit encore plus sensible ; de cette heure, hélas ! trop courte, dont une légère empreinte de tristesse rendit les entretiens si touchants? J'étois tranquille, et pourtant j'étois près de toi : je t'adorois et ne désirois rien; je n'imaginois pas même une autre félicité que de sentir ainsi ton visage auprès du mien, ta respiration sur ma joue, et ton bras autour de mon cou. Quel calme dans tous mes sens! Quelle volupté pure, continue, universelle! Le charme de la jouissance étoit dans l'ame; il n'en sortoit plus, il duroit toujours. Quelle différence des fureurs de l'amour à une situation si paisible! C'est la première fois de mes jours que je l'ai éprouvée auprès de toi; et cependant, juge du changement étrange que j'éprouve; c'est de toutes les heures de ma vie celle qui m'est la plus chère, et la seule que j'aurois voulu prolonger éternellement [1]. Julie, dis-moi donc si je ne t'aimois point auparavant, ou si maintenant je ne t'aime plus.

Si je ne t'aime plus! Quel doute! Ai-je donc cessé d'exister? et ma vie n'est-elle pas plus dans ton cœur que dans le mien? je sens, je sens que tu m'es mille fois plus chère que jamais, et j'ai trouvé dans mon abattement de nouvelles forces pour te chérir plus tendrement encore. J'ai pris pour toi des sentiments plus paisibles, il est vrai, mais plus

---

[1] Femme trop facile, voulez-vous savoir si vous êtes aimée, examinez votre amant sortant de vos bras. O amour! si je regrette l'âge où l'on te goûte, ce n'est pas pour l'heure de la jouissance, c'est pour l'heure qui la suit.

affectueux et de plus de différentes espèces; sans s'affoiblir, ils se sont multipliés : les douceurs de l'amitié tempèrent les emportements de l'amour, et j'imagine à peine quelque sorte d'attachement qui ne m'unisse pas à toi. O ma charmante maîtresse! ô mon épouse, ma sœur, ma douce amie ! que j'aurai peu dit pour ce que je sens, après avoir épuisé tous les noms les plus chers au cœur de l'homme!

Il faut que je t'avoue un soupçon que j'ai conçu dans la honte et l'humiliation de moi-même; c'est que tu sais mieux aimer que moi. Oui, ma Julie, c'est bien toi qui fais ma vie et mon être; je t'adore bien de toutes les facultés de mon ame : mais la tienne est plus aimante, l'amour l'a plus profondément pénétrée; on le voit, on le sent; c'est lui qui anime tes grâces, qui règne dans tes discours, qui donne à tes yeux cette douceur pénétrante, à ta voix ces accents si touchants; c'est lui qui, par ta seule présence, communique aux autres cœurs, sans qu'ils s'en aperçoivent, la tendre émotion du tien. Que je suis loin de cet état charmant qui se suffit à lui-même ! Je veux jouir, et tu veux aimer; j'ai des transports, et toi de la passion; tous mes emportements ne valent pas ta délicieuse langueur; et le sentiment dont ton cœur se nourrit est la seule félicité suprême. Ce n'est que d'hier seulement que j'ai goûté cette volupté si pure. Tu m'as laissé quelque chose de ce charme inconcevable qui est en toi, et je crois qu'avec ta douce haleine tu m'inspirois une ame nouvelle. Hâte-toi, je t'en conjure, d'achever ton ouvrage. Prends de la mienne tout ce qui m'en reste, et mets tout-à-fait la tienne à la place. Non, beauté d'ange, ame céleste, il n'y a que des sentiments comme les tiens qui puissent honorer tes attraits; toi seule es digne d'inspirer un parfait amour, toi seule es propre à le sentir. Ah! donne-moi ton cœur, ma Julie, pour m'aimer comme tu le mérites.

LETTRE LVI.

DE CLAIRE A JULIE.

J'ai, ma chère cousine, à te donner un avis qui t'importe. Hier au soir, ton ami eut avec milord Édouard un démêlé qui peut devenir sérieux. Voici ce que m'en a dit M. d'Orbe, qui étoit présent, et qui, inquiet des suites de cette affaire, est venu ce matin m'en rendre compte.

Ils avoient tous deux soupé chez milord; et, après une heure ou deux de musique, ils se mirent à causer et à boire du punch. Ton ami n'en but qu'un seul verre mêlé d'eau; les deux autres ne furent pas si sobres; et, quoique M. d'Orbe ne convienne pas de s'être enivré, je me réserve à lui en dire mon avis dans un autre temps. La conversation tomba naturellement sur ton compte; car tu n'ignores pas que milord n'aime à parler que de toi. Ton ami, à qui ces confidences déplaisent, les reçut avec si peu d'aménité, qu'enfin Édouard, échauffé de punch, et piqué de cette sécheresse, osa dire, en se plaignant de ta froideur, qu'elle n'étoit pas si générale qu'on pourroit croire, et que tel qui n'en disoit mot n'étoit pas si maltraité que lui. A l'instant ton ami, dont tu connois la vivacité, releva ce discours avec un emportement insultant qui lui attira un démenti, et ils sautèrent à leurs épées. Bomston, à demi ivre, se donna en courant une entorse qui le força de s'asseoir. Sa jambe enfla sur-le-champ, et cela calma la querelle mieux que tous les soins que M. d'Orbe s'étoit donnés. Mais, comme il étoit attentif à ce qui se passoit, il vit ton ami s'approcher, en sortant, de l'oreille de milord Édouard, et il entendit qu'il lui disoit à demi-voix : « Sitôt que vous serez en état « de sortir, faites-moi donner de vos nouvelles, « ou j'aurai soin de m'en informer. — N'en prenez « pas la peine, lui dit Édouard avec un souris mo- « queur, vous en saurez assez tôt. — Nous verrons, » reprit froidement ton ami; et il sortit. M. d'Orbe, en te remettant cette lettre, t'expliquera le tout plus en détail. C'est à ta prudence à te suggérer des moyens d'étouffer cette fâcheuse affaire, ou à me prescrire de mon côté ce que je dois faire pour y contribuer. En attendant, le porteur est à tes ordres, il fera tout ce que tu lui commanderas, et tu peux compter sur le secret.

Tu te perds, ma chère, il faut que mon amitié te le dise; l'engagement où tu vis ne peut rester long-temps caché dans une petite ville comme celle-ci; et c'est un miracle de bonheur que, depuis plus de deux ans qu'il a commencé, tu ne sois pas encore le sujet des discours publics. Tu le vas devenir si tu n'y prends garde; tu le serois déjà si tu étois moins aimée; mais il y a une répugnance si générale à mal parler de toi, que c'est un mauvais moyen de se faire fête et très-sûr de se faire haïr. Cependant tout a son terme; je tremble que celui du mystère ne soit venu pour ton amour, et il y a grande apparence que les soupçons de milord Édouard lui viennent de quelques mauvais propos qu'il peut avoir entendus. Songes-y bien, ma chère enfant. Le Guet dit, il y a quelque temps, avoir vu sortir de chez toi ton ami à cinq heures du matin. Heureusement celui-ci sut des premiers ce discours, il courut chez cet homme, et trouva le secret de le faire taire; mais qu'est-ce qu'un pareil silence, sinon le moyen d'accréditer des bruits sourdement répandus? La défiance de ta mère augmente aussi de jour en jour; tu sais combien de fois elle te l'a fait entendre : elle m'en a parlé à mon tour d'une manière assez dure; et si elle ne craignoit la violence de ton père, il ne faut pas douter qu'elle ne lui en eût déjà parlé à lui-même ; mais elle l'ose d'autant moins, qu'il lui donnera toujours le principal tort d'une connoissance qui te vient d'elle.

Je ne puis trop te le répéter, songe à toi tandis qu'il en est temps encore ; écarte ton ami avant qu'on en parle, préviens des soupçons naissants que son absence fera sûrement tomber : car enfin que peut-on croire qu'il fait ici ? Peut-être dans six semaines, dans un mois, sera-t-il trop tard. Si le moindre mot venoit aux oreilles de ton père, tremble de ce qui résulteroit de l'indignation d'un vieux militaire entêté de l'honneur de sa maison, et de la pétulance d'un jeune homme emporté qui ne sait rien endurer : mais il faut commencer par vider, de manière ou d'autre, l'affaire de milord Édouard ; car tu ne ferois qu'irriter ton ami, et t'attirer un juste refus, si tu lui parlois d'éloignement avant qu'elle fût terminée.

LETTRE LVII.

DE JULIE A SAINT-PREUX.

Mon ami, je me suis instruite avec soin de ce qui s'est passé entre vous et milord Édouard ; c'est sur l'exacte connoissance des faits que votre amie veut examiner avec vous comment vous devez vous conduire en cette occasion, d'après les sentiments que vous professez, et dont je suppose que vous ne faites pas une vaine et fausse parade.

Je ne m'informe point si vous êtes versé dans l'art de l'escrime, ni si vous vous sentez en état de tenir tête à un homme qui a dans l'Europe la réputation de manier supérieurement les armes, et qui, s'étant battu cinq ou six fois en sa vie, a toujours tué, blessé, ou désarmé son homme : je comprends que, dans le cas où vous êtes, on ne consulte pas son habileté, mais son courage, et que la bonne manière de se venger d'un brave qui vous insulte est de faire qu'il vous tue; passons sur une maxime si judicieuse. Vous me direz que votre honneur et le mien vous sont plus chers que la vie : voilà donc le principe sur lequel il faut raisonner.

Commençons par ce qui vous regarde. Pourriez-vous jamais me dire en quoi vous êtes personnellement offensé dans un discours où c'est de moi seule qu'il s'agissoit? Si vous deviez, en cette occasion, prendre fait et cause pour moi, c'est ce que nous verrons tout à l'heure : en attendant, vous ne sauriez disconvenir que la querelle ne soit parfaitement étrangère à votre honneur particulier, à moins que vous ne preniez pour un affront le soupçon d'être aimé de moi. Vous avez été insulté, je l'avoue, mais après avoir commencé vous-même par une insulte atroce; et moi, dont la famille est pleine de militaires, et qui ai tant ouï débattre ces horribles questions, je n'ignore pas qu'un outrage en réponse à un autre ne l'efface point, et que le premier qu'on insulte demeure le seul offensé : c'est le même cas d'un combat imprévu, où l'agresseur est le seul criminel, et où celui qui tue ou blesse en se défendant n'est point coupable de meurtre.

Venons maintenant à moi. Accordons que j'étois outragée par le discours de milord Édouard, quoiqu'il ne fît que me rendre justice : savez-vous ce que vous faites en me défendant avec tant de chaleur et d'indiscrétion? vous aggravez son outrage, vous prouvez qu'il avoit raison, vous sacrifiez mon honneur à un faux point d'honneur, vous diffamez votre maîtresse pour gagner tout au plus la réputation d'un bon spassadin. Montrez-moi, de grâce, quel rapport il y a entre votre manière de me justifier et ma justification réelle. Pensez-vous que prendre ma cause avec tant d'ardeur soit une grande preuve qu'il n'y a point de liaisons entre nous, et qu'il suffise de faire voir que vous êtes brave pour montrer que vous n'êtes pas mon amant? Soyez sûr que tous les propos de milord Édouard me font moins de tort que votre conduite; c'est vous seul qui vous chargez, par cet éclat, de les publier et de les confirmer. Il pourra bien, quant à lui, éviter votre épée dans le combat, mais jamais ma réputation ni mes jours peut-être n'éviteront le coup mortel que vous leur portez.

Voilà des raisons trop solides pour que vous ayez rien qui le puisse être à y répliquer : mais vous combattrez, je le prévois, la raison par l'usage ; vous me direz qu'il est des fatalités qui nous entraînent malgré nous ; que, dans quelque cas que ce soit, un démenti ne se souffre jamais, et que, quand une affaire a pris un certain tour, on ne peut plus éviter de se battre ou de se déshonorer. Voyons encore.

Vous souvient-il d'une distinction que vous me fîtes autrefois dans une occasion importante, entre l'honneur réel et l'honneur apparent? Dans laquelle des deux classes mettrons-nous celui dont il s'agit aujourd'hui? Pour moi, je ne vois pas comment cela peut même faire une question. Qu'y a-t-il de commun entre la gloire d'égorger un homme et le témoignage d'une ame droite? et quelle prise peut avoir la vaine opinion d'autrui sur l'honneur véritable dont toutes les racines sont au fond du cœur? Quoi! les vertus qu'on a réellement périssent-elles sous les mensonges d'un calomniateur? les injures d'un homme ivre prouvent-elles qu'on les mérite? et l'honneur du sage seroit-il à la merci du premier brutal qu'il peut rencontrer? Me direz-vous qu'un duel témoigne qu'on a du cœur, et que cela suffit pour effacer la honte ou le reproche de tous les autres vices? Je vous demanderai quel honneur peut dicter une pareille décision, et quelle raison peut la justifier.

A ce compte un fripon n'a qu'à se battre pour cesser d'être un fripon; les discours d'un menteur deviennent des vérités sitôt qu'ils sont soutenus à la pointe de l'épée; et si l'on vous accusoit d'avoir tué un homme, vous iriez en tuer un second pour prouver que cela n'est pas vrai. Ainsi, vertu, vice, honneur, infamie, vérité, mensonge, tout peut tirer son être de l'événement d'un combat; une salle d'armes est le siége de toute justice; il n'y a d'autre droit que la force, d'autres raisons que le meurtre; toute la réparation due à ceux qu'on outrage est de les tuer, et toute offense est également bien lavée dans le sang de l'offenseur ou de l'offensé. Dites, si les loups savoient raisonner, auroient-ils d'autres maximes? Jugez vous-même, par le cas où vous êtes, si j'exagère leur absurdité. De quoi s'agit-il ici pour vous? d'un démenti reçu dans une occasion où vous mentiez en effet. Pensez-vous donc tuer la vérité avec celui que vous voulez punir de l'avoir dite? Songez-vous qu'en vous soumettant au sort d'un duel vous appelez le ciel en témoignage d'une fausseté, et que vous osez dire à l'arbitre des combats : Viens soutenir la cause injuste, et faire triompher le mensonge? Ce blasphème n'a-t-il rien qui vous épouvante? Cette absurdité n'a-t-elle rien qui vous révolte? Eh Dieu! quel est ce misérable honneur qui ne craint pas le vice, mais le reproche, et qui ne vous permet pas d'endurer d'un autre un démenti reçu d'avance de votre propre cœur?

Vous qui voulez qu'on profite pour soi de ses lectures, profitez donc des vôtres, et cherchez si l'on vit un seul appel sur la terre quand elle étoit couverte de héros. Les plus vaillants hommes de l'antiquité songèrent-ils jamais à venger leurs injures personnelles par des combats particuliers? César envoya-t-il un cartel à Caton, ou Pompée à César, pour tant d'affronts réciproques? et le plus grand capitaine de la Grèce fut-il déshonoré pour s'être laissé menacer du bâton? D'autres temps, d'autres mœurs, je le sais; mais n'y en a-t-il que de bonnes, et n'oseroit-on s'enquérir si les mœurs d'un temps sont celles qu'exige le solide honneur? Non, cet honneur n'est point variable; il ne dépend ni des temps, ni des lieux, ni des préjugés; il ne peut ni passer, ni renaître; il a sa source éternelle dans le cœur de l'homme juste et dans la règle inaltérable de ses devoirs. Si les peuples les plus éclairés, les plus braves, les plus vertueux de la terre, n'ont point connu le duel, je dis qu'il n'est pas une institution de l'honneur, mais une mode affreuse et barbare, digne de sa féroce origine. Reste à savoir si, quand il s'agit de sa vie ou de celle d'autrui, l'honnête homme se règle sur la mode, et s'il n'y a pas alors plus de vrai courage à la braver qu'à la suivre. Que feroit, à votre avis, celui qui s'y veut asservir, dans des lieux où règne un usage contraire? à Messine ou à Naples, il iroit attendre son homme au coin d'une rue, et le poignarder par-derrière. Cela s'appelle être brave en ce pays-là; et l'honneur n'y consiste pas à se faire tuer par son ennemi, mais à le tuer lui-même.

Gardez-vous donc de confondre le nom sacré de l'honneur avec ce préjugé féroce qui met toutes les vertus à la pointe d'une épée, et n'est propre qu'à faire de braves scélérats. Que cette méthode puisse fournir, si l'on veut, un supplément à la probité : partout où la probité règne, son supplément n'est-il pas inutile? et que penser de celui qui s'expose à la mort pour s'exempter d'être honnête homme? Ne voyez-vous pas que les crimes que la honte et l'honneur n'ont point empêchés sont couverts et multipliés par la fausse honte et la crainte du blâme? C'est elle qui rend l'homme hypocrite et menteur; c'est elle qui lui fait verser le sang d'un ami pour un mot indiscret qu'il devroit oublier, pour un reproche mérité qu'il ne peut souffrir; c'est elle qui transforme en furie infernale une fille abusée et craintive; c'est elle, ô Dieu puissant! qui peut armer la main maternelle contre le tendre fruit.... Je sens défaillir mon ame à cette idée horrible, et je rends grâces au moins à celui qui sonde les cœurs d'avoir éloigné du mien cet honneur affreux qui n'inspire que des forfaits, et fait frémir la nature.

Rentrez donc en vous-même, et considérez s'il

vous est permis d'attaquer de propos délibéré la vie d'un homme, et d'exposer la vôtre pour satisfaire une barbare et dangereuse fantaisie qui n'a nul fondement raisonnable, et si le triste souvenir du sang versé dans une pareille occasion peut cesser de crier vengeance au fond du cœur de celui qui l'a fait couler. Connoissez-vous aucun crime égal à l'homicide volontaire? et si la base de toutes les vertus est l'humanité, que penserons-nous de l'homme sanguinaire et dépravé qui l'ose attaquer dans la vie de son semblable? Souvenez-vous de ce que vous m'avez dit vous-même contre le service étranger. Avez-vous oublié que le citoyen doit sa vie à la patrie, et n'a pas le droit d'en disposer sans le congé des lois, à plus forte raison contre leur défense? O mon ami! si vous aimez sincèrement la vertu, apprenez à la servir à sa mode, et non à la mode des hommes. Je veux qu'il en puisse résulter quelque inconvénient: ce mot de vertu n'est-il donc pour vous qu'un vain nom? et ne serez-vous vertueux que quand il n'en coûtera rien de l'être?

Mais quels sont au fond ces inconvénients? Les murmures des gens oisifs, des méchants, qui cherchent à s'amuser des malheurs d'autrui, et voudroient avoir toujours quelque histoire nouvelle à raconter. Voilà vraiment un grand motif pour s'entr'égorger! Si le philosophe et le sage se règlent dans les plus grandes affaires de la vie sur les discours insensés de la multitude, que sert tout cet appareil d'études, pour n'être au fond qu'un homme vulgaire? Vous n'osez donc sacrifier le ressentiment au devoir, à l'estime, à l'amitié, de peur qu'on ne vous accuse de craindre la mort? Pesez les choses, mon bon ami, et vous trouverez bien plus de lâcheté dans la crainte de ce reproche que dans celle de la mort même. Le fanfaron, le poltron veut à toute force passer pour brave.

> Ma verace valor, benchè negletto,
> È di se stesso a se freggio assai chiaro [1].

Celui qui feint d'envisager la mort sans effroi ment. Tout homme craint de mourir, c'est la grande loi des êtres sensibles, sans laquelle toute espèce mortelle seroit bientôt détruite. Cette crainte est un simple mouvement de la nature, non seulement indifférent, mais bon en lui-même et conforme à l'ordre : tout ce qui la rend honteuse et blâmable, c'est qu'elle peut nous empêcher de bien faire et de remplir nos devoirs. Si la lâcheté n'étoit jamais un obstacle à la vertu, elle cesseroit d'être un vice. Quiconque est plus attaché à sa vie qu'à son devoir ne sauroit être solidement vertueux, j'en conviens. Mais expliquez-moi, vous qui vous piquez de raison, quelle espèce de mé-

---

[1] Mais la véritable valeur n'a pas besoin du témoignage d'autrui, et tire sa gloire d'elle-même.

rite on peut trouver à braver la mort pour commettre un crime.

Quand il seroit vrai qu'on se fait mépriser en refusant de se battre, quel mépris est le plus à craindre, celui des autres en faisant bien, ou le sien propre en faisant mal? Croyez-moi, celui qui s'estime véritablement lui-même est peu sensible à l'injuste mépris d'autrui, et ne craint que d'en être digne; car le bon et l'honnête ne dépendent point du jugement des hommes, mais de la nature des choses; et quand toute la terre approuveroit l'action que vous allez faire, elle n'en seroit pas moins honteuse. Mais il est faux qu'à s'en abstenir par vertu l'on se fasse mépriser. L'homme droit, dont toute la vie est sans tache, et qui ne donna jamais aucun signe de lâcheté, refusera de souiller sa main d'un homicide, et n'en sera que plus honoré. Toujours prêt à servir la patrie, à protéger le foible, à remplir les devoirs les plus dangereux, et à défendre, en toute rencontre juste et honnête, ce qui lui est cher, au prix de son sang, il met dans ses démarches cette inébranlable fermeté qu'on n'a point sans le vrai courage. Dans la sécurité de sa conscience, il marche la tête levée, il ne fuit ni ne cherche son ennemi; on voit aisément qu'il craint moins de mourir que de mal faire, et qu'il redoute le crime et non le péril. Si les vils préjugés s'élèvent un instant contre lui, tous les jours de son honorable vie sont autant de témoins qui les récusent, et, dans une conduite si bien liée, on juge d'une action sur toutes les autres.

Mais savez-vous ce qui rend cette modération si pénible à un homme ordinaire ? C'est la difficulté de la soutenir dignement; c'est la nécessité de ne commettre ensuite aucune action blâmable : car si la crainte de malfaire ne le retient pas dans ce dernier cas, pourquoi l'auroit-elle retenu dans l'autre, où l'on peut supposer un motif plus naturel ? On voit bien alors que ce refus ne vient pas de vertu, mais de lâcheté; et l'on se moque avec raison d'un scrupule qui ne vient que dans le péril. N'avez-vous point remarqué que les hommes si ombrageux et si prompts à provoquer les autres sont, pour la plupart, de très-malhonnêtes gens qui, de peur qu'on n'ose leur montrer ouvertement le mépris qu'on a pour eux, s'efforcent de couvrir de quelques affaires d'honneur l'infamie de leur vie entière ? Est-ce à vous d'imiter de tels hommes? Mettons encore à part les militaires de profession, qui vendent leur sang à prix d'argent; qui, voulant conserver leur place, calculent par leur intérêt ce qu'ils doivent à leur honneur, et savent à un écu près ce que vaut leur vie. Mon ami, laissez battre tous ces gens-là. Rien n'est moins honorable que cet honneur dont ils font si grand bruit; ce n'est qu'une mode insensée, une fausse imitation de vertu, qui se pare des plus grands crimes. L'honneur d'un homme comme vous n'est point au pouvoir d'un autre; il est en lui-même, et non dans l'opinion du peuple; il ne se défend ni par l'épée ni par le bouclier; mais par une vie intègre et irréprochable; et ce combat vaut bien l'autre en fait de courage.

C'est par ces principes que vous devez concilier les éloges que j'ai donnés dans tous les temps à la véritable valeur avec le mépris que j'eus toujours pour les faux braves. J'aime les gens de cœur, et ne puis souffrir les lâches; je romprois avec un amant poltron que la crainte feroit fuir le danger, et je pense, comme toutes les femmes, que le feu du courage anime celui de l'amour. Mais je veux que la valeur se montre dans les occasions légitimes, et qu'on ne se hâte pas d'en faire hors de propos une vaine parade, comme si l'on avoit peur de ne la pas retrouver au besoin. Tel fait un effort et se présente une fois, pour avoir droit de se cacher le reste de sa vie. Le vrai courage a plus de constance et moins d'empressement; il est toujours ce qu'il doit être; il ne faut ni l'exciter ni le retenir; l'homme de bien le porte partout avec lui, au combat contre l'ennemi, dans un cercle en faveur des absents et de la vérité, dans son lit contre les attaques de la douleur et de la mort. La force de l'ame qui l'inspire est d'usage dans tous les temps : elle met toujours la vertu au-dessus des événements, et ne consiste pas à se battre, mais à ne rien craindre. Telle est, mon ami, la sorte de courage que j'ai souvent louée ; et que j'aime à trouver en vous. Tout le reste n'est qu'étourderie, extravagance, férocité ; c'est une lâcheté de s'y soumettre ; et je ne méprise pas moins celui qui cherche un péril inutile, que celui qui fuit un péril qu'il doit affronter.

Je vous ai fait voir, si je ne me trompe, que dans votre démêlé avec milord Édouard votre honneur n'est point intéressé ; que vous compromettez le mien en recourant à la voix des armes ; que cette voix n'est ni juste, ni raisonnable, ni permise ; qu'elle ne peut s'accorder avec les sentiments dont vous faites profession ; qu'elle ne convient qu'à de malhonnêtes gens, qui font servir la bravoure de supplément aux vertus qu'ils n'ont pas, ou aux officiers qui ne se battent point par honneur, mais par intérêt ; qu'il y a plus de vrai courage à la dédaigner qu'à la prendre ; que les inconvénients auxquels on s'expose en la rejetant sont inséparables de la pratique des vrais devoirs, et plus apparents que réels ; qu'enfin les hommes les plus prompts à y recourir sont toujours ceux dont la probité est le plus suspecte. D'où je conclus que vous ne sauriez en cette occasion ni faire ni accepter un appel sans renoncer en même temps à la raison, à la vertu, à l'honneur, et à moi. Retournez mes raisonnements comme il vous plaira, entassez de votre part sophisme sur sophisme, il se trouvera toujours qu'un homme de courage n'est point un lâche, et qu'un homme de bien ne peut être un homme sans honneur. Or, je vous ai démontré, ce me semble, que l'homme de courage dédaigne le duel, et que l'homme de bien l'abhorre.

J'ai cru, mon ami, dans une matière aussi grave, devoir faire parler la raison seule, et vous présenter les choses exactement telles qu'elles sont. Si j'avois voulu les peindre telles que je les vois, et faire parler le sentiment et l'humanité, j'aurois pris un langage fort différent. Vous savez que mon père, dans sa jeunesse, eut le malheur de tuer un homme en duel : cet homme étoit son ami; ils se battirent à regret, l'insensé point d'honneur les y contraignit. Le coup mortel qui priva l'un de la vie, ôta pour jamais le repos à l'autre. Le triste remords n'a pu depuis ce temps sortir de son cœur; souvent dans la solitude on l'entend pleurer et gémir; il croit sentir encore le fer poussé par sa main cruelle entrer dans le cœur de son ami; il voit dans l'ombre de la nuit son corps pâle et sanglant; il contemple en frémissant la plaie mortelle; il voudroit étancher le sang qui coule; l'effroi le saisit, il s'écrie; ce cadavre affreux ne cesse de le poursuivre. Depuis cinq ans qu'il a perdu le cher soutien de son nom et l'espoir de sa famille, il s'en reproche la mort comme un juste châtiment du ciel, qui vengea sur son fils unique le père infortuné qu'il priva du sien.

Je vous l'avoue, tout cela, joint à mon aversion naturelle pour la cruauté, m'inspire une telle horreur des duels, que je les regarde comme le dernier degré de brutalité où les hommes puissent parvenir. Celui qui va se battre de gaieté de cœur n'est à mes yeux qu'une bête féroce qui s'efforce d'en déchirer une autre; et, s'il reste le moindre sentiment naturel dans leur ame, je trouve celui qui périt moins à plaindre que le vainqueur. Voyez ces hommes accoutumés au sang, ils ne bravent les remords qu'en étouffant la voix de la nature; ils deviennent par degrés cruels, insensibles; ils se jouent de la vie des autres; et la punition d'avoir pu manquer d'humanité est de la perdre enfin tout-à-fait. Que sont-ils dans cet état? Réponds, veux-tu leur devenir semblable? Non, tu n'es point fait pour cet odieux abrutissement; redoute le premier pas qui peut t'y conduire : ton ame est encore innocente et saine, ne commence pas à la dépraver, au péril de ta vie, par un effort sans vertu, un crime sans plaisir, un point d'honneur sans raison.

Je ne t'ai rien dit de ta Julie; elle gagnera sans doute à laisser parler ton cœur. Un mot, un seul mot, et je te livre à lui. Tu m'as honorée quelquefois du tendre nom d'épouse; peut-être en ce moment dois-je porter celui de mère. Veux-tu me laisser veuve avant qu'un nœud sacré nous unisse?

P. S. J'emploie dans cette lettre une autorité à laquelle jamais homme sage n'a résisté. Si vous refusez de vous y rendre, je n'ai plus rien à vous dire; mais pensez-y bien auparavant. Prenez huit jours de réflexion pour méditer sur cet important sujet. Ce n'est pas au nom de la raison que je vous demande ce délai, c'est au mien. Souvenez-vous que j'use en cette occasion du droit que vous m'avez donné vous-même, et qu'il s'étend au moins jusque-là

LETTRE LVIII.

DE JULIE A MILORD ÉDOUARD.

Ce n'est point pour me plaindre de vous, milord, que je vous écris : puisque vous m'outragez, il faut bien que j'aie avec vous des torts que j'ignore. Comment concevoir qu'un honnête homme voulût déshonorer sans sujet une famille estimable? Contentez donc votre vengeance, si vous la croyez légitime; cette lettre vous donne un moyen facile de perdre une malheureuse fille qui ne se consolera jamais de vous avoir offensé, et qui met à votre discrétion l'honneur que vous voulez lui ôter. Oui, milord, vos imputations étoient justes:

j'ai un amant aimé; il est maître de mon cœur et de ma personne; la mort seule pourra briser un nœud si doux. Cet amant est celui même que vous honoriez de votre amitié; il en est digne, puisqu'il vous aime et qu'il est vertueux. Cependant il va périr de votre main; je sais qu'il faut du sang à l'honneur outragé; je sais que sa valeur même le perdra; je sais que, dans un combat si peu redoutable pour vous, son intrépide cœur ira sans crainte chercher le coup mortel. J'ai voulu retenir ce zèle inconsidéré; j'ai fait parler la raison. Hélas! en écrivant ma lettre j'en sentois l'inutilité; et, quelque respect que je porte à ses vertus, je n'en attends point de lui d'assez sublimes pour le détacher d'un faux point d'honneur. Jouissez d'avance du plaisir que vous aurez de percer le sein de votre ami: mais sachez, homme barbare, qu'au moins vous n'aurez pas celui de jouir de mes larmes, et de contempler mon désespoir. Non, j'en jure par l'amour qui gémit au fond de mon cœur, soyez témoin d'un serment qui ne sera point vain; je ne survivrai pas d'un jour à celui pour qui je respire; et vous aurez la gloire de mettre au tombeau d'un seul coup deux amants infortunés, qui n'eurent point envers vous de tort volontaire, et qui se plaisoient à vous honorer.

On dit, milord, que vous avez l'ame belle et le cœur sensible: s'ils vous laissent goûter en paix une vengeance que je ne puis comprendre, et la douceur de faire des malheureux, puissent-ils, quand je ne serai plus, vous inspirer quelques soins pour un père et une mère inconsolables, que la perte du seul enfant qui leur reste va livrer à d'éternelles douleurs!

LETTRE LIX.

DE M. D'ORBE A JULIE.

Je me hâte, Mademoiselle, selon vos ordres, de vous rendre compte de la commission dont vous m'avez chargé. Je viens de chez milord Édouard, que j'ai trouvé souffrant encore de son entorse, et ne pouvant marcher dans sa chambre qu'à l'aide d'un bâton. Je lui ai remis votre lettre, qu'il a ouverte avec empressement; il m'a paru ému en la lisant : il a rêvé quelque temps; puis il l'a relue une seconde fois avec une agitation plus sensible. Voici ce qu'il m'a dit en la finissant : « Vous savez, Mon-
« sieur, que les affaires d'honneur ont leurs règles
« dont on ne peut se départir : vous avez vu ce qui
« s'est passé dans celle-ci; il faut qu'elle soit vidée
« régulièrement. Prenez deux amis, et donnez-vous
« la peine de revenir ici demain matin avec eux;
« vous saurez alors ma résolution. » Je lui ai représenté que l'affaire s'étant passée entre nous, il seroit mieux qu'elle se terminât de même. « Je sais

« ce qu'il convient, m'a-t-il dit brusquement, et
« ferai ce qu'il faut. Amenez vos deux amis, ou je
« n'ai plus rien à vous dire. » Je suis sorti là-dessus,
cherchant inutilement dans ma tête quel peut être
son bizarre dessein. Quoi qu'il en soit, j'aurai l'honneur de vous voir ce soir, et j'exécuterai demain
ce que vous me prescrivez. Si vous trouvez à propos que j'aille au rendez-vous avec mon cortége,
je le composerai de gens dont je sois sûr à tout
événement.

LETTRE LX.

DE SAINT-PREUX A JULIE.

Calme tes alarmes, tendre et chère Julie; et, sur
le récit de ce qui vient de se passer, connois et partage les sentiments que j'éprouve.

J'étois si rempli d'indignation quand je reçus ta
lettre, qu'à peine pus-je la lire avec l'attention
qu'elle méritoit. J'avois beau ne la pouvoir réfuter,
l'aveugle colère étoit la plus forte. Tu peux avoir
raison, disois-je en moi-même, mais ne me parle
jamais de te laisser avilir. Dussé-je te perdre et mourir coupable, je ne souffrirai point qu'on manque
au respect qui t'est dû; et tant qu'il me restera un
souffle de vie, tu seras honorée de tout ce qui t'approche comme tu l'es de mon cœur. Je ne balançai

pas pourtant sur les huit jours que tu me demandois ; l'accident de milord Édouard et mon vœu d'obéissance concouroient à rendre ce délai nécessaire. Résolu, selon tes ordres, d'employer cet intervalle à méditer sur le sujet de ta lettre, je m'occupois sans cesse à la relire et à y réfléchir, non pour changer de sentiment, mais pour justifier le mien.

J'avois repris ce matin cette lettre trop sage et trop judicieuse à mon gré, et je la relisois avec inquiétude, quand on a frappé à la porte de ma chambre. Un moment après j'ai vu entrer milord Édouard sans épée, appuyé sur une canne ; trois personnes le suivoient, parmi lesquelles j'ai reconnu M. d'Orbe. Surpris de cette visite imprévue, j'attendois en silence ce qu'elle devoit produire, quand Édouard m'a prié de lui donner un moment d'audience, et de le laisser agir et parler sans l'interrompre. Je vous en demande, a-t-il dit, votre parole ; la présence de ces messieurs, qui sont de vos amis, doit vous répondre que vous ne l'engagez pas indiscrètement. Je l'ai promis sans balancer. A peine avois-je achevé que j'ai vu avec l'étonnement que tu peux concevoir, milord Édouard à genoux devant moi. Surpris d'une si étrange attitude, j'ai voulu sur-le-champ le relever ; mais, après m'avoir rappelé ma promesse, il m'a parlé dans ces termes : « Je viens, Monsieur, rétracter « hautement les discours injurieux que l'ivresse

« m'a fait tenir en votre présence : leur injustice
« les rend plus offensants pour moi que pour vous,
« et je m'en dois l'authentique désaveu. Je me sou-
« mets à toute la punition que vous voudrez m'im-
« poser, et je ne croirai mon honneur rétabli que
« quand ma faute sera réparée. A quelque prix que
« ce soit, accordez-moi le pardon que je vous de-
« mande, et me rendez votre amitié. » Milord, lui
ai-je dit aussitôt, je reconnois maintenant votre
ame grande et généreuse; et je sais bien distinguer
en vous les discours que le cœur dicte de ceux que
vous tenez quand vous n'êtes pas à vous-même;
qu'ils soient à jamais oubliés. A l'instant, je l'ai sou-
tenu en se relevant, et nous nous sommes embrassés.
Après cela, milord se tournant vers les spectateurs
leur a dit : « Messieurs, je vous remercie de votre
« complaisance. De braves gens comme vous, a-t-il
« ajouté d'un air fier et d'un ton animé, sentent que
« celui qui répare ainsi ses torts n'en sait endurer
« de personne. Vous pouvez publier ce que vous
« avez vu. » Ensuite il nous a tous quatre invités à
souper pour ce soir, et ces messieurs sont sortis.

A peine avons-nous été seuls qu'il est revenu
m'embrasser d'une manière plus tendre et plus
amicale; puis, me prenant la main et s'asseyant à
côté de moi : Heureux mortel! s'est-il écrié, jouissez d'un bonheur dont vous êtes digne. Le cœur
de Julie est à vous; puissiez-vous tous deux.... Que
dites-vous, milord? ai-je interrompu; perdez-vous

le sens? Non, m'a-t-il dit en souriant. Mais peu s'en est fallu que je ne le perdisse, et c'en étoit fait de moi peut-être si celle qui m'ôtoit la raison ne me l'eût rendue. Alors il m'a remis une lettre que j'ai été surpris de voir écrite d'une main qui n'en écrivit jamais à d'autre homme ¹ qu'à moi. Quels mouvements j'ai sentis à sa lecture! Je voyois une amante incomparable vouloir se perdre pour me sauver, et je reconnoissois Julie. Mais quand je suis parvenu à cet endroit où elle jure de ne pas survivre au plus fortuné des hommes, j'ai frémi des dangers que j'avois courus, j'ai murmuré d'être trop aimé, et mes terreurs m'ont fait sentir que tu n'es qu'une mortelle. Ah! rends-moi le courage dont tu me prives; j'en avois pour braver la mort qui ne menaçoit que moi seul, je n'en ai point pour mourir tout entier.

Tandis que mon ame se livroit à ces réflexions amères, Édouard me tenoit des discours auxquels j'ai donné d'abord peu d'attention : cependant il me l'a rendue à force de me parler de toi; car ce qu'il m'en disoit plaisoit à mon cœur et n'excitoit plus ma jalousie. Il m'a paru pénétré de regret d'avoir troublé nos feux et ton repos. Tu es ce qu'il honore le plus au monde; et n'osant te porter les excuses qu'il m'a faites, il m'a prié de les recevoir en ton nom, et de te les faire agréer. Je vous ai regardé, m'a-t-il dit, comme son représentant, et

¹ Il en faut, je pense, excepter son père.

n'ai pu trop m'humilier devant ce qu'elle aime, ne pouvant, sans la compromettre, m'adresser à sa personne, ni même la nommer. Il avoue avoir conçu pour toi les sentiments dont on ne peut se défendre en te voyant avec trop de soin; mais c'étoit une tendre admiration plutôt que de l'amour. Ils ne lui ont jamais inspiré ni prétention ni espoir; il les a tous sacrifiés aux nôtres à l'instant où ils lui ont été connus, et le mauvais propos qui lui est échappé étoit l'effet du punch et non de la jalousie. Il traite l'amour en philosophe qui croit son ame au-dessus des passions : pour moi, je suis trompé s'il n'en a déjà ressenti quelqu'une qui ne permet plus à d'autres de germer profondément. Il prend l'épuisement du cœur pour l'effort de la raison, et je sais bien qu'aimer Julie et renoncer à elle n'est pas une vertu d'homme.

Il a désiré de savoir en détail l'histoire de nos amours et les causes qui s'opposent au bonheur de ton ami; j'ai cru qu'après ta lettre une demi-confidence étoit dangereuse et hors de propos; je l'ai faite entière; et il m'a écouté avec une attention qui m'attestoit sa sincérité. J'ai vu plus d'une fois ses yeux humides et son ame attendrie; je remarquois surtout l'impression puissante que tous les triomphes de la vertu faisoient sur son ame, et je crois avoir acquis à Claude Anet un nouveau protecteur qui ne sera pas moins zélé que ton père. Il n'y a, m'a-t-il dit, ni incidents ni aventures dans ce que vous m'avez raconté, et les catastrophes d'un roman m'attacheroient beaucoup moins ; tant les sentiments suppléent aux situations, et les procédés honnêtes aux actions éclatantes ! Vos deux ames sont si extraordinaires, qu'on n'en peut juger sur les règles communes. Le bonheur n'est pour vous ni sur la même route ni de la même espèce que celui des autres hommes : ils ne cherchent que la puissance et les regards d'autrui ; il ne vous faut que la tendresse et la paix. Il s'est joint à votre amour une émulation de vertu qui vous élève, et vous vaudriez moins l'un et l'autre si vous ne vous étiez point aimés. L'amour passera, ose-t-il ajouter (pardonnons-lui ce blasphème prononcé dans l'ignorance de son cœur); l'amour passera, dit-il, et les vertus resteront. Ah! puissent-elles durer autant que lui, ma Julie! le ciel n'en demandera pas davantage.

Enfin je vois que la dureté philosophique et nationale n'altère point dans cet honnête Anglois l'humanité naturelle, et qu'il s'intéresse véritablement à nos peines. Si le crédit et la richesse nous pouvoient être utiles, je crois que nous aurions lieu de compter sur lui. Mais, hélas! de quoi servent la puissance et l'argent pour rendre les cœurs heureux?

Cet entretien, durant lequel nous ne comptions pas les heures, nous a menés jusqu'à celle du dîner. J'ai fait apporter un poulet, et après le dîner nous avons continué de causer. Il m'a parlé de sa démarche de ce matin, et je n'ai pu m'empêcher de témoigner quelque surprise d'un procédé si authentique et si peu mesuré : mais, outre la raison qu'il m'en avoit déjà donnée, il a ajouté qu'une demi-satisfaction étoit indigne d'un homme de courage; qu'il la falloit complète ou nulle, de peur qu'on ne s'avilît sans rien réparer, et qu'on ne fît attribuer à la crainte une démarche faite à contre-cœur et de mauvaise grâce. D'ailleurs, a-t-il ajouté, ma réputation est faite, je puis être juste sans soupçon de lâcheté; mais vous qui êtes jeune et débutez dans le monde, il faut que vous sortiez si net de la première affaire, qu'elle ne tente personne de vous en susciter une seconde. Tout est plein de ces poltrons adroits qui cherchent, comme on dit, à tâter leur homme, c'est-à-dire à découvrir quelqu'un qui soit encore plus poltron qu'eux, et aux dépens duquel ils puissent se faire valoir. Je veux éviter à un homme d'honneur comme vous la nécessité de châtier sans gloire un de ces gens-là; et j'aime mieux, s'ils ont besoin de leçon, qu'ils la reçoivent de moi que de vous : car une affaire de plus n'ôte rien à celui qui en a déjà eu plusieurs; mais en avoir une est toujours une sorte de tache, et l'amant de Julie en doit être exempt.

Voilà l'abrégé de ma longue conversation avec milord Édouard. J'ai cru nécessaire de t'en rendre compte afin que tu me prescrives la manière dont je dois me comporter avec lui.

Maintenant, que tu dois être tranquillisée, chasse, je t'en conjure, les idées funestes qui t'occupent depuis quelques jours. Songe aux ménagements qu'exige l'incertitude de ton état actuel. Oh! si bientôt tu pouvois tripler mon être! si bientôt un gage adoré.... Espoir déjà trop déçu, viendrois-tu m'abuser encore?..... O désirs! ô crainte! ô perplexités! Charmante amie de mon cœur, vivons pour nous aimer, et que le ciel dispose du reste.

P. S. J'oubliois de te dire que milord m'a remis ta lettre, et que je n'ai point fait difficulté de la recevoir, ne jugeant pas qu'un pareil dépôt doive rester entre les mains d'un tiers. Je te la rendrai à notre première entrevue; car, quant à moi, je n'en ai plus à faire; elle est trop bien écrite au fond de mon cœur pour que jamais j'aie besoin de la relire.

LETTRE LXI.

DE JULIE A SAINT-PREUX.

Amène demain milord Édouard, que je me jette à ses pieds comme il s'est mis aux tiens. Quelle grandeur! Quelle générosité! Oh! que nous sommes petits devant lui! Conserve ce précieux ami comme la prunelle de ton œil. Peut-être vaudroit-il moins s'il étoit plus tempérant : jamais homme sans défaut eut-il de grandes vertus?

Mille angoisses de toute espèce m'avoient jetée dans l'abattement; ta lettre est venue ranimer mon courage éteint; en dissipant mes erreurs elle m'a rendu mes peines plus supportables; je me sens maintenant assez de force pour souffrir. Tu vis, tu m'aimes; ton sang, le sang de ton ami n'ont point été répandus, et ton honneur est en sûreté: je ne suis donc pas tout-à-fait misérable.

Ne manque pas au rendez-vous de demain. Jamais je n'eus si grand besoin de te voir, ni si peu d'espoir de te voir long-temps. Adieu, mon cher et unique ami. Tu n'as pas bien dit, ce me semble, vivons pour nous aimer. Ah! il falloit dire, aimons-nous pour vivre.

LETTRE LXII.

DE CLAIRE A JULIE.

Faudra-t-il toujours, aimable cousine, ne remplir envers toi que les plus tristes devoirs de l'amitié? Faudra-t-il toujours dans l'amertume de mon cœur affliger le tien par de cruels avis? Hélas! tous nos sentiments nous sont communs, tu le sais bien, et je ne saurois t'annoncer de nouvelles peines que je ne les aie déjà senties. Que ne puis-je te cacher ton infortune sans l'augmenter? ou que la tendre amitié n'a-t-elle autant de charmes que l'amour! Ah! que j'effacerois promptement tous les chagrins que je te donne!

Hier, après le concert, ta mère en s'en retournant, ayant accepté le bras de ton ami et toi celui de M. d'Orbe, nos deux pères restèrent avec milord à parler de politique; sujet dont je suis si excédée que l'ennui me chassa dans ma chambre. Une demi-heure après j'entendis nommer ton ami plusieurs fois avec assez de véhémence : je connus que la conversation avoit changé d'objet, et je prêtai l'oreille. Je jugeai par la suite du discours qu'Édouard avoit osé proposer ton mariage avec ton ami, qu'il appeloit hautement le sien, et auquel il offroit de faire en cette qualité un établissement convenable. Ton père avoit rejeté avec mépris cette proposition, et c'étoit là-dessus que les propos commençoient à s'échauffer. Sachez, lui disoit milord, malgré vos préjugés, qu'il est de tous les hommes le plus digne d'elle et peut-être le plus propre à la rendre heureuse. Tous les dons qui ne dépendent pas des hommes il les a reçus de la nature, et il y a ajouté tous les talents qui ont dépendu de lui. Il est jeune, grand, bien fait, robuste, adroit; il a de l'éducation, du sens, des mœurs, du courage; il a l'esprit orné, l'ame saine; que lui manque-t-il donc pour mériter votre aveu ? La fortune ? il l'aura. Le tiers de mon bien suffit pour en faire le plus riche particulier du pays de Vaud; j'en donnerai, s'il le faut, jusqu'à la moitié. La noblesse ? vaine prérogative dans un pays où elle est plus nuisible qu'utile. Mais il l'a encore, n'en doutez pas, non point écrite d'encre en de vieux parchemins, mais gravée au fond de son cœur en caractères ineffaçables. En un mot, si vous préférez la raison au préjugé, et si vous aimez mieux votre fille que vos titres, c'est à lui que vous la donnerez.

Là-dessus ton père s'emporta vivement. Il traita la proposition d'absurde et de ridicule. Quoi ! milord, dit-il, un homme d'honneur comme vous peut-il seulement penser que le dernier rejeton d'une famille illustre aille éteindre ou dégrader son nom dans celui d'un quidam sans asile et réduit à vivre d'aumônes ?... Arrêtez, interrompit Édouard; vous parlez de mon ami, songez que je prends pour moi tous les outrages qui lui sont faits en ma présence, et que les noms injurieux à un homme d'honneur le sont encore plus à celui qui les prononce. De tels quidams sont plus respectables que tous les hobereaux de l'Europe, et je vous défie de trouver aucun moyen plus honorable d'aller à la fortune que les hommages de l'estime et les dons de l'amitié. Si le gendre que je vous propose ne compte point, comme vous, une longue suite d'aïeux toujours incertains, il sera le fondement et l'honneur de sa maison comme votre premier ancêtre le fut de la vôtre. Vous seriez-vous donc tenu pour déshonoré par l'alliance du chef de votre famille, et ce mépris ne rejailliroit-il pas sur vous-même? Combien de grands noms retomberoient dans l'oubli si l'on ne tenoit compte que de ceux qui ont commencé par un homme estimable! Jugeons du passé par le présent; sur deux ou trois citoyens qui s'illustrent par des moyens honnêtes, mille coquins ennoblissent tous les jours leur famille; et que prouvera cette noblesse dont leurs descendants seront si fiers, sinon les vols et l'infamie de leur ancêtre[1]? On voit, je l'avoue, beaucoup de malhonnêtes gens parmi les roturiers; mais il y a toujours vingt à parier contre un qu'un gentilhomme descend d'un fripon. Laissons, si vous voulez, l'origine à part, et pesons le mérite et les services. Vous avez porté les armes chez un prince étranger, son père les a portées gratuitement pour la patrie. Si vous avez bien servi, vous avez été bien payé; et, quelque hon-

---

[1] Les lettres de noblesse sont rares en ce siècle, et même elles y ont été illustrées au moins une fois[*]. Mais quant à la noblesse qui s'acquiert à prix d'argent, et qu'on achète avec des charges, tout ce que j'y vois de plus honorable est le privilége de n'être pas pendu.

[*] Il est question de Duclos, à qui Louis XV accorda des lettres de noblesse, sur la demande des états de Bretagne, dont il faisoit partie comme député du tiers-état.

neur que vous ayez acquis à la guerre, cent roturiers en ont acquis encore plus que vous.

De quoi s'honore donc, continua milord Édouard, cette noblesse dont vous êtes si fier? Que fait-elle pour la gloire de la patrie ou le bonheur du genre humain! Mortelle ennemie des lois et de la liberté, qu'a-t-elle jamais produit dans la plupart des pays où elle brille, si ce n'est la force de la tyrannie et l'oppression des peuples? Osez-vous, dans une république, vous honorer d'un état destructeur des vertus et de l'humanité, d'un état où l'on se vante de l'esclavage, et où l'on rougit d'être homme? Lisez les annales de votre patrie[1]: en quoi votre ordre a-t-il bien mérité d'elle? quels nobles comptez-vous parmi ses libérateurs? Les *Furts*, les *Tell*, les *Stouffacher*, étoient-ils gentilshommes? Quelle est donc cette gloire insensée dont vous faites tant de bruit? Celle de servir un homme, et d'être à charge à l'état.

Conçois, ma chère, ce que je souffrois de voir cet honnête homme nuire ainsi, par une âpreté déplacée, aux intérêts de l'ami qu'il vouloit servir. En effet, ton père, irrité de tant d'invectives piquantes quoique générales, se mit à les repousser par des personnalités. Il dit nettement à milord

[1] Il y a ici beaucoup d'inexactitude : le pays de Vaud n'a jamais fait partie de la Suisse, c'est une conquête des Bernois, et ses habitants ne sont ni citoyens, ni libres, mais sujets.

PARTIE I, LETTRE LXII.

Édouard que jamais homme de sa condition n'avoit tenu les propos qui venoient de lui échapper. Ne plaidez point inutilement la cause d'autrui, ajouta-t-il d'un ton brusque; tout grand seigneur que vous êtes, je doute que vous puissiez bien défendre la vôtre sur le sujet en question. Vous demandez ma fille pour votre ami prétendu, sans savoir si vous-même seriez bon pour elle; et je connois assez la noblesse d'Angleterre pour avoir sur vos discours une médiocre opinion de la vôtre.

Pardieu! dit milord, quoi que vous pensiez de moi, je serois bien fâché de n'avoir d'autre preuve de mon mérite que celui d'un homme mort depuis cinq cents ans. Si vous connoissez la noblesse d'Angleterre, vous savez qu'elle est la plus éclairée, la mieux instruite, la plus sage, et la plus brave de l'Europe : avec cela, je n'ai pas besoin de chercher si elle est la plus antique; car, quand on parle de ce qu'elle est, il n'est pas question de ce qu'elle fut. Nous ne sommes point, il est vrai, les esclaves du prince, mais ses amis; ni les tyrans du peuple, mais ses chefs. Garants de la liberté, soutiens de la patrie et appuis du trône, nous formons un invincible équilibre entre le peuple et le roi. Notre premier devoir est envers la nation, le second envers celui qui la gouverne : ce n'est pas sa volonté mais son droit que nous consultons. Ministres suprêmes des lois dans la chambre des pairs, quelquefois même législateurs, nous rendons également justice au peuple et au roi, et nous ne souffrons point que personne dise, *Dieu et mon épée,* mais seulement *Dieu et mon droit.*

Voilà, monsieur, continua-t-il, quelle est cette noblesse respectable, ancienne autant qu'aucune autre, mais plus fière de son mérite que de ses ancêtres, et dont vous parlez sans la connoître. Je ne suis point le dernier en rang dans cet ordre illustre, et crois, malgré vos prétentions, vous valoir à tous égards. J'ai une sœur à marier; elle est noble, jeune, aimable, riche; elle ne cède à Julie que par les qualités que vous comptez pour rien. Si quiconque a senti les charmes de votre fille pouvoit tourner ailleurs ses yeux et son cœur, quel honneur je me ferois d'accepter avec rien, pour mon beau-frère, celui que je vous propose pour gendre avec la moitié de mon bien!

Je connus à la réplique de ton père que cette conversation ne faisoit que l'aigrir; et, quoique pénétrée d'admiration pour la générosité de milord Édouard, je sentis qu'un homme aussi peu liant que lui n'étoit propre qu'à ruiner à jamais la négociation qu'il avoit entreprise. Je me hâtai donc de rentrer avant que les choses allassent plus loin. Mon retour fit rompre cet entretien, et l'on se sépara le moment d'après assez froidement. Quant à mon père, je trouvai qu'il se comportoit très-bien dans ce démêlé. Il appuya d'abord avec intérêt la proposition; mais voyant que ton père n'y vouloit point entendre, et que la dispute commençoit à s'animer, il se retourna, comme de raison, du parti de son beau-frère; et, en interrompant à propos l'un et l'autre par des discours modérés, il les retint tous deux dans des bornes dont ils seroient vraisemblablement sortis s'ils fussent restés tête à tête. Après leur départ, il me fit confidence de ce qui venoit de se passer; et, comme je prévis où il en alloit venir, je me hâtai de lui dire que les choses étant en cet état, il ne convenoit plus que la personne en question te vît si souvent ici, et qu'il ne conviendroit pas même qu'il y vînt du tout, si ce n'étoit faire une espèce d'affront à M. d'Orbe, dont il étoit l'ami; mais que je le prierois de l'amener plus rarement, ainsi que milord Édouard. C'est, ma chère, tout ce que j'ai pu faire de mieux pour ne leur pas fermer tout-à-fait ma porte.

Ce n'est pas tout. La crise où je te vois me force à revenir sur mes avis précédents. L'affaire de milord Édouard et de ton ami a fait par la ville tout l'éclat auquel on devoit s'attendre. Quoique M. d'Orbe ait gardé le secret sur le fond de la querelle, trop d'indices le décèlent pour qu'il puisse rester caché. On soupçonne, on conjecture, on te nomme : le rapport du Guet n'est pas si bien étouffé qu'on ne s'en souvienne; et tu n'ignores pas qu'aux yeux du public la vérité soupçonnée est bien près de l'évidence. Tout ce que je puis te dire pour ta consolation, c'est qu'en général on approuve ton choix, et qu'on verroit avec plaisir l'union d'un si charmant couple; ce qui me confirme que ton ami s'est bien comporté dans ce pays, et n'y est guère moins aimé que toi. Mais que fait la voix publique à ton inflexible père? Tous ces bruits lui sont parvenus ou lui vont parvenir, et je frémis de l'effet qu'ils peuvent produire, si tu ne te hâtes de prévenir sa colère. Tu dois t'attendre de sa part à une explication terrible pour toi-même, et peut-être à pis encore pour ton ami : non que je pense qu'il veuille à son âge se mesurer avec un jeune homme qu'il ne croit pas digne de son épée; mais le pouvoir qu'il a dans la ville lui fourniroit, s'il le vouloit, mille moyens de lui faire un mauvais parti, et il est à craindre que sa fureur ne lui en inspire la volonté.

Je t'en conjure à genoux, ma douce amie, songe aux dangers qui t'environnent, et dont le risque augmente à chaque instant. Un bonheur inouï t'a préservée jusqu'à présent au milieu de tout cela; tandis qu'il en est temps encore, mets le sceau de la prudence au mystère de tes amours, et ne pousse pas à bout la fortune, de peur qu'elle n'enveloppe dans tes malheurs celui qui les aura causés. Crois-moi, mon ange, l'avenir est incertain; mille événements peuvent, avec le temps, offrir des ressources inespérées; mais quant à présent, je te l'ai dit et le répète plus fortement, éloigne ton ami, ou tu es perdue.

LETTRE LXIII.

DE JULIE A CLAIRE.

Tout ce que tu avois prévu, ma chère, est arrivé. Hier, une heure après notre retour, mon père entra dans la chambre de ma mère, les yeux étincelants, le visage enflammé, dans un état, en un mot, où je ne l'avois jamais vu. Je compris d'abord qu'il venoit d'avoir querelle, ou qu'il alloit la chercher; et ma conscience agitée me fit trembler d'avance.

Il commença par apostropher vivement, mais en général, les mères de famille qui appellent indiscrètement chez elles des jeunes gens sans état et sans nom, dont le commerce n'attire que honte et déshonneur à celles qui les écoutent. Ensuite, voyant que cela ne suffisoit pas pour arracher quelque réponse d'une femme intimidée, il cita sans ménagement en exemple ce qui s'étoit passé dans notre maison depuis qu'on y avoit introduit un prétendu bel esprit, un diseur de riens, plus propre à corrompre une fille sage qu'à lui donner aucune bonne instruction. Ma mère, qui vit qu'elle gagneroit peu de chose à se taire, l'arrêta sur ce mot de corruption, et lui demanda ce qu'il trouvoit, dans la conduite ou dans la réputation de l'honnête homme dont il parloit, qui pût autoriser de pareils soupçons. Je n'ai pas cru, ajouta-t-elle, que l'esprit et le mérite fussent des titres d'exclusion dans la société. A qui donc faudra-t-il ouvrir votre maison, si les talents et les mœurs n'en obtiennent pas l'entrée ? A des gens sortables, Madame, reprit-il en colère, qui puissent réparer l'honneur d'une fille quand ils l'ont offensée. Non, dit-elle, mais à des gens de bien qui ne l'offensent point. Apprenez, dit-il, que c'est offenser l'honneur d'une maison que d'oser en solliciter l'alliance sans titres pour l'obtenir. Loin de voir en cela, dit ma mère, une offense, je n'y vois, au contraire, qu'un témoignage d'estime. D'ailleurs, je ne sache point que celui contre qui vous vous emportez ait rien fait de semblable à votre égard. Il l'a fait, Madame, et fera pis encore si je n'y mets ordre; mais je veillerai, n'en doutez pas, aux soins que vous remplissez si mal.

Alors commença une dangereuse altercation qui m'apprit que les bruits de ville dont tu parles étoient ignorés de mes parents, mais durant laquelle ton indigne cousine eût voulu être à cent pieds sous terre. Imagine-toi la meilleure et la plus abusée des mères faisant l'éloge de sa coupable fille, et la louant, hélas! de toutes les vertus qu'elle a perdues, dans les termes les plus honorables, ou, pour mieux dire, les plus humiliants; figure-toi un père irrité, prodigue d'expressions offensantes, et qui, dans tout son emportement, n'en laisse pas échapper une qui marque le moindre doute sur la sagesse de celle que le remords déchire et que la honte écrase en sa présence. Oh! quel incroyable tourment d'une conscience avilie de se reprocher des crimes que la colère et l'indignation ne pourroient soupçonner! Quel poids accablant et insupportable que celui d'une fausse louange et d'une estime que le cœur rejette en secret! Je m'en sentois tellement oppressée, que, pour me délivrer d'un si cruel supplice, j'étois prête à tout avouer, si mon père ne m'en eût laissé le temps; mais l'impétuosité de son emportement lui faisoit redire cent fois les mêmes choses, et changer à chaque instant de sujet. Il remarqua ma contenance basse, éperdue, humiliée, indices de mes remords. S'il n'en tira pas la conséquence de ma faute, il en tira celle de mon amour; et, pour m'en faire plus de honte, il en outragea l'objet en des termes si odieux et si méprisants que je ne pus, malgré tous mes efforts, le laisser poursuivre sans l'interrompre.

Je ne sais, ma chère, où je trouvai tant de hardiesse, et quel moment d'égarement me fit oublier ainsi le devoir et la modestie; mais si j'osai sortir un instant d'un silence respectueux, j'en portai, comme tu vas voir, assez rudement la peine. Au nom du ciel, lui dis-je, daignez vous apaiser; jamais un homme digne de tant d'injures ne sera dangereux pour moi. A l'instant mon père, qui crut sentir un reproche à travers ces mots, et dont la fureur n'attendoit qu'un prétexte, s'élança sur ta pauvre amie : pour la première fois de ma vie je reçus un soufflet qui ne fut pas le seul; et, se livrant à son transport avec une violence égale à celle qu'il lui avoit coûtée, il me maltraita sans ménagement, quoique ma mère se fût jetée entre deux, m'eût couverte de son corps, eût reçu quelques uns des coups qui m'étoient portés. En reculant pour les éviter, je fis un faux pas, je tombai, et mon visage alla donner contre le pied d'une table qui me fit saigner.

Ici finit le triomphe de la colère, et commença celui de la nature. Ma chute, mon sang, mes larmes, celles de ma mère, l'émurent; il me releva avec un air d'inquiétude et d'empressement; et, m'ayant assise sur une chaise, ils recherchèrent tous deux avec soin si je n'étois point blessée. Je n'avois qu'une légère contusion au front et ne saignois que du nez. Cependant je vis au changement d'air et de voix de mon père, qu'il étoit mécontent de ce qu'il venoit de faire. Il ne revint point à moi par des caresses, la dignité paternelle ne souffroit pas un changement si brusque; mais il revint à ma mère avec de tendres excuses; et je voyois bien, aux regards qu'il jetoit furtivement sur moi, que la moitié de tout cela m'étoit indirectement adressée. Non, ma chère, il n'y a point de confusion si touchante que celle d'un tendre père qui croit s'être mis dans son tort. Le cœur d'un père sent qu'il est fait pour pardonner, et non pour avoir besoin de pardon.

Il étoit l'heure du souper ; on le fit retarder pour me donner le temps de me remettre ; et mon père, ne voulant pas que les domestiques fussent témoins de mon désordre, m'alla chercher lui-même un verre d'eau, tandis que ma mère me bassinoit le visage. Hélas ! cette pauvre maman, déjà languissante et valétudinaire, elle se seroit bien passée d'une pareille scène, et n'avoit guère moins besoin de secours que moi.

A table, il ne me parla point ; mais ce silence étoit de honte et non de dédain ; il affectoit de trouver bon chaque plat pour dire à ma mère de m'en servir ; et ce qui me toucha le plus sensiblement, fut de m'apercevoir qu'il cherchoit les occasions de me nommer sa fille, et non pas Julie, comme à l'ordinaire.

Après le souper, l'air se trouva si froid que ma mère fit faire du feu dans sa chambre. Elle s'assit à l'un des coins de la cheminée, et mon père à l'autre ; j'allois prendre une chaise pour me placer entre eux, quand, m'arrêtant par ma robe, et me tirant à lui sans rien dire, il m'assit sur ses genoux.

Tout cela se fit si promptement et par une sorte de mouvement si involontaire, qu'il en eut une espèce de repentir le moment d'après. Cependant j'étois sur ses genoux, il ne pouvoit plus s'en dédire ; et ce qu'il y avoit de pis pour la contenance, il falloit me tenir embrassée dans cette gênante attitude. Tout cela se faisoit en silence ; mais je sentois de temps en temps ses bras se presser contre mes flancs avec un soupir assez mal étouffé. Je ne sais quelle mauvaise honte empêchoit ses bras paternels de se livrer à ces douces étreintes ; une certaine gravité qu'on n'osoit quitter, une certaine confusion qu'on n'osoit vaincre, mettoient entre un père et sa fille ce charmant embarras que la pudeur et l'amour donnent aux amants ; tandis qu'une tendre mère, transportée d'aise, dévoroit en secret un si doux spectacle. Je voyois, je sentois tout cela, mon ange, et ne pus tenir plus longtemps à l'attendrissement qui me gagnoit. Je feignis de glisser ; je jetai, pour me retenir, un bras au cou de mon père ; je penchai mon visage sur son visage vénérable, et dans un instant il fut couvert de mes baisers et inondé de mes larmes ; je sentis à celles qui lui couloient des yeux qu'il étoit lui-même soulagé d'une grande peine : ma mère vint partager nos transports. Douce et paisible innocence, tu manquas seule à mon cœur pour faire de cette scène de la nature le plus délicieux moment de ma vie !

Ce matin, la lassitude et le ressentiment de ma chute m'ayant retenue au lit un peu tard, mon père est entré dans ma chambre avant que je fusse levée; il s'est assis à côté de mon lit en s'informant tendrement de ma santé; il a pris une de mes mains dans les siennes; il s'est abaissé jusqu'à la baiser plusieurs fois en m'appelant sa chère fille, et me témoignant du regret de son emportement. Pour moi, je lui ai dit, et je le pense, que je serois trop heureuse d'être battue tous les jours au même prix, et qu'il n'y a point de traitement si rude qu'une seule de ses caresses n'efface au fond de mon cœur.

Après cela, prenant un ton plus grave, il m'a remise sur le sujet d'hier; et m'a signifié sa volonté en termes honnêtes, mais précis. Vous savez, m'a-t-il dit, à qui je vous destine; je vous l'ai déclaré dès mon arrivée, et ne changerai jamais d'intention sur ce point. Quant à l'homme dont m'a parlé milord Édouard, quoique je ne lui dispute point le mérite que tout le monde lui trouve, je ne sais s'il a conçu de lui-même le ridicule espoir de s'allier à moi, ou si quelqu'un a pu le lui inspirer; mais quand je n'aurois personne en vue, et qu'il auroit toutes les guinées de l'Angleterre, soyez sûre que je n'accepterois jamais un tel gendre. Je vous défends de le voir et de lui parler de votre vie, et cela autant pour la sûreté de la sienne que pour votre honneur. Quoique je me sois toujours senti peu d'inclination pour lui, je le hais, surtout à présent, pour les excès qu'il m'a fait commettre, et ne lui pardonnerai jamais ma brutalité.

A ces mots, il est sorti sans attendre ma réponse, et presque avec le même air de sévérité qu'il venoit de se reprocher. Ah! ma cousine, quels monstres d'enfer sont ces préjugés qui dépravent les meilleurs cœurs et font taire à chaque instant la nature!

Voilà, ma Claire, comment s'est passée l'explication que tu avois prévue, et dont je n'ai pu comprendre la cause jusqu'à ce que ta lettre me l'ait apprise. Je ne puis bien te dire quelle révolution s'est faite en moi, mais depuis ce moment je me trouve changée; il me semble que je tourne les yeux avec plus de regret sur l'heureux temps où je vivois tranquille et contente au sein de ma famille, et que je sens augmenter le sentiment de ma faute avec celui des biens qu'elle m'a fait perdre. Dis, cruelle, dis-le-moi, si tu l'oses, le temps de l'amour seroit-il passé, et faut-il ne se plus revoir! Ah! sens-tu bien tout ce qu'il y a de sombre et d'horrible dans cette funeste idée? Cependant l'ordre de mon père est précis, le danger de mon amant est certain. Sais-tu ce qui résulte en moi de tant de mouvements opposés qui s'entre-détruisent? Une sorte de stupidité qui me rend l'ame presque insensible, et ne me laisse l'usage ni des passions ni de la raison. Le moment est critique, tu me l'as dit, et je le sens; cependant je ne fus jamais moins en état de me conduire. J'ai voulu tenter vingt fois d'écrire à celui que j'aime, je suis prête à m'évanouir à chaque ligne, et n'en saurois tracer deux de suite. Il ne me reste que toi, ma douce amie : daigne penser, parler, agir pour moi; je remets mon sort en tes mains; quelque parti que tu prennes, je confirme d'avance tout ce que tu feras; je confie à ton amitié ce pouvoir funeste que l'amour m'a vendu si cher. Sépare-moi pour jamais de moi-même, donne-moi la mort s'il faut que je meure : mais ne me force pas à me percer le cœur de ma propre main.

O mon ange! ma protectrice! quel horrible emploi je te laisse! Auras-tu le courage de l'exercer? sauras-tu bien en adoucir la barbarie? Hélas! ce n'est pas mon cœur seul qu'il faut déchirer. Claire, tu le sais, tu le sais, comment je suis aimée! Je n'ai pas même la consolation d'être la plus à plaindre. De grâce, fais parler mon cœur par ta bouche; pénètre le tien de la tendre commisération de l'amour; console un infortuné; dis-lui cent fois... ah! dis-lui... Ne crois-tu pas, chère amie, que, malgré tous les préjugés, tous les obstacles, tous les revers, le ciel nous a faits l'un pour l'autre? Oui, oui, j'en suis sûre, il nous destine à être unis; il m'est impossible de perdre cette idée, il m'est impossible de renoncer à l'espoir qui la suit. Dis-lui qu'il se garde lui-même du découragement et du désespoir. Ne t'amuse point à lui demander en mon nom amour et fidélité, encore moins à lui en promettre autant de ma part; l'assurance n'en est-elle pas au fond de nos ames? ne sentons-nous pas qu'elles sont indivisibles, et que nous n'en avons plus qu'une à nous deux? Dis-lui donc seulement qu'il espère, et que, si le sort nous poursuit, il se fie au moins à l'amour: car, je le sens, ma cousine, il guérira de manière ou d'autre les maux qu'il nous cause, et, quoi que le ciel ordonne de nous, nous ne vivrons pas long-temps séparés.

P. S. Après ma lettre écrite, j'ai passé dans la chambre de ma mère, et je m'y suis trouvée si mal que je suis obligée de venir me remettre dans mon lit; je m'aperçois même..... je crains......ah! ma chère, je crains bien que ma chute d'hier n'ait quelque suite plus funeste que je n'avois pensé. Ainsi tout est fini pour moi; toutes mes espérances m'abandonnent en même temps.

LETTRE LXIV.

DE CLAIRE A M. D'ORBE.

Mon père m'a rapporté ce matin l'entretien qu'il eut hier avec vous. Je vois avec plaisir que tout s'achemine à ce qu'il vous plaît d'appeler votre bonheur. J'espère, vous le savez, d'y trouver aussi le mien ; l'estime et l'amitié vous sont acquises, et tout ce que mon cœur peut nourrir de sentiments plus tendres est encore à vous. Mais ne vous y trompez pas ; je suis en femme une espèce de monstre, et je ne sais par quelle bizarrerie de la nature l'amitié l'emporte en moi sur l'amour. Quand je vous dis que ma Julie m'est plus chère que vous, vous n'en faites que rire ; et cependant rien n'est plus vrai. Julie le sent si bien qu'elle est plus jalouse pour vous que vous-même, et que, tandis que vous paroissez content, elle trouve toujours que je ne vous aime pas assez. Il y a plus, et je m'attache tellement à tout ce qui lui est cher, que son amant et vous êtes à peu près dans mon cœur en même degré, quoique de différentes manières. Je n'ai pour lui que de l'amitié ; mais elle est plus vive ; je crois sentir un peu d'amour pour vous, mais il est plus posé. Quoique tout cela pût paroître assez équivalent pour troubler la tranquillité d'un jaloux, je ne pense pas que la vôtre en soit fort altérée.

Que les pauvres enfants en sont loin, de cette douce tranquillité dont nous osons jouir ! et que notre contentement a mauvaise grâce, tandis que nos amis sont au désespoir ! C'en est fait, il faut qu'ils se quittent ; voici l'instant, peut-être, de leur éternelle séparation ; et la tristesse que nous leur reprochâmes le jour du concert étoit peut-être un pressentiment qu'ils se voyoient pour la dernière fois. Cependant votre ami ne sait rien de son infortune : dans la sécurité de son cœur il jouit encore du bonheur qu'il a perdu ; au moment du désespoir, il goûte en idée une ombre de félicité ; et, comme celui qu'enlève un trépas imprévu, le malheureux songe à vivre, et ne voit pas la mort qui va le saisir. Hélas ! c'est de ma main qu'il doit recevoir ce coup terrible ! O divine amitié ! seule idole de mon cœur ! viens l'animer de ta sainte cruauté. Donne-moi le courage d'être barbare et de te servir dignement dans un si douloureux devoir.

Je compte sur vous en cette occasion, et j'y compterois même quand vous m'aimeriez moins ; car je connois votre ame, je sais qu'elle n'a pas besoin du zèle de l'amour où parle celui de l'humanité. Il s'agit d'abord d'engager notre ami à venir chez moi demain dans la matinée. Gardez-vous, au surplus, de l'avertir de rien. Aujourd'hui l'on me laisse libre, et j'irai passer l'après-midi chez Julie ; tâchez de trouver milord Édouard, et de venir seul avec lui m'attendre à huit heures, afin de convenir ensemble de ce qu'il faudra faire pour résoudre au départ cet infortuné, et prévenir son désespoir.

J'espère beaucoup de son courage et de nos soins. J'espère encore plus de son amour. La volonté de Julie, le danger que courent sa vie et son

honneur, sont des motifs auxquels il ne résistera pas. Quoi qu'il en soit, je vous déclare qu'il ne sera point question de noce entre nous que Julie ne soit tranquille, et que jamais les larmes de mon amie n'arroseront le nœud qui doit nous unir. Ainsi, Monsieur, s'il est vrai que vous m'aimiez, votre intérêt s'accorde, en cette occasion, avec votre générosité; et ce n'est pas tellement ici l'affaire d'autrui, que ce ne soit aussi la vôtre.

LETTRE LXV.

DE CLAIRE A JULIE.

Tout est fait; et, malgré ses imprudences, ma Julie est en sûreté. Les secrets de ton cœur sont ensevelis dans l'ombre du mystère. Tu es encore au sein de ta famille et de ton pays, chérie, honorée, jouissant d'une réputation sans tache, et d'une estime universelle. Considère en frémissant les dangers que la honte ou l'amour t'ont fait courir en faisant trop ou trop peu. Apprends à ne vouloir plus concilier des sentiments incompatibles, et bénis le ciel, trop aveugle amante ou fille trop craintive, d'un bonheur qui n'étoit réservé qu'à toi.

Je voulois éviter à ton triste cœur le détail de ce départ si cruel et si nécessaire. Tu l'as voulu, je l'ai promis; je tiendrai parole avec cette même franchise qui nous est commune, et qui ne mit jamais aucun avantage en balance avec la bonne foi. Lis donc, chère et déplorable amie, lis, puisqu'il le faut; mais prends courage, et tiens-toi ferme.

Toutes les mesures que j'avois prises et dont je te rendis compte hier ont été suivies de point en point. En rentrant chez moi j'y trouvai M. d'Orbe et milord Édouard. Je commençai par déclarer au dernier ce que nous savions de son héroïque générosité, et lui témoignai combien nous en étions toutes deux pénétrées. Ensuite je leur exposai les puissantes raisons que nous avions d'éloigner promptement ton ami, et les difficultés que je prévoyois à l'y résoudre. Milord sentit parfaitement tout cela, et montra beaucoup de douleur de l'effet qu'avoit produit son zèle inconsidéré. Ils convinrent qu'il étoit important de précipiter le départ de ton ami, et de saisir un moment de consentement pour prévenir de nouvelles irrésolutions, et l'arracher au continuel danger du séjour. Je voulois charger M. d'Orbe de faire à son insu les préparatifs convenables; mais milord, regardant cette affaire comme la sienne, voulut en prendre le soin. Il me promit que sa chaise seroit prête ce matin à onze heures, ajoutant qu'il l'accompagneroit aussi loin qu'il seroit nécessaire, et proposa de l'emmener d'abord sous un autre prétexte, pour le déterminer plus à loisir. Cet expédient ne me parut pas assez franc pour nous et pour notre ami, et je ne voulus pas non plus l'exposer loin de nous au premier effet d'un désespoir qui pouvoit plus aisément échapper aux yeux de milord qu'aux miens. Je n'acceptai pas, par la même raison, la proposition qu'il fit de lui parler lui-même et d'obtenir son consentement. Je prévoyois que cette négociation seroit délicate, et je n'en voulus charger que moi seule; car je connois plus sûrement les endroits sensibles de son cœur, et je sais qu'il règne toujours entre hommes une sécheresse qu'une femme sait mieux adoucir. Cependant je conçus que les soins de milord ne nous seroient pas inutiles pour préparer les choses. Je vis tout l'effet que pouvoit produire sur un cœur vertueux les discours d'un homme sensible qui croit n'être qu'un philosophe, et quelle chaleur la voix d'un ami pouvoit donner aux raisonnements d'un sage.

J'engageai donc milord Édouard à passer avec lui la soirée, et, sans rien dire qui eût un rapport direct à sa situation, de disposer insensiblement son ame à la fermeté stoïque. Vous qui savez si bien votre Épictète, lui dis-je, voici le cas où jamais de l'employer utilement. Distinguez avec soin les biens apparents des biens réels, ceux qui sont en nous de ceux qui sont hors de nous. Dans un moment où l'épreuve se prépare au dehors, prouvez-lui qu'on ne reçoit jamais de mal que de soi-même, et que le sage, se portant partout avec lui, porte aussi partout son bonheur. Je compris à sa réponse que cette légère ironie, qui ne pouvoit le fâcher, suffisoit pour exciter son zèle, et qu'il comptoit fort m'envoyer le lendemain ton ami bien préparé. C'étoit tout ce que j'avois prétendu; car, quoique au fond je ne fasse pas grand cas, non plus que toi, de toute cette philosophie parlière, je suis persuadée qu'un honnête homme a toujours quelque honte de changer de maxime du soir au matin, et de se dédire en son cœur, dès le lendemain, de tout ce que sa raison lui dictoit la veille.

M. d'Orbe vouloit être aussi de la partie, et passer la soirée avec eux, mais je le priai de n'en rien faire; il n'auroit fait que s'ennuyer, ou gêner l'entretien. L'intérêt que je prends à lui ne m'empêche pas de voir qu'il n'est point du vol des deux autres. Ce penser mâle des ames fortes, qui leur donne un idiome si particulier, est une langue dont il n'a pas la grammaire. En les quittant, je songeai au punch; et, craignant les confidences anticipées, j'en glissai un mot en riant à milord. Rassurez-vous, me dit-il, je me livre aux habitudes quand je n'y vois aucun danger; mais je ne m'en suis jamais fait l'esclave; il s'agit ici de l'honneur de Julie, du destin, peut-être de la vie d'un homme et de mon ami. Je boirai du punch selon ma coutume, de peur de donner à l'entretien quelque air de préparation; mais ce punch sera de la limonade; et, comme il s'abstient d'en boire, il ne s'en apercevra point. Né trouves-tu pas, ma chère, qu'on doit être bien humilié d'avoir contracté des habitudes qui forcent à de pareilles précautions?

J'ai passé la nuit dans de grandes agitations qui n'étoient pas toutes pour ton compte. Les plaisirs innocents de notre première jeunesse, la douceur d'une ancienne familiarité, la société plus resserrée encore depuis une année entre lui et moi par la difficulté qu'il avait de te voir; tout portoit dans mon ame l'amertume de cette séparation. Je sentois que j'allois perdre avec la moitié de toi-même une partie de ma propre existence. Je comptois les heures avec inquiétude, et, voyant poindre le jour, je n'ai pas vu naître sans effroi celui qui devoit décider de ton sort. J'ai passé la matinée à méditer mes discours et à réfléchir sur l'impression qu'ils pouvoient faire. Enfin l'heure est venue, et j'ai vu entrer ton ami. Il avoit l'air inquiet, et m'a demandé précipitamment de tes nouvelles; car, dès le lendemain de ta scène avec ton père, il avoit su que tu étois malade, et milord Édouard lui avoit confirmé hier que tu n'étois pas sortie de ton lit. Pour éviter là-dessus les détails, je lui ai dit aussitôt que je t'avois laissée mieux hier au soir, et j'ai ajouté qu'il en apprendroit dans un moment davantage par le retour de Hanz, que je venois de t'envoyer. Ma précaution n'a servi de rien ; il m'a fait cent questions sur ton état ; et, comme elles m'éloignoient de mon objet, j'ai fait des réponses succinctes, et me suis mise à le questionner à mon tour.

J'ai commencé par sonder la situation de son esprit. Je l'ai trouvé grave, méthodique, et prêt à peser le sentiment au poids de la raison. Grâces au ciel, ai-je dit en moi-même, voilà mon sage bien préparé ; il ne s'agit plus que de le mettre à l'épreuve. Quoique l'usage ordinaire soit d'annoncer par degrés les tristes nouvelles, la connoissance que j'ai de son imagination fougueuse, qui, sur un mot, porte tout à l'extrême, m'a déterminée à suivre une route contraire ; et j'ai mieux aimé l'accabler d'abord pour lui ménager des adoucissements, que de multiplier inutilement ses douleurs et les lui donner mille fois pour une. Prenant donc un ton plus sérieux, et le regardant fixement, Mon ami, lui ai-je dit, connoissez-vous les bornes du courage et de la vertu dans une ame forte, et croyez-vous que renoncer à ce qu'on aime soit un effort au-dessus de l'humanité? A l'instant il s'est levé comme un furieux : puis frappant des mains, et les portant à son front ainsi jointes, Je vous entends, s'est-il écrié, Julie est morte ! Julie est morte ! a-t-il répété d'un ton qui m'a fait frémir : je le sens à vos soins trompeurs, à vos vains ménagements, qui ne font que rendre ma mort plus lente et plus cruelle.

Quoique effrayée d'un mouvement si subit, j'en ai bientôt deviné la cause, et j'ai d'abord conçu comment les nouvelles de ta maladie, les moralités de milord Édouard, le rendez-vous de ce matin, ses questions éludées, celles que je venois de lui faire, l'avoient pu jeter dans de fausses alarmes. Je voyois bien aussi quel parti je pouvois tirer de son erreur en l'y laissant quelques instants; mais je n'ai pu me résoudre à cette barbarie. L'idée de la mort de ce qu'on aime est si affreuse, qu'il n'y en a point qui ne soit douce à lui substituer, et je me suis hâtée de profiter de cet avantage. Peut-être ne la verrez-vous plus, lui ai-je dit, mais elle vit et vous aime. Ah! si Julie étoit morte, Claire auroit-elle quelque chose à vous dire? Rendez grâces au ciel qui sauve à votre infortune des maux dont il pourroit vous accabler. Il étoit si étonné, si saisi, si égaré, qu'après l'avoir fait rasseoir, j'ai eu le temps de lui détailler par ordre tout ce qu'il falloit qu'il sût; et j'ai fait valoir de mon mieux les procédés de milord Édouard, afin de faire dans son cœur honnête quelque diversion à la douleur, par le charme de la reconnoissance.

Voilà, mon cher, ai-je poursuivi, l'état actuel des choses. Julie est au bord de l'abîme, prête à s'y voir accabler du déshonneur public, de l'indignation de sa famille, des violences d'un père emporté, et de son propre désespoir. Le danger augmente incessamment : de la main de son père ou de la sienne, le poignard, à chaque instant de sa vie, est à deux doigts de son cœur. Il reste un seul moyen de prévenir tous ces maux; et ce moyen dépend de vous seul. Le sort de votre amante est entre vos mains. Voyez si vous avez le courage de la sauver en vous éloignant d'elle, puisque aussi bien il ne lui est plus permis de vous voir, ou si vous aimez mieux être l'auteur et le témoin de sa perte et de son opprobre. Après avoir tout fait pour vous, elle va voir ce que votre cœur peut faire pour elle. Est-il étonnant que sa santé succombe à ses peines? Vous êtes inquiet de sa vie : sachez que vous en êtes l'arbitre.

Il m'écoutoit sans m'interrompre; mais, sitôt qu'il a compris de quoi il s'agissoit, j'ai vu disparoître ce geste animé, ce regard furieux, cet air effrayé, mais vif et bouillant, qu'il avoit auparavant. Un voile sombre de tristesse et de consternation a couvert son visage; son œil morne et sa contenance effacée annonçoient l'abattement de son cœur : à peine avoit-il la force d'ouvrir la bouche pour me répondre. Il faut partir, m'a-t-il dit d'un ton qu'une autre auroit cru tranquille. Hé bien! je partirai. N'ai-je pas assez vécu? Non, sans doute, ai-je repris aussitôt; il faut vivre pour celle qui vous aime : avez-vous oublié que ses jours dépendent des vôtres? Il ne falloit donc pas les séparer, a-t-il à l'instant ajouté; elle l'a pu et le peut encore. J'ai feint de ne pas entendre ces derniers mots, et je cherchois à le ranimer par quelques espérances auxquelles son ame demeuroit fermée, quand Hanz est rentré, et m'a rapporté de bonnes nouvelles. Dans le moment de joie qu'il en a ressenti, il s'est écrié : Ah! qu'elle vive, qu'elle soit heureuse... s'il est possible. Je ne veux que lui faire mes derniers adieux... et je pars. Ignorez-vous, ai-je dit, qu'il ne lui est plus permis de vous voir? Hélas! vos adieux sont faits, et vous êtes déjà séparés. Votre sort sera moins cruel quand vous serez plus loin d'elle ; vous aurez du moins le plaisir de l'avoir mise en sûreté. Fuyez dès ce jour, dès cet instant; craignez qu'un si grand sacrifice ne soit trop tardif; tremblez de causer encore sa perte après vous être dévoué pour elle. Quoi! m'a-t-il dit avec une espèce de fureur, je partirois sans la revoir! Quoi! je ne la verrois plus! Non, non : nous périrons tous deux, s'il le faut; la mort, je le sais bien, ne lui sera point dure avec moi : mais je la verrai, quoi qu'il arrive ; je laisserai mon cœur et ma vie à ses pieds, avant de m'arracher à moi-même. Il ne m'a pas été difficile de lui montrer la folie et la cruauté d'un pareil projet. Mais ce, *quoi! je ne la verrai plus!* qui revenoit sans cesse d'un ton plus douloureux, sembloit chercher au moins des consolations pour l'avenir. Pourquoi, lui ai-je dit, vous figurer vos maux pires qu'ils ne sont? Pourquoi renoncer à des espérances que Julie elle-même n'a pas perdues? Pensez-vous qu'elle pût se séparer ainsi de vous, si elle croyoit que ce fût pour toujours? Non, mon ami, vous devez connoître son cœur. Vous devez savoir combien elle préfère son amour à sa vie. Je crains, je crains trop (j'ai ajouté ces mots, je te l'avoue) qu'elle ne le préfère bientôt à tout. Croyez donc qu'elle espère, puisqu'elle consent à vivre : croyez que les soins que la prudence lui dicte vous regardent plus qu'il ne semble, et qu'elle ne se respecte pas moins pour vous que pour elle-même. Alors j'ai tiré la dernière lettre; et, lui montrant les tendres espérances de cette fille aveuglée qui croit n'avoir plus d'amour, j'ai ranimé les siennes à cette douce chaleur. Ce peu de lignes sembloit distiller un baume salutaire sur sa blessure envenimée. J'ai vu ses regards s'adoucir et ses yeux s'humecter; j'ai vu l'attendrissement succéder par degrés au désespoir; mais ces derniers mots si touchants, tels que ton cœur les sait dire, *nous ne vivrons pas long-temps séparés*, l'ont fait fondre en larmes. Non, Julie, non, ma Julie, a-t-il dit en élevant la voix et baisant la lettre; nous ne vivrons pas long-temps séparés; le ciel unira nos destins sur la terre, ou nos cœurs dans le séjour éternel.

C'étoit là l'état où je l'avois souhaité. Sa sèche et sombre douleur m'inquiétoit. Je ne l'aurois pas laissé partir dans cette situation d'esprit; mais sitôt que je l'ai vu pleurer, et que j'ai entendu ton nom chéri sortir de sa bouche avec douceur, je n'ai plus craint pour sa vie; car rien n'est moins tendre que le désespoir. Dans cet instant il a tiré de l'émotion de son cœur une objection que je n'avois pas prévue. Il m'a parlé de l'état où tu soupçonnois être, jurant qu'il mourroit plutôt mille fois que de t'abandonner à tous les périls qui t'alloient menacer. Je n'ai eu garde de lui parler de ton accident; je lui ai dit simplement que ton attente avoit encore été trompée, et qu'il n'y avoit plus rien à espérer. Ainsi, m'a-t-il dit en soupirant, il ne restera sur la terre aucun monument de mon bonheur; il a disparu comme un songe qui n'eut jamais de réalité.

Il me restoit à exécuter la dernière partie de ta commission, et je n'ai pas cru qu'après l'union dans laquelle vous avez vécu il fallût à cela ni préparatifs ni mystère. Je n'aurois pas même évité un peu d'altercation sur ce léger sujet, pour éluder celle qui pourroit renaître sur celui de notre entretien. Je lui ai reproché sa négligence dans le soin de ses affaires. Je lui ai dit que tu craignois que de long-temps il ne fût plus soigneux, et qu'en attendant qu'il le devînt tu lui ordonnois de se conserver pour toi, de pourvoir mieux à ses besoins, et de se charger à cet effet du léger supplément que j'avois à lui remettre de ta part. Il n'a ni paru humilié de cette proposition, ni prétendu en faire une affaire. Il m'a dit simplement que tu savois bien que rien ne lui venoit de toi qu'il ne reçût avec transport; mais que ta précaution étoit superflue, et qu'une petite maison qu'il venoit de vendre à Granson¹, reste de son chétif patrimoine, lui avoit procuré plus d'argent qu'il n'en avoit possédé de sa vie. D'ailleurs, a-t-il ajouté, j'ai quelques talents dont je puis tirer partout des ressources. Je serai trop heureux de trouver dans leur exercice quelque diversion à mes maux; et depuis que j'ai vu de plus près l'usage que Julie fait de son superflu, je le regarde comme le trésor sacré de la veuve et de l'orphelin, dont l'humanité ne me permet pas de rien aliéner. Je lui ai rappelé son voyage du Valais, ta lettre, et la précision de tes ordres. Les mêmes raisons subsistent... Les mêmes, a-t-il interrompu d'un ton d'indignation. La peine de mon refus étoit de ne la plus voir : qu'elle me laisse donc rester, et j'accepte. Si j'obéis, pourquoi me punit-elle? Si je refuse, que me fera-t-elle de pis?..... Les mêmes! répétoit-il avec impatience. Notre union commençoit; elle est prête à finir; peut-être vais-je pour jamais me séparer d'elle; il n'y a plus rien de commun entre elle et moi; nous allons être étrangers l'un à l'autre. Il a prononcé ces derniers mots avec un tel serrement de cœur,

---

¹ Je suis un peu en peine de savoir comment cet amant anonyme, qu'il sera dit ci-après n'avoir pas encore vingt-quatre ans, a pu vendre une maison n'étant pas majeur. Ces lettres sont si pleines de semblables absurdités, que je n'en parlerai plus; il suffit d'en avoir averti.

que j'ai tremblé de le voir retomber dans l'état d'où j'avois eu tant de peine à le tirer. Vous êtes un enfant, ai-je affecté de lui dire d'un air riant; vous avez encore besoin d'un tuteur, et je veux être le vôtre. Je vais garder ceci; et pour en disposer dans le commerce que nous allons avoir ensemble, je veux être instruite de toutes vos affaires. Je tâchois de détourner ainsi ses idées funestes par celle d'une correspondance familière continuée entre nous; et cette ame simple, qui ne cherche, pour ainsi dire, qu'à s'accrocher à ce qui t'environne, a pris aisément le change. Nous nous sommes ensuite ajustés pour les adresses de lettres; et, comme ces mesures ne pouvoient que lui être agréables, j'en ai prolongé le détail jusqu'à l'arrivée de M. d'Orbe, qui m'a fait signe que tout étoit prêt.

Ton ami a facilement compris de quoi il s'agissoit; il a instamment demandé à t'écrire, mais je me suis gardée de le permettre. Je prévoyois qu'un excès d'attendrissement lui relâcheroit trop le cœur, et qu'à peine seroit-il au milieu de sa lettre qu'il n'y auroit plus moyen de le faire partir. Tous les délais sont dangereux, lui ai-je dit; hâtez-vous d'arriver à la première station, d'où vous pourrez lui écrire à votre aise. En disant cela, j'ai fait signe à M. d'Orbe; je me suis avancée, et, le cœur gros de sanglots, j'ai collé mon visage sur le sien : je n'ai plus su ce qu'il devenoit : les larmes m'offusquoient la vue, ma tête commençoit à se perdre, et il étoit temps que mon rôle finît.

Un moment après je les ai entendus descendre précipitamment. Je suis sortie sur le palier pour les suivre des yeux. Ce dernier trait manquoit à mon trouble. J'ai vu l'insensé se jeter à genoux au milieu de l'escalier, en baiser mille fois les marches, et d'Orbe pouvoir à peine l'arracher de cette froide pierre qu'il pressoit de son corps, de la tête, et des bras en poussant de longs gémissements. J'ai senti les miens près d'éclater malgré moi, et je suis brusquement rentrée, de peur de donner une scène à toute la maison.

A quelques instants de là, M. d'Orbe est revenu tenant son mouchoir sur ses yeux. C'en est fait, m'a-t-il dit, ils sont en route. En arrivant chez lui, votre ami a trouvé la chaise à sa porte. Milord Édouard l'y attendoit aussi; il a couru au-devant de lui; et le serrant contre sa poitrine : « Viens, « homme infortuné, lui a-t-il dit d'un ton péné- « tré, viens verser tes douleurs dans ce cœur qui « t'aime. Viens, tu sentiras peut-être qu'on n'a pas « tout perdu sur la terre, quand on y retrouve un « ami tel que moi. » A l'instant il l'a porté d'un bras vigoureux dans la chaise, et ils sont partis en se tenant étroitement embrassés.

FIN DE LA PREMIÈRE PARTIE.

SECONDE PARTIE.

LETTRE I.

DE SAINT-PREUX A JULIE [1].

J'ai pris et quitté cent fois la plume, j'hésite dès le premier mot, je ne sais quel ton je dois prendre; je ne sais par où commencer; et c'est à Julie que je veux écrire ! Ah ! malheureux ! que suis-je devenu ? Il n'est donc plus ce temps où mille sentiments délicieux couloient de ma plume comme un intarissable torrent ! Ces doux moments de confiance et d'épanchement sont passés, nous ne sommes plus l'un à l'autre, nous ne sommes plus les mêmes; et je ne sais plus à qui j'écris. Daignerez-vous recevoir mes lettres ? vos yeux daigneront-ils les parcourir ? les trouverez-vous assez réservées, assez circonspectes ? Oserois-je y garder encore une ancienne familiarité ? Oserois-je y parler d'un amour éteint ou méprisé, et ne suis-je pas plus reculé que le premier jour où je vous écrivis ? Quelle différence, ô ciel ! de ces jours si charmants et si doux, à mon effroyable

[1] Je n'ai guère besoin, je crois, d'avertir que, dans cette seconde partie et dans la suivante, les deux amants séparés ne font que déraisonner et battre la campagne; leurs pauvres têtes n'y sont plus.

misère ! Hélas ! je commençois d'exister, et je suis tombé dans l'anéantissement ; l'espoir de vivre animoit mon cœur ; je n'ai plus devant moi que l'image de la mort ; et trois ans d'intervalle ont fermé le cercle fortuné de mes jours. Ah ! que ne les ai-je terminés avant de me survivre à moi-même ! Que n'ai-je suivi mes pressentiments après ces rapides instants de délices où je ne voyois plus rien dans la vie qui fût digne de la prolonger ! sans doute il falloit la borner à ces trois ans, ou les ôter de sa durée ; il valoit mieux ne jamais goûter la félicité que de la goûter et la perdre. Si j'avois franchi ce fatal intervalle, si j'avois évité ce premier regard qui me fit une autre ame, je jouirois de ma raison, je remplirois les devoirs d'un homme ; et sèmerois peut-être de quelques vertus mon insipide carrière. Un moment d'erreur a tout changé. Mon œil osa contempler ce qu'il ne falloit point voir ; cette vue a produit enfin son effet inévitable. Après m'être égaré par degrés, je ne suis plus qu'un furieux dont le sens est aliéné, un lâche esclave sans force et sans courage, qui va traînant dans l'ignominie sa chaîne et son désespoir.

Vains rêves d'un esprit qui s'égare ! Désirs faux et trompeurs, désavoués à l'instant par le cœur qui les a formés ! Que sert d'imaginer à des maux réels de chimériques remèdes qu'on rejetteroit quand ils nous seroient offerts ? Ah ! qui jamais connoîtra l'amour, t'aura vue, et pourra le croire, qu'il y ait quelque félicité possible que je voulusse acheter au prix de mes premiers feux? Non, non : que le ciel garde ses bienfaits, et me laisse avec ma misère le souvenir de mon bonheur passé. J'aime mieux les plaisirs qui sont dans ma mémoire et les regrets qui déchirent mon ame que d'être à jamais heureux sans ma Julie. Viens, image adorée, remplir un cœur qui ne vit que par toi; suis-moi dans mon exil, console-moi dans mes peines, ranime et soutiens mon espérance éteinte. Toujours ce cœur infortuné sera ton sanctuaire inviolable, d'où le sort ni les hommes ne pourront jamais t'arracher. Si je suis mort au bonheur, je ne le suis point à l'amour qui m'en rend digne. Cet amour est invincible comme le charme qui l'a fait naître; il est fondé sur la base inébranlable du mérite et des vertus; il ne peut périr dans une ame immortelle; il n'a plus besoin de l'appui de l'espérance, et le passé lui donne des forces pour un avenir éternel.

Mais toi, Julie, ô toi qui sus aimer une fois! comment ton tendre cœur a-t-il oublié de vivre? comment ce feu sacré s'est-il éteint dans ton ame pure? comment as-tu perdu le goût de ces plaisirs célestes que toi seule étois capable de sentir et de rendre? Tu me chasses sans pitié, tu me bannis avec opprobre, tu me livres à mon désespoir, et tu ne vois pas dans l'erreur qui t'égare, qu'en me rendant misérable tu t'ôtes le bonheur de tes jours!

Ah! Julie, crois-moi, tu chercheras vainement un autre cœur ami du tien : mille t'adoreront sans doute, le mien seul te savoit aimer.

Réponds-moi maintenant, amante abusée ou trompeuse, que sont devenus ces projets formés avec tant de mystère ? où sont ces vaines espérances dont tu leurras si souvent ma crédule simplicité ? où est cette union sainte et désirée, doux objet de tant d'ardents soupirs, et dont ta plume et ta bouche flattoient mes vœux ? Hélas ! sur la foi de tes promesses j'osois aspirer à ce nom sacré d'époux, et me croyois déjà le plus heureux des hommes. Dis, cruelle, ne m'abusois-tu que pour rendre enfin ma douleur plus vive et mon humiliation plus profonde ? ai-je attiré mes malheurs par ma faute ? Ai-je manqué d'obéissance, de docilité, de discrétion ? M'as-tu vu désirer assez foiblement pour mériter d'être éconduit, ou préférer mes fougueux désirs à tes volontés suprêmes ? J'ai tout fait pour te plaire, et tu m'abandonnes ! tu te chargeois de mon bonheur, et tu m'as perdu ! ingrate, rends-moi compte du dépôt que je t'ai confié; rends-moi compte de moi-même, après avoir égaré mon cœur dans cette suprême félicité que tu m'as montrée et que tu m'enlèves. Anges du ciel, j'eusse méprisé votre sort; j'eusse été le plus heureux des êtres.... Hélas ! je ne suis plus rien, un instant m'a tout ôté. J'ai passé sans intervalle du comble des plaisirs aux regrets éternels :

je touche encore au bonheur qui m'échappe... j'y touche encore, et le perds pour jamais!... Ah! si je le pouvois croire! si les restes d'une espérance vaine ne soutenoient.... O rochers de Meillerie! que mon œil égaré mesura tant de fois, que ne servîtes-vous mon désespoir? J'aurois moins regretté la vie quand je n'en avois pas senti le prix.

LETTRE II.

DE MILORD ÉDOUARD A CLAIRE.

Nous arrivons à Besançon, et mon premier soin est de vous donner des nouvelles de notre voyage. Il s'est fait, sinon paisiblement, du moins sans accident, et votre ami est aussi sain de corps qu'on peut l'être avec un cœur aussi malade; il voudroit même affecter à l'extérieur une sorte de tranquillité. Il a honte de son état, et se contraint beaucoup devant moi; mais tout décèle ses secrètes agitations: et si je feins de m'y tromper, c'est pour le laisser aux prises avec lui-même, et occuper ainsi une partie des forces de son ame à réprimer l'effet de l'autre.

Il fut fort abattu la première journée : je la fis courte, voyant que la vitesse de notre marche irritoit sa douleur. Il ne me parla point, ni moi à lui : les consolations indiscrètes ne font qu'aigrir les violentes afflictions. L'indifférence et la froideur trouvent aisément des paroles, mais la tristesse et le silence sont alors le vrai langage de l'amitié. Je commençai d'apercevoir hier les premières étincelles de la fureur qui va succéder infailliblement à cette léthargie. A la dînée, à peine y avoit-il un quart d'heure que nous étions arrivés, qu'il m'aborda d'un air d'impatience. Que tardons-nous à partir, me dit-il avec un souris amer; pourquoi restons-nous un moment si près d'elle? Le soir il affecta de parler beaucoup, sans dire un mot de Julie : il recommençoit des questions auxquelles j'avois répondu dix fois. Il voulut savoir si nous étions déjà sur terres de France, et puis il demanda si nous arriverions bientôt à Vevai. La première chose qu'il fait à chaque station, c'est de commencer quelque lettre qu'il déchire ou chiffonne un moment après. J'ai sauvé du feu deux ou trois de ces brouillons, sur lesquels vous pourrez entrevoir l'état de son ame. Je crois pourtant qu'il est parvenu à écrire une lettre entière.

L'emportement qu'annoncent ces premiers symptômes est facile à prévoir; mais je ne saurois dire quel en sera l'effet et le terme; car cela dépend d'une combinaison du caractère de l'homme, du genre de sa passion, des circonstances qui peuvent naître, de mille choses que nulle prudence humaine ne peut déterminer. Pour moi je puis répondre de ces fureurs, mais non pas de son désespoir; et, quoi qu'on fasse, tout homme est toujours maître de sa vie.

Je me flatte cependant qu'il respectera sa personne et mes soins, et je compte moins pour cela sur le zèle de l'amitié, qui n'y sera pas épargné, que sur le caractère de sa passion et sur celui de sa maîtresse. L'ame ne peut guère s'occuper fortement et long-temps d'un objet, sans contracter des dispositions qui s'y rapportent. L'extrême douceur de Julie doit tempérer l'âcreté du feu qu'elle inspire, et je ne doute pas non plus que l'amour d'un homme aussi vif ne lui donne à elle-même un peu plus d'activité qu'elle n'en auroit naturellement sans lui.

J'ose aussi compter sur son cœur; il est fait pour combattre et vaincre. Un amour pareil au sien n'est pas tant une foiblesse qu'une force mal employée. Une flamme ardente et malheureuse est capable d'absorber pour un temps, pour toujours peut-être, une partie de ses facultés : mais elle est elle-même une preuve de leur excellence et du parti qu'il en pourroit tirer pour cultiver la sagesse; car la sublime raison ne se soutient que par la même vigueur de l'ame qui fait les grandes passions, et l'on ne sert dignement la philosophie qu'avec le même feu qu'on sent pour une maîtresse.

Soyez-en sûre, aimable Claire, je ne m'intéresse pas moins que vous au sort de ce couple infortuné, non par un sentiment de commisération, qui peut n'être qu'une foiblesse, mais par la considération de la justice et de l'ordre, qui veulent que chacun soit placé de la manière la plus avantageuse à lui-même et à la société. Ces deux belles ames sortirent l'une pour l'autre des mains de la nature ; c'est dans une douce union, c'est dans le sein du bonheur, que, libres de déployer leurs forces et d'exercer leurs vertus, elles eussent éclairé la terre de leurs exemples. Pourquoi faut-il qu'un insensé préjugé vienne changer les directions éternelles et bouleverser l'harmonie des êtres pensants? Pourquoi la vanité d'un père barbare cache-t-elle ainsi la lumière sous le boisseau, et fait-elle gémir dans les larmes des cœurs tendres et bienfaisants, nés pour essuyer celles d'autrui? Le lien conjugal n'est-il pas le plus libre ainsi que le plus sacré des engagements? Oui, toutes lois qui le gênent sont injustes, tous les pères qui l'osent former ou rompre sont des tyrans. Ce chaste nœud de la nature n'est soumis ni au pouvoir souverain, ni à l'autorité paternelle, mais à la seule autorité du Père commun, qui sait commander aux cœurs, et qui, leur ordonnant de s'unir, les peut contraindre à s'aimer[1].

[1] Il y a des pays où cette convenance des conditions et de la fortune est tellement préférée à celle de la nature et des cœurs, qu'il suffit que la première ne s'y trouve pas pour empêcher ou rompre les plus heureux mariages, sans égard pour l'honneur perdu des infortunées, qui sont tous les jours victimes de ces odieux préju-

Que signifie ce sacrifice des convenances de la nature aux convenances de l'opinion? La diversité de fortune et d'état s'éclipse et se confond dans le mariage, elle ne fait rien au bonheur; mais celle d'humeur et de caractère demeure, et c'est par elle qu'on est heureux ou malheureux. L'enfant qui n'a de règle que l'amour choisit mal, le père qui n'a de règle que l'opinion choisit plus mal encore. Qu'une fille manque de raison, d'expérience, pour juger de la sagesse et des mœurs, un bon père y doit suppléer sans doute; son droit, son devoir même, est de dire : Ma fille, c'est un honnête homme, ou c'est un fripon; c'est un homme de sens, ou c'est un fou. Voilà les convenances dont il doit connoître, le jugement de toutes les autres appartient à la fille. En criant qu'on troubleroit ainsi l'ordre de la société, ces tyrans le troublent eux-mêmes. Que le rang se règle par le mérite, et l'union des cœurs par leur choix, voilà le véritable ordre social; ceux qui le règlent par la naissance ou par les

gés. J'ai vu plaider au parlement de Paris une cause célèbre où l'honneur du rang attaquoit insolemment et publiquement l'honnêteté, le devoir, la foi conjugale, et où l'indigne père qui gagna son procès osa déshériter son fils pour n'avoir pas voulu être un malhonnête homme. On ne sauroit dire à quel point, dans ce pays si galant, les femmes sont tyrannisées par les lois. Faut-il s'étonner qu'elles s'en vengent si cruellement par leurs mœurs*?

* LA CAUSE CÉLÈBRE dont il est question dans cette note est celle de M. de La Bédoyère, qui avoit épousé Agathe Sticotti, et dont le mariage fut cassé sur la requête de sa famille, qui le déshérita. Obligé de s'expatrier, il ne trouva le repos qu'après de longs malheurs. Son fils s'étant marié sans son consentement, il fut inflexible envers lui, comme l'avoit été son père, et fit pareillement casser son mariage.

richesses sont les vrais perturbateurs de cet ordre, ce sont ceux-là qu'il faut décrier ou punir.

Il est donc de la justice universelle que ces abus soient redressés : il est du devoir de l'homme de s'opposer à la violence, de concourir à l'ordre; et, s'il m'étoit possible d'unir ces deux amants en dépit d'un vieillard sans raison, ne doutez pas que je n'achevasse en cela l'ouvrage du ciel, sans m'embarrasser de l'approbation des hommes.

Vous êtes plus heureuse, aimable Claire; vous avez un père qui ne prétend point savoir mieux que vous en quoi consiste votre bonheur. Ce n'est peut-être ni par de grandes vues de sagesse, ni par une tendresse excessive qu'il vous rend ainsi maîtresse de votre sort; mais qu'importe la cause si l'effet est le même; et si, dans la liberté qu'il vous laisse, l'indolence lui tient lieu de raison ? Loin d'abuser de cette liberté, le choix que vous avez fait à vingt ans auroit l'approbation du plus sage père. Votre cœur, absorbé par une amitié qui n'eut jamais d'égale, a gardé peu de place aux feux de l'amour; vous leur substituez tout ce qui peut y suppléer dans le mariage : moins amante qu'amie, si vous n'êtes la plus tendre épouse vous serez la plus vertueuse, et cette union qu'a formée la sagesse doit croître avec l'âge et durer autant qu'elle. L'impulsion du cœur est plus aveugle, mais elle est plus invincible : c'est le moyen de se perdre que de se mettre dans la nécessité de lui résister.

PARTIE II, LETTRE II. 327

Heureux ceux que l'amour assortit comme auroit fait la raison, et qui n'ont point d'obstacle à vaincre et de préjugés à combattre! Tels seroient nos deux amants sans l'injuste résistance d'un père entêté. Tels malgré lui pourroient-ils être encore, si l'un des deux étoit bien conseillé.

L'exemple de Julie et le vôtre montrent également que c'est aux époux seuls à juger s'ils se conviennent. Si l'amour ne règne pas, la raison choisira seule; c'est le cas où vous êtes : si l'amour règne, la nature a déjà choisi; c'est celui de Julie. Telle est la loi sacrée de la nature, qu'il n'est pas permis à l'homme d'enfreindre, qu'il n'enfreint jamais impunément, et que la considération des états et des rangs ne peut abroger qu'il n'en coûte des malheurs et des crimes.

Quoique l'hiver s'avance et que j'aie à me rendre à Rome, je ne quitterai point l'ami que j'ai sous ma garde que je ne voie son ame dans un état de consistance sur lequel je puisse compter. C'est un dépôt qui m'est cher par son prix et parce que vous me l'avez confié. Si je ne puis faire qu'il soit heureux, je tâcherai de faire au moins qu'il soit sage et qu'il porte en homme les maux de l'humanité. J'ai résolu de passer ici une quinzaine de jours avec lui, durant lesquels j'espère que nous recevrons des nouvelles de Julie et des vôtres, et que vous m'aiderez toutes deux à mettre quelque appareil sur les blessures de ce cœur malade, qui ne peut encore écouter la raison que par l'organe du sentiment.

Je joins ici une lettre pour votre amie : ne la confiez, je vous prie, à aucun commissionnaire, mais remettez-la vous-même.

FRAGMENTS

JOINTS A LA LETTRE PRÉCÉDENTE.

I.

Pourquoi n'ai-je pu vous voir avant mon départ? Vous avez craint que je n'expirasse en vous quittant! Cœur pitoyable, rassurez-vous. Je me porte bien... je ne souffre pas... je vis encore... je pense à vous... je pense au temps où je vous fus cher... j'ai le cœur un peu serré... la voiture m'étourdit... je me trouve abattu... je ne pourrai long-temps vous écrire aujourd'hui. Demain peut-être aurai-je plus de force... ou n'en aurai-je plus besoin.

II.

Où m'entraînent ces chevaux avec tant de vitesse? Où me conduit avec tant de zèle cet homme qui se dit mon ami? Est-ce loin de toi, Julie? Est-ce par ton ordre? Est-ce en des lieux où tu n'es pas?... Ah! fille insensée! je mesure des yeux le chemin que je parcours si rapidement. D'où viens-je? où vais-je? et pourquoi tant de diligence? Avez-vous peur, cruels, que je ne coure pas assez tôt à ma perte? O amitié! ô amour! est-ce là votre accord? sont-ce là vos bienfaits?...

III.

As-tu bien consulté ton cœur en me chassant avec tant de violence? As-tu pu, dis, Julie, as-tu pu renoncer pour jamais?... Non, non; ce tendre cœur m'aime, je le sais bien. Malgré le sort, malgré lui-même, il m'aimera jusqu'au tombeau... Je le vois, tu t'es laissé suggérer...[1]. Quel repentir éternel tu te prépares!... Hélas! il sera trop tard... Quoi! tu pourrois oublier... Quoi! je t'aurois mal connue!... Ah! songe à toi, songe à moi, songe à... Écoute, il en est temps encore... Tu m'as chassé avec barbarie. Je fuis plus vite que le vent... Dis un mot, un seul mot, et je reviens plus prompt que l'éclair. Dis un mot, et pour jamais nous sommes unis : nous devons l'être... nous le serons... Ah! l'air emporte mes plaintes! et cependant je fuis! je vais vivre et mourir loin d'elle... Vivre loin d'elle!

[1] La suite montre que ses soupçons tomboient sur milord Édouard, et que Claire les a pris pour elle.

LETTRE III.

DE MILORD ÉDOUARD A JULIE.

Votre cousine vous dira des nouvelles de votre ami. Je crois d'ailleurs qu'il vous écrit par cet ordinaire. Commencez par satisfaire là-dessus votre empressement, pour lire ensuite posément cette lettre, car je vous préviens que son sujet demande toute votre attention.

Je connois les hommes; j'ai vécu beaucoup en peu d'années; j'ai acquis une grande expérience à mes dépens, et c'est le chemin des passions qui m'a conduit à la philosophie. Mais de tout ce que j'ai observé jusqu'ici je n'ai rien vu de si extraordinaire que vous et votre amant. Ce n'est pas que vous ayez ni l'un ni l'autre un caractère marqué dont on puisse au premier coup d'œil assigner les différences, et il se pourroit bien que cet embarras de vous définir vous fît prendre pour des ames communes par un observateur superficiel. Mais c'est cela même qui vous distingue, qu'il est impossible de vous distinguer, et que les traits du modèle commun, dont quelqu'un manque toujours à chaque individu, brillent tous également dans les vôtres. Ainsi chaque épreuve d'une estampe a ses défauts particuliers qui lui servent de caractère; et s'il en vient une qui soit parfaite, quoiqu'on la

PARTIE II, LETTRE III.

trouve belle au premier coup d'œil, il faut la considérer long-temps pour la reconnoître. La première fois que je vis votre amant, je fus frappé d'un sentiment nouveau qui n'a fait qu'augmenter de jour en jour, à mesure que la raison l'a justifié. A votre égard, ce fut tout autre chose encore, et ce sentiment fut si vif que je me trompai sur sa nature. Ce n'étoit pas tant la différence des sexes qui produisoit cette impression qu'un caractère encore plus marqué de perfection que le cœur sent, même indépendamment de l'amour. Je vois bien ce que vous seriez sans votre ami, je ne vois pas de même ce qu'il seroit sans vous : beaucoup d'hommes peuvent lui ressembler, mais il n'y a qu'une Julie au monde. Après un tort que je ne me pardonnerai jamais, votre lettre vint m'éclairer sur mes vrais sentiments. Je connus que je n'étois point jaloux, ni par conséquent amoureux ; je connus que vous étiez trop aimable pour moi; il vous faut les prémices d'une ame, et la mienne ne seroit pas digne de vous.

Dès ce moment je pris pour votre bonheur mutuel un tendre intérêt qui ne s'éteindra point. Croyant lever toutes les difficultés, je fis auprès de votre père une démarche indiscrète dont le mauvais succès n'est qu'une raison de plus pour exciter mon zèle. Daignez m'écouter, et je puis réparer encore tout le mal que je vous ai fait.

Sondez bien votre cœur, ô Julie ! et voyez s'il

vous est possible d'éteindre le feu dont il est dévoré. Il fut un temps peut-être où vous pouviez en arrêter le progrès : mais si Julie, pure et chaste, a pourtant succombé, comment se relevera-t-elle après sa chute ? comment résistera-t-elle à l'amour vainqueur, et armé de la dangereuse image de tous les plaisirs passés ? Jeune amante, ne vous en imposez plus, et renoncez à la confiance qui vous a séduite : vous êtes perdue s'il faut combattre encore : vous serez avilie et vaincue, et le sentiment de votre honte étouffera par degrés toutes vos vertus. L'amour s'est insinué trop avant dans la substance de votre ame pour que vous puissiez jamais l'en chasser; il en renforce et pénètre tous les traits, comme une eau forte et corrosive; vous n'en effacerez jamais la profonde impression sans effacer à la fois tous les sentiments exquis que vous reçûtes de la nature; et quand il ne vous restera plus d'amour, il ne vous restera plus rien d'estimable. Qu'avez-vous donc maintenant à faire, ne pouvant plus changer l'état de votre cœur ? Une seule chose, Julie, c'est de le rendre légitime. Je vais vous proposer pour cela l'unique moyen qui vous reste : profitez-en tandis qu'il est temps encore; rendez à l'innocence et à la vertu cette sublime raison dont le ciel vous fit dépositaire, ou craignez d'avilir à jamais le plus précieux de ses dons.

J'ai dans le duché d'Yorck une terre assez considérable, qui fut long-temps le séjour de mes ancêtres. Le château est ancien, mais bon et commode; les environs sont solitaires, mais agréables et variés. La rivière d'Ouse, qui passe au bout du parc, offre à la fois une perspective charmante à la vue et un débouché facile aux denrées. Le produit de la terre suffit pour l'honnête entretien du maître, et peut doubler sous ses yeux. L'odieux préjugé n'a point d'accès dans cette heureuse contrée; l'habitant paisible y conserve encore les mœurs simples des premiers temps; et l'on y trouve une image du Valais, décrit avec des traits si touchants par la plume de votre ami. Cette terre est à vous, Julie, si vous daignez l'habiter avec lui; et c'est là que vous pourrez accomplir ensemble tous les tendres souhaits par où finit la lettre dont je parle.

Venez, modèle unique des vrais amants, venez, couple aimable et fidèle, prendre possession d'un lieu fait pour servir d'asile à l'amour et à l'innocence; venez y serrer, à la face du ciel et des hommes, le doux nœud qui vous unit; venez honorer de l'exemple de vos vertus un pays où elles seront adorées, et des gens simples portés à les imiter. Puissiez-vous en ce lieu tranquille goûter à jamais dans les sentiments qui vous unissent le bonheur des ames pures! puisse le ciel y bénir vos chastes feux d'une famille qui vous ressemble! puissiez-vous y prolonger vos jours dans une honorable vieillesse, et les terminer enfin paisiblement dans les bras de vos enfants! puissent nos neveux, en parcourant avec un charme secret ce monument de la félicité conjugale; dire un jour dans l'attendrissement de leur cœur : *Ce fut ici l'asile de l'innocence, ce fut ici la demeure des deux amants!*

Votre sort est en vos mains, Julie; pesez attentivement la proposition que je vous fais, et n'en examinez que le fond; car d'ailleurs je me charge d'assurer d'avance et irrévocablement votre ami de l'engagement que je prends; je me charge aussi de la sûreté de votre départ, et de veiller avec lui à celle de votre personne jusqu'à votre arrivée : là vous pourrez aussitôt vous marier publiquement sans obstacle; car parmi nous une fille nubile n'a nul besoin du consentement d'autrui pour disposer d'elle-même. Nos sages lois n'abrogent point celles de la nature; et s'il résulte de cet heureux accord quelques inconvénients, ils sont beaucoup moindres que ceux qu'il prévient. J'ai laissé à Vevai mon valet de chambre, homme de confiance, brave, prudent, et d'une fidélité à toute épreuve. Vous pourrez aisément vous concerter avec lui de bouche ou par écrit à l'aide de Regianino, sans que ce dernier sache de quoi il s'agit. Quand il sera temps, nous partirons pour vous aller joindre, et vous ne quitterez la maison paternelle que sous la conduite de votre époux.

Je vous laisse à vos réflexions; mais, je le répète,

craignez l'erreur des préjugés et la séduction des scrupules, qui mènent souvent au vice par le chemin de l'honneur. Je prévois ce qui vous arrivera si vous rejetez mes offres. La tyrannie d'un père intraitable vous entraînera dans l'abîme que vous ne connoîtrez qu'après la chute. Votre extrême douceur dégénère quelquefois en timidité; vous serez sacrifiée à la chimère des conditions[1]. Il faudra contracter un engagement désavoué par le cœur. L'approbation publique sera démentie incessamment par le cri de la conscience; vous serez honorée et méprisable : il vaut mieux être oubliée et vertueuse.

P. S. Dans le doute de votre résolution, je vous écris à l'insu de notre ami, de peur qu'un refus de votre part ne vînt détruire en un instant tout l'effet de mes soins.

LETTRE IV.

DE JULIE A CLAIRE.

Oh! ma chère, dans quel trouble tu m'as laissée hier au soir! et quelle nuit j'ai passée en rêvant à cette fatale lettre! Non, jamais tentation plus dan-

[1] La chimère des conditions! C'est un pair d'Angleterre qui parle ainsi! et tout ceci ne seroit pas une fiction! Lecteur, qu'en dites-vous?

gereuse ne vint assaillir mon cœur, jamais je n'éprouvai de pareilles agitations, et jamais je n'aperçus moins le moyen de les apaiser. Autrefois une certaine lumière de sagesse et de raison dirigeoit ma volonté; dans toutes les occasions embarrassantes, je discernois d'abord le parti le plus honnête, et le prenois à l'instant. Maintenant, avilie et toujours vaincue, je ne fais que flotter entre des passions contraires : mon foible cœur n'a plus que le choix de ses fautes ; et tel est mon déplorable aveuglement, que si je viens par hasard à prendre le meilleur parti, la vertu ne m'aura point guidée, et je n'en aurai pas moins de remords. Tu sais quel époux mon père me destine, tu sais quels liens l'amour m'a donnés. Veux-je être vertueuse, l'obéissance et la foi m'imposent des devoirs opposés. Veux-je suivre le penchant de mon cœur, qui préférer d'un amant ou d'un père ? Hélas ! en écoutant l'amour ou la nature, je ne puis éviter de mettre l'un ou l'autre au désespoir ; en me sacrifiant au devoir, je ne puis éviter de commettre un crime ; et, quelque parti que je prenne, il faut que je meure à la fois malheureuse et coupable.

Ah ! chère et tendre amie, toi qui fus toujours mon unique ressource, et qui m'as tant de fois sauvée de la mort et du désespoir, considère aujourd'hui l'horrible état de mon ame, et vois si jamais tes secourables soins me furent plus nécessaires. Tu sais si tes avis sont écoutés ; tu sais si tes conseils sont suivis; tu viens de voir, au prix du bonheur de ma vie, si je sais déférer aux leçons de l'amitié. Prends donc pitié de l'accablement où tu m'as réduite; achève, puisque tu as commencé; supplée à mon courage abattu, pense pour celle qui ne pense plus que par toi. Enfin tu lis dans ce cœur qui t'aime, tu le connois mieux que moi. Apprends-moi donc ce que je veux, et choisis à ma place, quand je n'ai plus la force de vouloir, ni la raison de choisir.

Relis la lettre de ce généreux Anglois; relis-la mille fois, mon ange. Ah! laisse-toi toucher au tableau charmant du bonheur que l'amour, la paix, la vertu peuvent me promettre encore! Douce et ravissante union des ames, délices inexprimables même au sein des remords! dieux, que seriez-vous pour mon cœur au sein de la foi conjugale! Quoi! le bonheur et l'innocence seroient encore en mon pouvoir! Quoi! je pourrois expirer d'amour et de joie entre un époux adoré et les chers gages de sa tendresse!... Et j'hésite un seul moment! et je ne vole pas réparer ma faute dans les bras de celui qui me la fit commettre! et je ne suis pas déjà femme vertueuse et chaste mère de famille!... Oh! que les auteurs de mes jours ne peuvent-ils me voir sortir de mon avilissement! que ne peuvent-ils être témoins de la manière dont je saurai remplir à mon tour les devoirs sacrés qu'ils ont remplis envers moi!... Et les tiens, fille ingrate et dénaturée, qui les remplira près d'eux, tandis que tu les oublies ? Est-ce en plongeant le poignard dans le sein d'une mère que tu te prépares à le devenir ? Celle qui déshonore sa famille apprendra-t-elle à ses enfants à l'honorer ? Digne objet de l'aveugle tendresse d'un père et d'une mère idolâtres, abandonne-les au regret de t'avoir fait naître ; couvre leurs vieux jours de douleur et d'opprobre... et jouis, si tu peux, d'un bonheur acquis à ce prix !

Mon Dieu ! que d'horreurs m'environnent, quitter furtivement son pays, déshonorer sa famille, abandonner à la fois père, mère, amis, parents, et toi-même ! et toi, ma douce amie ! et toi, la bien-aimée de mon cœur ! toi dont à peine, dès mon enfance, je puis rester éloignée un seul jour ; te fuir, te quitter, te perdre, ne te plus voir !... Ah ! non : que jamais... Que de tourments déchirent ta malheureuse amie ! elle sent à la fois tous les maux dont elle a le choix, sans qu'aucun des biens qui lui resteront la console. Hélas ! je m'égare. Tant de combats passent ma force et troublent ma raison ; je perds à la fois le courage et le sens. Je n'ai plus d'espoir qu'en toi seule. Ou choisis, ou laisse-moi mourir.

LETTRE V.

RÉPONSE.

Tes perplexités ne sont que trop bien fondées, ma chère Julie; je les ai prévues et n'ai pu les prévenir; je les sens et ne puis les apaiser; et ce que je vois de pire dans ton état, c'est que personne ne t'en peut tirer que toi-même. Quand il s'agit de prudence, l'amitié vient au secours d'une ame agitée; s'il faut choisir le bien ou le mal, la passion qui les méconnoît peut se taire devant un conseil désintéressé. Mais ici, quelque parti que tu prennes, la nature l'autorise et le condamne, la raison le blâme et l'approuve, le devoir se tait ou s'oppose à lui-même; les suites sont également à craindre de part et d'autre; tu ne peux ni rester indécise ni bien choisir; tu n'as que des peines à comparer, et ton cœur seul en est le juge. Pour moi, l'importance de la délibération m'épouvante, et son effet m'attriste. Quelque sort que tu préfères, il sera toujours peu digne de toi; et, ne pouvant ni te montrer un parti qui te convienne, ni te conduire au vrai bonheur, je n'ai pas le courage de décider de ta destinée. Voici le premier refus que tu reçus jamais de ton amie; et je sens bien, par ce qu'il me coûte, que ce sera le dernier : mais je te trahirois en voulant te gouverner dans un cas où la raison même s'impose silence, et où la seule règle à suivre est d'écouter ton propre penchant.

Ne sois pas injuste envers moi, ma douce amie, et ne me juge point avant le temps. Je sais qu'il est des amitiés circonspectes qui, craignant de se compromettre, refusent des conseils dans les occasions difficiles, et dont la réserve augmente avec le péril des amis. Ah! tu vas connoître si ce cœur qui t'aime connoît ces timides précautions! Souffre qu'au lieu de te parler de tes affaires, je te parle un instant des miennes.

N'as-tu jamais remarqué, mon ange, à quel point tout ce qui t'approche s'attache à toi! Qu'un père et une mère chérissent une fille unique, il n'y a pas, je le sais, de quoi s'en fort étonner; qu'un jeune homme ardent s'enflamme pour un objet aimable, cela n'est pas plus extraordinaire. Mais qu'à l'âge mûr un homme aussi froid que M. de Wolmar s'attendrisse en te voyant pour la première fois de sa vie; que toute une famille t'idolâtre unanimement; que tu sois chère à mon père, cet homme si peu sensible, autant et plus peut-être que ses propres enfants; que les amis, les connoissances, les domestiques, et toute une ville entière, t'adorent de concert, et prennent à toi le plus tendre intérêt: voilà, ma chère, un concours moins vraisemblable, et qui n'auroit point lieu s'il n'avoit en ta personne quelque cause particulière. Sais-tu bien quelle est cette cause? Ce n'est ni ta beauté, ni ton esprit, ni ta grâce, ni rien de tout ce qu'on entend par le don de plaire : mais cette ame tendre et cette douceur d'attachement qui n'a point d'égale, c'est le don d'aimer, mon enfant, qui te fait aimer. On peut résister à tout, hors à la bienveillance; et il n'y a point de moyen plus sûr d'acquérir l'affection des autres que de leur donner la sienne. Mille femmes sont plus belles que toi; plusieurs ont autant de grâces; toi seule as, avec les grâces, je ne sais quoi de plus séduisant qui ne plaît pas seulement, mais qui touche et qui fait voler tous les cœurs au devant du tien. On sent que ce tendre cœur ne demande qu'à se donner, et le doux sentiment qu'il cherche le va chercher à son tour.

Tu vois, par exemple, avec surprise, l'incroyable affection de milord Édouard pour ton ami; tu vois son zèle pour ton bonheur; tu reçois avec admiration ses offres généreuses; tu les attribues à la seule vertu : et ma Julie de s'attendrir! Erreur, abus, charmante cousine! A Dieu ne plaise que j'exténue les bienfaits de milord Édouard, et que je déprise sa grande ame! Mais, crois-moi, ce zèle, tout pur qu'il est, seroit moins ardent, si, dans la même circonstance, il s'adressoit à d'autres personnes. C'est ton ascendant invincible et celui de ton ami qui, sans même qu'il s'en aperçoive, le déterminent avec tant de force, et lui font faire par attachement ce qu'il croit ne faire que par honnêteté.

Voilà ce qui doit arriver à toutes les ames d'une certaine trempe; elles transforment, pour ainsi dire, les autres en elles-mêmes; elles ont une sphère d'activité dans laquelle rien ne leur résiste: on ne peut les connoître sans les vouloir imiter, et de leur sublime élévation elles attirent à elles tout ce qui les environne. C'est pour cela, ma chère, que ni toi ni ton ami ne connoîtrez peut-être jamais les hommes; car vous les verrez bien plus comme vous les ferez que comme ils seront d'eux-mêmes. Vous donnerez le ton à tous ceux qui vivront avec vous; ils vous fuiront où vous deviendront semblables, et tout ce que vous aurez vu n'aura peut-être rien de pareil dans le reste du monde.

Venons maintenant à moi, cousine, à moi qu'un même sang, un même âge, et surtout une parfaite conformité de goûts et d'humeurs, avec des tempéraments contraires, unit à toi dès l'enfance:

<blockquote>
Congiunti eran gl' alberghi,
Ma più congiunti i cuori :
Conforme era l'etate,
Ma 'l pensier più conforme [1].
</blockquote>

Que penses-tu qu'ait produit sur celle qui a passé sa vie avec toi cette charmante influence qui

---

[1] Nos ames étoient jointes ainsi que nos demeures; et nous avions la même conformité de goûts que d'âges.

Tass., Aminte.

se fait sentir à tout ce qui t'approche? Crois-tu qu'il puisse ne régner entre nous qu'une union commune? mes yeux ne te rendent-ils pas la douce joie que je prends chaque jour dans les tiens en nous abordant? Ne lis-tu pas dans mon cœur attendri le plaisir de partager tes peines et de pleurer avec toi? Puis-je oublier que, dans les premiers transports d'un amour naissant, l'amitié ne te fut point importune, et que les murmures de ton amant ne purent t'engager à m'éloigner de toi, et à me dérober le spectacle de ta foiblesse? Ce moment fut critique, ma Julie; je sais ce que vaut dans ton cœur modeste le sacrifice d'une honte qui n'est pas réciproque. Jamais je n'eusse été ta confidente si j'eusse été ton amie à demi, et nos ames se sont trop bien senties en s'unissant pour que rien les puisse désormais séparer.

Qu'est-ce qui rend les amitiés si tièdes et si peu durables entre les femmes, je dis entre celles qui sauroient aimer? Ce sont les intérêts de l'amour, c'est l'empire de la beauté, c'est la jalousie des conquêtes: or si rien de tout cela nous eût pu diviser, cette division seroit déjà faite. Mais quand mon cœur seroit moins inepte à l'amour, quand j'ignorerois que vos feux sont de nature à ne s'éteindre qu'avec la vie, ton amant est mon ami, c'est-à-dire mon frère; et qui vit jamais finir par l'amour une véritable amitié? Pour M. d'Orbe, assurément il aura long-temps à se louer de tes sentiments avant que je songe à m'en plaindre; et je ne suis pas plus tentée de le retenir par force que toi de me l'arracher. Eh! mon enfant, plût au ciel qu'au prix de son attachement je te pusse guérir du tien! je le garde avec plaisir, je le céderois avec joie.

A l'égard des prétentions sur la figure, j'en puis avoir tant qu'il me plaira; tu n'es pas fille à me les disputer, et je suis bien sûre qu'il ne t'entra de tes jours dans l'esprit de savoir qui de nous deux est la plus jolie. Je n'ai pas été tout-à-fait si indifférente; je sais là-dessus à quoi m'en tenir, sans en avoir le moindre chagrin. Il me semble même que j'en suis plus fière que jalouse; car enfin les charmes de ton visage, n'étant pas ceux qu'il faudroit au mien, ne m'ôtent rien de ce que j'ai, et je me trouve encore belle de ta beauté, aimable de tes grâces, ornée de tes talents; je me pare de toutes tes perfections, et c'est en toi que je place mon amour-propre le mieux entendu. Je n'aimerois pourtant guère à faire peur pour mon compte, mais je suis assez jolie pour le besoin que j'ai de l'être. Tout le reste m'est inutile, et je n'ai pas besoin d'être humble pour te céder.

Tu t'impatientes de savoir à quoi j'en veux venir. Le voici. Je ne puis te donner le conseil que tu me demandes, je t'en ai dit la raison : mais le parti que tu prendras pour toi, tu le prendras en même temps pour ton amie; et quel que soit ton destin, je suis déterminée à le partager. Si tu pars, je te suis; si tu restes, je reste : j'en ai formé l'inébranlable résolution; je le dois; rien ne peut m'en détourner. Ma fatale indulgence a causé ta perte; ton sort doit être le mien ; et puisque nous fûmes inséparables dès l'enfance, ma Julie, il faut l'être jusqu'au tombeau.

Tu trouveras, je le prévois, beaucoup d'étourderie dans ce projet; mais au fond il est plus sensé qu'il ne semble, et je n'ai pas les mêmes motifs d'irrésolution que toi. Premièrement, quant à ma famille, si je quitte un père facile, je quitte un père assez indifférent, qui laisse faire à ses enfants tout ce qui leur plaît, plus par négligence que par tendresse : car tu sais que les affaires de l'Europe l'occupent beaucoup plus que les siennes, et que sa fille lui est bien moins chère que la Pragmatique. D'ailleurs je ne suis pas comme toi fille unique; et avec les enfants qui lui resteront, à peine saura-t-il s'il lui en manque un.

J'abandonne un mariage prêt à conclure? *Manco male* [1], ma chère; c'est à M. d'Orbe, s'il m'aime, à s'en consoler. Pour moi, quoique j'estime son caractère, que je ne sois pas sans attachement pour sa personne, et que je regrette en lui un fort honnête homme, il ne m'est rien auprès de ma Julie. Dis-moi, mon enfant, l'ame a-t-elle un sexe? En

---

[1] Idiotisme italien qui répond à notre *qu'à cela ne tienne*; c'est le *moindre mal* qui en puisse arriver.

vérité je ne le sens guère à la mienne. Je puis avoir des fantaisies, mais fort peu d'amour. Un mari peut m'être utile, mais il ne sera jamais pour moi qu'un mari; et de ceux-là, libre encore et passable comme je suis, j'en puis trouver un par tout le monde.

Prends bien garde, cousine, que, quoique je n'hésite point, ce n'est pas à dire que tu ne doives point hésiter, ni que je veuille t'insinuer de prendre le parti que je prendrai si tu pars. La différence est grande entre nous, et tes devoirs sont beaucoup plus rigoureux que les miens. Tu sais encore qu'une affection presque unique remplit mon cœur, et absorbe si bien tous les autres sentiments, qu'ils y sont comme anéantis. Une invincible et douce habitude m'attache à toi dès mon enfance; je n'aime parfaitement que toi seule, et si j'ai quelque lien à rompre en te suivant, je m'encouragerai par ton exemple. Je me dirai, J'imite Julie, et me croirai justifiée.

BILLET.

DE JULIE A CLAIRE.

Je t'entends, amie incomparable, et je te remercie. Au moins une fois j'aurai fait mon devoir, et ne serai pas en tout indigne de toi.

LETTRE VI.

DE JULIE A MILORD ÉDOUARD.

Votre lettre, Milord, me pénètre d'attendrissement et d'admiration. L'ami que vous daignez protéger n'y sera pas moins sensible, quand il saura tout ce que vous avez voulu faire pour nous. Hélas! il n'y a que les infortunés qui sentent le prix des ames bienfaisantes. Nous ne savons déjà qu'à trop de titres tout ce que vaut la vôtre, et vos vertus héroïques nous toucheront toujours, mais elles ne nous surprendront plus.

Qu'il me seroit doux d'être heureuse sous les auspices d'un ami si généreux, et de tenir de ses bienfaits le bonheur que la fortune m'a refusé! Mais, Milord, je le vois avec désespoir, elle trompe vos bons desseins; mon cruel sort l'emporte sur votre zèle, et la douce image des biens que vous m'offrez ne sert qu'à m'en rendre la privation plus sensible. Vous donnez une retraite agréable et sûre à deux amants persécutés; vous y rendez leurs feux légitimes; leur union solennelle, et je sais que sous votre garde j'échapperois aisément aux poursuites d'une famille irritée. C'est beaucoup pour l'amour; est-ce assez pour la félicité? Non : si vous voulez que je sois paisible et contente, donnez-moi quelque asile plus sûr encore, où l'on puisse échapper à la honte et au repentir. Vous allez au devant de nos besoins, et, par une générosité sans exemple, vous vous privez, pour notre entretien, d'une partie des biens destinés au vôtre. Plus riche, plus honorée de vos bienfaits que de mon patrimoine, je puis tout recouvrer près de vous, et vous daignerez me tenir lieu de père. Ah! Milord, serai-je digne d'en trouver un, après avoir abandonné celui que m'a donné la nature?

Voilà la source des reproches d'une conscience épouvantée, et des murmures secrets qui déchirent mon cœur. Il ne s'agit pas de savoir si j'ai droit de disposer de moi contre le gré des auteurs de mes jours, mais si j'en puis disposer sans les affliger mortellement, si je puis les fuir sans les mettre au désespoir. Hélas! il vaudroit autant consulter si j'ai droit de leur ôter la vie. Depuis quand la vertu pèse-t-elle ainsi les droits du sang et de la nature? Depuis quand un cœur sensible marque-t-il avec tant de soin les bornes de la reconnoissance? N'est-ce pas être déjà coupable que de vouloir aller jusqu'au point où l'on commence à le devenir? et cherche-t-on si scrupuleusement le terme de ses devoirs, quand on n'est point tenté de le passer? Qui? moi? j'abandonnerois impitoyablement ceux par qui je respire, ceux qui me conservent la vie qu'ils m'ont donnée, et me la rendent chère; ceux qui n'ont d'autre espoir, d'autre plaisir qu'en moi seule; un père presque sexagénaire, une mère toujours languissante! moi, leur unique enfant, je les laisserois sans assistance dans la solitude et les ennuis de la vieillesse, quand il est temps de leur rendre les tendres soins qu'ils m'ont prodigués! je livrerois leurs derniers jours à la honte, aux regrets, aux pleurs! la terreur, le cri de ma conscience agitée, me peindroient sans cesse mon père et ma mère expirants sans consolation, et maudissant la fille ingrate qui les délaisse et les déshonore. Non, Milord, la vertu que j'abandonnai m'abandonne à son tour, et ne dit plus rien à mon cœur : mais cette idée horrible me parle à sa place; elle me suivroit pour mon tourment à chaque instant de mes jours, et me rendroit misérable au sein du bonheur. Enfin si tel est mon destin qu'il faille livrer le reste de ma vie aux remords, celui-là seul est trop affreux pour le supporter; j'aime mieux braver tous les autres.

Je ne puis répondre à vos raisons, je l'avoue; je n'ai que trop de penchant à les trouver bonnes. Mais, Milord, vous n'êtes pas marié : ne sentez-vous point qu'il faut être père pour avoir droit de conseiller les enfants d'autrui? Quant à moi, mon parti est pris; mes parents me rendront malheureuse, je le sais bien; mais il me sera moins cruel de gémir dans mon infortune que d'avoir causé la leur; et je ne déserterai jamais la maison paternelle. Va donc, douce chimère d'une ame sensible, félicité si charmante et si désirée, va te perdre dans la nuit des songes; tu n'auras plus de réalité pour moi. Et vous, ami trop généreux, oubliez vos aimables projets, et qu'il n'en reste de trace qu'au fond d'un cœur trop reconnoissant pour en perdre le souvenir. Si l'excès de nos maux ne décourage point votre grande ame, si vos généreuses bontés ne sont point épuisées, il vous reste de quoi les exercer avec gloire; et celui que vous honorez du titre de votre ami peut, par vos soins, mériter de le devenir. Ne jugez pas de lui par l'état où vous le voyez : son égarement ne vient point de lâcheté, mais d'un génie ardent et fier qui se roidit contre la fortune. Il y a souvent plus de stupidité que de courage dans une constance apparente; le vulgaire ne connoît point de violentes douleurs, et les grandes passions ne germent guère chez les hommes foibles. Hélas! il a mis dans la sienne cette énergie de sentiments qui caractérise les ames nobles, et c'est ce qui fait aujourd'hui ma honte et mon désespoir. Milord, daignez le croire, s'il n'étoit qu'un homme ordinaire, Julie n'eût point péri.

Non, non, cette affection secrète qui prévint en vous une estime éclairée ne vous a point trompé. Il est digne de tout ce que vous avez fait pour lui sans le bien connoître; vous ferez plus encore, s'il est possible, après l'avoir connu. Oui, soyez son consolateur, son protecteur, son ami, son père; c'est à la fois pour vous et pour lui que je vous en conjure : il justifiera votre confiance, il honorera vos bienfaits; il pratiquera vos leçons, il imitera vos vertus, il apprendra de vous la sagesse. Ah! Milord, s'il devient entre vos mains tout ce qu'il peut être, que vous serez fier un jour de votre ouvrage!

LETTRE VII.

DE JULIE A SAINT-PREUX.

Et toi aussi, mon doux ami! et toi, l'unique espoir de mon cœur, tu viens le percer encore quand il se meurt de tristesse! J'étois préparée aux coups de la fortune, de longs pressentiments me les avoient annoncés, je les aurois supportés avec patience : mais toi pour qui je les souffre!..... Ah! ceux qui me viennent de toi me sont seuls insupportables, et il m'est affreux de voir aggraver mes peines par celui qui devoit me les rendre chères. Que de douces consolations je m'étois promises qui s'évanouissent avec ton courage! Combien de fois je me flattai que ta force animeroit ma langueur, que ton mérite effaceroit ma faute, que tes vertus relèveroient mon ame abattue! Combien de fois j'essuyai mes larmes amères en me disant: Je souffre pour lui, mais il en est digne; je suis coupable, mais il est vertueux; mille ennuis m'assiégent, mais sa constance me soutient, et je trouve au fond de son cœur le dédommagement de toutes mes pertes! Vain espoir que la première épreuve a détruit! Où est maintenant cet amour sublime qui sait élever tous les sentiments et faire éclater la vertu? Où sont ces fières maximes? Qu'est devenue cette imitation des grands hommes? Où est ce philosophe que le malheur ne peut ébranler, et qui succombe au premier accident qui le sépare de sa maîtresse? Quel prétexte excusera désormais ma honte à mes propres yeux, quand je ne vois plus dans celui qui m'a séduite qu'un homme sans courage, amolli par les plaisirs, qu'un cœur lâche, abattu par le premier revers, qu'un insensé qui renonce à la raison sitôt qu'il a besoin d'elle? O dieu! dans ce comble d'humiliation devois-je me voir réduite à rougir de mon choix autant que de ma foiblesse?

Regarde à quel point tu t'oublies : ton ame égarée et rampante s'abaisse jusqu'à la cruauté! tu m'oses faire des reproches! tu t'oses plaindre de moi!... de ta Julie!... Barbare!... comment tes remords n'ont-ils pas retenu ta main? comment les plus doux témoignages du plus tendre amour qui fut jamais t'ont-ils laissé le courage de m'outrager? Ah! si tu pouvois douter de mon cœur, que le tien seroit méprisable!... Mais non, tu n'en doutes pas, tu n'en peux douter; j'en puis défier ta fureur; et dans cet instant même où je hais ton injustice, tu vois trop bien la source du premier mouvement de colère que j'éprouvai de ma vie.

Peux-tu t'en prendre à moi, si je me suis perdue par une aveugle confiance, et si mes desseins n'ont point réussi? Que tu rougirois de tes duretés si tu connoissois quel espoir m'avoit séduite, quels projets j'osai former pour ton bonheur et le mien, et comment ils se sont évanouis avec toutes mes espérances! Quelque jour, j'ose m'en flatter encore, tu pourras en savoir davantage, et tes regrets me vengeront alors de tes reproches. Tu sais la défense de mon père; tu n'ignores pas les discours publics; j'en prévis les conséquences, je te les fis exposer, tu les sentis comme nous; et pour nous conserver l'un à l'autre, il fallut nous soumettre au sort qui nous séparoit.

Je t'ai donc chassé, comme tu l'oses dire! Mais pour qui l'ai-je fait, amant sans délicatesse? Ingrat! c'est pour un cœur bien plus honnête qu'il ne croit l'être, et qui mourroit mille fois plûtôt que de me voir avilie. Dis-moi, que deviendras-tu quand je serai livrée à l'opprobre? Espères-tu pouvoir supporter le spectacle de mon déshonneur? Viens, cruel, si tu le crois, viens recevoir le sacrifice de ma réputation avec autant de courage que je puis te l'offrir. Viens, ne crains pas d'être désavoué de celle à qui tu fus cher. Je suis prête à déclarer à la face du ciel et des hommes tout ce que nous avons senti l'un pour l'autre; je suis prête à te nommer hautement mon amant, à mourir dans tes bras d'amour et de honte : j'aime mieux que le monde entier connoisse ma tendresse que de t'en voir douter un moment, et tes reproches me sont plus amers que l'ignominie.

Finissons pour jamais ces plaintes mutuelles, je t'en conjure ; elles me sont insupportables. O dieu ! comment peut-on se quereller quand on s'aime, et perdre à se tourmenter l'un l'autre des moments où l'on a si grand besoin de consolation ! Non, mon ami, que sert de feindre un mécontentement qui n'est pas ? Plaignons-nous du sort et non de l'amour. Jamais il ne forma d'union si parfaite ; jamais il n'en forma de plus durable. Nos ames trop bien confondues ne sauroient plus se séparer ; et nous ne pouvons plus vivre éloignés l'un de l'autre, que comme deux parties d'un même tout. Comment peux-tu donc ne sentir que tes peines ? comment ne sens-tu point celles de ton amie ? comment n'entends-tu point dans ton sein ses tendres gémissements ? Combien ils sont plus douloureux que tes cris emportés ! combien, si tu partageois mes maux, ils te seroient plus cruels que les tiens mêmes !

Tu trouves ton sort déplorable ! Considère celui de ta Julie, et ne pleure que sur elle. Considère dans nos communes infortunes l'état de mon sexe et du tien, et juge qui de nous est le plus à plaindre. Dans la force des passions, affecter d'être insensible ; en proie à mille peines, paroître joyeuse et contente ; avoir l'air serein et l'ame agitée ; dire toujours autrement qu'on ne pense; déguiser tout ce qu'on sent; être fausse par devoir, et mentir par modestie; voilà l'état habituel de toute fille de mon âge. On passe ainsi ses beaux jours sous la tyrannie des bienséances, qu'aggrave enfin celle des parents dans un lien mal assorti. Mais on gêne en vain nos inclinations; le cœur ne reçoit de lois que de lui-même; il échappe à l'esclavage, il se donne à son gré. Sous un joug de fer que le ciel n'impose pas, on n'asservit qu'un corps sans ame : la personne et la foi restent séparément engagées, et l'on force au crime une malheureuse victime en la forçant de manquer de part ou d'autre au devoir sacré de la fidélité. Il en est de plus sages! Ah! je le sais. Elles n'ont point aimé : qu'elles sont heureuses! Elles résistent : j'ai voulu résister. Elles sont plus vertueuses : aiment-elles mieux la vertu? Sans toi, sans toi seul, je l'aurois toujours aimée. Il est donc vrai que je ne l'aime plus?... Tu m'as perdue; et c'est moi qui te console!... Mais moi que vais-je devenir?... Que les consolations de l'amitié sont foibles où manquent celles de l'amour! Qui me consolera donc dans mes peines? Quel sort affreux j'envisage, moi qui, pour avoir vécu dans le crime, ne vois plus qu'un nouveau crime dans des nœuds abhorrés et peut-être inévitables? Où trouverai-je assez de larmes pour pleurer ma faute et mon amant, si je cède? Où trouverai-je assez de force pour résister, dans l'abattement où je suis? Je crois déjà voir les fureurs d'un père irrité. Je crois déjà sentir le cri de la nature émouvoir mes entrailles, ou l'amour gémissant déchirer mon cœur. Privée de toi, je reste sans ressource, sans appui, sans espoir; le passé m'avilit, le présent m'afflige, l'avenir m'épouvante. J'ai cru tout faire pour notre bonheur, je n'ai fait que nous rendre plus misérables en nous préparant une séparation plus cruelle. Les vains plaisirs ne sont plus, les remords demeurent; et la honte qui m'humilie est sans dédommagement.

C'est à moi, c'est à moi d'être foible et malheureuse. Laisse-moi pleurer et souffrir; mes pleurs ne peuvent non plus tarir que mes fautes se réparer, et le temps même qui guérit tout ne m'offre que de nouveaux sujets de larmes. Mais toi qui n'as nulle violence à craindre, que la honte n'avilit point, que rien ne force à déguiser bassement tes sentiments; toi qui ne sens que l'atteinte du malheur et jouis au moins de tes premières vertus, comment t'oses-tu dégrader au point de soupirer et gémir comme une femme, et de t'emporter comme un furieux? N'est-ce pas assez du mépris que j'ai mérité pour toi, sans l'augmenter en te rendant méprisable toi-même, et sans m'accabler à la fois de mon opprobre et du tien? Rappelle donc ta fermeté, sache supporter l'infortune, et sois homme. Sois encore, si j'ose le dire, l'amant que Julie a choisi. Ah! si je ne suis plus digne d'animer ton courage, souviens-toi du moins de ce que je fus un jour ; mérite que pour toi j'aie cessé de l'être ; ne me déshonore pas deux fois.

Non, mon respectable ami, ce n'est point toi que je reconnois dans cette lettre efféminée que je veux à jamais oublier, et que je tiens déjà désavouée par toi-même. J'espère, tout avilie, toute confuse que je suis, j'ose espérer que mon souvenir n'inspire point des sentiments aussi bas, que mon image règne encore avec plus de gloire dans un cœur que je pus enflammer, et que je n'aurai point à me reprocher, avec ma foiblesse, la lâcheté de celui qui l'a causée.

Heureux dans ta disgrâce, tu trouves le plus précieux dédommagement qui soit connu des ames sensibles. Le ciel dans ton malheur te donne un ami, et te laisse à douter si ce qu'il te rend ne vaut pas mieux que ce qu'il t'ôte. Admire et chéris cet homme trop généreux qui daigne, aux dépens de son repos, prendre soin de tes jours et de ta raison. Que tu serois ému si tu savois tout ce qu'il a voulu faire pour toi ! Mais que sert d'animer ta reconnoissance en aigrissant tes douleurs ? Tu n'as pas besoin de savoir à quel point il t'aime pour connoître tout ce qu'il vaut ; et tu ne peux l'estimer comme il le mérite, sans l'aimer comme tu le dois.

LETTRE VIII.

DE CLAIRE A SAINT-PREUX.

Vous avez plus d'amour que de délicatesse, et savez mieux faire des sacrifices que les faire valoir. Y pensez-vous d'écrire à Julie sur un ton de reproches dans l'état où elle est? et parce que vous souffrez, faut-il vous en prendre à elle qui souffre encore plus? Je vous l'ai dit mille fois, je ne vis de ma vie un amant si grondeur que vous; toujours prêt à disputer sur tout, l'amour n'est pour vous qu'un état de guerre; ou, si quelquefois vous êtes docile, c'est pour vous plaindre ensuite de l'avoir été. Oh! que de pareils amants sont à craindre! et que je m'estime heureuse de n'en avoir jamais voulu que de ceux qu'on peut congédier quand on veut, sans qu'il en coûte une larme à personne!

Croyez-moi, changez de langage avec Julie si vous voulez qu'elle vive; c'en est trop pour elle de supporter à la fois sa peine et vos mécontentements. Apprenez une fois à ménager ce cœur trop sensible; vous lui devez les plus tendres consolations : craignez d'augmenter vos maux à force de vous en plaindre, ou du moins ne vous en plaignez qu'à moi qui suis l'unique auteur de votre éloignement. Oui, mon ami, vous avez deviné juste; je lui ai suggéré le parti qu'exigeoit son hon-

PARTIE II, LETTRE VIII. 359

neur en péril, ou plutôt je l'ai forcée à le prendre en exagérant le danger; je vous ai déterminé vous-même, et chacun a rempli son devoir. J'ai plus fait encore; je l'ai détournée d'accepter les offres de milord Édouard; je vous ai empêché d'être heureux, mais le bonheur de Julie m'est plus cher que le vôtre; je savois qu'elle ne pouvoit être heureuse après avoir livré ses parents à la honte et au désespoir; et j'ai peine à comprendre, par rapport à vous-même, quel bonheur vous pourriez goûter aux dépens du sien.

Quoi qu'il en soit, voilà ma conduite et mes torts; et, puisque vous vous plaisez à quereller ceux qui vous aiment, voilà de quoi vous en prendre à moi seule; si ce n'est pas cesser d'être ingrat, c'est au moins cesser d'être injuste. Pour moi, de quelque manière que vous en usiez, je serai toujours la même envers vous; vous me serez cher tant que Julie vous aimera, et je dirois davantage s'il étoit possible. Je ne me repens d'avoir ni favorisé ni combattu votre amour. Le pur zèle de l'amitié qui m'a toujours guidée me justifie également dans ce que j'ai fait pour et contre vous; et, si quelquefois je m'intéressai pour vos feux plus peut-être qu'il ne sembloit me convenir, le témoignage de mon cœur suffit à mon repos; je ne rougirai jamais des services que j'ai pu rendre à mon amie, et ne me reproche que leur inutilité.

Je n'ai pas oublié ce que vous m'avez appris autrefois de la constance du sage dans les disgrâces, et je pourrois, ce me semble, vous en rappeler à propos quelques maximes; mais l'exemple de Julie m'apprend qu'une fille de mon âge est pour un philosophe du vôtre un aussi mauvais précepteur qu'un dangereux disciple; et il ne me conviendroit pas de donner des leçons à mon maître.

LETTRE IX.

DE MILORD ÉDOUARD A JULIE.

Nous l'emportons, charmante Julie; une erreur de notre ami l'a ramené à la raison. La honte de s'être mis un moment dans son tort a dissipé toute sa fureur, et l'a rendu si docile que nous en ferons désormais tout ce qu'il nous plaira. Je vois avec plaisir que la faute qu'il se reproche lui laisse plus de regret que de dépit; et je connois qu'il m'aime, en ce qu'il est humble et confus en ma présence, mais non pas embarrassé ni contraint. Il sent trop bien son injustice pour que je m'en souvienne; et des torts ainsi reconnus font plus d'honneur à celui qui les répare qu'à celui qui les pardonne.

J'ai profité de cette révolution et de l'effet qu'elle a produit pour prendre avec lui quelques arrangements nécessaires avant de nous séparer; car je ne puis différer mon départ plus long-temps. Comme je compte revenir l'été prochain, nous sommes convenus qu'il iroit m'attendre à Paris, et qu'ensuite nous irions ensemble en Angleterre. Londres est le seul théâtre digne des grands talents, et où leur carrière est le plus étendue [1]. Les siens sont supérieurs à bien des égards; et je ne désespère pas de lui voir faire en peu de temps, à l'aide de quelques amis, un chemin digne de son mérite. Je vous expliquerai mes vues plus en détail à mon passage auprès de vous. En attendant, vous sentez qu'à force de succès on peut lever bien des difficultés, et qu'il y a des degrés de considération qui peuvent compenser la naissance, même dans l'esprit de votre père. C'est, ce me semble, le seul expédient qui reste à tenter pour votre bonheur et le sien, puisque le sort et les préjugés vous ont ôté tous les autres.

J'ai écrit à Regianino de venir me joindre en poste, pour profiter de lui pendant huit ou dix

[1] C'est avoir une étrange prévention pour son pays; car je n'entends pas dire qu'il y en ait au monde où, généralement parlant, les étrangers soient moins bien reçus, et trouvent plus d'obstacles à s'avancer qu'en Angleterre. Par le goût de la nation, ils n'y sont favorisés en rien; par la forme du gouvernement, ils n'y sauroient parvenir à rien. Mais convenons aussi que l'Anglois ne va guère demander aux autres l'hospitalité qu'il leur refuse chez lui. Dans quelle cour, hors celle de Londres, voit-on ramper lâchement ces fiers insulaires? Dans quel pays, hors le leur, vont-ils chercher à s'enrichir? ils sont durs, il est vrai; cette dureté ne me déplaît pas quand elle marche avec la justice. Je trouve beau qu'ils ne soient qu'Anglois, puisqu'ils n'ont pas besoin d'être hommes.

jours que je passe encore avec notre ami. Sa tristesse est trop profonde pour laisser place à beaucoup d'entretien. La musique remplira les vides du silence, le laissera rêver, et changera par degrés sa douleur en mélancolie. J'attends cet état pour le livrer à lui-même, je n'oserois m'y fier auparavant. Pour Regianino, je vous le rendrai en repassant, et ne le reprendrai qu'à mon retour d'Italie, temps où, sur les progrès que vous avez déjà faits toutes deux, je juge qu'il ne vous sera plus nécessaire. Quant à présent, sûrement il vous est inutile, et je ne vous prive de rien en vous l'ôtant pour quelques jours.

LETTRE X.

DE SAINT-PREUX A CLAIRE.

Pourquoi faut-il que j'ouvre enfin les yeux sur moi? Que ne les ai-je fermés pour toujours, plutôt que de voir l'avilissement où je suis tombé; plutôt que de me trouver le dernier des hommes, après en avoir été le plus fortuné! Aimable et généreuse amie, qui fûtes si souvent mon refuge, j'ose encore verser ma honte et mes peines dans votre cœur compatissant : j'ose encore implorer vos consolations contre le sentiment de ma propre indignité; j'ose recourir à vous quand je suis abandonné de moi-même. Ciel! comment un homme aussi méprisable a-t-il pu jamais être aimé d'elle? ou comment un feu si divin n'a-t-il point épuré mon ame? Qu'elle doit maintenant rougir de son choix, celle que je ne suis plus digne de nommer! Qu'elle doit gémir de voir profaner son image dans un cœur si rampant et si bas! Qu'elle doit de dédains et de haine à celui qui put l'aimer et n'être qu'un lâche! Connoissez toutes mes erreurs, charmante cousine [1]; connoissez mon crime et mon repentir; soyez mon juge, et que je meure; ou soyez mon intercesseur, et que l'objet qui fait mon sort daigne encore en être l'arbitre.

Je ne vous parlerai point de l'effet que produisit sur moi cette séparation imprévue; je ne vous dirai rien de ma douleur stupide et de mon insensé désespoir; vous n'en jugerez que trop par l'égarement inconcevable où l'un et l'autre m'ont entraîné. Plus je sentois l'horreur de mon état, moins j'imaginois qu'il fût possible de renoncer volontairement à Julie; et l'amertume de ce sentiment, jointe à l'étonnante générosité de milord Édouard, me fit naître des soupçons que je ne me rappellerai jamais sans horreur, et que je ne puis oublier sans ingratitude envers l'ami qui me les pardonne.

En rapprochant dans mon délire toutes les circonstances de mon départ, j'y crus reconnoître un

---

[1] A l'imitation de Julie, il l'appeloit ma cousine; et à l'imitation de Julie, Claire l'appeloit mon ami.

dessein prémédité, et j'osai l'attribuer au plus vertueux des hommes. A peine ce doute affreux me fut-il entré dans l'esprit, que tout me sembla le confirmer. La conversation de milord avec le baron d'Étange, le ton peu insinuant que je l'accusois d'y avoir affecté, la querelle qui en dériva, la défense de me voir, la résolution prise de me faire partir, la diligence et le secret des préparatifs, l'entretien qu'il eut avec moi la veille, enfin la rapidité avec laquelle je fus plutôt enlevé qu'emmené; tout me sembloit prouver, de la part de milord, un projet formé de m'écarter de Julie; et le retour que je savois qu'il devoit faire auprès d'elle achevoit, selon moi, de me déceler le but de ses soins. Je résolus pourtant de m'éclaircir encore mieux avant d'éclater; et dans ce dessein je me bornai à examiner les choses avec plus d'attention. Mais tout redoubloit mes ridicules soupçons, et le zèle de l'humanité ne lui inspiroit rien d'honnête en ma faveur dont mon aveugle jalousie ne tirât quelque indice de trahison. A Besançon je sus qu'il avoit écrit à Julie sans me communiquer sa lettre, sans m'en parler. Je me tins alors suffisamment convaincu, et je n'attendis que la réponse dont j'espérois bien le trouver mécontent, pour avoir avec lui l'éclaircissement que je méditois.

Hier au soir nous rentrâmes assez tard, et je sus qu'il y avoit un paquet venu de Suisse, dont il ne me parla point en nous séparant. Je lui laissai le temps de l'ouvrir; je l'entendis de ma chambre murmurer en lisant quelques mots. Je prêtai l'oreille attentivement. Ah, Julie! disoit-il en phrases interrompues, j'ai voulu vous rendre heureuse..... je respecte votre vertu..... mais je plains votre erreur..... A ces mots et d'autres semblables que je distinguai parfaitement, je ne fus plus maître de moi; je pris mon épée sous mon bras; j'ouvris ou plutôt j'enfonçai la porte; j'entrai comme un furieux. Non, je ne souillerai point ce papier ni vos regards des injures que me dicta la rage pour le porter à se battre avec moi sur-le-champ.

O ma cousine! c'est là surtout que je pus reconnoître l'empire de la véritable sagesse, même sur les hommes les plus sensibles, quand ils veulent écouter sa voix. D'abord il ne put rien comprendre à mes discours, et il les prit pour un vrai délire: mais la trahison dont je l'accusois, les desseins secrets que je lui reprochois, cette lettre de Julie qu'il tenoit encore, et dont je lui parlois sans cesse, lui firent connoître enfin le sujet de ma fureur. Il sourit; puis il me dit froidement: Vous avez perdu la raison, et je ne me bats point contre un insensé. Ouvrez les yeux, aveugle que vous êtes, ajouta-t-il d'un ton plus doux; est-ce bien moi que vous accusez de vous trahir? Je sentis dans l'accent de ce discours je ne sais quoi qui n'étoit pas d'un perfide; le son de sa voix me remua le cœur; je n'eus pas jeté les yeux sur les siens que tous mes soupçons se dissipèrent, et je commençai de voir avec effroi mon extravagance.

Il s'aperçut à l'instant de ce changement; il me tendit la main. Venez, me dit-il; si votre retour n'eût précédé ma justification, je ne vous aurois vu de ma vie. A présent que vous êtes raisonnable, lisez cette lettre, et connoissez une fois vos amis. Je voulus refuser de la lire; mais l'ascendant que tant d'avantages lui donnoient sur moi le lui fit exiger d'un ton d'autorité que, malgré mes ombrages dissipés, mon désir secret n'appuyoit que trop.

Imaginez en quel état je me trouvai après cette lecture, qui m'apprit les bienfaits inouïs de celui que j'osois calomnier avec tant d'indignité. Je me précipitai à ses pieds; et, le cœur chargé d'admiration, de regrets et de honte, je serrois ses genoux de toute ma force sans pouvoir proférer un seul mot. Il reçut mon repentir comme il avoit reçu mes outrages; et n'exigea de moi, pour prix du pardon qu'il daigna m'accorder, que de ne m'opposer jamais au bien qu'il voudroit me faire. Ah! qu'il fasse désormais ce qu'il lui plaira : son ame sublime est au-dessus de celles des hommes, et il n'est pas plus permis de résister à ses bienfaits qu'à ceux de la Divinité.

Ensuite il me remit les deux lettres qui s'adressoient à moi, lesquelles il n'avoit pas voulu me donner avant d'avoir lu la sienne, et d'être instruit de la résolution de votre cousine. Je vis, en les lisant, quelle amante et quelle amie le ciel m'a données ; je vis combien il a rassemblé de sentiments et de vertus autour de moi pour rendre mes remords plus amers et ma bassesse plus méprisable. Dites, quelle est donc cette mortelle unique dont le moindre empire est dans sa beauté, et qui, semblable aux puissances éternelles, se fait également adorer et par les biens et par les maux qu'elle fait ? Hélas ! elle m'a tout ravi, la cruelle, et je l'en aime davantage. Plus elle me rend malheureux, plus je la trouve parfaite. Il semble que tous les tourments qu'elle me cause soient pour elle un nouveau mérite auprès de moi. Le sacrifice qu'elle vient de faire aux sentiments de la nature me désole et m'enchante : il augmente à mes yeux le prix de celui qu'elle a fait à l'amour. Non, son cœur ne sait rien refuser qui ne fasse valoir ce qu'il accorde.

Et vous, digne et charmante cousine, vous, unique et parfait modèle d'amitié, qu'on citera seule entre toutes les femmes, et que les cœurs qui ne ressemblent pas au vôtre oseront traiter de chimère ; ah ! ne me parlez plus de philosophie : je méprise ce trompeur étalage qui ne consiste qu'en vains discours ; ce fantôme qui n'est qu'une ombre, qui nous excite à menacer de loin les passions, et nous laisse comme un faux brave à leur approche. Daignez ne pas m'abandonner à mes égarements ; daignez rendre vos anciennes bontés à cet infortuné qui ne les mérite plus, mais qui les désire plus ardemment et en a plus besoin que jamais; daignez me rappeler à moi-même, et que votre douce voix supplée en ce cœur malade à celle de la raison.

Non, je l'ose espérer, je ne suis point tombé dans un abaissement éternel. Je sens ranimer en moi ce feu pur et saint dont j'ai brûlé; l'exemple de tant de vertus ne sera point perdu pour celui qui en fut l'objet, qui les aime, les admire, et veut les imiter sans cesse. O chère amante dont je dois honorer le choix! ô mes amis dont je veux recouvrer l'estime! mon ame se réveille et reprend dans les vôtres sa force et sa vie. Le chaste amour et l'amitié sublime me rendront le courage qu'un lâche désespoir fut prêt à m'ôter; les purs sentiments de mon cœur me tiendront lieu de sagesse: je serai par vous tout ce que je dois être, et je vous forcerai d'oublier ma chute, si je puis m'en relever un instant. Je ne sais ni ne veux savoir quel sort le ciel me réserve; quel qu'il puisse être, je veux me rendre digne de celui dont j'ai joui. Cette immortelle image que je porte en moi me servira d'égide, et rendra mon ame invulnérable aux coups de la fortune. N'ai-je pas assez vécu pour mon bonheur? C'est maintenant pour sa gloire que je dois vivre. Ah! que ne puis-je étonner le monde de mes vertus, afin qu'on pût dire un jour en les admirant : Pouvoit-il moins faire? il fut aimé de Julie!

P. S. Des nœuds abhorrés et *peut-être inévitables!* Que signifient ces mots? Ils sont dans sa lettre. Claire, je m'attends à tout; je suis résigné, prêt à supporter mon sort. Mais ces mots... jamais, quoi qu'il arrive, je ne partirai d'ici que je n'aie eu l'explication de ces mots-là.

LETTRE XI.

DE JULIE A SAINT-PREUX.

Il est donc vrai que mon ame n'est pas fermée au plaisir, et qu'un sentiment de joie y peut pénétrer encore! Hélas! je croyois depuis ton départ n'être plus sensible qu'à la douleur; je croyois ne savoir que souffrir loin de toi, et je n'imaginois pas même des consolations à ton absence. Ta charmante lettre à ma cousine est venue me désabuser; je l'ai lue et baisée avec des larmes d'attendrissement : elle a répandu la fraîcheur d'une douce rosée sur mon cœur séché d'ennuis et flétri de tristesse; et j'ai senti par la sérénité qui m'en est restée, que tu n'as pas moins d'ascendant de loin que de près sur les affections de ta Julie.

Mon ami, quel charme pour moi de te voir reprendre cette vigueur de sentiments qui convient au courage d'un homme? Je t'en estimerai davantage, et m'en mépriserai moins de n'avoir pas en tout avili la dignité d'un amour honnête, ni corrompu deux cœurs à la fois. Je te dirai plus, à présent que nous pouvons parler librement de nos affaires ; ce qui aggravoit mon désespoir étoit de voir que le tien nous ôtoit la seule ressource qui pouvoit nous rester dans l'usage de tes talents. Tu connois maintenant le digne ami que le ciel t'a donné : ce ne seroit pas trop de ta vie entière pour mériter ses bienfaits ; ce ne sera jamais assez pour réparer l'offense que tu viens de lui faire, et j'espère que tu n'auras plus besoin d'autre leçon pour contenir ton imagination fougueuse. C'est sous les auspices de cet homme respectable que tu vas entrer dans le monde ; c'est à l'appui de son crédit, c'est guidé par son expérience que tu vas tenter de venger le mérite oublié des rigueurs de la fortune. Fais pour lui ce que tu ne ferois pas pour toi ; tâche au moins d'honorer ses bontés en ne les rendant pas inutiles. Vois quelle riante perspective s'offre encore à toi ; vois quels succès tu dois espérer dans une carrière où tout concourt à favoriser ton zèle. Le ciel t'a prodigué ses dons ; ton heureux naturel, cultivé par ton goût, t'a doué de tous les talents ; à moins de vingt-quatre ans tu joins les grâces de ton âge à la maturité qui dédommage plus tard du progrès des ans.

Frutto senile in su' l giovenil fiore [1].

---

[1] Les fruits de l'automne sur la fleur du printemps.

L'étude n'a point émoussé ta vivacité ni appesanti ta personne : la fade galanterie n'a point rétréci ton esprit ni hébété ta raison. L'ardent amour, en t'inspirant tous les sentiments sublimes dont il est le père, t'a donné cette élévation d'idées et cette justesse de sens [1] qui en sont inséparables. A sa douce chaleur j'ai vu ton ame déployer ses brillantes facultés, comme une fleur s'ouvre aux rayons du soleil : tu as à la fois tout ce qui mène à la fortune et tout ce qui la fait mépriser. Il ne te manquoit, pour obtenir les honneurs du monde, que d'y daigner prétendre, et j'espère qu'un objet plus cher à ton cœur te donnera pour eux le zèle dont ils ne sont pas dignes.

O mon doux ami! tu vas t'éloigner de moi!... ô mon bien-aimé! tu vas fuir ta Julie!... Il le faut; il faut nous séparer si nous voulons nous revoir heureux un jour; et l'effet des soins que tu vas prendre est notre dernier espoir. Puisse une si chère idée t'animer, te consoler durant cette amère et longue séparation! puisse-t-elle te donner cette ardeur qui surmonte les obstacles et dompte la fortune! Hélas! le monde et les affaires seront pour toi des distractions continuelles, et feront une utile diversion aux peines de l'absence. Mais je vais rester abandonnée à moi seule, ou livrée aux persécutions; et tout me forcera de te regretter sans cesse.

---

[1] Justesse de sens inséparable de l'amour! Bonne Julie, elle ne brille pas ici dans le vôtre.

Heureuse au moins si de vaines alarmes n'aggravoient mes tourments réels, et si, avec mes propres maux, je ne sentois encore en moi tous ceux auxquels tu vas t'exposer!

Je frémis en songeant aux dangers de mille espèces que vont courir ta vie et tes mœurs. Je prends en toi toute la confiance qu'un homme peut inspirer : mais puisque le sort nous sépare, ah! mon ami, pourquoi n'es-tu qu'un homme? Que de conseils te seroient nécessaires dans ce monde inconnu où tu vas t'engager! Ce n'est pas à moi, jeune, sans expérience, et qui ai moins d'étude et de réflexion que toi, qu'il appartient de te donner là-dessus des avis; c'est un soin que je laisse à milord Édouard. Je me borne à te recommander deux choses, parce qu'elles tiennent plus au sentiment qu'à l'expérience, et que, si je connois peu le monde, je crois bien connoître ton cœur : n'abandonne jamais la vertu, et n'oublie jamais ta Julie.

Je ne te rappellerai point tous ces arguments subtils que tu m'as toi-même appris à mépriser, qui remplissent tant de livres, et n'ont jamais fait un honnête homme. Ah! ces tristes raisonneurs! quels doux ravissements leurs cœurs n'ont jamais sentis ni donnés! Laisse, mon ami, ces vains moralistes, et rentre au fond de ton ame : c'est là que tu retrouveras toujours la source de ce feu sacré qui nous embrasa tant de fois de l'amour des sublimes vertus; c'est là que tu verras ce simulacre éternel du vrai beau dont la contemplation nous anime d'un saint enthousiasme, et que nos passions souillent sans cesse sans pouvoir jamais l'effacer[1]. Souviens-toi des larmes délicieuses qui couloient de nos yeux, des palpitations qui suffoquoient nos cœurs agités, des transports qui nous élevoient au-dessus de nous-mêmes, au récit de ces vies héroïques qui rendent le vice inexcusable, et font l'honneur de l'humanité. Veux-tu savoir laquelle est vraiment désirable, de la fortune ou de la vertu? Songe à celle que le cœur préfère quand son choix est impartial. Songe où l'intérêt nous porte en lisant l'histoire. T'avisas-tu jamais de désirer les trésors de Crésus, ni la gloire de César, ni le pouvoir de Néron, ni les plaisirs d'Héliogabale? Pourquoi, s'ils étoient heureux, tes désirs ne te mettoient-ils pas à leur place? C'est qu'ils ne l'étoient point, et tu le sentois bien; c'est qu'ils étoient vils et méprisables, et qu'un méchant heureux ne fait envie à personne. Quels hommes contemplois-tu donc avec le plus de plaisir? desquels adorois-tu les exemples? auxquels aurois-tu mieux aimé ressembler? Charme inconcevable de la beauté qui ne périt point! c'étoit l'Athénien buvant la ciguë, c'étoit Brutus mourant pour son

---

[1] La véritable philosophie des amants est celle de Platon; durant le charme ils n'en ont jamais d'autre. Un homme ému ne peut quitter ce philosophe; un lecteur froid ne peut le souffrir.

pays, c'étoit Régulus au milieu des tourments, c'étoit Caton déchirant ses entrailles, c'étoient tous ces vertueux infortunés qui te faisoient envie, et tu sentois au fond de ton cœur la félicité réelle que couvroient leurs maux apparents. Ne crois pas que ce sentiment fût particulier à toi seul; il est celui de tous les hommes, et souvent même en dépit d'eux. Ce divin modèle que chacun de nous porte avec lui nous enchante malgré que nous en ayons; sitôt que la passion nous permet de le voir, nous lui voulons ressembler; et si le plus méchant des hommes pouvoit être un autre que lui-même, il voudroit être un homme de bien.

Pardonne-moi ces transports, mon aimable ami; tu sais qu'ils me viennent de toi, et c'est à l'amour dont je les tiens à te les rendre. Je ne veux point t'enseigner ici tes propres maximes, mais t'en faire un moment l'application pour voir ce qu'elles ont à ton usage; car voici le temps de pratiquer tes propres leçons et de montrer comment on exécute ce que tu sais dire. S'il n'est pas question d'être un Caton ni un Régulus, chacun pourtant doit aimer son pays, être intègre et courageux, tenir sa foi, même aux dépens de sa vie. Les vertus privées sont souvent d'autant plus sublimes qu'elles n'aspirent point à l'approbation d'autrui; mais seulement au bon témoignage de soi-même; et la conscience du juste lui tient lieu des louanges de l'univers. Tu sentiras donc que la grandeur de l'homme appartient à tous les états, et que nul ne peut être heureux s'il ne jouit de sa propre estime; car si la véritable jouissance de l'ame est dans la contemplation du beau, comment le méchant peut-il l'aimer dans autrui sans être forcé de se haïr lui-même?

Je ne crains pas que les sens et les plaisirs grossiers te corrompent; ils sont des piéges peu dangereux pour un cœur sensible, et il lui en faut de plus délicats : mais je crains les maximes et les leçons du monde; je crains cette force terrible que doit avoir l'exemple universel et continuel du vice; je crains les sophismes adroits dont il se colore; je crains enfin que ton cœur même ne t'en impose, et ne te rende moins difficile sur les moyens d'acquérir une considération que tu saurois dédaigner si notre union n'en pouvoit être le fruit.

Je t'avertis, mon ami, de ces dangers; ta sagesse fera le reste : car c'est beaucoup pour s'en garantir que d'avoir su les prévoir. Je n'ajouterai qu'une réflexion, qui l'emporte, à mon avis, sur la fausse raison du vice, sur les fières erreurs des insensés, et qui doit suffire pour diriger au bien la vie de l'homme sage; c'est que la source du bonheur n'est tout entière ni dans l'objet désiré, ni dans le cœur qui le possède, mais dans le rapport de l'un et de l'autre; et que, comme tous les objets de nos désirs ne sont pas propres à produire la félicité, tous les états du cœur ne sont pas propres à la sentir. Si l'ame la plus pure ne suffit pas seule à son propre bonheur, il est plus sûr encore que toutes les délices de la terre ne sauroient faire celui d'un cœur dépravé; car il y a des deux côtés une préparation nécessaire, un certain concours dont résulte ce précieux sentiment recherché de tout être sensible, et toujours ignoré du faux sage, qui s'arrête au plaisir du moment, faute de connoître un bonheur durable. Que serviroit donc d'acquérir un de ces avantages aux dépens de l'autre, de gagner au dehors pour perdre encore plus au dedans, et de se procurer les moyens d'être heureux en perdant l'art de les employer? Ne vaut-il pas mieux encore, si l'on ne peut avoir qu'un des deux, sacrifier celui que le sort peut nous rendre à celui qu'on ne recouvre point quand on l'a perdu? Qui le doit mieux savoir que moi, qui n'ai fait qu'empoisonner les douceurs de ma vie en pensant y mettre le comble? Laisse donc dire les méchants qui montrent leur fortune et cachent leur cœur; et sois sûr que, s'il est un seul exemple du bonheur sur la terre, il se trouve dans un homme de bien. Tu reçus du ciel cet heureux penchant à tout ce qui est bon et honnête: n'écoute que tes propres désirs; ne suis que tes inclinations naturelles; songe surtout à nos premières amours: tant que ces moments purs et délicieux reviendront à ta mémoire, il n'est pas possible que tu cesses d'aimer ce qui te les rendit si doux, que le charme du beau moral s'efface dans ton ame, ni que tu veuilles jamais obtenir ta Julie par des moyens indignes de toi. Comment jouir d'un bien dont on auroit perdu le goût? Non, pour pouvoir posséder ce qu'on aime, il faut garder le même cœur qui l'a aimé.

Me voici à mon second point; car, comme tu vois, je n'ai pas oublié mon métier. Mon ami, l'on peut sans amour avoir les sentiments sublimes d'une ame forte : mais un amour tel que le nôtre l'anime et la soutient tant qu'il brûle; sitôt qu'il s'éteint, elle tombe en langueur, et un cœur usé n'est plus propre à rien. Dis-moi, que serions-nous si nous n'aimions plus? Eh! ne vaudroit-il pas mieux cesser d'être que d'exister sans rien sentir? et pourrois-tu te résoudre à traîner sur la terre l'insipide vie d'un homme ordinaire, après avoir goûté tous les transports qui peuvent ravir une ame humaine? Tu vas habiter de grandes villes, où ta figure et ton âge, encore plus que ton mérite, tendront mille embuches à ta fidélité; l'insinuante coquetterie affectera le langage de la tendresse, et te plaira sans t'abuser : tu ne chercheras point l'amour, mais les plaisirs; tu les goûteras séparés de lui, et ne les pourras reconnoître. Je ne sais si tu retrouveras ailleurs le cœur de ta Julie; mais je te défie de jamais retrouver auprès d'une autre ce que tu sentis auprès d'elle. L'épuisement de ton ame t'annoncera le sort que je t'ai prédit; la tristesse et l'ennui t'accableront au sein des amusements frivoles; le souvenir de nos premières amours te poursuivra malgré toi; mon image, cent fois plus belle que je ne fus jamais, viendra tout à coup te surprendre. A l'instant le voile du dégoût couvrira tous tes plaisirs; et mille regrets amers naîtront dans ton cœur. Mon bien-aimé, mon doux ami, ah! si jamais tu m'oublies... hélas! je ne ferai qu'en mourir; mais toi tu vivras vil et malheureux; et je mourrai trop vengée.

Ne l'oublie donc jamais cette Julie qui fut à toi, et dont le cœur ne sera point à d'autres. Je ne puis rien te dire de plus, dans la dépendance où le ciel m'a placée. Mais, après t'avoir recommandé la fidélité, il est juste de te laisser de la mienne le seul gage qui soit en mon pouvoir. J'ai consulté, non mes devoirs, mon esprit égaré ne les connoît plus, mais mon cœur, dernière règle de qui n'en sauroit plus suivre; et voici le résultat de ses inspirations: Je ne t'épouserai jamais sans le consentement de mon père, mais je n'en épouserai jamais un autre sans ton consentement, je t'en donne ma parole; elle me sera sacrée, quoi qu'il arrive; et il n'y a point de force humaine qui puisse m'y faire manquer. Sois donc sans inquiétude sur ce que je puis devenir en ton absence. Va, mon aimable ami, chercher sous les auspices du tendre amour un sort digne de le couronner. Ma destinée est dans tes mains autant qu'il a dépendu de moi de l'y mettre, et jamais elle ne changera que de ton aveu.

LETTRE XII.

DE SAINT-PREUX A JULIE.

O qual fiamma di gloria, d'onore,
Scorrer sento per tutte le vene,
Alma grande, parlando con te [1].

Julie, laisse-moi respirer; tu fais bouillonner mon sang, tu me fais tressaillir, tu me fais palpiter; ta lettre brûle comme ton cœur du saint amour de la vertu, et tu portes au fond du mien son ardeur céleste. Mais pourquoi tant d'exhortations où il ne falloit que des ordres? Crois que si je m'oublie au point d'avoir besoin de raisons pour bien faire, au moins ce n'est pas de ta part; ta seule volonté me suffit. Ignores-tu que je serai toujours ce qu'il te plaira, et que je ferois le mal même avant de pouvoir te désobéir? Oui, j'aurois brûlé le Capitole si tu me l'avois commandé, parce que je t'aime plus que toutes choses. Mais sais-tu bien pourquoi je t'aime ainsi? Ah! fille incomparable, c'est parce que tu ne peux rien vouloir que d'honnête, et que

[1] O de quelle flamme d'honneur et de gloire je sens embraser tout mon sang, ame grande, en parlant avec toi!

l'amour de la vertu rend plus invincible celui que j'ai pour tes charmes.

Je pars, encouragé par l'engagement que tu viens de prendre, et dont tu pouvois t'épargner le détour; car promettre de n'être à personne sans mon consentement, n'est-ce pas promettre de n'être qu'à moi? Pour moi je le dis plus librement, et je t'en donne aujourd'hui ma foi d'homme de bien, qui ne sera point violée. J'ignore, dans la carrière où je vais m'essayer pour te complaire, à quel sort la fortune m'appelle; mais jamais les nœuds de l'amour ni de l'hymen ne m'uniront à d'autres qu'à Julie d'Étange; je ne vis, je n'existe que pour elle; et mourrai libre ou son époux. Adieu; l'heure presse, et je pars à l'instant.

LETTRE XIII.

DE SAINT-PREUX A JULIE.

J'arrivai hier au soir à Paris, et celui qui ne pouvoit vivre séparé de toi par deux rues en est maintenant à plus de cent lieues. O Julie! plains-moi, plains ton malheureux ami. Quand mon sang en longs ruisseaux auroit tracé cette route immense, elle m'eût paru moins longue, et je n'aurois pas senti défaillir mon ame avec plus de langueur. Ah! si du moins je connoissois le moment qui doit nous rejoindre, ainsi que l'espace qui nous sépare, je compenserois l'éloignement des lieux par le progrès du temps, je compterois dans chaque jour ôté de ma vie les pas qui m'auroient rapproché de toi. Mais cette carrière de douleur est couverte des ténèbres de l'avenir ; le terme qui doit la borner se dérobe à mes foibles yeux. O doute ! ô supplice ! Mon cœur inquiet te cherche, et ne trouve rien. Le soleil se lève et ne me rend plus l'espoir de te voir ; il se couche et je ne t'ai point vue : mes jours, vides de plaisirs et de joie, s'écoulent dans une longue nuit. J'ai beau vouloir ranimer en moi l'espérance éteinte, elle ne m'offre qu'une ressource incertaine et des consolations suspectes. Chère et tendre amie de mon cœur, hélas ! à quels maux faut-il m'attendre, s'ils doivent égaler mon bonheur passé ?

Que cette tristesse ne t'alarme pas, je t'en conjure ; elle est l'effet passager de la solitude et des réflexions du voyage. Ne crains point le retour de mes premières foiblesses : mon cœur est dans ta main, ma Julie ; et, puisque tu le soutiens, il ne se laissera plus abattre. Une des consolantes idées qui sont le fruit de ta dernière lettre, est que je me trouve à présent porté par une double force : et quand l'amour auroit anéanti la mienne, je ne laisserois pas d'y gagner encore ; car le courage qui me vient de toi me soutient beaucoup mieux que je n'aurois pu me soutenir moi-même. Je suis convaincu qu'il n'est pas bon que l'homme soit seul. Les ames humaines veulent être accouplées pour valoir tout leur prix ; et la force unie des amis, comme celle des lames d'un aimant artificiel, est incomparablement plus grande que la somme de leurs forces particulières. Divine amitié ! c'est là ton triomphe. Mais qu'est-ce que la seule amitié auprès de cette union parfaite qui joint à toute l'énergie de l'amitié des liens cent fois plus sacrés ? Où sont-ils ces hommes grossiers qui ne prennent les transports de l'amour que pour une fièvre des sens, pour un désir de la nature avilie ? Qu'ils viennent, qu'ils observent, qu'ils sentent ce qui se passe au fond de mon cœur ; qu'ils voient un amant malheureux éloigné de ce qu'il aime, incertain de le revoir jamais, sans espoir de recouvrer sa félicité perdue, mais pourtant animé de ces feux immortels qu'il prit dans tes yeux et qu'ont nourris tes sentiments sublimes ; prêt à braver la fortune, à souffrir ses revers, à se voir même privé de toi, et à faire des vertus que tu lui as inspirées le digne ornement de cette empreinte adorable qui ne s'effacera jamais de son ame. Julie, et qu'aurois-je été sans toi ? La froide raison m'eût éclairé peut-être ; tiède admirateur du bien, je l'aurois du moins aimé dans autrui. Je ferai plus, je saurai le pratiquer avec zèle ; et, pénétré de tes sages leçons, je ferai dire un jour à ceux qui nous auront connus : O quels hommes nous serions tous, si le monde étoit plein de Julies et de cœurs qui les sussent aimer!

En méditant en route sur ta dernière lettre, j'ai résolu de rassembler en un recueil toutes celles que tu m'as écrites, maintenant que je ne puis plus recevoir tes avis de bouche. Quoiqu'il n'y en ait pas une que je ne sache par cœur, et bien par cœur, tu peux m'en croire, j'aime pourtant à les relire sans cesse, ne fût-ce que pour revoir les traits de cette main chérie qui seule peut faire mon bonheur. Mais insensiblement le papier s'use; et, avant qu'elles soient déchirées, je veux les copier toutes dans un livre blanc que je viens de choisir exprès pour cela. Il est assez gros; mais je songe à l'avenir, et j'espère ne pas mourir assez jeune pour me borner à ce volume. Je destine les soirées à cette occupation charmante, et j'avancerai lentement pour la prolonger. Ce précieux recueil ne me quittera de mes jours; il sera mon manuel dans le monde où je vais entrer; il sera pour moi le contre-poison des maximes qu'on y respire; il me consolera dans mes maux; il préviendra ou corrigera mes fautes; il m'instruira durant ma jeunesse; il m'édifiera dans tous les temps; et ce seront, à mon avis, les premières lettres d'amour dont on aura tiré cet usage.

Quant à la dernière que j'ai présentement sous les yeux, toute belle qu'elle me paroît, j'y trouve pourtant un article à retrancher. Jugement déjà fort étrange : mais ce qui doit l'être encore plus, c'est que cet article est précisément celui qui te regarde, et je te reproche d'avoir même songé à l'écrire. Que me parles-tu de fidélité, de constance? Autrefois tu connoissois mieux mon amour et ton pouvoir. Ah! Julie, inspires-tu des sentiments périssables? et quand je ne t'aurois rien promis, pourrois-je cesser jamais d'être à toi? Non, non; c'est du premier regard de tes yeux, du premier mot de ta bouche, du premier transport de mon cœur, que s'alluma dans lui cette flamme éternelle que rien ne peut plus éteindre. Ne t'eussé-je vue que ce premier instant, c'en étoit déjà fait, il étoit trop tard pour pouvoir jamais t'oublier. Et je t'oublierois maintenant! maintenant qu'enivré de mon bonheur passé, son seul souvenir suffit pour me le rendre encore! maintenant qu'oppressé du poids de tes charmes je ne respire qu'en eux! maintenant que ma première ame est disparue, et que je suis animé de celle que tu m'as donnée! maintenant, ô Julie! que je me dépite contre moi de t'exprimer si mal tout ce que je sens! Ah! que toutes les beautés de l'univers tentent de me séduire, en est-il d'autres que la tienne à mes yeux? Que tout conspire à l'arracher de mon cœur; qu'on le perce, qu'on le déchire, qu'on brise ce fidèle miroir de Julie, sa pure image ne cessera de briller jusque dans le dernier fragment; rien n'est capable de l'y détruire. Non, la suprême puissance elle-même ne sauroit aller jusque-là; elle peut anéantir mon ame, mais non pas faire qu'elle existe et cesse de t'adorer.

Milord Édouard s'est chargé de te rendre compte à son passage de ce qui me regarde et de ses projets en ma faveur : mais je crains qu'il ne s'acquitte mal de cette promesse par rapport à ses arrangements présents. Apprends qu'il ose abuser du droit que lui donnent sur moi ses bienfaits pour les étendre au-delà même de la bienséance. Je me vois, par une pension qu'il n'a pas tenu à lui de rendre irrévocable, en état de faire une figure fort au-dessus de ma naissance; et c'est peut-être ce que je serai forcé de faire à Londres pour suivre ses vues. Pour ici, où nulle affaire ne m'attache, je continuerai de vivre à ma manière, et ne serai point tenté d'employer en vaines dépenses l'excédant de mon entretien. Tu me l'as appris, ma Julie, les premiers besoins, ou du moins les plus sensibles, sont ceux d'un cœur bienfaisant; et, tant que quelqu'un manque du nécessaire, quel honnête homme a du superflu?

LETTRE XIV.

DE SAINT-PREUX A JULIE.

[1] J'entre avec une secrète horreur dans ce vaste désert du monde. Ce chaos ne m'offre qu'une solitude affreuse, où règne un morne silence. Mon ame à la presse cherche à s'y répandre, et se trouve partout resserrée. Je ne suis jamais moins seul que quand je suis seul, disoit un ancien [2] : moi, je ne suis seul que dans la foule, où je ne puis être ni à toi ni aux autres. Mon cœur voudroit parler, il sent qu'il n'est point écouté; il voudroit répondre, on ne lui dit rien qui puisse aller jusqu'à lui. Je n'en-

---

[1] Sans prévenir le jugement du lecteur et celui de Julie sur ces relations, je crois pouvoir dire que si j'avois à les faire, et que je ne les fisse pas meilleures, je les ferois du moins fort différentes. J'ai été plusieurs fois sur le point de les ôter et d'en substituer de ma façon; enfin je les laisse, et je me vante de ce courage. Je me dis qu'un jeune homme de vingt-quatre ans entrant dans le monde ne doit pas le voir comme le voit un homme de cinquante, à qui l'expérience n'a que trop appris à le connoître. Je me dis encore que, sans y avoir fait un fort grand rôle, je ne suis pourtant plus dans le cas d'en pouvoir parler avec impartialité. Laissons donc ces lettres comme elles sont; que les lieux communs usés restent, que les observations triviales restent; c'est un petit mal que tout cela; mais il importe à l'ami de la vérité que, jusqu'à la fin de sa vie, ses passions ne souillent point ses écrits.

[2] * Mot de Scipion l'Africain rapporté par Cicéron. (*De Offic.*, lib. III, cap. 1.)

tends point la langue du pays, et personne ici n'entend la mienne.

Ce n'est pas qu'on ne me fasse beaucoup d'accueil, d'amitiés, de prévenances, et que mille soins officieux n'y semblent voler au devant de moi; mais c'est précisément de quoi je me plains. Le moyen d'être aussitôt l'ami de quelqu'un qu'on n'a jamais vu? L'honnête intérêt de l'humanité, l'épanchement simple et touchant d'une ame franche, ont un langage bien différent des fausses démonstrations de la politesse et des dehors trompeurs que l'usage du monde exige. J'ai grand'peur que celui qui, dès la première vue, me traite comme un ami de vingt ans, ne me traitât, au bout de vingt ans, comme un inconnu, si j'avois quelque important service à lui demander; et quand je vois des hommes si dissipés prendre un intérêt si tendre à tant de gens, je présumerois volontiers qu'ils n'en prennent à personne.

Il y a pourtant de la réalité à tout cela; car le François est naturellement bon, ouvert, hospitalier, bienfaisant: mais il y a aussi mille manières de parler qu'il ne faut pas prendre à la lettre, mille offres apparentes qui ne sont faites que pour être refusées, mille espèces de piéges que la politesse tend à la bonne foi rustique. Je n'entendis jamais tant dire: Comptez sur moi dans l'occasion, disposez de mon crédit, de ma bourse, de ma maison, de mon équipage. Si tout cela étoit sincère et pris au mot, il n'y auroit pas de peuple moins attaché à la propriété; la communauté des biens seroit ici presque établie; le plus riche offrant sans cesse, et le plus pauvre acceptant toujours, tout se mettroit naturellement de niveau, et Sparte même eût eu des partages moins égaux qu'ils ne seroient à Paris. Au lieu de cela, c'est peut-être la ville du monde où les fortunes sont le plus inégales, et où règnent à la fois la plus somptueuse opulence et la plus déplorable misère. Il n'en faut pas davantage pour comprendre ce que signifient cette apparente commisération qui semble toujours aller au devant des besoins d'autrui, et cette facile tendresse de cœur qui contracte en un moment des amitiés éternelles.

Au lieu de tous ces sentiments suspects et de cette confiance trompeuse, veux-je chercher des lumières et de l'instruction, c'en est ici l'aimable source; et l'on est d'abord enchanté du savoir et de la raison qu'on trouve dans les entretiens, non seulement des savants et des gens de lettres, mais des hommes de tous les états, et même des femmes: le ton de la conversation y est coulant et naturel; il n'est ni pesant ni frivole; il est savant sans pédanterie, gai sans tumulte, poli sans affectation, galant sans fadeur, badin sans équivoque. Ce ne sont ni des dissertations ni des épigrammes : on y raisonne sans argumenter; on y plaisante sans jeu de mots; on y associe avec art l'esprit et la raison, les maximes et les saillies, la satire aiguë, l'adroite flatterie, et la morale austère. On y parle de tout, pour que chacun ait quelque chose à dire; on n'approfondit point les questions de peur d'ennuyer; on les propose comme en passant, on les traite avec rapidité, la précision mène à l'élégance; chacun dit son avis et l'appuie en peu de mots; nul n'attaque avec chaleur celui d'autrui, nul ne défend opiniâtrement le sien; on discute pour s'éclairer, on s'arrête avant la dispute, chacun s'instruit, chacun s'amuse; tous s'en vont contents, et le sage même peut rapporter de ces entretiens des sujets dignes d'être médités en silence.

Mais au fond, que penses-tu qu'on apprenne dans ces conversations si charmantes? À juger sainement des choses du monde? à bien user de la société? à connoître au moins les gens avec qui l'on vit? Rien de tout cela, ma Julie; on y apprend à plaider avec art la cause du mensonge, à ébranler à force de philosophie tous les principes de la vertu, à colorer de sophismes subtils ses passions et ses préjugés, et à donner à l'erreur un certain tour à la mode selon les maximes du jour. Il n'est point nécessaire de connoître le caractère des gens, mais seulement leurs intérêts, pour deviner à peu près ce qu'ils diront de chaque chose. Quand un homme parle, c'est pour ainsi dire son habit et non pas lui qui a un sentiment; et il en changera sans façon tout aussi souvent que d'état. Donnez-lui tour à tour une longue perruque, un habit d'ordonnance, et une croix pectorale; vous l'entendrez successivement prêcher avec le même zèle, les lois, le despotisme et l'inquisition. Il y a une raison commune pour la robe, une autre pour la finance, une autre pour l'épée. Chacune prouve très-bien que les deux autres sont mauvaises, conséquence facile à tirer pour les trois[1]. Ainsi nul ne dit jamais ce qu'il pense, mais ce qu'il lui convient de faire penser à autrui; et le zèle apparent de la vérité n'est jamais en eux que le masque de l'intérêt.

Vous croiriez que les gens isolés qui vivent dans l'indépendance ont au moins un esprit à eux: point du tout; autres machines qui ne pensent point, et qu'on fait penser par ressorts. On n'a qu'à s'informer de leurs sociétés, de leurs coteries, de leurs amis, des femmes qu'ils voient, des auteurs qu'ils connoissent; là-dessus on peut d'avance établir leur sentiment futur sur un livre prêt à paroître et qu'ils n'ont point lu, sur une pièce prête à jouer et qu'ils n'ont point vue, sur tel ou tel auteur qu'ils

---

[1] On doit passer ce raisonnement à un Suisse qui voit son pays fort bien gouverné, sans qu'aucune des trois professions y soit établie. Quoi! l'état peut-il subsister sans défenseurs? non, il faut des défenseurs à l'état; mais tous les citoyens doivent être soldats par devoir, aucun par métier. Les mêmes hommes, chez les Romains et chez les Grecs, étoient officiers au camp, magistrats à la ville; et jamais ces deux fonctions ne furent mieux remplies que quand on ne connoissoit pas ces bizarres préjugés d'état qui les séparent et les déshonorent.

ne connoissent point, sur tel ou tel système dont ils n'ont aucune idée; et, comme la pendule ne se monte ordinairement que pour vingt-quatre heures, tous ces gens-là s'en vont chaque soir apprendre dans leurs sociétés ce qu'ils penseront le lendemain.

Il y a ainsi un petit nombre d'hommes et de femmes qui pensent pour tous les autres, et pour lesquels tous les autres parlent et agissent; et comme chacun songe à son intérêt, personne au bien commun, et que les intérêts particuliers sont toujours opposés entre eux, c'est un choc perpétuel de brigues et de cabales, un flux et reflux de préjugés, d'opinions contraires, où les plus échauffés, animés par les autres, ne savent presque jamais de quoi il est question. Chaque coterie a ses règles, ses jugements, ses principes, qui ne sont point admis ailleurs. L'honnête homme d'une maison est un fripon dans la maison voisine. Le bon, le mauvais, le beau, le laid, la vérité, la vertu, n'ont qu'une existence locale et circonscrite. Quiconque aime à se répandre et fréquente plusieurs sociétés doit être plus flexible qu'Alcibiade, changer de principes comme d'assemblées, modifier son esprit pour ainsi dire à chaque pas, et mesurer ses maximes à la toise; il faut qu'à chaque visite il quitte en entrant son ame, s'il en a une; qu'il en prenne une autre aux couleurs de la maison, comme un laquais prend un habit de livrée; qu'il la pose de même en sortant, et reprenne, s'il veut, la sienne jusqu'à nouvel échange.

Il y a plus; c'est que chacun se met sans cesse en contradiction avec lui-même, sans qu'on s'avise de le trouver mauvais. On a des principes pour la conversation et d'autres pour la pratique : leur opposition ne scandalise personne, et l'on est convenu qu'ils ne se ressembleroient point entre eux : on n'exige pas même d'un auteur, surtout d'un moraliste, qu'il parle comme ses livres, ni qu'il agisse comme il parle; ses écrits, ses discours, sa conduite, sont trois choses toutes différentes, qu'il n'est point obligé de concilier : en un mot, tout est absurde, et rien ne choque parce qu'on y est accoutumé; et il y a même à cette inconséquence une sorte de bon air dont bien des gens se font honneur. En effet, quoique tous prêchent avec zèle les maximes de leur profession, tous se piquent d'avoir le ton d'une autre. Le robin prend l'air cavalier; le financier fait le seigneur; l'évêque a le propos galant; l'homme de cour parle de philosophie; l'homme d'état, de bel esprit; il n'y a pas jusqu'au simple artisan qui, ne pouvant prendre un autre ton que le sien, se met en noir les dimanches pour avoir l'air d'un homme de palais. Les militaires seuls, dédaignant tous les autres états, gardent sans façon les tons du leur, et sont insupportables de bonne foi. Ce n'est pas que M. de Muralt [1] n'eût raison quand

[1] Auteur de *Lettres sur les François et les Anglois* (1726, 2 vol.

il donnoit la préférence à leur société : mais ce qui étoit vrai de son temps ne l'est plus aujourd'hui. Le progrès de la littérature a changé en mieux le ton général; les militaires seuls n'en ont point voulu changer; et le leur, qui étoit le meilleur auparavant, est enfin devenu le pire [1].

Ainsi les hommes à qui l'on parle ne sont point ceux avec qui l'on converse; leurs sentiments ne partent point de leur cœur, leurs lumières ne sont point dans leur esprit, leurs discours ne représentent point leurs pensées; on n'aperçoit d'eux que leur figure, et l'on est dans une assemblée à peu près comme devant un tableau mouvant, où le spectateur paisible est le seul être mû par lui-même.

Telle est l'idée que je me suis formée de la grande société sur celle que j'ai vue à Paris. Cette idée est peut-être plus relative à ma situation particulière qu'au véritable état des choses, et se réformera sans doute sur de nouvelles lumières. D'ailleurs je ne fréquente que les sociétés où les amis de milord Édouard m'ont introduit, et je suis convaincu qu'il faut descendre dans d'autres états pour connoître

---

in-12) qui eurent beaucoup de succès. Il étoit né à Berne, et mourut vers 1750.

[1] Ce jugement, vrai ou faux, ne peut s'entendre que des subalternes, et de ceux qui ne vivent pas à Paris ; car tout ce qu'il y a d'illustre dans le royaume est au service, et la cour même est toute militaire. Mais il y a une grande différence, pour les manières que l'on contracte, entre faire campagne en temps de guerre et passer sa vie dans des garnisons.

les véritables mœurs d'un pays; car celles des riches sont presque partout les mêmes. Je tâcherai de m'éclaircir mieux dans la suite. En attendant, juge si j'ai raison d'appeler cette foule un désert, et de m'effrayer d'une solitude où je ne trouve qu'une vaine apparence de sentiments et de vérité, qui change à chaque instant et se détruit elle-même, où je n'aperçois que larves et fantômes qui frappent l'œil un moment et disparoissent aussitôt qu'on les veut saisir. Jusqu'ici j'ai vu beaucoup de masques; quand verrai-je des visages d'hommes?

LETTRE XV.

DE JULIE A SAINT-PREUX.

Oui, mon ami, nous serons unis malgré notre éloignement; nous serons heureux en dépit du sort. C'est l'union des cœurs qui fait leur véritable félicité; leur attraction ne connoît point la loi des distances, et les nôtres se toucheroient aux deux bouts du monde. Je trouve comme toi que les amants ont mille moyens d'adoucir le sentiment de l'absence et de se rapprocher en un moment: quelquefois même on se voit plus souvent encore que quand on se voyoit tous les jours; car sitôt qu'un des deux est seul, à l'instant tous deux sont ensemble. Si tu goûtes ce plaisir tous les soirs, je suis environnée de tes vestiges, et je ne saurois fixer les yeux sur les objets qui m'entourent, sans te voir tout autour de moi.

> Qui cantò dolcemente, e qui s'assise:
> Qui si rivolse, e qui ritenne il passo;
> Qui co' begli occhi mi trafisse il cuore ;
> Qui disse una parolo, e qui sorrise [1].

Mais toi, sais-tu t'arrêter à ces situations paisibles? sais-tu goûter un amour tranquille et tendre qui parle au cœur sans émouvoir les sens? et tes regrets sont-ils aujourd'hui plus sages que tes désirs ne l'étoient autrefois? Le ton de ta première lettre me fait trembler. Je redoute ces emportements trompeurs, d'autant plus dangereux que l'imagination qui les excite n'a point de bornes, et je crains que tu n'outrages ta Julie à force de l'aimer. Ah! tu ne sens pas, non, ton cœur peu délicat ne sent pas combien l'amour s'offense d'un vain hommage; tu ne songes ni que ta vie est à moi, ni qu'on court souvent à la mort en croyant servir la nature. Homme sensuel, ne sauras-tu jamais aimer. Rappelle-toi, rappelle-toi ce sentiment si calme et si doux que tu connus une fois et que tu décrivis d'un ton si touchant et si tendre. S'il est le plus

---

[1] C'est ici qu'il chanta d'un ton si doux ; voilà le siége où il s'assit; ici il marchoit, et là il s'arrêta; ici d'un regard tendre il me perça le cœur; ici il me dit un mot, et là je le vis sourire.
PÉTRARQ.

délicieux qu'ait jamais savouré l'amour heureux, il est le seul permis aux amants séparés, et quand on l'a pu goûter un moment, on n'en doit plus regretter d'autre. Je me souviens des réflexions que nous faisions, en lisant ton Plutarque, sur un goût dépravé qui outrage la nature. Quand ces tristes plaisirs n'auroient que de n'être pas partagés, c'en seroit assez, disions-nous, pour les rendre insipides et méprisables. Appliquons la même idée aux erreurs d'une imagination trop active, elle ne leur conviendra pas moins. Malheureux! de quoi jouis-tu quand tu es seul à jouir? Ces voluptés solitaires sont des voluptés mortes. O amour! les tiennes sont vives; c'est l'union des ames qui les anime, et le plaisir qu'on donne à ce qu'on aime fait valoir celui qu'on nous rend.

Dis-moi, je te prie, mon cher ami, en quelle langue ou plutôt en quel jargon est la relation de ta dernière lettre. Ne seroit-ce point là par hasard du bel esprit? Si tu as dessein de t'en servir souvent avec moi, tu devrois bien m'en envoyer le dictionnaire. Qu'est-ce, je te prie, que le sentiment de l'habit d'un homme? qu'une ame qu'on prend comme un habit de livrée? que des maximes qu'il faut mesurer à la toise? Que veux-tu qu'une pauvre Suissesse entende à ces sublimes figures? Au lieu de prendre comme les autres des ames aux couleurs des maisons, ne voudrois-tu point déjà donner à ton esprit la teinte de celui du pays? Prends garde, mon bon ami, j'ai peur qu'elle n'aille pas bien sur ce fond-là. A ton avis, les *traslati* du cavalier Marin, dont tu t'es si souvent moqué, approchèrent-ils jamais de ces métaphores? et si l'on peut faire opiner l'habit d'un homme dans une lettre, pourquoi ne feroit-on pas suer le feu [1] dans un sonnet?

Observer en trois semaines toutes les sociétés d'une grande ville, assigner le caractère des propos qu'on y tient, y distinguer exactement le vrai du faux, le réel de l'apparent, et ce qu'on y dit de ce qu'on y pense; voilà ce qu'on accuse les François de faire quelquefois chez les autres peuples, mais ce qu'un étranger ne doit point faire chez eux; car ils valent bien la peine d'être étudiés posément. Je n'approuve pas non plus qu'on dise du mal du pays où l'on vit et où l'on est bien traité : j'aimerois mieux qu'on se laissât tromper par les apparences que de moraliser aux dépens de ses hôtes. Enfin je tiens pour suspect tout observateur qui se pique d'esprit : je crains toujours que sans y songer il ne sacrifie la vérité des choses à l'éclat des pensées, et ne fasse jouer sa phrase aux dépens de la justice.

Tu ne l'ignores pas, mon ami, l'esprit, dit notre Muralt, est la manie des François : je te trouve du penchant à la même manie, avec cette différence

---

[1] Sudate, o fuochi, a preparar metalli *.

* Vers d'un sonnet du cavalier Marin.

qu'elle a chez eux de la grâce, et que de tous les peuples du monde c'est à nous qu'elle sied le moins. Il y a de la recherche et du jeu dans plusieurs de tes lettres. Je ne parle point de ce tour vif et de ces expressions animées qu'inspire la force du sentiment; je parle de cette gentillesse de style qui, n'étant point naturelle, ne vient d'elle-même à personne, et marque la prétention de celui qui s'en sert. Eh dieu! des prétentions avec ce qu'on aime! n'est-ce pas plutôt dans l'objet aimé qu'on les doit placer? et n'est-on pas glorieux soi-même de tout le mérite qu'il a de plus que nous? Non, si l'on anime les conversations indifférentes de quelques saillies qui passent comme des traits, ce n'est point entre deux amants que ce langage est de saison, et le jargon fleuri de la galanterie est beaucoup plus éloigné du sentiment que le ton le plus simple qu'on puisse prendre. J'en appelle à toi-même. L'esprit eut-il jamais le temps de se montrer dans nos tête-à-tête? et si le charme d'un entretien passionné l'écarte et l'empêche de paroître, comment des lettres que l'absence remplit toujours d'un peu d'amertume, et où le cœur parle avec plus d'attendrissement, le pourroient-elles supporter? Quoique toute grande passion soit sérieuse, et que l'excessive joie elle-même arrache des pleurs plutôt que des ris; je ne veux pas pour cela que l'amour soit toujours triste, mais je veux que sa gaieté soit simple, sans ornement, sans art, nue comme lui;

en un mot, qu'elle brille de ses propres grâces, et non de la parure du bel esprit.

L'inséparable, dans la chambre de laquelle je t'écris cette lettre, prétend que j'étois, en la commençant, dans cet état d'enjouement que l'amour inspire ou tolère; mais je ne sais ce qu'il est devenu. A mesure que j'avançois, une certaine langueur s'emparoit de mon ame, et me laissoit à peine la force de t'écrire les injures que la mauvaise a voulu t'adresser; car il est bon de t'avertir que la critique de ta critique est bien plus de sa façon que de la mienne : elle m'en a dicté surtout le premier article en riant comme une folle, et sans me permettre d'y rien changer. Elle dit que c'est pour t'apprendre à manquer de respect au Marini, qu'elle protège et que tu plaisantes.

Mais sais-tu bien ce qui nous met toutes deux de si bonne humeur? C'est son prochain mariage. Le contrat fut passé hier au soir, et le jour est pris de lundi en huit. Si jamais amour fut gai, c'est assurément le sien; on ne vit de la vie une fille si bouffonnement amoureuse. Ce bon M. d'Orbe, à qui de son côté la tête en tourne, est enchanté d'un accueil si folâtre. Moins difficile que tu n'étois autrefois, il se prête avec plaisir à la plaisanterie, et prend pour un chef-d'œuvre de l'amour l'art d'égayer sa maîtresse. Pour elle, on a beau la prêcher, lui représenter la bienséance, lui dire que si près du terme elle doit prendre un maintien plus sérieux, plus grave, et faire un peu moins les honneurs de l'état qu'elle est prête à quitter; elle traite tout cela de sottes simagrées; elle soutient en face à M. d'Orbe que le jour de la cérémonie elle sera de la meilleure humeur du monde, et qu'on ne sauroit aller trop gaiement à la noce. Mais la petite dissimulée ne dit pas tout : je lui ai trouvé ce matin les yeux rouges, et je parie bien que les pleurs de la nuit paient les ris de la journée. Elle va former de nouvelles chaînes qui relâcheront les doux liens de l'amitié; elle va commencer une manière de vivre différente de celle qui lui fut chère; elle étoit contente et tranquille, elle va courir les hasards auxquels le meilleur mariage expose; et, quoi qu'elle en dise, comme une eau pure et calme commence à se troubler aux approches de l'orage, son cœur timide et chaste ne voit point sans quelque alarme le prochain changement de son sort.

O mon ami! qu'ils sont heureux! ils s'aiment; ils vont s'épouser; ils jouiront de leur amour sans obstacles, sans craintes, sans remords. Adieu, adieu; je n'en puis dire davantage.

P. S. Nous n'avons vu milord Édouard qu'un moment, tant il étoit pressé de continuer sa route. Le cœur plein de ce que nous lui devons, je voulois lui montrer mes sentiments et les tiens; mais j'en ai eu une espèce de honte. En vérité, c'est faire injure à un homme comme lui de le remercier de rien.

LETTRE XVI.

DE SAINT-PREUX A JULIE.

Que les passions impétueuses rendent les hommes enfants! Qu'un amour forcené se nourrit aisément de chimères! et qu'il est aisé de donner le change à des désirs extrêmes par les plus frivoles objets! J'ai reçu ta lettre avec les mêmes transports que m'auroit causés ta présence; et, dans l'emportement de ma joie, un vain papier me tenoit lieu de toi. Un des plus grands maux de l'absence, et le seul auquel la raison ne peut rien, c'est l'inquiétude sur l'état actuel de ce qu'on aime. Sa santé, sa vie, son repos, son amour, tout échappe à qui craint de tout perdre; on n'est pas plus sûr du présent que de l'avenir, et tous les accidents possibles se réalisent sans cesse dans l'esprit d'un amant qui les redoute. Enfin je respire, je vis; tu te portes bien, tu m'aimes : ou plutôt il y a dix jours que tout cela étoit vrai; mais qui me répondra d'aujourd'hui? O absence! ô tourment! ô bizarre et funeste état où l'on ne peut jouir que du moment passé, et où le présent n'est point encore!

Quand tu ne m'aurois pas parlé de l'inséparable, j'aurois reconnu sa malice dans la critique de ma relation; et sa rancune dans l'apologie du Marini;

mais, s'il m'étoit permis de faire la mienne, je ne resterois pas sans réplique.

Premièrement, ma cousine (car c'est à elle qu'il faut répondre), quant au style, j'ai pris celui de la chose; j'ai tâché de vous donner à la fois l'idée et l'exemple du ton des conversations à la mode; et, suivant un ancien précepte, je vous ai écrit à peu près comme on parle en certaines sociétés. D'ailleurs ce n'est pas l'usage des figures, mais leur choix, que je blâme dans le cavalier Marin. Pour peu qu'on ait de chaleur dans l'esprit, on a besoin de métaphores et d'expressions figurées pour se faire entendre. Vos lettres mêmes en sont pleines sans que vous y songiez, et je soutiens qu'il n'y a qu'un géomètre et un sot qui puissent parler sans figures. En effet, un même jugement n'est-il pas susceptible de cent degrés de force? Et comment déterminer celui de ces degrés qu'il doit avoir, sinon par le tour qu'on lui donne? Mes propres phrases me font rire, je l'avoue, et je les trouve absurdes, grâces au soin que vous avez pris de les isoler; mais laissez-les où je les ai mises, vous les trouverez claires, et même énergiques. Si ces yeux éveillés que vous savez si bien faire parler étoient séparés l'un de l'autre, et de votre visage, cousine, que pensez-vous qu'ils diroient avec tout leur feu? Ma foi, rien du tout, pas même à M. d'Orbe.

La première chose qui se présente à observer dans un pays où l'on arrive, n'est-ce pas le ton général de la société? Eh bien! c'est aussi la première observation que j'ai faite dans celui-ci, et je vous ai parlé de ce qu'on dit à Paris, et non pas de ce qu'on y fait. Si j'ai remarqué du contraste entre les discours, les sentiments, et les actions des honnêtes gens, c'est que ce contraste saute aux yeux au premier instant. Quand je vois les mêmes hommes changer de maximes selon les coteries, molinistes dans l'une, jansénistes dans l'autre, vils courtisans chez un ministre, frondeurs mutins chez un mécontent; quand je vois un homme doré décrier le luxe, un financier les impôts, un prélat le dérèglement; quand j'entends une femme de la cour parler de modestie, un grand seigneur de vertu, un auteur de simplicité, un abbé de religion, et que ces absurdités ne choquent personne, ne dois-je pas conclure à l'instant qu'on ne se soucie pas plus ici d'entendre la vérité que de la dire, et que, loin de vouloir persuader les autres quand on leur parle, on ne cherche pas même à leur faire penser qu'on croit ce qu'on leur dit?

Mais c'est assez plaisanter avec la cousine. Je laisse un ton qui nous est étranger à tous trois, et j'espère que tu ne me verras pas plus prendre le goût de la satire que celui du bel esprit. C'est à toi, Julie, qu'il faut à présent répondre; car je sais distinguer la critique badine des reproches sérieux.

Je ne conçois pas comment vous avez pu prendre

toutes deux le change sur mon objet. Ce ne sont point les François que je me suis proposé d'observer : car si le caractère des nations ne peut se déterminer que par leurs différences, comment moi, qui n'en connois encore aucune autre, entreprendrois-je de peindre celle-ci? Je ne serois pas non plus si maladroit que de choisir la capitale pour le lieu de mes observations. Je n'ignore pas que les capitales diffèrent moins entre elles que les peuples, et que les caractères nationaux s'y effacent et se confondent en grande partie, tant à cause de l'influence commune des cours qui se ressemblent toutes que par l'effet commun d'une société nombreuse et resserrée, qui est le même à peu près sur tous les hommes, et l'emporte à la fin sur le caractère originel.

Si je voulois étudier un peuple, c'est dans les provinces reculées, où les habitants ont encore leurs inclinations naturelles, que j'irois les observer. Je parcourrois lentement et avec soin plusieurs de ces provinces, les plus éloignées les unes des autres ; toutes les différences que j'observerois entre elles me donneroient le génie particulier de chacune ; tout ce qu'elles auroient de commun, et que n'auroient pas les autres peuples, formeroit le génie national ; et ce qui se trouveroit partout appartiendroit en général à l'homme. Mais je n'ai ni ce vaste projet ni l'expérience nécessaire pour le suivre. Mon objet est de connoître l'homme, et ma méthode de l'étudier dans ses diverses relations. Je ne l'ai vu jusqu'ici qu'en petites sociétés, épars et presque isolé sur la terre. Je vais maintenant le considérer entassé par multitudes dans les mêmes lieux ; et je commencerai à juger par-là des vrais effets de la société : car s'il est constant qu'elle rende les hommes meilleurs, plus elle est nombreuse et rapprochée, mieux ils doivent valoir ; et les mœurs, par exemple, seront beaucoup plus pures à Paris que dans le Valais : que si l'on trouvoit le contraire, il faudroit tirer une conséquence opposée.

Cette méthode pourroit, j'en conviens, me mener encore à la connoissance des peuples, mais par une voie si longue et si détournée, que je ne serois peut-être de ma vie en état de prononcer sur aucun d'eux. Il faut que je commence par tout observer dans le premier où je me trouve, que j'assigne ensuite les différences, à mesure que je parcourrai les autres pays ; que je compare la France à chacun d'eux, comme on décrit l'olivier sur un saule, ou le palmier sur un sapin, et que j'attende à juger du premier peuple observé que j'aie observé tous les autres.

Veuille donc, ma charmante prêcheuse, distinguer ici l'observation philosophique de la satire nationale. Ce ne sont point les Parisiens que j'étudie, mais les habitants d'une grande ville ; et je ne sais si ce que j'en vois ne convient pas à Rome et à Londres, tout aussi-bien qu'à Paris. Les règles de la morale ne dépendent point des usages des peuples; ainsi, malgré les préjugés dominants, je sens fort bien ce qui est mal en soi; mais ce mal, j'ignore s'il faut l'attribuer aux François ou à l'homme, et s'il est l'ouvrage de la coutume ou de la nature. Le tableau du vice offense en tous lieux un œil impartial, et l'on n'est pas plus blâmable de le reprendre dans un pays où il règne, quoiqu'on y soit, que de relever les défauts de l'humanité, quoiqu'on vive avec les hommes. Ne suis-je pas à présent moi-même un habitant de Paris? Peut-être, sans le savoir, ai-je déjà contribué pour ma part au désordre que j'y remarque; peut-être un trop long séjour y corromproit-il ma volonté même; peut-être, au bout d'un an, ne serois-je plus qu'un bourgeois, si, pour être digne de toi, je ne gardois l'ame d'un homme libre et les mœurs d'un citoyen. Laisse-moi donc te peindre sans contrainte des objets auxquels je rougisse de ressembler, et m'animer au pur zèle de la vérité par le tableau de la flatterie et du mensonge.

Si j'étois le maître de mes occupations et de mon sort, je saurois, n'en doute pas, choisir d'autres sujets de lettres; et tu n'étois pas mécontente de celles que je t'écrivois de Meillerie et du Valais: mais, chère amie, pour avoir la force de supporter le fracas du monde où je suis contraint de vivre, il faut bien au moins que je me console à te le décrire, et que l'idée de te préparer des relations m'excite à en chercher les sujets. Autrement le découragement va m'atteindre à chaque pas, et il faudra que j'abandonne tout si tu ne veux rien voir avec moi. Pense que, pour vivre d'une manière si peu conforme à mon goût, je fais un effort qui n'est pas indigne de sa cause, et pour juger quels soins me peuvent mener à toi, souffre que je te parle quelquefois des maximes qu'il faut connoître, et des obstacles qu'il faut surmonter.

Malgré ma lenteur, malgré mes distractions inévitables, mon recueil étoit fini quand ta lettre est arrivée heureusement pour le prolonger; et j'admire, en le voyant si court, combien de choses ton cœur m'a su dire en si peu d'espace. Non, je soutiens qu'il n'y a point de lecture aussi délicieuse, même pour qui ne te connoîtroit pas, s'il avoit une ame semblable aux nôtres. Mais comment ne te pas connoître en lisant tes lettres! Comment prêter un ton si touchant et des sentiments si tendres à une autre figure que la tienne? A chaque phrase ne voit-on pas le doux regard de tes yeux? à chaque mot n'entend-on pas ta voix charmante? Quelle autre que Julie a jamais aimé, pensé, parlé, agi, écrit comme elle? Ne sois donc pas surprise si tes lettres, qui te peignent si bien, font quelquefois sur ton idolâtre amant le même effet que ta présence. En les relisant je perds la raison, ma tête s'égare dans un délire continuel, un feu dévorant me consume, mon sang s'allume et petille, une fureur me fait tressaillir. Je crois te voir, te toucher, te presser contre mon sein... Objet adoré, fille enchanteresse, source de délices et de volupté, comment, en te voyant, ne pas voir les houris faites pour les bienheureux ?... Ah! viens... Je la sens... elle m'échappe, et je n'embrasse qu'une ombre.... Il est vrai, chère amie, tu es trop belle, et tu fus trop tendre pour mon foible cœur; il ne peut oublier ni ta beauté ni tes caresses : tes charmes triomphent de l'absence, ils me poursuivent partout; ils me font craindre la solitude ; et c'est le comble de ma misère de n'oser m'occuper toujours de toi.

Ils seront donc unis malgré les obstacles, ou plutôt ils le sont au moment que j'écris! Aimables et dignes époux, puisse le ciel les combler du bonheur que méritent leur sage et paisible amour, l'innocence de leurs mœurs, l'honnêteté de leurs ames! puisse-t-il leur donner ce bonheur précieux dont il est si avare envers les cœurs faits pour le goûter ! Qu'ils seront heureux s'il leur accorde, hélas! tout ce qu'il nous ôte ! Mais pourtant ne sens-tu pas quelque sorte de consolation dans nos maux ! ne sens-tu pas que l'excès de notre misère n'est point non plus sans dédommagement, et que s'ils ont des plaisirs dont nous sommes privés, nous en avons aussi qu'ils ne peuvent connoître? Oui, ma douce amie, malgré l'absence, les privations, les alarmes, malgré le désespoir même, les puissants élancements de deux cœurs l'un vers l'autre ont toujours une volupté secrète ignorée des ames tranquilles. C'est un des miracles de l'amour de nous faire trouver du plaisir à souffrir; et nous regarderions comme le pire des malheurs un état d'indifférence et d'oubli qui nous ôteroit tout le sentiment de nos peines. Plaignons donc notre sort, ô Julie! mais n'envions celui de personne. Il n'y a point peut-être, à tout prendre, d'existence préférable à la nôtre; et comme la Divinité tire tout son bonheur d'elle-même, les cœurs qu'échauffe un feu céleste trouvent dans leurs propres sentiments une sorte de jouissance pure et délicieuse, indépendante de la fortune et du reste de l'univers.

LETTRE XVII.

DE SAINT-PREUX A JULIE.

Enfin me voilà tout-à-fait dans le torrent. Mon recueil fini, j'ai commencé de fréquenter les spectacles et de souper en ville. Je passe ma journée entière dans le monde, je prête mes oreilles et mes yeux à tout ce qui les frappe; et, n'apercevant rien qui te ressemble, je me recueille au milieu du bruit, et converse en secret avec toi. Ce n'est pas que cette vie bruyante et tumultueuse n'ait aussi quelque sorte d'attraits, et que la prodigieuse diversité d'objets n'offre de certains agréments à de nouveaux débarqués; mais, pour les sentir, il faut avoir le cœur vide et l'esprit frivole; mais, l'amour et la raison semblent s'unir pour m'en dégoûter : comme tout n'est que vaine apparence, et que tout change à chaque instant, je n'ai le temps d'être ému de rien, ni celui de rien examiner.

Ainsi je commence à voir les difficultés de l'étude du monde, et je ne sais pas même quelle place il faut occuper pour le bien connoître. Le philosophe en est trop loin, l'homme du monde en est trop près. L'un voit trop pour pouvoir réfléchir, l'autre trop peu pour juger du tableau total. Chaque objet qui frappe le philosophe, il le considère à part; et, n'en pouvant discerner ni les liaisons ni les rapports avec d'autres objets qui sont hors de sa portée, il ne le voit jamais à sa place, et n'en sent ni la raison ni les vrais effets. L'homme du monde voit tout, et n'a le temps de penser à rien : la mobilité des objets ne lui permet que de les apercevoir, et non de les observer; ils s'effacent mutuellement avec rapidité, et il ne lui reste du tout que des impressions confuses qui ressemblent au chaos.

On ne peut pas non plus voir et méditer alternativement, parce que le spectacle exige une continuité d'attention qui interrompt la réflexion. Un homme qui voudroit diviser son temps par intervalles entre le monde et la solitude, toujours agité

PARTIE II, LETTRE XVII.

dans sa retraite et toujours étranger dans le monde, ne seroit bien nulle part. Il n'y auroit d'autre moyen que de partager sa vie entière en deux grands espaces; l'un pour voir, l'autre pour réfléchir : mais cela même est presque impossible; car la raison n'est pas un meuble qu'on pose et qu'on reprenne à son gré, et quiconque a pu vivre dix ans sans penser ne pensera de sa vie.

Je trouve aussi que c'est une folie de vouloir étudier le monde en simple spectateur. Celui qui ne prétend qu'observer n'observe rien, parce que étant inutile dans les affaires, et importun dans les plaisirs, il n'est admis nulle part. On ne voit agir les autres qu'autant qu'on agit soi-même : dans l'école du monde comme dans celle de l'amour, il faut commencer par pratiquer ce qu'on veut apprendre.

Quel parti prendrai-je donc, moi étranger, qui ne puis avoir aucune affaire en ce pays, et que la différence de religion empêcheroit seule d'y pouvoir aspirer à rien? je suis réduit à m'abaisser pour m'instruire, et, ne pouvant jamais être un homme utile, à tâcher de me rendre un homme amusant. Je m'exerce, autant qu'il est possible, à devenir poli sans fausseté, complaisant sans bassesse, et à prendre si bien ce qu'il y a de bon dans la société, que j'y puisse être souffert sans en adopter les vices. Tout homme oisif qui veut voir le monde doit au moins en prendre les manières jusqu'à certain point; car de quel droit exigeroit-on d'être admis parmi des gens à qui l'on n'est bon à rien, et à qui l'on n'auroit pas l'art de plaire? Mais aussi, quand il a trouvé cet art, on ne lui demande pas davantage, surtout s'il est étranger. Il se peut dispenser de prendre part aux cabales, aux intrigues, aux démêlés; s'il se comporte honnêtement envers chacun, s'il ne donne à certaines femmes ni exclusion ni préférence; s'il garde le secret de chaque société où il est reçu; s'il n'étale point les ridicules d'une maison dans une autre; s'il évite les confidences; s'il se refuse aux tracasseries; s'il garde partout une certaine dignité, il pourra voir paisiblement le monde, conserver ses mœurs, sa probité, sa franchise même, pourvu qu'elle vienne d'un esprit de liberté, et non d'un esprit de parti [1]. Voilà ce que j'ai tâché de faire par l'avis de quelques gens éclairés que j'ai choisis pour guides parmi les connoissances que m'a données milord Édouard. J'ai donc commencé d'être admis dans des sociétés moins nombreuses et plus choisies. Je ne m'étois trouvé, jusqu'à présent, qu'à des dîners réglés où l'on ne voit de femme que la maîtresse de la maison, où tous les désœuvrés de Paris sont reçus, pour peu qu'on les connoisse, où chacun paie comme il peut son dîner en esprit ou en flatterie,

---

[1] * C'est d'après ces principes que Rousseau se conduisit avec mesdames Dupin, de Francueil, d'Épinay, d'Houdetot, de Verdelin, etc.

et dont le ton bruyant et confus ne diffère pas beaucoup de celui des tables d'auberges.

Je suis maintenant initié à des mystères plus secrets. J'assiste à des soupers priés, où la porte est fermée à tout survenant, et où l'on est sûr de ne trouver que des gens qui conviennent tous, sinon les uns aux autres, au moins à ceux qui les reçoivent. C'est là que les femmes s'observent moins, et qu'on peut commencer à les étudier; c'est là que règnent plus paisiblement des propos plus fins et plus satiriques; c'est là qu'au lieu des nouvelles publiques, des spectacles, des promotions, des morts, des mariages, dont on a parlé le matin, on passe discrètement en revue les anecdotes de Paris, qu'on dévoile tous les événements secrets de la chronique scandaleuse, qu'on rend le bien et le mal également plaisants et ridicules, et que, peignant avec art et selon l'intérêt particulier les caractères des personnages, chaque interlocuteur, sans y penser, peint encore beaucoup mieux le sien; c'est là qu'un reste de circonspection fait inventer devant les laquais un certain langage entortillé, sous lequel, feignant de rendre la satire plus obscure, on la rend seulement plus amère; c'est là, en un mot, qu'on affile avec soin le poignard, sous prétexte de faire moins de mal, mais en effet pour l'enfoncer plus avant [1].

---

[1] * Les Mémoires de madame d'Épinay, les Lettres de Galiani, et d'autres publications, ont fait ressortir la vérité de ce tableau.

Cependant, à considérer ces propos selon nos idées, on auroit tort de les appeler satiriques, car ils sont bien plus railleurs que mordants, et tombent moins sur le vice que sur le ridicule. En général, la satire a peu de cours dans les grandes villes, où ce qui n'est que mal est si simple, que ce n'est pas la peine d'en parler. Que reste-t-il à blâmer où la vertu n'est plus estimée? et de quoi médiroit-on quand on ne trouve plus de mal à rien? A Paris surtout, où l'on ne saisit les choses que par le côté plaisant, tout ce qui doit allumer la colère et l'indignation est toujours mal reçu s'il n'est mis en chanson ou en épigramme. Les jolies femmes n'aiment point à se fâcher; aussi ne se fâchent-elles de rien : elles aiment à rire; et, comme il n'y a pas le mot pour rire au crime, les fripons sont d'honnêtes gens comme tout le monde. Mais malheur à qui prête le flanc au ridicule! sa caustique empreinte est ineffaçable; il ne déchire pas seulement les mœurs, la vertu, il marque jusqu'au vice même; il fait calomnier les méchants. Mais revenons à nos soupers.

Ce qui m'a le plus frappé dans ces sociétés d'élite,

On y trouve beaucoup de détails qui prouvent que Jean-Jacques étoit loin d'avoir mis de l'exagération dans le langage qu'il fait tenir à Saint-Preux. En confrontant les détails donnés par madame d'Épinay sur les mœurs du temps, avec les passages de l'auteur, on est obligé de reconnoître sa véracité, d'avouer même qu'il n'osoit pas tout dire, et qu'il restoit en-deçà de la vérité. (Note de M. Musset Pathay.)

c'est de voir six personnes choisies exprès pour s'entretenir agréablement ensemble, et parmi lesquelles règnent même le plus souvent des liaisons secrètes, ne pouvoir rester une heure entre elles six, sans y faire intervenir la moitié de Paris; comme si leurs cœurs n'avoient rien à se dire, et qu'il n'y eût là personne qui méritât de les intéresser. Te souvient-il, ma Julie, comment, en soupant chez ta cousine, ou chez toi, nous savions, en dépit de la contrainte et du mystère, faire tomber l'entretien sur des sujets qui eussent du rapport à nous, et comment, à chaque réflexion touchante, à chaque allusion subtile, un regard plus vif qu'un éclair, un soupir plutôt deviné qu'aperçu, en portoit le doux sentiment d'un cœur à l'autre?

Si la conversation se tourne par hasard sur les convives, c'est communément dans un certain jargon de société, dont il faut avoir la clef pour l'entendre. A l'aide de ce chiffre, on se fait réciproquement, et selon le goût du temps, mille mauvaises plaisanteries, durant lesquelles le plus sot n'est pas celui qui brille le moins, tandis qu'un tiers mal instruit est réduit à l'ennui et au silence, ou à rire de ce qu'il n'entend point. Voilà, hors le tête-à-tête, qui m'est et me sera toujours inconnu, tout ce qu'il y a de tendre et d'affectueux dans les liaisons de ce pays.

Au milieu de tout cela, qu'un homme de poids avance un propos grave, ou agite une question sérieuse, aussitôt l'attention commune se fixe à ce nouvel objet : hommes, femmes, vieillards, jeunes gens, tout se prête à le considérer par toutes ses faces, et l'on est étonné du sens et de la raison qui sortent comme à l'envi de toutes ces têtes folâtres [1]. Un point de morale ne seroit pas mieux discuté dans une société de philosophes que dans celle d'une jolie femme de Paris; les conclusions y seroient même souvent moins sévères : car le philosophe qui veut agir comme il parle y regarde à deux fois; mais ici, où toute la morale est un pur verbiage, on peut être austère sans conséquence, et l'on ne seroit pas fâché, pour rabattre un peu l'orgueil philosophique, de mettre la vertu si haut que le sage même n'y pût atteindre. Au reste, hommes et femmes, tous, instruits par l'expérience du monde, et surtout par leur conscience, se réunissent pour penser de leur espèce aussi mal qu'il est possible, toujours philosophant tristement, toujours dégradant par vanité la nature humaine, toujours cherchant dans quelque vice la cause de tout ce qui se

---

[1] Pourvu toutefois qu'une plaisanterie imprévue ne vienne pas déranger cette gravité; car alors chacun renchérit; tout part à l'instant, et il n'y a plus moyen de reprendre le ton sérieux. Je me rappelle un certain paquet de gimblettes qui troubla si plaisamment une représentation de la foire. Les acteurs dérangés n'étoient que des animaux. Mais que de choses sont gimblettes pour beaucoup d'hommes ! On sait qui Fontenelle a voulu peindre dans l'histoire des Thirintiens *.

* Les François.

fait de bien, toujours, d'après leur propre cœur, médisant du cœur de l'homme.

Malgré cette avilissante doctrine, un des sujets favoris de ces paisibles entretiens, c'est le sentiment, mot par lequel il ne faut pas entendre un épanchement affectueux dans le sein de l'amour ou de l'amitié, cela seroit d'une fadeur à mourir; c'est le sentiment mis en grandes maximes générales, et quintessencié par tout ce que la métaphysique a de plus subtil. Je puis dire n'avoir de ma vie ouï tant parler du sentiment, ni si peu compris ce qu'on en disoit. Ce sont des raffinements inconcevables. O Julie! nos cœurs grossiers n'ont jamais rien su de toutes ces belles maximes; et j'ai peur qu'il n'en soit du sentiment chez les gens du monde comme d'Homère chez les pédants, qui lui forgent mille beautés chimériques, faute d'apercevoir les véritables. Ils dépensent ainsi tout leur sentiment en esprit; et il s'en exhale tant dans le discours, qu'il n'en reste plus pour la pratique. Heureusement la bienséance y supplée, et l'on fait par usage à peu près les mêmes choses qu'on feroit par sensibilité; du moins tant qu'il n'en coûte que des formules et quelques gênes passagères, qu'on s'impose pour faire bien parler de soi; car quand les sacrifices vont jusqu'à gêner trop long-temps ou à coûter trop cher, adieu le sentiment; la bienséance n'en exige pas jusque-là. A cela près, on ne sauroit croire à quel point tout est compassé, mesuré, pesé, dans ce qu'ils appellent des procédés ; tout ce qui n'est plus dans les sentiments, ils l'ont mis en règle, et tout est règle parmi eux. Ce peuple imitateur seroit plein d'originaux, qu'il seroit impossible d'en rien savoir ; car nul homme n'ose être lui-même. *Il faut faire comme les autres* : c'est la première maxime de la sagesse du pays. *Cela se fait, cela ne se fait pas* : voilà la décision suprême.

Cette apparente régularité donne aux usages communs l'air du monde le plus comique, même dans les choses les plus sérieuses. On sait à point nommé quand il faut envoyer savoir des nouvelles ; quand il faut se faire écrire, c'est-à-dire faire une visite qu'on ne fait pas ; quand il faut la faire soi-même ; quand il est permis d'être chez soi ; quand on doit n'y pas être, quoiqu'on y soit ; quelles offres l'un doit faire, quelles offres l'autre doit rejeter ; quel degré de tristesse on doit prendre à telle ou telle mort [1] ; combien de temps on doit pleurer à la campagne ; le jour où l'on peut revenir se consoler à la ville ; l'heure et la minute où l'affliction permet de donner le bal ou d'aller au spectacle. Tout le monde y fait à la fois la même

---

[1] S'affliger à la mort de quelqu'un est un sentiment d'humanité et un témoignage de bon naturel, mais non pas un devoir de vertu, ce quelqu'un fût-il même notre père. Quiconque, en pareil cas, n'a point d'affliction dans le cœur, n'en doit point montrer au dehors ; car il est beaucoup plus essentiel de fuir la fausseté que de s'asservir aux bienséances.

chose dans la même circonstance; tout va par temps comme les mouvements d'un régiment en bataille : vous diriez que ce sont autant de marionnettes clouées sur la même planche ou tirées par le même fil.

Or, comme il n'est pas possible que tous ces gens, qui font exactement la même chose, soient exactement affectés de même, il est clair qu'il faut les pénétrer par d'autres moyens pour les connoître ; il est clair que tout ce jargon n'est qu'un vain formulaire, et sert moins à juger des mœurs, que du ton qui règne à Paris. On apprend ainsi les propos qu'on y tient, mais rien de ce qui peut servir à les apprécier. J'en dis autant de la plupart des écrits nouveaux; j'en dis autant de la scène même, qui depuis Molière est bien plus un lieu où se débitent de jolies conversations que la représentation de la vie civile. Il y a ici trois théâtres, sur deux desquels on représente des êtres chimériques : savoir, sur l'un des arlequins, des pantalons, des scaramouches; sur l'autre, des dieux, des diables, des sorciers. Sur le troisième on représente ces pièces immortelles dont la lecture nous faisoit tant de plaisir, et d'autres plus nouvelles qui paroissent de temps en temps sur la scène. Plusieurs de ces pièces sont tragiques, mais peu touchantes; et si l'on y trouve quelques sentiments naturels et quelque vrai rapport au cœur humain, elles n'offrent aucune sorte d'instruction sur les mœurs particulières du peuple qu'elles amusent.

L'institution de la tragédie avoit, chez ses inventeurs, un fondement de religion qui suffisoit pour l'autoriser. D'ailleurs elle offroit aux Grecs un spectacle instructif et agréable dans les malheurs des Perses leurs ennemis, dans les crimes et les folies des rois dont ce peuple s'étoit délivré. Qu'on représente à Berne, à Zurich, à La Haye, l'ancienne tyrannie de la maison d'Autriche, l'amour de la patrie et de la liberté nous rendra ces pièces intéressantes : mais qu'on me dise de quel usage sont ici les tragédies de Corneille, et ce qu'importe au peuple de Paris Pompée ou Sertorius. Les tragédies grecques rouloient sur des événements réels ou réputés tels par les spectateurs, et fondés sur des traditions historiques. Mais que fait une flamme héroïque et pure dans l'ame des grands? Ne diroit-on pas que les combats de l'amour et de la vertu leur donnent souvent de mauvaises nuits, et que le cœur a beaucoup à faire dans les mariages des rois? Juge de la vraisemblance et de l'utilité de tant de pièces, qui roulent toutes sur ce chimérique sujet!

Quant à la comédie, il est certain qu'elle doit représenter au naturel les mœurs du peuple pour lequel elle est faite, afin qu'il s'y corrige de ses vices et de ses défauts, comme on ôte devant un miroir les taches de son visage. Térence et Plaute se trompèrent dans leur objet; mais avant eux Aristophane et Ménandre avoient exposé aux Athéniens les mœurs athéniennes; et, depuis, le seul Molière peignit plus naïvement encore celles des François du siècle dernier à leurs propres yeux. Le tableau a changé; mais il n'est plus revenu de peintre. Maintenant on copie au théâtre les conversations d'une centaine de maisons de Paris. Hors de cela, on n'y apprend rien des mœurs des François. Il y a dans cette grande ville cinq ou six cent mille ames dont il n'est jamais question sur la scène. Molière osa peindre des bourgeois et des artisans aussi bien que des marquis; Socrate faisoit parler des cochers, menuisiers, cordonniers, maçons[1]. Mais les auteurs d'aujourd'hui, qui sont des gens d'un autre air, se croiroient déshonorés s'ils savoient ce qui se passe au comptoir d'un marchand ou dans la boutique d'un ouvrier; il ne leur faut que des interlocuteurs illustres, et ils cherchent dans le rang de leurs personnages l'élévation qu'ils ne peuvent tirer de leur génie. Les spectateurs eux-mêmes sont devenus si délicats, qu'ils craindroient de se compromettre à la comédie comme

---

[1] * C'est une remarque de Montaigne. « Il n'a jamais en la « bouche que cochers, menuisiers, savetiers et massons... Soubs « une si vile forme, nous n'eussions jamais choisi la noblesse et « splendeur de ses conceptions admirables, nous... qui n'apper-« cevons la richesse qu'en industre et en pompe. Nostre monde « n'est formé qu'à l'ostentation. » (Liv. III, chap. XII, au commencement.)

en visite, et ne daigneroient pas aller voir en représentation des gens de moindre condition qu'eux. Ils sont comme les seuls habitants de la terre; tout le reste n'est rien à leurs yeux. Avoir un carrosse, un suisse, un maître-d'hôtel, c'est être comme tout le monde. Pour être comme tout le monde, il faut être comme très-peu de gens. Ceux qui vont à pied ne sont pas du monde; ce sont des bourgeois, des hommes du peuple, des gens de l'autre monde; et l'on diroit qu'un carrosse n'est pas tant nécessaire pour se conduire que pour exister. Il y a comme cela une poignée d'impertinents qui ne comptent qu'eux dans tout l'univers, et ne valent guère la peine qu'on les compte, si ce n'est pour le mal qu'ils font. C'est pour eux uniquement que sont faits les spectacles. Ils s'y montrent à la fois comme représentés au milieu du théâtre, et comme représentants aux deux côtés; ils sont personnages sur la scène, et comédiens sur les bancs. C'est ainsi que la sphère du monde et des auteurs se rétrécit; c'est ainsi que la scène moderne ne quitte plus son ennuyeuse dignité. On n'y sait plus montrer les hommes qu'en habit doré. Vous diriez que la France n'est peuplée que de comtes et de chevaliers; et plus le peuple y est misérable et gueux, plus le tableau du peuple y est brillant et magnifique. Cela fait qu'en peignant le ridicule des états qui servent d'exemple aux autres, on le répand plutôt que de l'éteindre, et que le peuple, toujours singe et imitateur des riches, va moins au théâtre pour rire de leurs folies que pour les étudier, et devenir encore plus fou qu'eux en les imitant. Voilà de quoi fut cause Molière lui-même : il corrigea la cour en infectant la ville ; et ses ridicules marquis furent le premier modèle des petits-maîtres bourgeois qui leur succédèrent.

En général, il y a beaucoup de discours et peu d'action sur la scène françoise : peut-être est-ce qu'en effet le François parle encore plus qu'il n'agit, ou du moins qu'il donne un bien plus grand prix à ce qu'on dit qu'à ce qu'on fait. Quelqu'un disoit, en sortant d'une pièce de Denys-le-Tyran : Je n'ai rien vu, mais j'ai entendu force paroles [1]. Voilà ce qu'on peut dire en sortant des pièces françoises. Racine et Corneille, avec tout leur génie, ne sont eux-mêmes que des parleurs ; et leur successeur est le premier qui, à l'imitation des Anglois, ait osé mettre quelquefois la scène en représentation. Communément tout se passe en beaux dialogues bien agencés, bien ronflants, où l'on voit d'abord que le premier soin de chaque interlocuteur est toujours celui de briller. Presque tout s'énonce en maximes générales. Quelque agités qu'ils puissent être, ils songent toujours plus au public

---

[1] * PLUTARQUE, *Comment il faut ouïr*, ch. vii. Montaigne rapporte ainsi le même trait d'après lui. « Melanthius, interrogé ce « qu'il luy sembloit de Dionysius : *Je ne l'ay*, dit-il, *poinct veue*, « *tant elle est offusquée de langage.* » (Liv. III, ch. viii.)

qu'à eux-mêmes; une sentence leur coûte moins qu'un sentiment : les pièces de Racine et de Molière[1] exceptées, le *je* est presque aussi scrupuleusement banni de la scène françoise que des écrits de Port-Royal, et les passions humaines, aussi modestes que l'humilité chrétienne, n'y parlent jamais que par *on*. Il y a encore une certaine dignité maniérée dans le geste et dans le propos, qui ne permet jamais à la passion de parler exactement son langage, ni à l'auteur de revêtir son personnage et de se transporter au lieu de la scène, mais le tient toujours enchaîné sur le théâtre et sous les yeux des spectateurs. Aussi les situations les plus vives ne lui font-elles jamais oublier un bel arrangement de phrases ni des attitudes élégantes; et si le désespoir lui plonge un poignard dans le cœur, non content d'observer la décence en tombant comme Polyxène, il ne tombe point; la décence le maintient debout après sa mort, et tous ceux qui viennent d'expirer s'en retournent l'instant d'après sur leurs jambes.

Tout cela vient de ce que le François ne cherche point sur la scène le naturel et l'illusion, et n'y veut que de l'esprit et des pensées; il fait cas de l'agré-

---

[1] Il ne faut point associer en ceci Molière à Racine ; car le premier est, comme tous les autres, plein de maximes et de sentences, surtout dans ses pièces en vers : mais chez Racine tout est sentiment ; il a su faire parler chacun pour soi, et c'est en cela qu'il est vraiment unique parmi les auteurs dramatiques de sa nation.

ment et non de l'imitation, et ne se soucie pas d'être séduit pourvu qu'on l'amuse. Personne ne va au spectacle pour le plaisir du spectacle, mais pour voir l'assemblée, pour en être vu, pour ramasser de quoi fournir au caquet après la pièce; et l'on ne songe à ce qu'on voit que pour savoir ce qu'on en dira. L'acteur pour eux est toujours l'acteur, jamais le personnage qu'il représente. Cet homme qui parle en maître du monde n'est point Auguste, c'est Baron; la veuve de Pompée est Adrienne; Alzire est mademoiselle Gaussin; et ce fier sauvage est Grandval. Les comédiens, de leur côté, négligent entièrement l'illusion dont ils voient que personne ne se soucie. Ils placent les héros de l'antiquité entre six rangs de jeunes Parisiens; ils calquent les modes françoises sur l'habit romain; on voit Cornélie en pleurs avec deux doigts de rouge, Caton poudré à blanc, et Brutus en panier [1]. Tout cela ne choque personne, et ne fait rien au succès des pièces: comme on ne voit que l'acteur dans le personnage, on ne voit non plus que l'auteur dans le drame; et si le costume est négligé, cela se pardonne aisément; car on sait bien que Corneille n'étoit pas tailleur, ni Crébillon perruquier.

Ainsi, de quelque sens qu'on envisage les choses, tout n'est ici que babil, jargon, propos sans consé-

---

[1] Cette critique, fondée alors, ne le seroit plus aujourd'hui que le costume est rigoureusement observé.

quence. Sur la scène comme dans le monde, on a beau écouter ce qui se dit, on n'apprend rien de ce qui se fait : et qu'a-t-on besoin de l'apprendre? sitôt qu'un homme a parlé, s'informe-t-on de sa conduite? n'a-t-il pas tout fait? n'est-il pas jugé? L'honnête homme d'ici n'est point celui qui fait de bonnes actions, mais celui qui dit de belles choses; et un seul propos inconsidéré, lâché sans réflexion, peut faire à celui qui le tient un tort irréparable que n'effaceroient pas quarante ans d'intégrité. En un mot, bien que les œuvres des hommes ne ressemblent guère à leurs discours, je vois qu'on ne les peint que par leurs discours, sans égard à leurs œuvres; je vois aussi que dans une grande ville la société paroit plus douce, plus facile, plus sûre même que parmi des gens moins étudiés : mais les hommes y sont-ils en effet plus humains, plus modérés, plus justes? Je n'en sais rien. Ce ne sont encore là que des apparences; et sous ces dehors si ouverts et si agréables, les cœurs sont peut-être plus cachés, plus enfoncés en dedans que les nôtres. Etranger, isolé, sans affaires, sans liaisons, sans plaisirs, et ne voulant m'en rapporter qu'à moi, le moyen de pouvoir prononcer?

Cependant je commence à sentir l'ivresse où cette vie agitée et tumultueuse plonge ceux qui la mènent, et je tombe dans un étourdissement semblable à celui d'un homme aux yeux duquel on fait passer rapidement une multitude d'objets. Aucun de ceux qui me frappent n'attache mon cœur, mais tous ensemble en troublent et suspendent les affections, au point d'en oublier quelques instants ce que je suis et à qui je suis. Chaque jour en sortant de chez moi j'enferme mes sentiments sous la clef, pour en prendre d'autres qui se prêtent aux frivoles objets qui m'attendent. Insensiblement je juge et raisonne comme j'entends juger et raisonner tout le monde. Si quelquefois j'essaie de secouer les préjugés et de voir les choses comme elles sont, à l'instant je suis écrasé d'un certain verbiage qui ressemble beaucoup à du raisonnement. On me prouve avec évidence qu'il n'y a que le demi-philosophe qui regarde à la réalité des choses; que le vrai sage ne les considère que par les apparences; qu'il doit prendre les préjugés pour principes, les bienséances pour lois, et que la plus sublime sagesse consiste à vivre comme les fous.

Forcé de changer ainsi l'ordre de mes affections morales; forcé de donner un prix à des chimères, et d'imposer silence à la nature et à la raison, je vois ainsi défigurer ce divin modèle que je porte au dedans de moi, et qui servoit à la fois d'objet à mes désirs et de règle à mes actions; je flotte de caprice en caprice ; et mes goûts étant sans cesse asservis à l'opinion, je ne puis être sûr un seul jour de ce que j'aimerai le lendemain.

Confus, humilié, consterné, de sentir dégrader

en moi la nature de l'homme, et de me voir ravalé si bas de cette grandeur intérieure où nos cœurs enflammés s'élevoient réciproquement, je reviens le soir, pénétré d'une secrète tristesse, accablé d'un dégoût mortel, et le cœur vide et gonflé comme un ballon rempli d'air. O amour! ô purs sentiments que je tiens de lui!.... avec quel charme je rentre en moi-même! avec quel transport j'y retrouve encore mes premières affections et ma première dignité! Combien je m'applaudis d'y revoir briller dans tout son éclat l'image de la vertu, d'y contempler la tienne, ô Julie! assise sur un trône de gloire et dissipant d'un souffle tous ces prestiges! Je sens respirer mon ame oppressée, je crois avoir recouvré mon existence et ma vie, et je reprends avec mon amour tous les sentiments sublimes qui le rendent digne de son objet.

LETTRE XVIII.

DE JULIE A SAINT-PREUX.

Je viens, mon bon ami, de jouir d'un des plus doux spectacles qui puissent jamais charmer mes yeux. La plus sage, la plus aimable des filles est enfin devenue la plus digne et la meilleure des femmes. L'honnête homme dont elle a comblé les vœux, plein d'estime et d'amour pour elle, ne respire que pour la chérir, l'adorer, la rendre heureuse; et je goûte le charme inexprimable d'être témoin du bonheur de mon amie, c'est-à-dire de le partager. Tu n'y seras pas moins sensible, j'en suis bien sûre, toi qu'elle aima toujours si tendrement, toi qui lui fus cher presque dès son enfance, et à qui tant de bienfaits l'ont dû rendre encore plus chère. Oui, tous les sentiments qu'elle éprouve se font sentir à nos cœurs comme au sien. S'ils sont des plaisirs pour elle, ils sont pour nous des consolations; et tel est le prix de l'amitié qui nous joint, que la félicité d'un des trois suffit pour adoucir les maux des deux autres.

Ne nous dissimulons pas pourtant que cette amie incomparable va nous échapper en partie.

La voilà dans un nouvel ordre de choses; la voilà sujette à de nouveaux engagements, à de nouveaux devoirs; et son cœur, qui n'étoit qu'à nous, se doit maintenant à d'autres affections auxquelles il faut que l'amitié cède le premier rang. Il y a plus, mon ami, nous devons de notre part devenir plus scrupuleux sur les témoignages de son zèle; nous ne devons pas seulement consulter son attachement pour nous et le besoin que nous avons d'elle, mais ce qui convient à son nouvel état, et ce qui peut agréer ou déplaire à son mari. Nous n'avons pas besoin de chercher ce qu'exigeroit en pareil cas la vertu; les lois seules de l'amitié suffisent. Celui qui, pour son intérêt particulier, pourroit compromettre un ami, mériteroit-il d'en avoir? Quand elle étoit fille, elle étoit libre, elle n'avoit à répondre de ses démarches qu'à elle-même, et l'honnêteté de ses intentions suffisoit pour la justifier à ses propres yeux. Elle nous regardoit comme deux époux destinés l'un à l'autre; et son cœur sensible et pur alliant la plus chaste pudeur pour elle-même à la plus tendre compassion pour sa coupable amie, elle couvroit ma faute sans la partager. Mais à présent tout est changé; elle doit compte de sa conduite à un autre; elle n'a pas seulement engagé sa foi, elle a aliéné sa liberté. Dépositaire en même temps de l'honneur de deux personnes, il ne lui suffit pas d'être honnête, il faut encore qu'elle soit honorée; il ne lui suffit pas de ne rien faire que de bien, il faut encore qu'elle ne fasse rien qui ne soit approuvé. Une femme vertueuse ne doit pas seulement mériter l'estime de son mari, mais l'obtenir; s'il la blâme, elle est blâmable; et, fût-elle innocente, elle a tort sitôt qu'elle est soupçonnée, car les apparences mêmes sont au nombre de ses devoirs.

Je ne vois pas clairement si toutes ces raisons sont bonnes, tu en seras le juge; mais un certain sentiment intérieur m'avertit qu'il n'est pas bien que ma cousine continue d'être ma confidente, ni qu'elle me le dise la première. Je me suis souvent trouvée en faute pour mes raisonnements, jamais sur les mouvements secrets qui me les inspirent, et cela fait que j'ai plus de confiance à mon instinct qu'à ma raison.

Sur ce principe, j'ai déjà pris un prétexte pour retirer tes lettres, que la crainte d'une surprise me faisoit tenir chez elle. Elle me les a rendues avec un serrement de cœur que le mien m'a fait apercevoir, et qui m'a trop confirmé que j'avois fait ce qu'il falloit faire. Nous n'avons point eu d'explication, mais nos regards en tenoient lieu; elle m'a embrassée en pleurant; nous sentions sans nous rien dire combien le tendre langage de l'amitié a peu besoin du secours des paroles.

A l'égard de l'adresse à substituer à la sienne, j'avois songé d'abord à celle de Fanchon Anet, et c'est bien la voie la plus sûre que nous pourrions choisir; mais si cette jeune femme est dans un rang plus bas que ma cousine, est-ce une raison d'avoir moins d'égards pour elle en ce qui concerne l'honnêteté? n'est-il pas à craindre, au contraire, que des sentiments moins élevés ne lui rendent mon exemple plus dangereux, que ce qui n'étoit pour l'une que l'effort d'une amitié sublime ne soit pour l'autre un commencement de corruption, et qu'en abusant de sa reconnoissance je ne force la vertu même à servir d'instrument au vice? Ah! n'est-ce pas assez pour moi d'être coupable, sans me donner des complices, et sans aggraver mes fautes du poids de celles d'autrui? N'y pensons point, mon ami : j'ai imaginé un autre expédient, beaucoup moins sûr à la vérité, mais aussi moins répréhensible, en ce qu'il ne compromet personne et ne nous donne aucun confident; c'est de m'écrire sous un nom en l'air, comme, par exemple, M. du Bosquet, et de mettre une enveloppe adressée à Regianino, que j'aurai soin de prévenir. Ainsi Regianino lui-même ne saura rien ; il n'aura tout au plus que des soupçons, qu'il n'oseroit vérifier, car milord Édouard, de qui dépend sa fortune, m'a répondu de lui. Tandis que notre correspondance continuera par cette voie, je verrai si l'on peut reprendre celle qui nous servit pendant le voyage du Valais, ou quelque autre qui soit permanente et sûre.

Quand je ne connoîtrois pas l'état de ton cœur, je m'apercevrois, par l'humeur qui règne dans tes relations, que la vie que tu mènes n'est pas de ton goût. Les lettres de M. Muralt, dont on s'est plaint en France, étoient moins sévères que les tiennes : comme un enfant qui se dépite contre ses maîtres, tu te venges d'être obligé d'étudier le monde sur les premiers qui te l'apprennent. Ce qui me surprend le plus, est que la chose qui commence par te révolter est celle qui prévient tous les étrangers, savoir, l'accueil des François et le ton général de leur société, quoique de ton propre aveu tu doives personnellement t'en louer. Je n'ai pas oublié la distinction de Paris en particulier et d'une grande ville en général ; mais je vois qu'ignorant ce qui convient à l'un ou à l'autre, tu fais ta critique à bon compte, avant de savoir si c'est une médisance ou une observation. Quoi qu'il en soit, j'aime la nation françoise, et ce n'est pas m'obliger que d'en mal parler. Je dois aux bons livres qui nous viennent d'elle la plupart des instructions que nous avons prises ensemble. Si notre pays n'est plus barbare, à qui en avons-nous l'obligation ? Les deux plus grands, les deux plus vertueux des modernes, Catinat, Fénélon, étoient tous deux François ; Henri IV, le roi que j'aime, le bon roi, l'étoit. Si la France n'est pas le pays des hommes libres, elle est celui des hommes vrais ; et cette liberté vaut bien l'autre aux yeux du sage. Hospitaliers, protecteurs de l'étranger, les François lui passent même la vérité qui les blesse ; et l'on se feroit lapider à Londres si l'on y osoit dire des Anglois la moitié du mal que les François laissent dire d'eux à Paris. Mon père, qui a passé sa vie en France, ne parle qu'avec transport de ce bon et aimable peuple. S'il y a versé son sang au service du prince, le prince ne l'a point oublié dans sa retraite, et l'honore encore de ses bienfaits ; ainsi je me regarde comme intéressée à la gloire d'un pays où mon père a trouvé la sienne. Mon ami, si chaque peuple a ses bonnes et mauvaises qualités, honore au moins la vérité qui loue, aussi-bien que la vérité qui blâme.

Je te dirai plus, pourquoi perdrois-tu en visites

oisives le temps qui te reste à passer aux lieux où tu es? Paris est-il moins que Londres le théâtre des talents? et les étrangers y font-ils moins aisément leur chemin? Crois-moi, tous les Anglois ne sont pas des lords Édouards, et tous les François ne ressemblent pas à ces beaux diseurs qui te déplaisent si fort. Tente, essaie, fais quelques épreuves, ne fût-ce que pour approfondir les mœurs, et juger à l'œuvre ces gens qui parlent si bien. Le père de ma cousine dit que tu connois la constitution de l'empire et les intérêts des princes. Milord Édouard trouve aussi que tu n'as pas mal étudié les principes de la politique et les divers systèmes de gouvernement. J'ai dans la tête que le pays du monde où le mérite est le plus honoré est celui qui te convient le mieux, et que tu n'as besoin que d'être connu pour être employé. Quant à la religion, pourquoi la tienne te nuiroit-elle plus qu'à un autre? La raison n'est-elle pas le préservatif de l'intolérance et du fanatisme? Est-on plus bigot en France qu'en Allemagne? et qui t'empêcheroit de pouvoir faire à Paris le même chemin que M. de Saint-Saphorin a fait à Vienne? Si tu considères le but, les plus prompts essais ne doivent-ils pas accélérer les succès? Si tu compares les moyens, n'est-il pas plus honnête encore de s'avancer par ses talents que par ses amis? Si tu songes... Ah! cette mer!... un plus long trajet... J'aimerois mieux l'Angleterre, si Paris étoit au-delà.

A propos de cette grande ville, oserois-je relever une affectation que je remarque dans tes lettres? Toi qui me parlois des Valaisanes avec tant de plaisir, pourquoi ne me dis-tu rien des Parisiennes? Ces femmes galantes et célèbres valent-elles moins la peine d'être dépeintes que quelques montagnardes simples et grossières? Crains-tu peut-être de me donner de l'inquiétude par le tableau des plus séduisantes personnes de l'univers? Désabuse-toi, mon ami; ce que tu peux faire de pis pour mon repos est de ne me point parler d'elles; et, quoi que tu m'en puisses dire, ton silence à leur égard m'est beaucoup plus suspect que tes éloges.

Je serois bien aise aussi d'avoir un petit mot sur l'Opéra de Paris dont on dit ici des merveilles [1]; car enfin la musique peut être mauvaise, et le spectacle avoir ses beautés: s'il n'en a pas, c'est un sujet pour ta médisance, et du moins tu n'offenseras personne.

Je ne sais si c'est la peine de te dire qu'à l'occasion de la noce il m'est encore venu ces jours passés deux épouseurs comme par rendez-vous: l'un d'Yverdun, gîtant, chassant de château en château; l'autre du pays allemand, par le coche de Berne. Le premier est une manière de petit-maître,

---

[1] J'aurois bien mauvaise opinion de ceux qui, connoissant le caractère et la situation de Julie, ne devineroient pas à l'instant que cette curiosité ne vient point d'elle. On verra bientôt que son amant n'y a pas été trompé; s'il l'eût été, il ne l'auroit plus aimée.

parlant assez résolument pour faire trouver ses reparties spirituelles à ceux qui n'en écoutent que le ton; l'autre est un grand nigaud timide, non de cette aimable timidité qui vient de la crainte de déplaire, mais de l'embarras d'un sot qui ne sait que dire, et du malaise d'un libertin qui ne se sent pas à sa place auprès d'une honnête fille. Sachant très-positivement les intentions de mon père au sujet de ces deux messieurs, j'use avec plaisir de la liberté qu'il me laisse de les traiter à ma fantaisie, et je ne crois pas que cette fantaisie laisse durer long-temps celle qui les amène. Je les hais d'oser attaquer un cœur où tu règnes, sans armes pour te le disputer : s'ils en avoient, je les haïrois davantage encore ; mais où les prendroient-ils, eux, et d'autres, et tout l'univers? Non, non ; sois tranquille, mon aimable ami : quand je retrouverois un mérite égal au tien, quand il se présenteroit un autre toi-même, encore le premier venu seroit-il le seul écouté. Ne t'inquiète donc point de ces deux espèces dont je daigne à peine te parler. Quel plaisir j'aurois à leur mesurer deux doses de dégoût si parfaitement égales, qu'ils prissent la résolution de partir ensemble comme ils sont venus, et que je pusse t'apprendre à la fois le départ de tous deux !

M. de Crouzas vient de nous donner une réfutation des Épîtres de Pope, que j'ai lue avec ennui. Je ne sais pas au vrai lequel des deux auteurs a raison; mais je sais bien que le livre de M. de Crouzas ne fera jamais faire une bonne action, et qu'il n'y a rien de bon qu'on ne soit tenté de faire en quittant celui de Pope. Je n'ai point, pour moi, d'autre manière de juger de mes lectures que de sonder les dispositions où elles laissent mon ame, et j'imagine à peine quelle sorte de bonté peut avoir un livre qui ne porte point ses lecteurs au bien [1].

Adieu, mon trop cher ami : je ne voudrois pas finir sitôt; mais on m'attend, on m'appelle. Je te quitte à regret, car je suis gaie et j'aime à partager avec toi mes plaisirs : ce qui les anime et les redouble est que ma mère se trouve mieux depuis quelques jours; elle s'est senti assez de force pour assister au mariage, et servir de mère à sa nièce, ou plutôt à sa seconde fille. La pauvre Claire en a pleuré de joie. Juge de moi, qui méritant si peu de la conserver, tremble toujours de la perdre. En vérité elle fait les honneurs de la fête avec autant de grâce que dans sa plus parfaite santé; il me semble même qu'un reste de langueur rende sa naïve politesse encore plus touchante. Non, jamais cette incomparable mère ne fut si bonne, si charmante, si digne d'être adorée... Sais-tu qu'elle a demandé plusieurs fois de tes nouvelles à M. d'Orbe? Quoiqu'elle ne me parle point de toi, je n'ignore

---

[1] Si le lecteur approuve cette règle, et qu'il s'en serve pour juger ce recueil, l'éditeur n'appellera pas de son jugement.

pas qu'elle t'aime, et que si jamais elle étoit écoutée, ton bonheur et le mien seroient son premier ouvrage. Ah! si ton cœur sait être sensible, qu'il a besoin de l'être! et qu'il a de dettes à payer!

LETTRE XIX.

DE SAINT-PREUX A JULIE.

Tiens, ma Julie, gronde-moi, querelle-moi, bats-moi; je souffrirai tout, mais je n'en continuerai pas moins à te dire ce que je pense. Qui sera le dépositaire de tous mes sentiments, si ce n'est toi qui les éclaires? et avec qui mon cœur se permettroit-il de parler, si tu refusois de l'entendre? Quand je te rends compte de mes observations et de mes jugements, c'est pour que tu les corriges, non pour que tu les approuves; et plus je puis commettre d'erreurs, plus je dois me presser de t'en instruire. Si je blâme les abus qui me frappent dans cette grande ville, je ne m'en excuserai point sur ce que je t'en parle en confidence; car je ne dis jamais rien d'un tiers que je ne sois prêt à lui dire en face; et, dans tout ce que je t'écris des Parisiens, je ne fais que répéter ce que je leur dis tous les jours à eux-mêmes. Ils ne m'en savent point mauvais gré; ils conviennent de beaucoup de choses. Ils se plaignoient de notre Muralt, je le crois bien; on voit, on sent combien il les hait, jusque dans les éloges qu'il leur donne; et je suis bien trompé si, même dans ma critique, on n'aperçoit le contraire. L'estime et la reconnoissance que m'inspirent leurs bontés ne font qu'augmenter ma franchise : elle peut n'être pas utile à quelques uns; et, à la manière dont tous supportent la vérité dans ma bouche, j'ose croire que nous sommes dignes, eux de l'entendre, et moi de la dire. C'est en cela, ma Julie, que la vérité qui blâme est plus honorable que la vérité qui loue; car la louange ne sert qu'à corrompre ceux qui la goûtent, et les plus indignes en sont toujours les plus affamés : mais la censure est utile, et le mérite seul sait la supporter. Je te le dis du fond de mon cœur, j'honore le François comme le seul peuple qui aime véritablement les hommes, et qui soit bienfaisant par caractère; mais c'est pour cela même que j'en suis moins disposé à lui accorder cette admiration générale à laquelle il prétend, même pour les défauts qu'il avoue. Si les François n'avoient point de vertus, je n'en dirois rien; s'ils n'avoient point de vices, ils ne seroient pas hommes: ils ont trop de côtés louables pour être toujours loués.

Quant aux tentatives dont tu me parles, elles me sont impraticables, parce qu'il faudroit employer, pour les faire, des moyens qui ne me conviennent pas et que tu m'as interdits, toi-même. L'austérité républicaine n'est pas de mise en ce pays; il y faut, des vertus plus flexibles, et qui sachent mieux se plier aux intérêts des amis ou des protecteurs. Le mérite est honoré, j'en conviens, mais ici les talents qui mènent à la réputation ne sont point ceux qui mènent à la fortune; et quand j'aurois le malheur de posséder ces derniers, Julie se résoudroit-elle à devenir la femme d'un parvenu? En Angleterre c'est tout autre chose; et, quoique les mœurs y vaillent peut-être encore moins qu'en France, cela n'empêche pas qu'on n'y puisse parvenir par des chemins plus honnêtes, parce que le peuple ayant plus de part au gouvernement, l'estime publique y est un plus grand moyen de crédit. Tu n'ignores pas que le projet de milord Édouard est d'employer cette voie en ma faveur, et le mien, de justifier son zèle. Le lieu de la terre où je suis le plus loin de toi est celui où je ne puis rien faire qui m'en rapproche. O Julie! s'il est difficile d'obtenir ta main, il l'est bien plus de la mériter; et voilà la noble tâche que l'amour m'impose.

Tu m'ôtes d'une grande peine en me donnant de meilleures nouvelles de ta mère : je t'en voyois déjà si inquiète avant mon départ, que je n'osai te dire ce que j'en pensois; mais je la trouvois maigrie, changée, et je redoutois quelque maladie dangereuse. Conserve-la-moi, parce qu'elle m'est chère, parce que mon cœur l'honore, parce que ses bontés font mon unique espérance, et surtout parce qu'elle est mère de ma Julie.

Je te dirai sur les deux épouseurs, que je n'aime point ce mot, même par plaisanterie ; du reste, le ton dont tu me parles d'eux m'empêche de les craindre, et je ne hais plus ces infortunés puisque tu crois les haïr. Mais j'admire ta simplicité de penser connoître la haine : ne vois-tu pas que c'est l'amour dépité que tu prends pour elle ! Ainsi murmure la blanche colombe dont on poursuit le bienaimé. Va, Julie, va, fille incomparable ; quand tu pourras haïr quelque chose, je pourrai cesser de t'aimer.

P. S. Que je te plains d'être obsédée par ces deux importuns ! pour l'amour de toi-même, hâte-toi de les renvoyer.

LETTRE XX.

DE JULIE A SAINT-PREUX.

Mon ami, j'ai remis à M. d'Orbe un paquet qu'il s'est chargé de t'envoyer à l'adresse de M. Silvestre, chez qui tu pourras le retirer ; mais je t'avertis d'attendre pour l'ouvrir que tu sois seul et dans ta chambre : tu trouveras dans ce paquet un petit meuble à ton usage.

C'est une espèce d'amulette que les amants portent volontiers. La manière de s'en servir est bizarre ; il faut la contempler tous les matins un quart d'heure jusqu'à ce qu'on se sente pénétré d'un certain attendrissement; alors on l'applique sur ses yeux, sur sa bouche et sur son cœur : cela sert, dit-on, de préservatif durant la journée contre le mauvais air du pays galant. On attribue encore à ces sortes de talismans une vertu électrique très-singulière, mais qui n'agit qu'entre les amants fidèles; c'est de communiquer à l'un l'impression des baisers de l'autre à plus de deux cents lieues de là. Je ne garantis pas le succès de l'expérience; je sais seulement qu'il ne tient qu'à toi de la faire.

Tranquillise-toi sur les deux galants ou prétendants, ou comme tu voudras les appeler; car désormais le nom ne fait plus rien à la chose. Ils sont partis : qu'ils aillent en paix : depuis que je ne les vois plus, je ne les hais plus.

LETTRE XXI.

DE SAINT-PREUX A JULIE.

Tu l'as voulu, Julie; il faut donc te les dépeindre ces aimables Parisiennes! Orgueilleuse! cet hommage manquoit à tes charmes. Avec toute ta feinte jalousie, avec ta modestie et ton amour, je vois plus de vanité que de crainte cachée sous cette curiosité. Quoi qu'il en soit, je serai vrai : je puis l'être; je le serois de meilleur cœur si j'avois davantage à louer. Que ne sont-elles cent fois plus charmantes! que n'ont-elles assez d'attraits pour rendre un nouvel honneur aux tiens!

Tu te plaignois de mon silence! Eh, mon dieu! que t'aurois-je dit? En lisant cette lettre tu sentiras pourquoi j'aimois à te parler des Valaisanes, tes voisines, et pourquoi je ne te parlois point des femmes de ce pays. C'est que les unes me rappeloient à toi sans cesse, et que les autres... Lis; et puis tu me jugeras. Au reste, peu de gens pensent comme moi des dames françoises, si même je ne suis sur leur compte tout-à-fait seul de mon avis. C'est sur quoi l'équité m'oblige à te prévenir, afin que tu saches que je te les représente, non peut-être comme elles sont, mais comme je les vois. Malgré cela, si je suis injuste envers elles, tu ne manqueras pas de me censurer encore; et tu seras plus injuste que moi, car tout le tort en est à toi seule.

Commençons par l'extérieur; c'est à quoi s'en tiennent la plupart des observateurs. Si je les imitois en cela, les femmes de ce pays auroient trop à s'en plaindre : elles ont un extérieur de caractère aussi-bien que de visage; et comme l'un ne leur est guère plus favorable que l'autre, on leur fait tort en ne les jugeant que par-là. Elles sont tout au plus passables de figure, et généralement plutôt mal que bien : je laisse à part les exceptions. Menues plutôt que bien faites, elles n'ont pas la taille fine; aussi s'attachent-elles volontiers aux modes qui la déguisent : en quoi je trouve assez simples les femmes des autres pays de vouloir bien imiter des modes faites pour cacher des défauts qu'elles n'ont pas.

Leur démarche est aisée et commune; leur port n'a rien d'affecté, parce qu'elles n'aiment point à se gêner; mais elles ont naturellement une certaine *disinvoltura* ¹ qui n'est pas dépourvue de grâces, et qu'elles se piquent souvent de pousser jusqu'à l'étourderie. Elles ont le teint médiocrement blanc, et sont communément un peu maigres, ce qui ne contribue pas à leur embellir la peau. A l'égard de la gorge, c'est l'autre extrémité des Valaisanes. Avec des corps fortement serrés elles tâchent d'en imposer sur la consistance; il y a d'autres moyens d'en imposer sur la couleur. Quoique je n'aie aperçu ces objets que de fort loin, l'inspection en est si libre qu'il reste peu de chose à deviner. Ces dames paroissent mal entendre en cela leurs intérêts; car, pour peu que le visage soit agréable, l'imagination du spectateur les serviroit au surplus beaucoup mieux que ses yeux; et, suivant le philosophe gascon, la faim entière est bien plus âpre que celle qu'on a déjà rassasiée, au moins par un sens ².

¹ * Le sens propre de ce mot est *l'air libre et dégagé*, *l'aisance dans les manières.*

² * MONTAIGNE, livre III, ch. v.

Leurs traits sont peu réguliers : mais, si elles ne sont pas belles, elles ont de la physionomie qui supplée à la beauté, et l'éclipse quelquefois. Leurs yeux vifs et brillants ne sont pourtant ni pénétrants ni doux. Quoiqu'elles prétendent les animer à force de rouge, l'expression qu'elles leur donnent par ce moyen tient plus du feu de la colère que de celui de l'amour : naturellement ils n'ont que de la gaieté, ou s'ils semblent quelquefois demander un sentiment tendre, ils ne le promettent jamais [1].

Elles se mettent si bien, ou du moins elles en ont tellement la réputation, qu'elles servent en cela, comme en tout, de modèle au reste de l'Europe. En effet, on ne peut employer avec plus de goût un habillement plus bizarre. Elles sont de toutes les femmes les moins asservies à leurs propres modes. La mode domine les provinciales ; mais les Parisiennes dominent la mode, et la savent plier chacune à son avantage. Les premières sont comme des copistes ignorants et serviles qui copient jusqu'aux fautes d'orthographe ; les autres sont des auteurs qui copient en maîtres, et savent rétablir les mauvaises leçons.

Leur parure est plus recherchée que magnifique ; il y règne plus d'élégance que de richesse.

---

[1] Parlons pour nous, mon cher philosophe : pourquoi d'autres ne seroient-ils pas plus heureux ? Il n'y a qu'une coquette qui promette à tout le monde ce qu'elle ne doit tenir qu'à un seul.

La rapidité des modes qui vieillit tout d'une année à l'autre, la propreté qui leur fait aimer à changer souvent d'ajustement, les préservent d'une somptuosité ridicule : elles n'en dépensent pas moins, mais leur dépense est mieux entendue ; au lieu d'habits râpés et superbes, comme en Italie, on voit ici des habits plus simples et toujours frais. Les deux sexes ont, à cet égard, la même modération, la même délicatesse, et ce goût me fait grand plaisir : j'aime fort à ne voir ni galons ni taches. Il n'y a point de peuple, excepté le nôtre, où les femmes surtout portent moins de dorure. On voit les mêmes étoffes dans tous les états ; et l'on auroit peine à distinguer une duchesse d'une bourgeoise, si la première n'avoit l'art de trouver des distinctions que l'autre n'oseroit imiter. Or ceci semble avoir sa difficulté ; car quelque mode qu'on prenne à la cour, cette mode est suivie à l'instant à la ville ; et il n'en est pas des bourgeoises de Paris comme des provinciales et des étrangères, qui ne sont jamais qu'à la mode qui n'est plus. Il n'en est pas encore comme dans les autres pays, où les plus grands étant les plus riches, leurs femmes se distinguent par un luxe que les autres ne peuvent égaler. Si les femmes de la cour prenoient ici cette voie, elles seroient bientôt effacées par celles des financiers.

Qu'ont-elles donc fait ? Elles ont choisi des moyens plus sûrs, plus adroits, et qui marquent plus de réflexion. Elles savent que des idées de pudeur et de modestie sont profondément gravées dans l'esprit du peuple : c'est là ce qui leur a suggéré des modes inimitables. Elles ont vu que le peuple avoit en horreur le rouge qu'il s'obstine à nommer grossièrement du fard; elles se sont appliqué quatre doigts, non de fard, mais de rouge, car, le mot changé la chose n'est plus la même. Elles ont vu qu'une gorge découverte est en scandale au public; elles ont largement échancré leurs corps. Elles ont vu... oh! bien des choses que ma Julie, toute demoiselle qu'elle est, ne verra sûrement jamais. Elles ont mis dans leurs manières le même esprit qui dirige leur ajustement. Cette pudeur charmante qui distingue, honore, et embellit ton sexe, leur a paru vile et roturière; elles ont animé leur geste et leurs propos d'une noble impudence; et il n'y a point d'honnête homme à qui leur regard assuré ne fasse baisser les yeux. C'est ainsi que, cessant d'être femmes, de peur d'être confondues avec les autres femmes, elles préfèrent leur rang à leur sexe, et imitent les filles de joie afin de n'être point imitées.

J'ignore jusqu'où va cette imitation de leur part, mais je sais qu'elles n'ont pu tout-à-fait éviter celle qu'elles vouloient prévenir. Quant au rouge et aux corps échancrés, ils ont fait tout le progrès qu'ils pouvoient faire. Les femmes de la ville ont mieux aimé renoncer à leurs couleurs naturelles et aux charmes que pouvoit leur prêter *l'amoroso pensier* des amants, que de rester mises comme des bourgeoises; et si cet exemple n'a point gagné les moindres états, c'est qu'une femme à pied dans un pareil équipage n'est pas trop en sûreté contre les insultes de la populace. Ces insultes sont le cri de la pudeur révoltée; et, dans cette occasion comme en beaucoup d'autres, la brutalité du peuple, plus honnête que la bienséance des gens polis, retient peut-être ici cent mille femmes dans les bornes de la modestie : c'est précisément ce qu'ont prétendu les adroites inventrices de ces modes.

Quant au maintien soldatesque et au ton grenadier, il frappe moins, attendu qu'il est plus universel, et il n'est guère sensible qu'aux nouveaux débarqués. Depuis le faubourg Saint-Germain jusqu'aux halles, il y a peu de femmes à Paris dont l'abord, le regard, ne soit d'une hardiesse à déconcerter quiconque n'a rien vu de semblable en son pays; et de la surprise où jettent ces nouvelles manières, naît cet air gauche qu'on reproche aux étrangers. C'est encore pis sitôt qu'elles ouvrent la bouche. Ce n'est point la voix douce et mignarde de nos Vaudoises; c'est un certain accent dur, aigre, interrogatif, impérieux, moqueur, et plus fort que celui d'un homme. S'il resté dans leur ton quelque grâce de leur sexe, leur manière intrépide et curieuse de fixer les gens achève de l'éclipser. Il semble qu'elles se plaisent à jouir de l'embarras

PARTIE II, LETTRE XXI.

qu'elles donnent à ceux qui les voient pour la première fois; mais il est à croire que cet embarras leur plairoit moins si elles en démêloient mieux la cause.

Cependant, soit prévention de ma part en faveur de la beauté, soit instinct de la sienne à se faire valoir, les belles femmes me paroissent en général un peu plus modestes, et je trouve plus de décence dans leur maintien. Cette réserve ne leur coûte guère; elles sentent bien leurs avantages, elles savent qu'elles n'ont pas besoin d'agaceries pour nous attirer. Peut-être aussi que l'impudence est plus sensible et choquante, jointe à la laideur; et il est sûr qu'on couvriroit plutôt de soufflets que de baisers un laid visage effronté, au lieu qu'avec la modestie il peut exciter une tendre compassion qui mène quelquefois à l'amour. Mais, quoiqu'en général on remarque ici quelque chose de plus doux dans le maintien des jolies personnes, il y a encore tant de minauderies dans leurs manières, et elles sont toujours si visiblement occupées d'elles-mêmes, qu'on n'est jamais exposé dans ce pays à la tentation qu'avoit quelquefois M. de Muralt auprès des Angloises, de dire à une femme qu'elle est belle pour avoir le plaisir de le lui apprendre.

La gaieté naturelle à la nation, ni le désir d'imiter les grands airs, ne sont pas les seules causes de cette liberté de propos et de maintien qu'on remarque ici dans les femmes. Elle paroît avoir une racine plus profonde dans les mœurs, par le mélange indiscret et continuel des deux sexes, qui fait contracter à chacun d'eux l'air, le langage et les manières de l'autre. Nos Suissesses aiment assez à se rassembler entre elles [1], elles y vivent dans une douce familiarité; et quoique apparemment elles ne haïssent pas le commerce des hommes, il est certain que la présence de ceux-ci jette une espèce de contrainte dans cette petite gynécocratie. A Paris c'est tout le contraire, les femmes n'aiment à vivre qu'avec les hommes, elles ne sont à leur aise qu'avec eux. Dans chaque société la maîtresse de la maison est presque toujours seule au milieu d'un cercle d'hommes. On a peine à concevoir d'où tant d'hommes peuvent se répandre partout; mais Paris est plein d'aventuriers et de célibataires qui passent leur vie à courir de maison en maison; et les hommes semblent, comme les espèces, se multiplier par la circulation. C'est donc là qu'une femme apprend à parler, agir et penser comme eux, et eux comme elle. C'est là qu'unique objet de leurs petites galanteries, elle jouit paisiblement de ces insultants hommages auxquels on ne daigne pas même donner un air de bonne foi. Qu'importe? sérieusement ou par plaisanterie, on

[1] Tout cela est fort changé. Par les circonstances, ces lettres ne semblent écrites que depuis quelque vingtaine d'années; aux mœurs, au style, on les croiroit de l'autre siècle.

s'occupe d'elle, et c'est tout ce qu'elle veut. Qu'une autre femme survienne, à l'instant le ton de cérémonie succède à la familiarité, les grands airs commencent, l'attention des hommes se partage ; et l'on se tient mutuellement dans une secrète gêne dont on ne sort plus qu'en se séparant.

Les femmes de Paris aiment à voir les spectacles, c'est-à-dire à y être vues ; mais leur embarras, chaque fois qu'elles y veulent aller, est de trouver une compagne ; car l'usage ne permet à aucune femme d'y aller seule en grande loge, pas même avec son mari, pas même avec un autre homme. On ne sauroit dire combien, dans ce pays si sociable, ces parties sont difficiles à former ; de dix qu'on en projette, il en manque neuf ; le désir d'aller au spectacle les fait lier, l'ennui d'y aller ensemble les fait rompre. Je crois que les femmes pourroient abroger aisément cet usage inepte ; car où est la raison de ne pouvoir se montrer seule en public ? Mais c'est peut-être ce défaut de raison qui le conserve. Il est bon de tourner, autant qu'on le peut, les bienséances sur des choses où il seroit inutile d'en manquer. Que gagneroit une femme au droit d'aller sans compagne à l'Opéra ? Ne vaut-il pas mieux réserver ce droit pour recevoir en particulier ses amis ?

Il est sûr que mille liaisons secrètes doivent être le fruit de leur manière de vivre éparses et isolées parmi tant d'hommes. Tout le monde en convient aujourd'hui, et l'expérience a détruit l'absurde maxime de vaincre les tentations en les multipliant. On ne dit donc plus que cet usage est plus honnête, mais qu'il est plus agréable : et c'est ce que je ne crois pas plus vrai ; car quel amour peut régner où la pudeur est en dérision ? et quel charme peut avoir une vie privée à la fois d'amour et d'honnêteté ? Aussi, comme le grand fléau de tous ces gens si dissipés est l'ennui, les femmes se soucient-elles moins d'être aimées qu'amusées : la galanterie et les soins valent mieux que l'amour auprès d'elles ; et, pourvu qu'on soit assidu, peu leur importe qu'on soit passionné. Les mots même d'amour et d'amants sont bannis de l'intime société des deux sexes, et relégués avec ceux de *chaîne* et de *flamme* dans les romans qu'on ne lit plus.

Il semble que tout l'ordre des sentiments naturels soit ici renversé. Le cœur n'y forme aucune chaîne : il n'est point permis aux filles d'en avoir un ; ce droit est réservé aux seules femmes mariées, et n'exclut du choix personne que leurs maris. Il vaudroit mieux qu'une mère eût vingt amants que sa fille un seul. L'adultère n'y révolte point, on n'y trouve rien de contraire à la bienséance : les romans les plus décents, ceux que tout le monde lit pour s'instruire, en sont pleins ; et le désordre n'est plus blâmable sitôt qu'il est joint à l'infidélité. O Julie ! telle femme qui n'a pas craint de souiller cent fois le lit conjugal oseroit d'une bouche impure accuser nos chastes amours, et condamner l'union de deux cœurs sincères qui ne surent jamais manquer de foi. On diroit que le mariage n'est pas à Paris de la même nature que partout ailleurs. C'est un sacrement, à ce qu'ils prétendent, et ce sacrement n'a pas la force des moindres contrats civils : il semble n'être que l'accord de deux personnes libres qui conviennent de demeurer ensemble, de porter le même nom, de reconnoître les mêmes enfants, mais qui n'ont, au surplus, aucune sorte de droit l'un sur l'autre : et un mari qui s'aviseroit de contrôler ici la mauvaise conduite de sa femme n'exciteroit pas moins de murmures que celui qui souffriroit chez nous le désordre public de la sienne. Les femmes, de leur côté, n'usent pas de rigueur envers leurs maris, et l'on ne voit pas encore qu'elles les fassent punir d'imiter leurs infidélités. Au reste, comment attendre de part ou d'autre un effet plus honnête d'un lien où le cœur n'a point été consulté ? Qui n'épouse que la fortune ou l'état ne doit rien à personne.

L'amour même, l'amour a perdu ses droits, et n'est pas moins dénaturé que le mariage. Si les époux sont ici des garçons et des filles qui demeurent ensemble pour vivre avec plus de liberté, les amants sont des gens indifférents qui se voient par amusement, par air, par habitude, ou pour le besoin du moment : le cœur n'a que faire à ces liaisons ; on n'y consulte que la commodité et certaines convenances extérieures. C'est, si l'on veut, se connoître, vivre ensemble, s'arranger, se voir, moins encore s'il est possible. Une liaison de galanterie dure un peu plus qu'une visite; c'est un recueil de jolis entretiens et de jolies lettres pleines de portraits, de maximes, de philosophie et de bel esprit. A l'égard du physique, il n'exige pas tant de mystère; on a très-sensément trouvé qu'il falloit régler sur l'instant des désirs la facilité de les satisfaire : la première venue, le premier venu, l'amant ou un autre; un homme est toujours un homme, tous sont presque également bons : et il y a du moins à cela de la conséquence, car pourquoi seroit-on plus fidèle à l'amant qu'au mari? Et puis à certain âge tous les hommes sont à peu près le même homme, toutes les femmes la même femme, toutes ces poupées sortent de chez la même marchande de modes, et il n'y a guère d'autre choix à faire que ce qui tombe le plus commodément sous la main.

Comme je ne sais rien de ceci par moi-même, on m'en a parlé sur un ton si extraordinaire, qu'il ne m'a pas été possible de bien entendre ce qu'on m'en a dit. Tout ce que j'en ai conçu, c'est que, chez la plupart des femmes, l'amant est comme un des gens de la maison : s'il ne fait pas son devoir, on le congédie, et l'on en prend un autre; s'il trouve mieux ailleurs, ou s'ennuie du métier, il quitte, et l'on en prend un autre. Il y a, dit-on, des femmes assez capricieuses pour essayer même du maître de la maison; car enfin c'est encore une espèce d'homme. Cette fantaisie ne dure pas; quand elle est passée, on le chasse, et l'on en prend un autre; ou, s'il s'obstine, on le garde, et l'on en prend un autre.

Mais, disois-je à celui qui m'expliquoit ces étranges usages, comment une femme vit-elle ensuite avec tous ces autres-là qui ont ainsi pris ou reçu leur congé? Bon! reprit-il, elle n'y vit point. On ne se voit plus, on ne se connoît plus. Si jamais la fantaisie prenoit de renouer, on auroit une nouvelle connoissance à faire, et ce seroit beaucoup qu'on se souvînt de s'être vus. Je vous entends, lui dis-je; mais j'ai beau réduire ces exagérations, je ne conçois pas comment, après une union si tendre, on peut se voir de sang-froid, comment le cœur ne palpite pas au nom de ce qu'on a une fois aimé, comment on ne tressaille pas à sa rencontre. Vous me faites rire, interrompit-il, avec vos tressaillements; vous voudriez donc que nos femmes ne fissent autre chose que tomber en syncope?

Supprime une partie de ce tableau, trop chargé sans doute; place Julie à côté du reste, et souviens-toi de mon cœur; je n'ai rien de plus à te dire.

Il faut cependant l'avouer, plusieurs de ces impressions désagréables s'effacent par l'habitude. Si le mal se présente avant le bien, il ne l'empêche pas de se montrer à son tour; les charmes de l'esprit et du naturel font valoir ceux de la personne. La première répugnance vaincue devient bientôt un sentiment contraire. C'est l'autre point de vue du tableau, et la justice ne permet pas de ne l'exposer que par le côté désavantageux.

C'est le premier inconvénient des grandes villes que les hommes y deviennent autres que ce qu'ils sont, et que la société leur donne pour ainsi dire un être différent du leur. Cela est vrai, surtout à Paris, et surtout à l'égard des femmes, qui tirent des regards d'autrui la seule existence dont elles se soucient. En abordant une dame dans une assemblée, au lieu d'une Parisienne que vous croyez voir, vous ne voyez qu'un simulacre de la mode. Sa hauteur, son ampleur, sa démarche, sa taille, sa gorge, ses couleurs, son air, son regard, ses propos, ses manières, rien de tout cela n'est à elle; et si vous la voyiez dans son état naturel, vous ne pourriez la reconnoître. Or cet échange est rarement favorable à celles qui le font, et en général il n'y a guère à gagner à tout ce qu'on substitue à la nature. Mais on ne l'efface jamais entièrement; elle s'échappe toujours par quelque endroit, et c'est dans une certaine adresse à la saisir que consiste l'art d'observer. Cet art n'est pas difficile vis-à-vis des femmes de ce pays; car, comme elles ont plus de naturel qu'elles ne croient en avoir, pour peu qu'on les fréquente assidûment, pour peu qu'on les détache de cette éternelle représentation qui leur plaît si fort, on les voit bientôt comme elles sont; et c'est alors que toute l'aversion qu'elles ont d'abord inspirée se change en estime et en amitié.

Voilà ce que j'eus occasion d'observer la semaine dernière dans une partie de campagne où quelques femmes nous avoient assez étourdiment invités, moi et quelques autres nouveaux débarqués, sans trop s'assurer que nous leur convenions, ou peut-être pour avoir le plaisir d'y rire de nous à leur aise. Cela ne manqua pas d'arriver le premier jour. Elles nous accablèrent d'abord de traits plaisants et fins, qui, tombant toujours sans rejaillir, épuisèrent bientôt leur carquois. Alors elles s'exécutèrent de bonne grâce; et, ne pouvant nous amener à leur ton, elles furent réduites à prendre le nôtre. Je ne sais si elles se trouvèrent bien de cet échange; pour moi, je m'en trouvai à merveille; je vis avec surprise que je m'éclairois plus avec elles que je n'aurois fait avec beaucoup d'hommes. Leur esprit ornoit si bien le bon sens, que je regrettois ce qu'elles en avoient mis à le défigurer; et je déplorois, en jugeant mieux des femmes de ce pays, que tant d'aimables personnes ne manquassent de raison que parce qu'elles ne vouloient pas en avoir. Je vis aussi que les grâces familières et naturelles effaçoient insensiblement les airs apprêtés de la ville; car, sans y songer, on prend des manières assortissantes aux choses qu'on dit, et il n'y a pas moyen de mettre à des discours sensés les grimaces de la coquetterie. Je les trouvai plus jolies depuis qu'elles ne cherchoient plus tant à l'être; et je sentis qu'elles n'avoient besoin pour plaire que de ne se pas déguiser. J'osai soupçonner, sur ce fondement, que Paris, ce prétendu siége du goût, est peut-être le lieu du monde où il y en a le moins, puisque tous les soins qu'on y prend pour plaire défigurent la véritable beauté.

Nous restâmes ainsi quatre ou cinq jours ensemble, contents les uns des autres et de nous-mêmes. Au lieu de passer en revue Paris et ses folies, nous l'oubliâmes. Tout notre soin se bornoit à jouir entre nous d'une société agréable et douce. Nous n'eûmes besoin ni de satires ni de plaisanteries pour nous mettre de bonne humeur; et nos ris n'étoient point de raillerie, mais de gaieté, comme ceux de ta cousine.

Une autre chose acheva de me faire changer d'avis sur leur compte. Souvent, au milieu de nos entretiens les plus animés, on venoit dire un mot à l'oreille de la maîtresse de la maison. Elle sortoit, alloit s'enfermer pour écrire, et ne rentroit de long-temps. Il étoit aisé d'attribuer ces éclipses à quelque correspondance de cœur, ou de celles qu'on appelle ainsi. Une autre femme en glissa légèrement un mot qui fut assez mal reçu; ce qui me fit juger que si l'absente manquoit d'amants, elle avoit au moins des amis. Cependant la curiosité m'ayant donné quelque attention, quelle fut ma surprise en apprenant que ces prétendus grisons de Paris étoient des paysans de la paroisse qui venoient, dans leurs calamités, implorer la protection de leur dame; l'un surchargé de taille à la décharge d'un plus riche; l'autre enrôlé dans la milice sans égard pour son âge et pour ses enfants[1]; l'autre écrasé d'un puissant voisin par un procès injuste; l'autre ruiné par la grêle, et dont on exigeoit le bail à la rigueur! Enfin tous avoient quelque grâce à demander, tous étoient patiemment écoutés, on n'en rebutoit aucun, et le temps attribué aux billets doux étoit employé à écrire en faveur de ces malheureux. Je ne saurois te dire avec quel étonnement j'appris et le plaisir que prenoit une femme si jeune et si dissipée à remplir ces aimables devoirs, et combien peu elle y mettoit d'ostentation. Comment! disois-je tout attendri, quand ce seroit Julie, elle ne feroit pas autrement. Dès cet instant je ne l'ai plus regardée qu'avec respect; et tous ses défauts sont effacés à mes yeux.

Sitôt que mes recherches se sont tournées de ce côté, j'ai appris mille choses à l'avantage de ces mêmes femmes que j'avois d'abord trouvées si in-

---

[1] On a vu cela dans l'autre guerre, mais non dans celle-ci, que je sache. On épargne les hommes mariés, et l'on en fait ainsi marier beaucoup.

supportables. Tous les étrangers conviennent unanimement qu'en écartant les propos à la mode, il n'y a point de pays au monde où les femmes soient plus éclairées, parlent en général plus sensément, plus judicieusement, et sachent donner au besoin de meilleurs conseils. Otons le jargon de la galanterie et du bel esprit, quel parti tirerons-nous de la conversation d'une Espagnole, d'une Italienne, d'une Allemande ? Aucun : et tu sais, Julie, ce qu'il en est communément de nos Suissesses. Mais qu'on ose passer pour peu galant, et tirer les Françoises de cette forteresse, dont à la vérité elles n'aiment guère à sortir, on trouve encore à qui parler en rase campagne, et l'on croit combattre avec un homme, tant elles savent s'armer de raison, et faire de nécessité vertu. Quant au bon caractère, je ne citerai point le zèle avec lequel elles servent leurs amis; car il peut régner en cela une certaine chaleur d'amour-propre qui soit de tous les pays; mais quoique ordinairement elles n'aiment qu'elles-mêmes, une longue habitude, quand elles ont assez de constance pour l'acquérir, leur tient lieu d'un sentiment assez vif; celles qui peuvent supporter un attachement de dix ans le gardent ordinairement toute leur vie, et elles aiment leurs vieux amis plus tendrement, plus sûrement au moins que leurs jeunes amants.

Une remarque assez commune, qui semble être à la charge des femmes, est qu'elles font tout en ce pays, et par conséquent plus de mal que de bien ; mais ce qui les justifie est qu'elles font le mal poussées par les hommes, et le bien de leur propre mouvement. Ceci ne contredit point ce que je disois ci-devant, que le cœur n'entre pour rien dans le commerce des deux sexes ; car la galanterie françoise a donné aux femmes un pouvoir universel qui n'a besoin d'aucun tendre sentiment pour se soutenir. Tout dépend d'elles ; rien ne se fait que par elles ou pour elles ; l'Olympe et le Parnasse, la gloire et la fortune, sont également sous leurs lois. Les livres n'ont de prix, les auteurs n'ont d'estime, qu'autant qu'il plaît aux femmes de leur en accorder ; elles décident souverainement des plus hautes connoissances, ainsi que des plus agréables. Poésie, littérature, histoire, philosophie, politique même ; on voit d'abord au style de tous les livres qu'ils sont écrits pour amuser de jolies femmes ; et l'on vient de mettre la Bible en histoires galantes [1]. Dans les affaires, elles ont, pour obtenir ce qu'elles demandent, un ascendant naturel jusque sur leurs maris, non parce qu'ils sont leurs maris, mais parce qu'ils sont hommes, et qu'il est convenu qu'un homme ne refusera rien à aucune femme, fût-ce même la sienne.

Au reste, cette autorité ne suppose ni attachement ni estime, mais seulement de la politesse et

[1] * L'*Histoire du Peuple de Dieu*, du P. Berruyer, dont la première partie parut en 1728, et la seconde en 1753.

de l'usage du monde; car d'ailleurs il n'est pas moins essentiel à la galanterie françoise de mépriser les femmes que de les servir. Ce mépris est une sorte de titre qui leur en impose; c'est un témoignage qu'on a vécu assez avec elles pour les connoître. Quiconque les respecteroit passeroit à leurs yeux pour un novice, un paladin, un homme qui n'a connu les femmes que dans les romans. Elles se jugent avec tant d'équité, que les honorer seroit être indigne de leur plaire; et la première qualité de l'homme à bonnes fortunes est d'être souverainement impertinent.

Quoi qu'il en soit, elles ont beau se piquer de méchanceté, elles sont bonnes en dépit d'elles; et voici à quoi surtout leur bonté de cœur est utile. En tout pays les gens chargés de beaucoup d'affaires sont toujours repoussants et sans commisération; et Paris étant le centre des affaires du plus grand peuple de l'Europe, ceux qui les font sont aussi les plus durs des hommes. C'est donc aux femmes qu'on s'adresse pour avoir des grâces; elles sont le recours des malheureux; elles ne ferment point l'oreille à leurs plaintes; elles les écoutent, les consolent et les servent. Au milieu de la vie frivole qu'elles mènent, elles savent dérober des moments à leurs plaisirs pour les donner à leur bon naturel; et si quelques unes font un infâme commerce des services qu'elles rendent, des milliers d'autres s'occupent tous les jours gratuitement à secourir le pauvre de leur bourse, et l'opprimé de leur crédit. Il est vrai que leurs soins sont souvent indiscrets, et qu'elles nuisent sans scrupule au malheureux qu'elles ne connoissent pas, pour servir le malheureux qu'elles connoissent : mais comment connoître tout le monde dans un si grand pays ? et que peut faire de plus la bonté d'ame séparée de la véritable vertu, dont le plus sublime effort n'est pas tant de faire le bien que de ne jamais mal faire ? A cela près, il est certain qu'elles ont du penchant au bien, qu'elles en font beaucoup, qu'elles le font de bon cœur, que ce sont elles seules qui conservent dans Paris le peu d'humanité qu'on y voit régner encore, et que sans elles on verroit les hommes avides et insatiables s'y dévorer comme des loups.

Voilà ce que je n'aurois point appris si je m'en étois tenu aux peintures des faiseurs de romans et de comédies, lesquels voient plutôt dans les femmes des ridicules qu'ils partagent que les bonnes qualités qu'ils n'ont pas, ou qui peignent des chefs-d'œuvre de vertu qu'elles se dispensent d'imiter en les traitant de chimères, au lieu de les encourager au bien en louant celui qu'elles font réellement. Les romans sont peut-être la dernière instruction qu'il reste à donner à un peuple assez corrompu pour que toute autre lui soit inutile : je voudrois qu'alors la composition de ces sortes de livres ne fût permise qu'à des gens honnêtes, mais sensibles, dont le cœur se peignît dans leurs écrits; à des auteurs qui ne fussent pas au-dessus des foiblesses de l'humanité, qui ne montrassent pas tout d'un coup la vertu dans le ciel hors de la portée des hommes, mais qui la leur fissent aimer en la peignant d'abord moins austère, et puis du sein du vice les y sussent conduire insensiblement.

Je t'en ai prévenue, je ne suis en rien de l'opinion commune sur le compte des femmes de ce pays. On leur trouve unanimement l'abord le plus enchanteur, les grâces les plus séduisantes, la coquetterie la plus raffinée, le sublime de la galanterie, et l'art de plaire au souverain degré. Moi, je trouve leur abord choquant, leur coquetterie repoussante, leurs manières sans modestie. J'imagine que le cœur doit se fermer à toutes leurs avances; et l'on ne me persuadera jamais qu'elles puissent un moment parler de l'amour sans se montrer également incapables d'en inspirer et d'en ressentir.

D'un autre côté, la renommée apprend à se défier de leur caractère; elle les peint frivoles, rusées, artificieuses, étourdies, volages, parlant bien, mais ne pensant point, sentant encore moins, et dépensant ainsi tout leur mérite en vain babil. Tout cela me paroît à moi leur être extérieur, comme leurs paniers et leur rouge. Ce sont des vices de parade qu'il faut avoir à Paris, et qui dans le fond couvrent en elles du sens, de la raison, de l'humanité, du bon naturel. Elles sont moins indiscrètes, moins tracassières que chez nous, moins peut-être que partout ailleurs. Elles sont plus solidement instruites, et leur instruction profite mieux à leur jugement. En un mot, si elles me déplaisent par tout ce qui caractérise leur sexe, qu'elles ont défiguré, je les estime par des rapports avec le nôtre qui nous font honneur; et je trouve qu'elles seroient cent fois plutôt des hommes de mérite que d'aimables femmes.

Conclusion : si Julie n'eût point existé, si mon cœur eût pu souffrir quelque autre attachement que celui pour lequel il étoit né, je n'aurois jamais pris à Paris ma femme, encore moins ma maîtresse : mais je m'y serois fait volontiers une amie; et ce trésor m'eût consolé peut-être de n'y pas trouver les deux autres [1].

LETTRE XXII.

DE SAINT-PREUX A JULIE.

Depuis ta lettre reçue je suis allé tous les jours chez M. Silvestre demander le petit paquet. Il

---

[1] Je me garderai de prononcer sur cette lettre; mais je doute qu'un jugement qui donne libéralement à celles qu'il regarde des qualités qu'elles méprisent, et qui leur refuse les seules dont elles font cas, soit fort propre à être bien reçu d'elles.

n'étoit toujours point venu; et dévoré d'une mortelle impatience, j'ai fait le voyage sept fois inutilement. Enfin la huitième j'ai reçu le paquet. A peine l'ai-je eu dans les mains, que sans payer le port, sans m'en informer, sans rien dire à personne, je suis sorti comme un étourdi; et, ne voyant que le moment de rentrer chez moi, j'enfilois avec tant de précipitation des rues que je ne connoissois point, qu'au bout d'une demi-heure, cherchant la rue de Tournon, où je loge, je me suis trouvé dans le Marais, à l'autre extrémité de Paris. J'ai été obligé de prendre un fiacre pour revenir plus promptement; c'est la première fois que cela m'est arrivé le matin pour mes affaires: je ne m'en sers même qu'à regret l'après-midi pour quelques visites; car j'ai deux jambes fort bonnes, dont je serois bien fâché qu'un peu plus d'aisance dans ma fortune me fît négliger l'usage.

J'étois fort embarrassé dans mon fiacre avec mon paquet; je ne voulois l'ouvrir que chez moi, c'étoit un ordre. D'ailleurs une sorte de volupté qui me laisse oublier la commodité dans les choses communes, me la fait rechercher avec soin dans les vrais plaisirs. Je n'y puis souffrir aucune sorte de distraction, et je veux avoir du temps et mes aises pour savourer tout ce qui me vient de toi. Je tenois donc ce paquet avec une inquiète curiosité dont je n'étois pas le maître; je m'efforçois de palper à travers les enveloppes ce qu'il pouvoit contenir, et l'on eût dit qu'il me brûloit les mains à voir les mouvements continuels qu'il faisoit de l'une à l'autre. Ce n'est pas qu'à son volume, à son poids, au ton de ta lettre, je n'eusse quelque soupçon de la vérité; mais le moyen de concevoir comment tu pouvois avoir trouvé l'artiste et l'occasion? voilà ce que je ne conçois pas encore; c'est un miracle de l'amour; plus il passe ma raison, plus il enchante mon cœur; et l'un des plaisirs qu'il me donne est celui de n'y rien comprendre.

J'arrive enfin, je vole, je m'enferme dans ma chambre, je m'assieds hors d'haleine, je porte une main tremblante sur le cachet. O première influence du talisman! j'ai senti palpiter mon cœur à chaque papier que j'ôtois, et je me suis bientôt trouvé tellement oppressé que j'ai été forcé de respirer un moment sur la dernière enveloppe... Julie!... ô ma Julie! le voile est déchiré... je te vois... je vois tes divins attraits! ma bouche et mon cœur leur rendent le premier hommage, mes genoux fléchissent... Charmes adorés, encore une fois vous aurez enchanté mes yeux! Qu'il est prompt, qu'il est puissant, le magique effet de ces traits chéris! Non, il ne faut point, comme tu prétends, un quart d'heure pour le sentir; une minute, un instant suffit pour arracher de mon sein mille ardents soupirs, et me rappeler avec ton image celle de mon bonheur passé. Pourquoi faut-il que la joie de posséder un si précieux trésor soit mêlée d'une si cruelle amertume ? Avec quelle violence il me rappelle des temps qui ne sont plus ! Je crois, en le voyant, te revoir encore ; je crois me retrouver à ces moments délicieux dont le souvenir fait maintenant le malheur de ma vie, et que le ciel m'a donnés et ravis dans sa colère. Hélas ! un instant me désabuse ; toute la douleur de l'absence se ranime et s'aigrit en m'ôtant l'erreur qui l'a suspendue, et je suis comme ces malheureux dont on n'interrompt les tourments que pour les leur rendre plus sensibles. Dieux ! quels torrents de flammes mes avides regards puisent dans cet objet inattendu ! ô comme il ranime au fond de mon cœur tous les mouvements impétueux que ta présence y faisoit naître ! O Julie ! s'il étoit vrai qu'il pût transmettre à tes sens le délire et l'illusion des miens !... Mais pourquoi ne le feroit-il pas ? pourquoi des impressions que l'ame porte avec tant d'activité n'iroient-elles pas aussi loin qu'elle ? Ah ! chère amante ! où que tu sois, quoi que tu fasses au moment où j'écris cette lettre, au moment où ton portrait reçoit tout ce que ton idolâtre amant adresse à ta personne, ne sens-tu pas ton charmant visage inondé des pleurs de l'amour et de la tristesse ? ne sens-tu pas tes yeux, tes joues, ta bouche, ton sein, pressés, comprimés, accablés de mes ardents baisers ? ne te sens-tu pas embraser tout entière du feu de mes lèvres brûlantes? Ciel! qu'entends-je?. Quelqu'un vient... Ah! serrons, cachons mon trésor... un importun! Maudit soit le cruel qui vient troubler des transports si doux!... Puisse-t-il ne jamais aimer,... ou vivre loin de ce qu'il aime!

LETTRE XXIII.

DE L'AMANT DE JULIE A MADAME D'ORBE.

C'est à vous, charmante cousine, qu'il faut rendre compte de l'Opéra; car bien que vous ne m'en parliez point dans vos lettres, et que Julie vous ait gardé le secret, je vois d'où lui vient cette curiosité. J'y fus une fois pour contenter la mienne; j'y suis retourné pour vous deux autres fois. Tenez-m'en quitte, je vous prie, après cette lettre. J'y puis retourner encore, y bâiller, y souffrir, y périr pour votre service; mais y rester éveillé et attentif, cela ne m'est pas possible.

Avant de vous dire ce que je pense de ce fameux théâtre, que je vous rende compte de ce qu'on en a dit ici; le jugement des connoisseurs pourra redresser le mien si je m'abuse.

L'Opéra de Paris passe, à Paris, pour le spectacle le plus pompeux, le plus voluptueux, le plus admirable, qu'inventa jamais l'art humain. C'est, dit-on, le plus superbe monument de la magnificence de Louis XIV. Il n'est pas si libre à chacun que vous le pensez de dire son avis sur ce grave sujet. Ici l'on peut disputer de tout hors de la musique et de l'Opéra ; il y a du danger à manquer de dissimulation sur ce seul point. La musique françoise se maintient par une inquisition très-sévère ; et la première chose qu'on insinue par forme de leçon à tous les étrangers qui viennent en ce pays, c'est que tous les étrangers conviennent qu'il n'y a rien de si beau dans le reste du monde que l'Opéra de Paris. En effet, la vérité est que les plus discrets s'en taisent, et n'osent en rire qu'entre eux.

Il faut convenir pourtant qu'on y représente à grands frais, non seulement toutes les merveilles de la nature, mais beaucoup d'autres merveilles bien plus grandes que personne n'a jamais vues ; et sûrement Pope a voulu désigner ce bizarre théâtre par celui où il dit qu'on voit pêle-mêle des dieux, des lutins, des monstres, des rois, des bergers, des fées, de la fureur, de la joie, un feu, une gigue, une bataille, et un bal.

Cet assemblage si magnifique et si bien ordonné est regardé comme s'il contenoit en effet toutes les choses qu'il représente. En voyant paroître un temple on est saisi d'un saint respect ; et pour peu que la déesse en soit jolie, le parterre est à moitié païen. On n'est pas si difficile ici qu'à la Comédie françoise. Ces mêmes spectateurs, qui ne peuvent revêtir un comédien de son personnage, ne peuvent, à l'Opéra, séparer un acteur du sien. Il semble que les esprits se roidissent contre une illusion raisonnable, et ne s'y prêtent qu'autant qu'elle est absurde et grossière; ou peut-être que des dieux leur coûtent moins à concevoir que des héros. Jupiter étant d'une autre nature que nous, on en peut penser ce qu'on veut : mais Caton étoit un homme; et combien d'hommes ont droit de croire que Caton ait pu exister?

L'Opéra n'est donc point ici comme ailleurs une troupe de gens payés pour se donner en spectacle au public; ce sont, il est vrai, des gens que le public paie et qui se donnent en spectacle; mais tout cela change de nature, attendu que c'est une Académie royale de Musique, une espèce de cour souveraine qui juge sans appel dans sa propre cause, et ne se pique pas autrement de justice ni de fidélité[1]. Voilà, cousine, comment, dans certains pays, l'essence des choses tient aux mots, et comment des noms honnêtes suffisent pour honorer ce qui l'est le moins.

Les membres de cette noble académie ne dérogent point; en revanche ils sont excommuniés, ce qui est précisément le contraire de l'usage des autres pays : mais peut-être ayant eu le choix, ai-

---

[1] Dit en mots plus ouverts, cela n'en scroit que plus vrai; mais ici je suis partie, et je dois me taire. Partout où l'on est moins soumis aux lois qu'aux hommes, on doit savoir endurer l'injustice.

ment-ils mieux être nobles et damnés, que roturiers et bénis. J'ai vu sur le théâtre un chevalier moderne [1] aussi fier de son métier qu'autrefois l'infortuné Labérius fut humilié du sien [2], quoiqu'il le fît par force et ne récitât que ses propres ouvrages. Aussi l'ancien Labérius ne put-il reprendre sa place

[1] * De Chassé, basse-taille célèbre, et aussi bon acteur que chanteur habile. Il débuta en 1721, et quitta le théâtre en 1757. D'après l'article que lui a consacré M. Roquefort dans la *Biographie universelle*, il ne seroit pas vrai de dire qu'il étoit *fier de son métier*. Il est à observer aussi que Rousseau lui-même fait ailleurs l'éloge le plus honorable de cet acteur, tant sous le rapport des talents que sous celui des qualités morales. (Voyez le *Dictionnaire de Musique*, au mot *Acteur*.)

[2] Forcé par le tyran de monter sur le théâtre, il déplora son sort par des vers très-touchants et très-capables d'allumer l'indignation de tout honnête homme contre ce César si vanté. « Après « avoir, dit-il, vécu soixante ans avec honneur, j'ai quitté ce matin « mon foyer chevalier romain, j'y rentrerai ce soir vil histrion. « Hélas! j'ai vécu trop d'un jour. O fortune! s'il falloit me déshonorer « une fois, que ne m'y forçois-tu quand la jeunesse et la « vigueur me laissoient au moins une figure agréable? Mais maintenant « quel triste objet viens-je exposer aux rebuts du peuple « romain! une voix éteinte, un corps infirme, un cadavre, un sé-« pulcre animé, qui n'a plus rien de moi que mon nom. » Le prologue entier qu'il récita dans cette occasion, l'injustice que lui fit César, piqué de la noble liberté avec laquelle il vengeoit son honneur flétri, l'affront qu'il reçut au cirque, la bassesse qu'eut Cicéron d'insulter à son opprobre, la réponse fine et piquante que lui fit Labérius; tout cela nous a été conservé par Aulu-Gelle; et c'est à mon gré le morceau le plus curieux et le plus intéressant de son fade recueil *.

* Aulu-Gelle n'a pu être cité ici que par erreur. Le beau prologue de Labérius ne se trouve que dans Macrobe. (SATURNAL., lib. II, c. VII.) Le même auteur rapporte ce qui se passa à ce sujet entre Cicéron et Labérius, et il y revient même à deux fois, (Liv. II et liv. VII, chap. III.)

au cirque parmi les chevaliers romains, tandis que le nouveau en trouve tous les jours une sur les bancs de la Comédie françoise parmi la première noblesse du pays; et jamais on n'entendit parler à Rome avec tant de respect de la majesté du peuple romain qu'on parle à Paris de la majesté de l'Opéra.

Voilà ce que j'ai pu recueillir des discours d'autrui sur ce brillant spectacle : que je vous dise à présent ce que j'y ai vu moi-même.

Figurez-vous une gaîne large d'une quinzaine de pieds et longue en proportion; cette gaîne est le théâtre. Aux deux côtés, on place par intervalle des feuilles de paravent, sur lesquelles sont grossièrement peints les objets que la scène doit représenter. Le fond est un grand rideau peint de même, et presque toujours percé ou déchiré, ce qui représente des gouffres dans la terre ou des trous dans le ciel, selon la perspective. Chaque personne qui passe derrière le théâtre et touche le rideau produit en l'ébranlant une sorte de tremblement de terre assez plaisant à voir. Le ciel est représenté par certaines guenilles bleuâtres, suspendues à des bâtons ou à des cordes, comme l'étendage d'une blanchisseuse. Le soleil, car on l'y voit quelquefois, est un flambeau dans une lanterne. Les chars des dieux et des déesses sont composés de quatre solives encadrées et suspendues à une grosse corde en forme d'escarpolette; entre ces solives est une planche en travers sur laquelle le dieu s'assied, et sur le devant pend un morceau de grosse toile barbouillée, qui sert de nuage à ce magnifique char. On voit vers le bas de la machine l'illumination de deux ou trois chandelles puantes et mal mouchées, qui, tandis que le personnage se démène et crie en branlant dans son escarpolette, l'enfument tout à son aise : encens digne de la divinité.

Comme les chars sont la partie la plus considérable des machines de l'Opéra, sur celle-là vous pouvez juger des autres. La mer agitée est composée de longues lanternes angulaires de toile ou de carton bleu, qu'on enfile à des broches parallèles, et qu'on fait tourner par des polissons. Le tonnerre est une lourde charrette qu'on promène sur le cintre, et qui n'est pas le moins touchant instrument de cet agréable musique. Les éclairs se font avec des pincées de poix-résine qu'on projette sur un flambeau ; la foudre est un pétard au bout d'une fusée.

Le théâtre est garni de petites trappes carrées, qui, s'ouvrant au besoin, annoncent que les démons vont sortir de la cave. Quand ils doivent s'élever dans les airs, on leur substitue adroitement de petits démons de toile brune empaillée, ou quelquefois de vrais ramoneurs, qui branlent en l'air suspendus à des cordes, jusqu'à ce qu'ils se perdent majestueusement dans les guenilles dont j'ai parlé. Mais ce qu'il y a de réellement tragique, c'est quand les cordes sont mal conduites ou viennent à rompre, car alors les esprits infernaux et les dieux immortels tombent, s'estropient, se tuent quelquefois. Ajoutez à tout cela les monstres qui rendent certaines scènes fort pathétiques; tels que des dragons, des lézards, des tortues, des crocodiles, de gros crapauds qui se promènent d'un air menaçant sur le théâtre, et font voir à l'Opéra les Tentations de saint Antoine. Chacune de ces figures est animée par un lourdaud de Savoyard qui n'a pas l'esprit de faire la bête.

Voilà, ma cousine, en quoi consiste à peu près l'auguste appareil de l'Opéra, autant que j'ai pu l'observer du parterre à l'aide de ma lorgnette : car il ne faut pas vous imaginer que ces moyens soient fort cachés et produisent un effet imposant : je ne vous dis en ceci que ce que j'ai aperçu de moi-même, et ce que peut apercevoir comme moi tout spectateur non préoccupé. On assure pourtant qu'il y a une prodigieuse quantité de machines employées à faire mouvoir tout cela; on m'a offert plusieurs fois de me les montrer; mais je n'ai jamais été curieux de voir comment on fait de petites choses avec de grands efforts.

Le nombre des gens occupés au service de l'Opéra est inconcevable. L'orchestre et les chœurs composent ensemble près de cent personnes : il y a des multitudes de danseurs; tous les rôles sont doubles et triples[1], c'est-à-dire qu'il y a toujours un ou deux acteurs subalternes prêts à remplacer l'acteur principal, et payés pour ne rien faire jusqu'à ce qu'il lui plaise de ne rien faire à son tour; ce qui ne tarde jamais beaucoup d'arriver. Après quelques représentations, les premiers acteurs, qui sont d'importants personnages, n'honorent plus le public de leur présence; ils abandonnent la place à leurs substituts, et aux substituts de leurs substituts. On reçoit toujours le même argent à la porte, mais on ne donne plus le même spectacle. Chacun prend son billet comme à une loterie, sans savoir quel lot il aura : et, quel qu'il soit, personne n'oseroit se plaindre; car, afin que vous le sachiez, les nobles membres de cette Académie ne doivent aucun respect au public; c'est le public qui leur en doit.

Je ne vous parlerai point de cette musique; vous la connoissez. Mais ce dont vous ne sauriez avoir l'idée, ce sont les cris affreux, les longs mugissements dont retentit le théâtre durant la représentation. On voit les actrices, presque en convulsion, arracher avec violence ces glapissements de leurs poumons, les poings fermés contre la poitrine, la tête en arrière, le visage enflammé, les vaisseaux gonflés, l'estomac pantelant : on ne sait lequel est

---

[1] On ne sait ce que c'est que des doubles en Italie; le public ne les souffriroit pas : aussi le spectacle est-il à beaucoup meilleur marché; il en coûteroit trop pour être mal servi.

le plus désagréablement affecté de l'œil ou de l'oreille; leurs efforts font autant souffrir ceux qui les regardent, que leurs chants ceux qui les écoutent; et ce qu'il y a de plus inconcevable est que ces hurlements sont presque la seule chose qu'applaudissent les spectateurs. A leurs battements de mains, on les prendroit pour des sourds charmés de saisir par-ci par-là quelques sons perçants, et qui veulent engager les acteurs à les redoubler. Pour moi, je suis persuadé qu'on applaudit les cris d'une actrice à l'Opéra comme les tours de force d'un bateleur à la foire : la sensation en est déplaisante et pénible, on souffre tandis qu'ils durent; mais on est si aise de les voir finir sans accident qu'on en marque volontiers sa joie. Concevez que cette manière de chanter est employée pour exprimer ce que Quinault a jamais dit de plus galant et de plus tendre. Imaginez les Muses, les Grâces, les Amours, Vénus même, s'exprimant avec cette délicatesse, et jugez de l'effet! Pour les diables, passe encore; cette musique a quelque chose d'infernal qui ne leur messied pas. Aussi les magies, les évocations, et toutes les fêtes du sabbat, sont-elles toujours ce qu'on admire le plus à l'Opéra françois.

A ces beaux sons, aussi justes qu'ils sont doux, se marient très-dignement ceux de l'orchestre. Figurez-vous un charivari sans fin d'instruments sans mélodie, un ronron traînant et perpétuel de basses; chose la plus lugubre, la plus assommante que j'aie entendue de ma vie, et que je n'ai jamais pu supporter une demi-heure sans gagner un violent mal de tête. Tout cela forme une espèce de psalmodie à laquelle il n'y a pour l'ordinaire ni chant ni mesure. Mais quand par hasard il se trouve quelque air un peu sautillant, c'est un trépignement universel; vous entendez tout le parterre en mouvement suivre à grand'peine et à grand bruit un certain homme de l'orchestre [1]. Charmés de sentir un moment cette cadence qu'ils sentent si peu, ils se tourmentent l'oreille, la voix, les bras, les pieds, et tout le corps, pour courir après la mesure [2], toujours prête à leur échapper; au lieu que l'Allemand et l'Italien, qui en sont intimement affectés, la sentent et la suivent sans aucun effort, et n'ont jamais besoin de la battre. Du moins, Regianino m'a-t-il souvent dit que dans les opéra d'Italie, où elle est si sensible et si vive, on n'entend, on ne voit jamais l'orchestre ni parmi les spectateurs le moindre mouvement qui la marque. Mais tout annonce en ce pays la dureté de l'organe musical; les voix y sont rudes et sans douceur, les inflexions âpres et fortes, les sons forcés et traînants; nulle cadence, nul accent mélodieux

[1] Le Bûcheron.

[2] Je trouve qu'on n'a pas mal comparé les airs légers de la musique françoise à la course d'une vache qui galope, ou d'une oie grasse qui veut voler.

dans les airs du peuple : les instruments militaires, les fifres de l'infanterie, les trompettes de la cavalerie, tous les cors, tous les hautbois, les chanteurs des rues, les violons de guinguettes, tout cela est d'un faux à choquer l'oreille la moins délicate. Tous les talents ne sont pas donnés aux mêmes hommes; et en général le François paroît être de tous les peuples de l'Europe celui qui a le moins d'aptitude à la musique. Milord Édouard prétend que les Anglois en ont aussi peu; mais la différence est que ceux-ci le savent et ne s'en soucient guère, au lieu que les François renonceroient à mille justes droits, et passeroient condamnation sur tout autre chose, plutôt que de convenir qu'ils ne sont pas les premiers musiciens du monde. Il y en a même qui regarderoient volontiers la musique à Paris comme une affaire d'état, peut-être parce que c'en fut une à Sparte de couper deux cordes à la lyre de Timothée : à cela vous sentez qu'on n'a rien à dire. Quoi qu'il en soit, l'Opéra de Paris pourroit être une fort belle institution politique, qu'il n'en plairoit pas davantage aux gens de goût. Revenons à ma description.

Les ballets, dont il me reste à vous parler, sont la partie la plus brillante de cet Opéra; et considérés séparément, ils font un spectacle agréable, magnifique, et vraiment théâtral; mais ils servent comme partie constitutive de la pièce, et c'est en cette qualité qu'il les faut considérer. Vous connoissez les opéra de Quinault; vous savez comment les divertissements y sont employés : c'est à peu près de même, ou encore pis, chez ses successeurs. Dans chaque acte l'action est ordinairement coupée au moment le plus intéressant par une fête qu'on donne aux acteurs assis, et que le parterre voit debout. Il arrive de là que les personnages de la pièce sont absolument oubliés, ou bien que les spectateurs regardent les acteurs qui regardent autre chose. La manière d'amener ces fêtes est simple : si le prince est joyeux, on prend part à sa joie, et l'on danse; s'il est triste, on veut l'égayer, et l'on danse. J'ignore si c'est la mode à la cour de donner le bal aux rois quand ils sont de mauvaise humeur : ce que je sais par rapport à ceux-ci, c'est qu'on ne peut trop admirer leur constance stoïque à voir des gavottes ou écouter des chansons, tandis qu'on décide quelquefois derrière le théâtre de leur couronne ou de leur sort. Mais il y a bien d'autres sujets de danses; les plus graves actions de la vie se font en dansant. Les prêtres dansent, les soldats dansent, les dieux dansent, les diables dansent; on danse jusque dans les enterrements, et tout danse à propos de tout.

La danse est donc le quatrième des beaux-arts employés dans la constitution de la scène lyrique; mais les trois autres concourent à l'imitation; et celui-là, qu'imite-t-il? Rien. Il est donc hors d'œuvre quand il n'est employé que comme danse; car que font des menuets, des rigodons, des chaconnes, dans une tragédie? Je dis plus, il n'y seroit pas moins déplacé s'il imitoit quelque chose, parce que de toutes les unités, il n'y en a point de plus indispensable que celle du langage; et un opéra où l'action se passeroit moitié en chant, moitié en danse, seroit plus ridicule encore que celui où l'on parleroit moitié françois, moitié italien.

Non contents d'introduire la danse comme partie essentielle de la scène lyrique, ils se sont même efforcés d'en faire quelquefois le sujet principal, et ils ont des opéra appelés ballets qui remplissent si mal leur titre, que la danse n'y est pas moins déplacée que dans tous les autres. La plupart de ces ballets forment autant de sujets séparés que d'actes, et ces sujets sont liés entre eux par de certaines relations métaphysiques dont le spectateur ne se douteroit jamais si l'auteur n'avoit soin de l'en avertir dans un prologue. Les saisons, les âges, les sens, les éléments; je demande quel rapport ont tous ces titres à la danse, et ce qu'ils peuvent offrir en ce genre à l'imagination. Quelques uns même sont purement allégoriques, comme le carnaval et la folie; et ce sont les plus insupportables de tous, parce que, avec beaucoup d'esprit et de finesse, ils n'ont ni sentiments, ni tableaux, ni situations, ni chaleur, ni intérêt, ni rien de tout ce qui peut donner prise à la musique, flatter le cœur, et nourrir l'illusion. Dans ces prétendus ballets, l'action se passe toujours en chant, la danse interrompt toujours l'action, ou ne s'y trouve que par occasion, et n'imite rien. Tout ce qu'il arrive, c'est que ces ballets ayant encore moins d'intérêt que les tragédies, cette interruption y est moins remarquée; s'ils étoient moins froids, on en seroit plus choqué: mais un défaut couvre l'autre, et l'art des auteurs, pour empêcher que la danse ne lasse, est de faire en sorte que la pièce ennuie.

Ceci me mène insensiblement à des recherches sur la véritable constitution du drame lyrique, trop étendues pour entrer dans cette lettre, et qui me jetteroient loin de mon sujet; j'en ai fait une petite dissertation à part que vous trouverez ci-jointe [1], et dont vous pourrez causer avec Regianino. Il me reste à vous dire sur l'Opéra françois, que le plus grand défaut que j'y crois remarquer est un faux goût de magnificence, par lequel on a voulu mettre en représentation le merveilleux, qui, n'étant fait que pour être imaginé, est aussi bien placé dans un poëme épique que ridiculement sur un théâtre. J'aurois eu peine à croire, si je ne l'avois vu, qu'il se trouvât des artistes assez imbéciles pour vouloir imiter le char du soleil, et des spectateurs assez enfants pour aller voir cette imitation. La Bruyère ne concevoit pas comment un spectacle aussi superbe que l'Opéra pouvoit

[1] Cette dissertation existe dans le *Dictionnaire de Musique*. Voyez l'article *Opéra*.

l'ennuyer à si grands frais. Je le conçois bien, moi, qui ne suis pas un La Bruyère; et je soutiens que, pour tout homme qui n'est pas dépourvu du goût des beaux-arts, la musique françoise, la danse et le merveilleux mêlés ensemble, feront toujours de l'Opéra de Paris le plus ennuyeux spectacle qui puisse exister. Après tout, peut-être n'en faut-il pas aux François de plus parfaits, au moins quant à l'exécution; non qu'ils ne soient très en état de connoître la bonne, mais parce qu'en ceci le mal les amuse plus que le bien. Ils aiment mieux railler qu'applaudir; le plaisir de la critique les dédommage de l'ennui du spectacle; et il leur est plus agréable de s'en moquer quand ils n'y sont plus, que de s'y plaire tandis qu'ils y sont.

LETTRE XXIV.

DE JULIE A SAINT-PREUX.

Oui, oui, je le vois bien, l'heureuse Julie t'est toujours chère. Ce même feu qui brilloit jadis dans tes yeux se fait sentir dans ta dernière lettre; j'y retrouve toute l'ardeur qui m'anime, et la mienne s'en irrite encore. Oui, mon ami, le sort a beau nous séparer, pressons nos cœurs l'un contre l'autre, conservons par la communication leur chaleur naturelle contre le froid de l'absence et du désespoir, et que tout ce qui devroit relâcher notre attachement ne serve qu'à le resserrer sans cesse.

Mais admire ma simplicité; depuis que j'ai reçu cette lettre, j'éprouve quelque chose des charmants effets dont elle parle; et ce badinage du talisman, quoique inventé par moi-même, ne laisse pas de me séduire et de me paroître une vérité. Cent fois le jour, quand je suis seule, un tressaillement me saisit comme si je te sentois près de moi. Je m'imagine que tu tiens mon portrait, et je suis si folle que je crois sentir l'impression des caresses que tu lui fais et des baisers que tu lui donnes; ma bouche croit les recevoir; mon tendre cœur croit les goûter. O douces illusions! ô chimères! dernières ressources des malheureux! ah! s'il se peut, tenez-nous lieu de réalité! Vous êtes quelque chose encore à ceux pour qui le bonheur n'est plus rien.

Quant à la manière dont je m'y suis prise pour avoir ce portrait, c'est bien un soin de l'amour; mais crois que s'il étoit vrai qu'il fît des miracles, ce n'est pas celui-là qu'il auroit choisi. Voici le mot de l'énigme. Nous eûmes il y a quelque temps ici un peintre en miniature qui venait d'Italie; il avoit des lettres de milord Édouard, qui peut-être en les lui donnant avoit en vue ce qui est arrivé. M. d'Orbe voulut profiter de cette occasion pour avoir le portrait de ma cousine; je voulus l'avoir aussi. Elle-et ma mère voulurent avoir le mien, et à ma prière le peintre en fit secrètement une seconde copie. Ensuite, sans m'embarrasser de copie ni d'original, je choisis subtilement le plus ressemblant des trois pour te l'envoyer. C'est une friponnerie dont je ne me suis pas fait un grand scrupule ; car un peu de ressemblance de plus ou de moins n'importe guère à ma mère et à ma cousine ; mais les hommages que tu rendrois à une autre figure que la mienne seroient une espèce d'infidélité, d'autant plus dangereuse, que mon portrait seroit mieux que moi ; et je ne veux point, comme que ce soit, que tu prennes du goût pour des charmes que je n'ai pas. Au reste, il n'a pas dépendu de moi d'être un peu plus soigneusement vêtue ; mais on ne m'a pas écoutée, et mon père lui-même a voulu que le portrait demeurât tel qu'il est. Je te prie au moins de croire qu'excepté la coiffure, cet ajustement n'a point été pris sur le mien, que le peintre a tout fait de sa grâce, et qu'il a orné ma personne des ouvrages de son imagination.

LETTRE XXV.

DE SAINT-PREUX A JULIE.

Il faut, chère Julie, que je te parle encore de ton portrait; non plus dans ce premier enchantement auquel tu fus si sensible, mais au contraire avec le regret d'un homme abusé par un faux espoir, et que rien ne peut dédommager de ce qu'il a perdu. Ton portrait a de la grâce et de la beauté, même de la tienne, il est assez ressemblant, et peint par un habile homme : mais pour en être content, il faudroit ne te pas connoître.

La première chose que je lui reproche est de te ressembler et de n'être pas toi, d'avoir ta figure et d'être insensible. Vainement le peintre a cru rendre exactement tes yeux et tes traits; il n'a point rendu ce doux sentiment qui les vivifie, et sans lequel, tout charmants qu'ils sont, ils ne seroient rien. C'est dans ton cœur, ma Julie, qu'est le fard de ton visage, et celui-là ne s'imite point. Ceci tient, je l'avoue, à l'insuffisance de l'art; mais c'est au moins la faute de l'artiste de n'avoir pas été exact en tout ce qui dépendoit de lui. Par exemple, il a placé la racine des cheveux trop loin des tempes, ce qui donne au front un contour moins agréable, et moins de finesse au regard. Il a oublié les rameaux de pourpre que font en cet endroit deux ou trois petites veines sous la peau, à peu près comme dans ces fleurs d'iris que nous considérions un jour au jardin de Clarens. Le coloris des joues est trop près des yeux, et ne se fond pas délicieusement en couleur de rose vers le bas du visage comme sur le modèle; on diroit que c'est du rouge artificiel plaqué comme le carmin des femmes de ce pays. Ce défaut n'est pas peu de chose, car il te rend l'œil moins doux et l'air plus hardi.

Mais, dis-moi, qu'a-t-il fait de ces nichées d'amours qui se cachent aux deux coins de ta bouche, et que dans mes jours fortunés j'osois réchauffer quelquefois de la mienne? Il n'a point donné leur grâce à ces coins, il n'a pas mis à cette bouche ce tour agréable et sérieux qui change tout à coup à ton moindre sourire, et porte au cœur je ne sais quel enchantement inconnu, je ne sais quel soudain ravissement que rien ne peut exprimer. Il est vrai que ton portrait ne peut passer du sérieux au sourire. Ah! c'est précisément de quoi je me plains: pour pouvoir exprimer tous tes charmes, il faudroit te peindre dans tous les instants de ta vie.

Passons au peintre d'avoir omis quelques beautés; mais en quoi il n'a pas fait moins de tort à ton visage, c'est d'avoir omis les défauts. Il n'a point fait cette tache presque imperceptible que tu as sous l'œil droit, ni celle qui est au cou du côté gauche. Il n'a point mis... ô dieux! cet homme étoit-il de bronze? Il a oublié la petite cicatrice qui t'est restée sous la lèvre. Il t'a fait les cheveux et les sourcils de la même couleur, ce qui n'est pas : les sourcils sont plus châtains, et les cheveux plus cendrés.

Bionda testa, occhi azzuri, e bruno ciglio [1].

Il a fait le bas du visage exactement ovale : il n'a pas remarqué cette légère sinuosité qui, séparant le menton des joues, rend leur contour moins régulier et plus gracieux. Voilà les défauts les plus sensibles. Il en a omis beaucoup d'autres, et je lui en sais fort mauvais gré ; car ce n'est pas seulement de tes beautés que je suis amoureux, mais de toi tout entière telle que tu es. Si tu ne veux pas que le pinceau te prête rien, moi je ne veux pas qu'il t'ôte rien ; et mon cœur se soucie aussi peu des attraits que tu n'as pas, qu'il est jaloux de ce qui tient leur place.

Quant à l'ajustement, je le passerai d'autant moins, que, parée ou négligée, je t'ai toujours vue mise avec beaucoup plus de goût que tu ne l'es dans ton portrait. La coiffure est trop chargée : on me dira qu'il n'y a que des fleurs ; eh bien! ces fleurs sont de trop. Te souviens-tu de ce bal où tu portois ton habit à la Valaisane, et où ta cou-

[1] Blonde chevelure, yeux bleus, et sourcils bruns.
MARINI.

sine dit que je dansois en philosophe ? tu n'avois pour toute coiffure qu'une longue tresse de tes cheveux roulée autour de ta tête, et rattachée avec une aiguille d'or, à la manière des villageoises de Berne. Non, le soleil orné de tous ses rayons n'a pas l'éclat dont tu frappois les yeux et les cœurs, et sûrement quiconque te vit ce jour-là ne t'oubliera de sa vie. C'est ainsi, ma Julie, que tu dois être coiffée ; c'est l'or de tes cheveux qui doit parer ton visage, et non cette rose qui les cache et que ton teint flétrit. Dis à la cousine, car je reconnois ses soins et son choix, que ces fleurs dont elle a couvert et profané ta chevelure, ne sont pas de meilleur goût que celles qu'elle recueille dans l'*Adone* [1], et qu'on peut leur passer de suppléer à la beauté, mais non de la cacher.

A l'égard du buste, il est singulier qu'un amant soit là-dessus plus sévère qu'un père ; mais en effet je ne t'y trouve pas vêtue avec assez de soin. Le portrait de Julie doit être modeste comme elle. Amour ! ces secrets n'appartiennent qu'à toi. Tu dis que le peintre a tout tiré de son imagination. Je le crois, je le crois ! Ah ! s'il eût aperçu le moindre de ces charmes voilés, ses yeux l'eussent dévoré, mais sa main n'eût point tenté de le peindre : pourquoi faut-il que son art téméraire ait tenté de les imaginer ? Ce n'est pas seulement un défaut de bienséance, je soutiens que c'est encore un défaut

[1] Poëme en vingt chants du cavalier Marin.

de goût. Oui, ton visage est trop chaste pour supporter le désordre de ton sein; on voit que l'un de ces deux objets doit empêcher l'autre de paroître; il n'y a que le délire de l'amour qui puisse les accorder; et quand sa main ardente ose dévoiler celui que la pudeur couvre, l'ivresse et le trouble de tes yeux dit alors que tu t'oublies, et non que tu l'exposes.

Voilà la critique qu'une attention continuelle m'a fait faire de ton portrait. J'ai conçu là-dessus le dessein de le réformer selon mes idées. Je les ai communiquées à un peintre habile; et, sur ce qu'il a déjà fait, j'espère te voir bientôt plus semblable à toi-même. De peur de gâter le portrait, nous essayons les changements sur une copie que je lui en ai fait faire; et il ne les transporte sur l'original que quand nous sommes bien sûrs de leur effet. Quoique je dessine assez médiocrement, cet artiste ne peut se lasser d'admirer la subtilité de mes observations; il ne comprend pas combien celui qui me les dicte est un maître plus savant que lui. Je lui parois aussi quelquefois fort bizarre : il dit que je suis le premier amant qui s'avise de cacher des objets qu'on n'expose jamais assez au gré des autres; et quand je lui réponds que c'est pour mieux te voir tout entière que je t'habille avec tant de soin, il me regarde comme un fou. Ah! que ton portrait seroit bien plus touchant, si je pouvois inventer des moyens d'y montrer ton âme avec ton visage, et d'y peindre à la fois ta modestie et tes attraits! Je te jure, ma Julie, qu'ils gagneront beaucoup à cette réforme. On n'y voyoit que ceux qu'avoit supposés le peintre, et le spectateur ému les supposera tels qu'ils sont. Je ne sais quel enchantement secret règne dans ta personne, mais tout ce qui la touche semble y participer; il ne faut qu'apercevoir un coin de ta robe pour adorer celle qui la porte. On sent, en regardant ton ajustement, que c'est partout le voile des grâces qui couvre la beauté; et le goût de ta modeste parure semble annoncer au cœur tous les charmes qu'elle recèle.

LETTRE XXVI.

DE SAINT-PREUX A JULIE.

Julie, ô Julie! ô toi qu'un temps j'osois appeler mienne, et dont je profane aujourd'hui le nom! la plume échappe à ma main tremblante; mes larmes inondent le papier; j'ai peine à former les premiers traits d'une lettre qu'il ne falloit jamais écrire; je ne puis ni me taire ni parler. Viens, honorable et chère image, viens épurer et raffermir un cœur avili par la honte et brisé par le repentir. Soutiens mon courage qui s'éteint, donne à mes remords la force d'avouer le crime involontaire que ton absence m'a laissé commettre.

Que tu vas avoir de mépris pour un coupable! mais bien moins que je n'en ai moi-même. Quelque abject que j'aille être à vos yeux, je le suis cent fois plus aux miens propres; car, en me voyant tel que je suis, ce qui m'humilie le plus encore, c'est de te voir, de te sentir au fond de mon cœur, dans un lieu désormais si peu digne de toi, et de songer que le souvenir des plus vrais plaisirs de l'amour n'a pu garantir mes sens d'un piége sans appas et d'un crime sans charmes.

Tel est l'excès de ma confusion, qu'en recourant à ta clémence, je crains même de souiller tes regards sur ces lignes par l'aveu de mon forfait. Pardonne, ame pure et chaste, un récit que j'épargnerois à ta modestie s'il n'étoit un moyen d'expier mes égaremens. Je suis indigne de tes bontés, je le sais; je suis vil, bas, méprisable; mais au moins je ne serai ni faux, ni trompeur, et j'aime mieux que tu m'ôtes ton cœur et la vie que de t'abuser un seul moment. De peur d'être tenté de chercher des excuses qui ne me rendroient que plus criminel, je me bornerai à te faire un détail exact de ce qui m'est arrivé. Il sera aussi sincère que mon regret; c'est tout ce que je me permettrai de dire en ma faveur.

J'avois fait connoissance avec quelques officiers aux gardes et autres jeunes gens de nos compatriotes, auxquels je trouvois un mérite naturel, que j'avois regret de voir gâter par l'imitation de je ne sais quels faux airs qui ne sont pas faits pour eux. Ils se moquoient à leur tour de me voir conserver dans Paris la simplicité des antiques mœurs helvétiques. Ils prirent mes maximes et mes manières pour des leçons indirectes dont ils furent choqués, et résolurent de me faire changer de ton à quelque prix que ce fût. Après plusieurs tentatives qui ne réussirent point, ils en firent une mieux concertée qui n'eut que trop de succès. Hier matin ils vinrent me proposer d'aller souper chez la femme d'un colonel, qu'ils me nommèrent, et qui, sur le bruit de ma sagesse, avoit, disoient-ils, envie de faire connoissance avec moi. Assez sot pour donner dans ce persiflage, je leur représentai qu'il seroit mieux d'aller premièrement lui faire visite; mais ils se moquèrent de mon scrupule, me disant que la franchise suisse ne comportoit pas tant de façon, et que ces manières cérémonieuses ne serviroient qu'à lui donner mauvaise opinion de moi. A neuf heures nous nous rendîmes donc chez la dame. Elle vint nous recevoir sur l'escalier, ce que je n'avois encore observé nulle part. En entrant je vis à des bras de cheminée de vieilles bougies qu'on venoit d'allumer; et partout un certain air d'apprêt qui ne me plut point. La maîtresse de la maison me parut jolie, quoique un peu passée; d'autres femmes à peu près du même âge et d'une semblable figure étoient avec elle : leur parure, assez brillante, avoit plus d'éclat que de goût; mais j'ai déjà remarqué que c'est un point sur lequel on ne peut guère juger en ce pays de l'état d'une femme.

Les premiers compliments se passèrent à peu près comme partout; l'usage du monde apprend à les abréger ou à les tourner vers l'enjouement avant qu'ils ennuient. Il n'en fut pas tout-à-fait de même sitôt que la conversation devint générale et sérieuse. Je crus trouver à ces dames un air contraint et gêné, comme si ce ton ne leur eût pas été familier; et, pour la première fois depuis que j'étois à Paris, je vis des femmes embarrassées à soutenir un entretien raisonnable. Pour trouver une matière aisée, elles se jetèrent sur leurs affaires de famille; et, comme je n'en connoissois pas une, chacune dit de la sienne ce qu'elle voulut. Jamais je n'avois tant ouï parler de monsieur le colonel; ce qui m'étonnoit dans un pays où l'usage est d'appeler les gens par leurs noms plus que par leurs titres, et où ceux qui ont celui-là en portent ordinairement d'autres.

Cette fausse dignité fit bientôt place à des manières plus naturelles. On se mit à causer tout bas; et, reprenant sans y penser un ton de familiarité peu décente, on chuchotoit, on sourioit en me regardant, tandis que la dame de la maison me questionnoit sur l'état de mon cœur d'un certain ton résolu qui n'étoit guère propre à le gagner. On sérvit; et la liberté de la table, qui semble confondre tous les états, mais qui met chacun à sa place sans qu'il y songe, acheva de m'apprendre en quel lieu j'étois. Il étoit trop tard pour m'en dédire. Tirant donc ma sûreté de ma répugnance, je consacrai cette soirée à ma fonction d'observateur, et résolus d'employer à connoître cet ordre de femmes la seule occasion que j'en aurois de ma vie. Je tirai peu de fruit de mes remarques; elles avoient si peu d'idée de leur état présent, si peu de prévoyance pour l'avenir, et hors du jargon de leur métier, elles étoient si stupides à tous égards, que le mépris effaça bientôt la pitié que j'avois d'abord d'elles. En parlant du plaisir même, je vis qu'elles étoient incapables d'en ressentir. Elles me parurent d'une violente avidité pour tout ce qui pouvoit tenter leur avarice : à cela près, je n'entendis sortir de leur bouche aucun mot qui partît du cœur. J'admirai comment d'honnêtes gens pouvoient supporter une société si dégoûtante. C'eût été leur imposer une peine cruelle, à mon avis, que de les condamner au genre de vie qu'ils choisissoient eux-mêmes.

Cependant le souper se prolongeoit et devenoit bruyant. Au défaut de l'amour, le vin échauffoit les convives. Les discours n'étoient pas tendres, mais déshonnêtes, et les femmes tâchoient d'exciter, par le désordre de leur ajustement, les désirs qui l'auroient dû causer. D'abord tout cela ne fit sur moi qu'un effet contraire, et tous leurs efforts pour me séduire ne servoient qu'à me rebuter. Douce pudeur, disois-je en moi-même, suprême volupté de l'amour, que de charmes perd une femme au moment qu'elle renonce à toi! combien, si elles connoissoient ton empire, elles mettroient de soins à te conserver, sinon par honnêteté, du moins par coquetterie! mais on ne joue pas la pudeur, il n'y a pas d'artifice qui soit plus ridicule que celui qui la veut imiter. Quelle différence, pensois-je encore, de la grossière impudence de ces créatures et de leurs équivoques licencieuses à ces regards timides et passionnés, à ces propos pleins de modestie, de grâce et de sentiment, dont... Je n'osois achever; je rougissois de ces indignes comparaisons. Je me reprochois comme autant de crimes les charmants souvenirs qui me poursuivoient malgré moi... En quels lieux osois-je penser à celle... Hélas! ne pouvant écarter de mon cœur une trop chère image, je m'efforçois de la voiler.

Le bruit, les propos que j'entendois, les objets qui frappoient mes yeux, m'échauffèrent insensiblement : mes deux voisines ne cessoient de me faire des agaceries, qui furent enfin poussées trop loin pour me laisser de sang-froid. Je sentis que ma tête s'embarrassoit : j'avois toujours bu mon vin fort trempé, j'y mis plus d'eau encore, et enfin je m'avisai de la boire pure. Alors seulement je m'aperçus que cette eau prétendue étoit du vin blanc, et que j'avois été trompé tout le long du repas. Je ne fis point des plaintes qui ne m'auroient attiré que des railleries. Je cessai de boire. Il n'étoit plus temps; le mal étoit fait. L'ivresse ne tarda pas à m'ôter le peu de connoissance qui me restoit. Je fus surpris, en revenant à moi, de me trouver dans un cabinet reculé, entre les bras d'une de ces créatures, et j'eus au même instant le désespoir de me sentir aussi coupable que je pouvois l'être [1]...

J'ai fini ce récit affreux; qu'il ne souille plus tes regards ni ma mémoire. O toi dont j'attends mon jugement! j'implore ta rigueur, je la mérite. Quel que soit mon châtiment, il me sera moins cruel que le souvenir de mon crime.

LETTRE XXVII.

DE JULIE A SAINT-PREUX.

Rassurez-vous sur la crainte de m'avoir irritée; votre lettre m'a donné plus de douleur que de colère. Ce n'est pas moi; c'est vous que vous avez offensé par un désordre auquel le cœur n'eut point de part. Je n'en suis que plus affligée : j'aimerois

[1] On peut comparer ce récit avec celui que fait Rousseau, dans ses Confessions, livre IX, de la même aventure, et que Saint-Preux ne pouvoit faire à Julie.

mieux vous voir m'outrager que vous avilir, et le mal que vous vous faites est le seul que je ne puis vous pardonner.

A ne regarder que la faute dont vous rougissez, vous vous trouvez bien plus coupable que vous ne l'êtes, et je ne vois guère en cette occasion que de l'imprudence à vous reprocher : mais ceci vient de plus loin, et tient à une plus profonde racine que vous n'apercevez pas, et qu'il faut que l'amitié vous découvre.

Votre première erreur est d'avoir pris une mauvaise route en entrant dans le monde : plus vous avancez, plus vous vous égarez; et je vois en frémissant que vous êtes perdu si vous ne revenez sur vos pas. Vous vous laissez conduire insensiblement dans le piége que j'avois craint. Les grossières amorces du vice ne pouvoient d'abord vous séduire; mais la mauvaise compagnie a commencé par abuser votre raison pour corrompre votre vertu, et fait déjà sur vos mœurs le premier essai de ses maximes.

Quoique vous ne m'ayez rien dit en particulier des habitudes que vous vous êtes faites à Paris, il est aisé de juger de vos sociétés par vos lettres, et de ceux qui vous montrent les objets par votre manière de les voir. Je ne vous ai point caché combien j'étois peu contente de vos relations : vous avez continué sur le même ton, et mon déplaisir n'a fait qu'augmenter. En vérité l'on prendroit ces lettres pour les sarcasmes d'un petit-maître¹ plutôt que pour les relations d'un philosophe, et l'on a peine à les croire de la même main que celles que vous m'écriviez autrefois. Quoi! vous pensez étudier les hommes dans les petites manières de quelques coteries de précieuses ou de gens désœuvrés; et ce vernis extérieur et changeant, qui devoit à peine frapper vos yeux, fait le fond de toutes vos remarques! Étoit-ce la peine de recueillir avec tant de soin des usages et des bienséances qui n'existeront plus dans dix ans d'ici, tandis que les ressorts éternels du cœur humain, le jeu secret et durable des passions, échappent à vos recherches? Prenons votre lettre sur les femmes, qu'y trouverai-je qui puisse m'apprendre à les connoître? Quelque description de leur parure, dont tout le monde est instruit; quelques observations malignes sur leur manière de se mettre et de se présenter, quelque idée du désordre d'un petit nombre injustement généralisée : comme si tous les sentiments honnêtes étoient éteints à Paris, et que toutes les femmes y allassent en carrosse et aux premières loges! M'avez-vous rien dit qui m'instruire solidement de leurs goûts, de leurs maximes, de leur vrai caractère? et n'est-il pas

---

¹ Douce Julie, à combien de titres vous allez vous faire siffler! Eh quoi! vous n'avez pas même le ton du jour! Vous ne savez pas qu'il y a des *petites-maîtresses*, mais qu'il n'y a plus de *petits-maîtres!* Bon dieu! que savez-vous donc?

bien étrange qu'en parlant des femmes d'un pays, un homme sage ait oublié ce qui regarde les soins domestiques et l'éducation des enfants [1]? La seule chose qui semble être de vous dans toute cette lettre, c'est le plaisir avec lequel vous louez leur bon naturel et qui fait honneur au vôtre; encore n'avez-vous fait en cela que rendre justice au sexe en général : et dans quel pays du monde la douceur et la commisération ne sont-elles pas l'aimable partage des femmes?

Quelle différence de tableau si vous m'eussiez peint ce que vous aviez vu plutôt que ce qu'on vous avoit dit, ou du moins que vous n'eussiez consulté que des gens sensés! Faut-il que vous, qui avez tant pris de soins à conserver votre jugement, alliez le perdre comme de propos délibéré dans le commerce d'une jeunesse inconsidérée, qui ne cherche, dans la société des sages, qu'à les séduire, et non pas à les imiter! Vous regardez à de fausses convenances d'âge qui ne vous vont point, et vous oubliez celles de lumières et de raison qui vous sont essentielles. Malgré tout votre emportement, vous êtes le plus facile des hommes; et, malgré la maturité de votre esprit, vous vous laissez tellement conduire par ceux avec qui vous

---

[1] Et pourquoi ne l'auroit-il pas oublié? Est-ce que ces soins les regardent? Eh! que deviendroient le monde et l'état? Auteurs illustres, brillants académiciens, que deviendriez-vous tous si les femmes alloient quitter le gouvernement de la littérature et des affaires, pour prendre celui de leur ménage?

vivez, que vous ne sauriez fréquenter des gens de votre âge sans en descendre et redevenir enfant. Ainsi vous vous dégradez en pensant vous assortir, et c'est vous mettre au-dessous de vous-même que de ne pas choisir des amis plus sages que vous.

Je ne vous reproche point d'avoir été conduit sans le savoir dans une maison déshonnête ; mais je vous reproche d'y avoir été conduit par de jeunes officiers que vous ne deviez pas connoître, ou du moins auxquels vous ne deviez pas laisser diriger vos amusements. Quant au projet de les ramener à vos principes, j'y trouve plus de zèle que de prudence ; si vous êtes trop sérieux pour être leur camarade, vous êtes trop jeune pour être leur Mentor, et vous ne devez vous mêler de réformer autrui que quand vous n'aurez plus rien à faire en vous-même.

Une seconde faute plus grave encore et beaucoup moins pardonnable, est d'avoir pu passer volontairement la soirée dans un lieu si peu digne de vous, et de n'avoir pas fui dès le premier instant où vous avez connu dans quelle maison vous étiez. Vos excuses là-dessus sont pitoyables. *Il étoit trop tard pour s'en dédire!* comme s'il y avoit quelque espèce de bienséance en de pareils lieux, ou que la bienséance dût jamais l'emporter sur la vertu, et qu'il fût jamais trop tard pour s'empêcher de mal faire ! Quant à la sécurité que vous tiriez de votre répugnance, je n'en dirai rien, l'événement vous a montré combien elle étoit fondée. Parlez plus franchement à celle qui sait lire dans votre cœur; c'est là la honte qui vous retint. Vous craignîtes qu'on ne se moquât de vous en sortant; un moment de huée vous fit peur, et vous aimâtes mieux vous exposer au remords qu'à la raillerie. Savez-vous bien quelle maxime vous suivîtes en cette occasion? celle qui la première introduit le vice dans une ame bien née, étouffe la voix de la conscience par la clameur publique, et réprime l'audace de bien faire par la crainte du blâme. Tel vaincroit les tentations qui succombe aux mauvais exemples : tel rougit d'être modeste et devient effronté par honte; et cette mauvaise honte corrompt plus de cœurs honnêtes que les mauvaises inclinations. Voilà surtout de quoi vous avez à préserver le vôtre; car, quoi que vous fassiez, la crainte du ridicule que vous méprisez vous domine pourtant malgré vous. Vous braveriez plutôt cent périls qu'une raillerie, et l'on ne vit jamais tant de timidité jointe à une ame aussi intrépide.

Sans vous étaler contre ce défaut des préceptes de morale que vous savez mieux que moi, je me contenterai de vous proposer un moyen pour vous en garantir, plus facile et plus sûr peut-être que tous les raisonnements de la philosophie : c'est de faire dans votre esprit une légère transposition de temps, et d'anticiper sur l'avenir de quelques minutes. Si, dans ce malheureux souper, vous vous fussiez fortifié contre un instant de moquerie de la part des convives par l'idée de l'état où votre ame alloit être sitôt que vous seriez dans la rue ; si vous vous fussiez représenté le contentement intérieur d'échapper aux piéges du vice, l'avantage de prendre d'abord cette habitude de vaincre qui en facilite le pouvoir, le plaisir que vous eût donné la conscience de votre victoire, celui de me la décrire, celui que j'en aurois reçu moi-même, est-il croyable que tout cela ne l'eût pas emporté sur une répugnance d'un instant, à laquelle vous n'eussiez jamais cédé si vous en aviez envisagé les suites? Encore, qu'est-ce que cette répugnance qui met un prix aux railleries de gens dont l'estime n'en peut avoir aucun? Infailliblement cette réflexion vous eût sauvé, pour un moment de mauvaise honte, une honte beaucoup plus juste, plus durable, les regrets, le danger; et pour ne vous rien dissimuler, votre amie eût versé quelques larmes de moins.

Vous voulûtes, dites-vous, mettre à profit cette soirée pour votre fonction d'observateur. Quel soin! quel emploi! que vos excuses me font rougir de vous! Ne serez-vous point aussi curieux d'observer un jour les voleurs dans leurs cavernes, et de voir comment ils s'y prennent pour dévaliser les passants? Ignorez-vous qu'il y a des objets si odieux, qu'il n'est pas même permis à l'homme d'honneur de les voir, et que l'indignation de la vertu ne peut supporter le spectacle du vice? Le sage observe le désordre public qu'il ne peut arrêter; il observe, et montre sur son visage attristé la douleur qu'il lui cause; mais, quant aux désordres particuliers, il s'y oppose, ou détourne les yeux de peur qu'ils ne s'autorisent de sa présence. D'ailleurs, étoit-il besoin de voir de pareilles sociétés pour juger de ce qui s'y passe et des discours qu'on y tient? Pour moi, sur leur seul objet plus que sur le peu que vous m'en avez dit, je devine aisément tout le reste; et l'idée des plaisirs qu'on y trouve me fait connoître assez les gens qui les cherchent.

Je ne sais si votre commode philosophie adopte déjà les maximes qu'on dit établies dans les grandes villes pour tolérer de semblables lieux; mais j'espère au moins que vous n'êtes pas de ceux qui se méprisent assez pour s'en permettre l'usage, sous prétexte de je ne sais quelle chimérique nécessité qui n'est connue que des gens de mauvaise vie: comme si les deux sexes étoient, sur ce point, de nature différente, et que, dans l'absence ou le célibat, il fallût à l'honnête homme des ressources dont l'honnête femme n'a pas besoin! Si cette erreur ne vous mène pas chez des prostituées, j'ai bien peur qu'elle ne continue à vous égarer vous-même. Ah! si vous voulez être méprisable, soyez-le au moins sans prétexte, et n'ajoutez point le mensonge à la crapule. Tous ces prétendus besoins n'ont point leur source dans la nature, mais dans la volontaire dépravation des sens. Les illusions même de l'amour se purifient dans un cœur chaste, et ne corrompent qu'un cœur déjà corrompu : au contraire, la pureté se soutient par elle-même ; les désirs toujours réprimés s'accoutument à ne plus renaître, et les tentations ne se multiplient que par l'habitude d'y succomber. L'amitié m'a fait surmonter deux fois ma répugnance à traiter un pareil sujet : celle-ci sera la dernière ; car à quel titre espérerois-je obtenir de vous ce que vous aurez refusé à l'honnêteté, à l'amour, et à la raison ?

Je reviens au point important par lequel j'ai commencé cette lettre. A vingt-un ans vous m'écriviez du Valais des descriptions graves et judicieuses ; à vingt-cinq vous m'envoyez de Paris des colifichets de lettres, où le sens et la raison sont partout sacrifiés à un certain tour plaisant, fort éloigné de votre caractère. Je ne sais comment vous avez fait ; mais, depuis que vous vivez dans le séjour des talents, les vôtres paroissent diminués ; vous aviez gagné chez les paysans, et vous perdez parmi les beaux esprits. Ce n'est pas la faute du pays où vous vivez, mais des connoissances que vous y avez faites ; car il n'y a rien qui demande tant de choix que le mélange de l'excellent et du pire. Si vous voulez étudier le monde, fréquentez les gens sensés qui le connoissent par une longue expérience et de paisibles observations, non de jeunes étourdis qui n'en voient que la superficie, et des ridicules qu'ils font eux-mêmes. Paris est plein de savants accoutumés à réfléchir, et à qui ce grand théâtre en offre tous les jours le sujet. Vous ne me ferez point croire que ces hommes graves et studieux vont courant comme vous de maison en maison, de coterie en coterie, pour amuser les femmes et les jeunes gens, et mettre toute la philosophie en babil. Ils ont trop de dignité pour avilir ainsi leur état, prostituer leurs talents, et soutenir, par leur exemple, des mœurs qu'ils devroient corriger. Quand la plupart le feroient, sûrement plusieurs ne le font point, et c'est ceux-là que vous devez rechercher.

N'est-il pas singulier encore que vous donniez vous-même dans le défaut que vous reprochez aux modernes auteurs comiques; que Paris ne soit plein pour vous que de gens de condition; que ceux de votre état soient les seuls dont vous ne parliez point? comme si les vains préjugés de la noblesse ne vous coûtoient pas assez cher pour les haïr, et que vous crussiez vous dégrader en fréquentant d'honnêtes bourgeois, qui sont peut-être l'ordre le plus respectable du pays où vous êtes. Vous avez beau vous excuser sur les connoissances de milord Édouard; avec celles-là vous en eussiez bientôt fait d'autres dans un ordre inférieur. Tant de gens veulent monter, qu'il est toujours aisé de descendre; et, de votre propre aveu, c'est le seul moyen de connoître les véritables mœurs d'un peuple, que d'étudier sa vie privée dans les états les plus nombreux ; car s'arrêter aux gens qui représentent toujours, c'est ne voir que des comédiens.

Je voudrois que votre curiosité allât plus loin encore. Pourquoi, dans une ville si riche, le bas peuple est-il si misérable, tandis que la misère extrême est si rare parmi nous, où l'on ne voit point de millionnaires ? Cette question, ce me semble, est bien digne de vos recherches : mais ce n'est pas chez les gens avec qui vous vivez que vous devez vous attendre à la résoudre. C'est dans les appartements dorés qu'un écolier va prendre les airs du monde, mais le sage en apprend les mystères dans la chaumière du pauvre. C'est là qu'on voit sensiblement les obscures manœuvres du vice, qu'il couvre de paroles fardées au milieu d'un cercle : c'est là qu'on s'instruit par quelles iniquités secrètes le puissant et le riche arrachent un reste de pain noir à l'opprimé qu'ils feignent de plaindre en public. Ah ! si j'en crois nos vieux militaires, que de choses vous apprendriez dans les greniers d'un cinquième étage, qu'on ensevelit sous un profond secret dans les hôtels du faubourg Saint-Germain ! et que tant de beaux parleurs seroient confus, avec leurs feintes maximes d'humanité, si tous les malheureux qu'ils ont faits se présentoient pour les démentir !

Je sais qu'on n'aime pas le spectacle de la misère qu'on ne peut soulager, et que le riche même détourne ses yeux du pauvre qu'il refuse de secourir; mais ce n'est pas d'argent seulement qu'ont besoin les infortunés, et il n'y a que les paresseux de bien faire qui ne sachent faire du bien que la bourse à la main. Les consolations, les conseils, les soins, les amis, la protection, sont autant de ressources que la commisération vous laisse, au défaut des richesses, pour le soulagement de l'indigent. Souvent les opprimés ne le sont que parce qu'ils manquent d'organe pour faire entendre leurs plaintes. Il ne s'agit quelquefois que d'un mot qu'ils ne peuvent dire, d'une raison qu'ils ne savent point exposer, de la porte d'un grand qu'ils ne peuvent franchir. L'intrépide appui de la vertu désintéressée suffit pour lever une infinité d'obstacles, et l'éloquence d'un homme de bien peut effrayer la tyrannie au milieu de toute sa puissance.

Si vous voulez donc être homme en effet, apprenez à redescendre. L'humanité coule comme une eau pure et salutaire, et va fertiliser les lieux bas; elle cherche toujours le niveau; elle laisse à sec ces roches arides qui menacent la campagne, et ne donnent qu'une ombre nuisible ou des éclats pour écraser leurs voisins.

Voilà, mon ami, comment on tire parti du présent en s'instruisant pour l'avenir, et comment la bonté met d'avance à profit les leçons de la sagesse, afin que, quand les lumières acquises nous resteroient inutiles, on n'ait pas pour cela perdu le temps employé à les acquérir. Qui doit vivre parmi des gens en place ne sauroit prendre trop de préservatifs contre leurs maximes empoisonnées, et il n'y a que l'exercice continuel de la bienfaisance qui garantisse les meilleurs cœurs de la contagion des ambitieux. Essayez, croyez-moi, de ce nouveau genre d'études; il est plus digne de vous que ceux que vous avez embrassés; et comme l'esprit s'étrécit à mesure que l'ame se corrompt, vous sentirez bientôt, au contraire, combien l'exercice des sublimes vertus élève et nourrit le génie, combien un tendre intérêt aux malheurs d'autrui sert mieux à en trouver la source, et à nous éloigner en tout sens des vices qui les ont produits.

Je vous devois toute la franchise de l'amitié dans la situation critique où vous me paroissez être, de peur qu'un second pas vers le désordre ne vous y plongeât enfin sans retour, avant que vous eussiez le temps de vous reconnoître. Maintenant je ne puis vous cacher, mon ami, combien votre prompte et sincère confession m'a touchée; car je sens combien vous a coûté la honte de cet aveu, et par conséquent combien celle de votre faute vous pesoit sur le cœur. Une erreur involontaire se pardonne et s'oublie aisément. Quant à l'avenir, retenez bien cette maxime dont je ne me départirai point : Qui peut s'abuser deux fois en pareil cas ne s'est pas même abusé la première.

Adieu, mon ami : veille avec soin sur ta santé, je t'en conjure, et songe qu'il ne doit rester aucune trace d'un crime que j'ai pardonné.

P. S. Je viens de voir entre les mains de M. d'Orbe des copies de plusieurs de vos lettres à milord Édouard, qui m'obligent à rétracter une partie de mes censures sur les matières et le style de vos observations. Celles-ci traitent, j'en conviens, de sujets importants, et me paroissent pleines de réflexions graves et judicieuses. Mais, en revanche, il est clair que vous nous dédaignez beaucoup, ma cousine et moi, ou que vous faites bien peu de cas de notre estime, en ne nous envoyant que des relations si propres à l'altérer, tandis que vous en faites pour votre ami de beaucoup meilleures. C'est, ce me semble, assez mal honorer vos leçons, que de juger vos écolières indignes d'admirer vos talents; et vous devriez feindre, au moins par vanité, de nous croire capables de vous entendre.

J'avoue que la politique n'est guère du ressort des femmes; et mon oncle nous en a tant ennuyées, que je comprends comment vous avez pu craindre d'en faire autant. Ce n'est pas non plus, à vous parler franchement, l'étude à laquelle je donnerois la préférence; son utilité est trop loin de moi pour me toucher beaucoup, et ses lumières sont trop sublimes pour frapper vivement mes yeux. Obligée d'aimer le gouvernement sous lequel le ciel m'a fait naître, je me soucie peu de savoir s'il en est de meilleurs. De quoi me serviroit de les connoître avec si peu de pouvoir pour les établir? et pourquoi contristerois-je mon ame à considérer de si grands maux où je ne peux rien, tant que j'en vois d'autres autour de moi qu'il m'est permis de soulager? mais je vous aime; et l'intérêt que je ne prends pas au sujet, je le prends à l'auteur qui les traite. Je recueille avec une tendre admiration toutes les preuves de votre génie; et fière d'un mérite si digne de mon cœur, je ne demande à l'amour qu'autant d'esprit qu'il m'en faut pour sentir le vôtre. Ne me refusez donc pas le plaisir de connoître et d'aimer tout ce que vous faites de bien. Voulez-vous me donner l'humiliation de croire que, si le ciel unissoit nos destinées, vous ne jugeriez pas votre compagne digne de penser avec vous?

LETTRE XXVIII.

DE JULIE A SAINT-PREUX.

Tout est perdu! tout est découvert! Je ne trouve plus tes lettres dans le lieu où je les avois cachées. Elles y étoient encore hier au soir. Elles n'ont pu être enlevées que d'aujourd'hui. Ma mère seule peut les avoir surprises. Si mon père les voit, c'est fait de ma vie! Eh! que serviroit qu'il ne les vît pas, s'il faut renoncer?... Ah dieu! ma mère m'envoie appeler. Où fuir? Comment soutenir ses regards? Que ne puis-je me cacher au sein de la terre!... Tout mon corps tremble, et je suis hors d'état de faire un pas... La honte, l'humiliation, les cuisants reproches... j'ai tout mérité, je supporterai tout. Mais la douleur, les larmes d'une mère éplorée... ô mon cœur! quels déchirements!... Elle m'attend, je ne puis tarder davantage... Elle voudra savoir... il faudra tout dire... Regianino sera congédié. Ne m'écris plus jusqu'à nouvel avis... Qui sait si jamais... je pourrois... quoi! mentir!... mentir à ma mère!... Ah! s'il faut nous sauver par le mensonge, adieu, nous sommes perdus!

FIN DE LA SECONDE PARTIE.

TABLE

DES LETTRES ET MATIÈRES

CONTENUES DANS CE VOLUME.

PREMIÈRE PARTIE.

Avant-propos.................................Page 1
Préface.. 23
Seconde préface................................. 27
Lettre I, à Julie................................. 57
   Son maître d'études, devenu amoureux d'elle, lui témoigne les sentiments les plus tendres. Il lui reproche le ton de cérémonie en particulier, et le ton familier devant tout le monde.
Lettre II, à Julie................................ 63
   L'innocente familiarité de Julie devant tout le monde avec son maître d'études retranchée. Plaintes de celui-ci à cet égard.
Lettre III, à Julie............................... 66
   Son amant s'aperçoit du trouble qu'il lui cause, et veut s'éloigner pour toujours.
Premier billet de Julie........................... 68
   Elle permet à son amant de rester, et de quel ton.
Réponse... ibid.
   L'amant persiste à vouloir partir.
Second billet de Julie............................ ibid.
   Elle insiste sur ce que son amant ne parte point.
Réponse.. 69
   Désespoir de l'amant.
Troisième billet de Julie......................... ibid.

Ses alarmes sur les jours de son amant. Elle lui ordonne d'attendre.

Lettre IV, de Julie... 69
Aveu de sa flamme. Ses remords. Elle conjure son amant d'user de générosité à son égard.

Lettre V, à Julie... 73
Transport de son amant. Ses protestations du respect le plus inviolable.

Lettre VI, de Julie à Claire.................................. 77
Julie presse le retour de Claire, sa cousine, auprès d'elle, et lui fait entrevoir qu'elle aime.

Lettre VII. Réponse.. 79
Alarmes de Claire sur l'état du cœur de sa cousine, à qui elle annonce son retour prochain.

Lettre VIII, à Julie.. 84
Son amant lui reproche la santé et la tranquillité qu'elle a recouvrées, les précautions qu'elle prend contre lui, et ne veut plus refuser de la fortune les occasions que Julie n'aura pu lui ôter.

Lettre IX, de Julie... 87
Elle se plaint des torts de son amant, lui explique la cause de ses premières alarmes, et celle de l'état présent de son cœur; l'invite à s'en tenir au plaisir délicieux d'aimer purement. Ses pressentiments sur l'avenir.

Lettre X, à Julie... 92
Impression que la belle ame de Julie fait sur son amant. Contradictions qu'il éprouve dans les sentiments qu'elle lui inspire.

Lettre XI, de Julie... 95
Renouvellement de tendresse pour son amant, et en même temps d'attachement à son devoir. Elle lui représente combien il est important pour tous deux qu'il s'en remette à elle du soin de leur destin commun.

Lettre XII, à Julie... 98
Son amant acquiesce à ce qu'elle exige de lui. Nouveau plan d'études qu'il lui propose, et qui amène plusieurs observations critiques.

Lettre XIII, de Julie.. 107
  Satisfaite de la pureté des sentiments de son amant, elle lui
  témoigne qu'elle ne désespère pas de pouvoir le rendre
  heureux un jour; lui annonce le retour de son père, et
  le prévient sur une surprise qu'elle veut lui faire dans
  un bosquet.
Lettre XIV, à Julie.. 111
  État violent de l'amant de Julie. Effet d'un baiser qu'il a
  reçu d'elle dans le bosquet.
Lettre XV, de Julie.. 114
  Elle exige que son amant s'absente pour un temps; et lui
  fait tenir de l'argent pour aller dans sa patrie afin de va-
  quer à ses affaires.
Lettre XVI. Réponse.. 115
  L'amant obéit; et par un motif de fierté, lui renvoie son
  argent.
Lettre XVII. Réplique.. 116
  Indignation de Julie sur le refus de son amant. Elle lui fait
  tenir le double de la première somme.
Lettre XVIII, à Julie... 119
  Son amant reçoit la somme, et part.
Lettre XIX, à Julie... 120
  Quelques jours après son arrivée dans sa patrie, l'amant
  de Julie lui demande de le rappeler, et lui témoigne son
  inquiétude sur le sort d'une première lettre qu'il lui a
  écrite.
Lettre XX, de Julie.. 123
  Elle tranquillise son amant sur ses inquiétudes par rapport
  au retard des réponses à ses lettres. Arrivée du père de
  Julie. Rappel de son amant différé.
Lettre XXI, à Julie... 125
  La sensibilité de Julie pour son père louée par son amant.
  Il regrette néanmoins de ne pas posséder son cœur tout
  entier.
Lettre XXII, de Julie.. 128
  Étonnement de son père sur les connoissances et les ta-
  lents qu'il lui voit. Il est informé de la roture et de la

fierté du maître. Julie fait part de ces choses à son amant, pour lui laisser le temps d'y réfléchir.

Lettre XXIII, à Julie... 131
Description des montagnes du Valais. Mœurs des habitants. Portraits des Valaisannes. L'amant de Julie ne voit qu'elle partout.

Lettre XXIV, à Julie... 145
Son amant lui répond sur le paiement proposé des soins qu'il a pris de son éducation. Différence entre la position où ils sont tous deux par rapport à leurs amours et celle où se trouvoient Héloïse et Abélard.

Lettre XXV, de Julie... 149
Son espérance se flétrit tous les jours; elle est accablée du poids de l'absence.

Billet... 152
L'amant de Julie s'approche du lieu où elle habite, et l'avertit de l'asile qu'il s'est choisi.

Lettre XXVI, à Julie... ibid.
Situation cruelle de son amant. Du haut de sa retraite, il a continuellement les yeux fixés sur elle. Il lui propose de fuir avec lui.

Lettre XXVII, de Claire.. 160
Julie à l'extrémité. Effet de la proposition de son amant. Claire le rappelle.

Lettre XXVIII, de Julie à Claire.............................. 161
Julie se plaint de l'absence de Claire; de son père, qui veut la marier à un de ses amis; et ne répond plus d'elle-même.

Lettre XXIX, de Julie à Claire................................ 163
Julie perd son innocence. Ses remords. Elle ne trouve plus de ressource que dans sa cousine.

Lettre XXX. Réponse.. 166
Claire tâche de calmer le désespoir de Julie, et lui jure une amitié inviolable.

Lettre XXXI, à Julie... 170
L'amant de Julie, qu'il a surprise fondant en larmes, lui reproche son repentir.

DES MATIÈRES.   517

Lettre XXXII. Réponse........................... 174
  Julie regrette moins d'avoir donné trop à l'amour que de
  l'avoir privé de son plus grand charme. Elle conseille à
  son amant, à qui elle apprend les soupçons de sa mère,
  de feindre des affaires qui l'empêchent de continuer à
  l'instruire, et l'informera des moyens qu'elle imagine
  d'avoir d'autres occasions de se voir tous deux.
Lettre XXXIII, de Julie........................... 177
  Peu satisfaite de la conduite des rendez-vous publics, dont
  elle craint d'ailleurs que la dissipation n'affoiblisse les
  feux de son amant, elle l'invite à reprendre avec elle la
  vie solitaire et paisible dont elle l'a tiré. Projet qu'elle
  lui cache, et sur lequel elle lui défend de l'interroger.
Lettre XXXIV. Réponse.......................... 180
  L'amant de Julie, pour la rassurer sur la diversion dont
  elle lui a parlé, lui détaille tout ce qui s'est fait autour
  d'elle dans l'assemblée où il l'a vue, et promet de garder
  le silence qu'elle lui a imposé. Il refuse le grade de capitaine au service du roi de Sardaigne, et par quels
  motifs.
Lettre XXXV, de Julie........................... 185
  De la justification de son amant Julie prend occasion de
  traiter de la jalousie. Fût-il amant volage, elle ne le
  croira jamais ami trompeur. Elle doit souper avec lui
  chez le père de Claire. Ce qui se passera après le souper.
Lettre XXXVI, de Julie.......................... 190
  Les parents de Julie obligés de s'absenter. Elle sera dé-
  posée chez le père de sa cousine. Arrangements qu'elle
  prend pour voir son amant en liberté.
Lettre XXXVII, de Julie......................... 193
  Départ des parents de Julie. État de son cœur dans cette
  circonstance.
Lettre XXXVIII, à Julie.......................... 195
  Témoin de la tendre amitié des deux cousines, l'amant de
  Julie sent redoubler son amour. Son impatience de se
  trouver au chalet, rendez-vous champêtre que Julie lui
  a assigné.

LETTRE XXXIX, de Julie.................................... 199
Elle dit à son amant de partir sur l'heure pour aller demander le congé de Claude Anet, jeune garçon qui s'est engagé pour payer les loyers de sa maîtresse, qu'elle protégeoit auprès de sa mère.

LETTRE XL, de Fanchon Regard à Julie.................. 202
Elle implore le secours de Julie pour avoir le congé de son amant. Sentiments nobles et vertueux de cette fille.

LETTRE XLI. Réponse....................................... 204
Julie promet à Fanchon Regard, maîtresse de Claude Anet, de s'employer pour son amant.

LETTRE XLII, à Julie.. 205
Son amant part pour avoir le congé de Claude Anet.

LETTRE XLIII, à Julie..................................... ibid.
Générosité du capitaine de Claude Anet. L'amant de Julie lui demande un rendez-vous au chalet avant le retour de la maman.

LETTRE XLIV, de Julie..................................... 208
Retour précipité de sa mère. Avantages qui résultent du voyage qu'a fait l'amant de Julie pour avoir le congé de Claude Anet. Julie lui annonce l'arrivée de milord Édouard Bomston, dont il est connu. Ce qu'elle pense de cet étranger.

LETTRE XLV, à Julie....................................... 211
Où et comment l'amant de Julie a fait connoissance avec milord Édouard, dont il fait le portrait. Il reproche à sa maîtresse de penser en femme sur cet Anglois, et la somme du rendez-vous au chalet.

LETTRE XLVI, de Julie..................................... 215
Elle annonce à son amant le mariage de Fanchon Regard, et lui fait entendre que le tumulte de la noce peut suppléer au mystère du chalet. Elle répond au reproche que son amant lui a fait par rapport à milord Édouard. Différence morale des sexes. Souper pour le lendemain, où Julie et son amant doivent se trouver avec milord Édouard.

LETTRE XLVII, à Julie..................................... 219

Son amant craint que milord Édouard ne devienne son
époux. Rendez-vous de musique.

Lettre XLVIII, à Julie............................ 222
Réflexions sur la musique françoise et sur la musique italienne.

Lettre XLIX, de Julie............................ 228
Elle calme les craintes de son amant, en l'assurant qu'il
n'est point question de mariage entre elle et milord
Édouard.

Lettre L, de Julie............................... 231
Reproche qu'elle fait à son amant de ce qu'échauffé de
vin au sortir d'un long repas il lui a tenu des discours
grossiers, accompagnés de manières indécentes.

Lettre LI. Réponse.............................. 236
L'amant de Julie, étonné de son forfait, renonce au vin
pour la vie.

Lettre LII, de Julie............................. 239
Elle badine son amant sur le serment qu'il a fait de ne
plus boire de vin, lui pardonne, et le relève de son
vœu.

Lettre LIII, de Julie............................ 244
La noce de Fanchon, qui devoit se faire à Clarens, se fera
à la ville, ce qui déconcerte les projets de Julie et de
son amant. Julie lui propose un rendez-vous nocturne,
au risque d'y périr tous deux.

Lettre LIV, à Julie.............................. 247
L'amant de Julie dans le cabinet de sa maîtresse. Ses
transports en l'attendant.

Lettre LV, à Julie............................... 249
Sentiments d'amour, chez l'amant de Julie, plus paisibles
mais plus affectueux et plus multipliés après qu'avant
la jouissance.

Lettre LVI, de Claire à Julie..................... 253
Démêlé de l'amant de Julie avec milord Édouard. Julie en
est l'occasion. Duel proposé. Claire, qui apprend cette
aventure à sa cousine, lui conseille d'écarter son amant
pour prévenir tout soupçon. Elle ajoute qu'il faut com-

mencer par vider l'affaire de milord Édouard, et par quels motifs.

Lettre LVII, de Julie............................ 256
Raisons de Julie pour dissuader son amant de se battre avec milord Édouard, fondées principalement sur le soin qu'il doit prendre de la réputation de son amante, sur la notion de l'honneur réel et de la véritable valeur.

Lettre LVIII, de Julie à milord Édouard............... 271
Elle lui avoue qu'elle a un amant maître de son cœur et de sa personne. Elle en fait l'éloge, et jure qu'elle ne lui survivra pas.

Lettre LIX, de M. d'Orbe à Julie.................... 273
Il lui rend compte de la réponse de milord Édouard après la lecture de sa lettre.

Lettre LX, à Julie.............................. 274
Réparation de milord Édouard. Jusqu'à quel point il porte l'humanité et la générosité.

Lettre LXI, de Julie............................ 281
Ses sentiments de reconnoissance pour milord Édouard.

Lettre LXII, de Claire à Julie..................... 282
Milord Édouard propose au père de Julie de la marier avec son maître d'études, dont il vante le mérite. Le père est révolté de cette proposition. Réflexions de milord Édouard sur la noblesse. Claire informe sa cousine de l'éclat que l'affaire de son amant a fait par la ville, et la conjure de l'éloigner.

Lettre LXIII, de Julie à Claire..................... 291
Emportement du père de Julie contre sa femme et sa fille, et par quel motif. Suites. Regrets du père. Il déclare à sa fille qu'il n'acceptera jamais pour gendre un homme tel que son maître d'études, et lui défend de le voir et de lui parler de sa vie. Impression que cet ordre fait sur le cœur de Julie. Elle remet à sa cousine le soin d'éloigner son amant.

Lettre LXIV, de Claire à M. d'Orbe.................. 300
Elle l'instruit de ce qu'il faut d'abord faire pour préparer le départ de l'amant de Julie.

LETTRE LXV, de Claire à Julie........................ 303
> Détail des mesures prises avec M. d'Orbe et milord Édouard pour le départ de l'amant de Julie. Arrivée de cet amant chez Claire, qui lui annonce la nécessité de s'éloigner. Ce qui se passe dans son cœur. Son départ.

SECONDE PARTIE.

LETTRE PREMIÈRE, à Julie............................ 317
> Reproches que lui fait son amant en proie aux peines de l'absence.

LETTRE II, de milord Édouard à Claire................ 321
> Il l'informe du trouble de l'amant de Julie, et promet de ne point le quitter qu'il ne le voie dans un état sur lequel il puisse compter.

FRAGMENTS joints à la lettre précédente................ 328
> L'amant de Julie se plaint que l'amour et l'amitié le séparent de tout ce qu'il aime. Il soupçonne qu'on lui a conseillé de l'éloigner.

LETTRE III, de milord Édouard à Julie................ 330
> Il lui propose de passer en Angleterre avec son amant pour l'épouser, et leur offre une terre qu'il a dans le duché d'Yorck.

LETTRE IV, de Julie à Claire........................ 335
> Perplexités de Julie, incertaine si elle acceptera ou non la proposition de milord Édouard. Elle demande conseil à son amie.

LETTRE V. Réponse................................. 339
> Claire témoigne à Julie le plus inviolable attachement, et l'assure qu'elle la suivra partout, sans lui conseiller néanmoins d'abandonner la maison paternelle.

BILLET de Julie à Claire............................ 346
> Julie remercie sa cousine du conseil qu'elle a cru entrevoir dans la lettre précédente.

LETTRE VI, de Julie à milord Édouard................ 347
> Refus de la proposition qu'il lui a faite.

LETTRE VII, de Julie............................... 351

Elle relève le courage abattu de son amant, et lui peint vivement l'injustice de ses reproches. Sa crainte de contracter des nœuds abhorrés et peut-être inévitables.

Lettre VIII, de Claire.. 358

Elle reproche à l'amant de Julie son ton grondeur et ses mécontentements, et lui avoue qu'elle a engagé sa cousine à l'éloigner et à refuser les offres de milord Édouard.

Lettre IX, de milord Édouard à Julie........................ 360

L'amant de Julie plus raisonnable. Départ de milord Édouard pour Rome. Il doit à son retour reprendre son ami à Paris, l'emmener en Angleterre, et dans quelles vues.

Lettre X, à Claire.. 362

Soupçons de l'amant de Julie contre milord Édouard. Suites. Éclaircissement. Son repentir. Son inquiétude causée par quelques mots d'une lettre de Julie.

Lettre XI, de Julie... 369

Elle exhorte son amant à faire usage de ses talents dans la carrière qu'il va courir, à n'abandonner jamais la vertu, et à n'oublier jamais son amante; elle ajoute qu'elle ne l'épousera point sans le consentement du baron d'Étange, mais qu'elle ne sera point à un autre sans le sien.

Lettre XII, à Julie... 379

Son amant lui annonce son départ.

Lettre XIII, à Julie... 380

Arrivée de son amant à Paris. Il lui jure une constance éternelle, et l'informe de la générosité de milord Édouard à son égard.

Lettre XIV, à Julie.. 386

Entrée de son amant dans le monde. Fausses amitiés. Idée du ton des conversations à la mode. Contraste entre les discours et les actions.

Lettre XV, de Julie... 394

Critique de la lettre précédente. Prochain mariage de Claire.

Lettre XVI, à Julie.................................... 401
 Son amant répond à la critique de sa dernière lettre. Où et comment il faut étudier un peuple. Le sentiment de ses peines. Consolation dans l'absence.

Lettre XVII, à Julie................................... 409
 Son amant tout-à-fait dans le torrent du monde. Difficultés de l'étude du monde. Soupers priés. Visites. Spectacles.

Lettre XVIII, de Julie................................. 428
 Elle informe son amant du mariage de Claire, prend avec lui des mesures pour continuer leur correspondance par une autre voie que celle de sa cousine; fait l'éloge des François; se plaint de ce qu'il ne lui dit rien des Parisiennes; invite son ami à faire usage de ses talents à Paris; lui annonce l'arrivée de deux épouseurs, et la meilleure santé de madame d'Étange.

Lettre XIX, à Julie.................................... 438
 Motif de la franchise de son amant vis-à-vis des Parisiens. Par quelle raison il préfère l'Angleterre à la France pour y faire valoir ses talents.

Lettre XX, de Julie................................... 441
 Elle envoie son portrait à son amant, et lui annonce le départ des deux épouseurs.

Lettre XXI, à Julie................................... 442
 Son amant lui fait le portrait des Parisiennes.

Lettre XXII, à Julie.................................. 465
 Transports de l'amant de Julie à la vue du portrait de sa maîtresse.

Lettre XXIII, de l'amant de Julie à madame d'Orbe..... 469
 Description critique de l'Opéra de Paris.

Lettre XXIV, de Julie................................. 483
 Elle informe son amant de la manière dont elle s'y est prise pour avoir le portrait qu'elle lui a envoyé.

Lettre XXV, à Julie................................... 486
 Critique de son portrait. Son amant le fait réformer.

Lettre XXVI, à Julie.................................. 491
 Son amant conduit, sans le savoir, chez des femmes du monde. Suite. Aveu de son crime. Ses regrets.

LETTRE XXVII, de Julie........................... 497
   Elle reproche à son amant ses sociétés et sa mauvaise
   honte comme les premières causes de sa faute; lui conseille de remplir sa fonction d'observateur parmi le bourgeois et même le bas peuple; se plaint de la différence
   entre les relations frivoles qu'il lui envoie, et celles
   beaucoup meilleures qu'il adresse à M. d'Orbe.
LETTRE XXVIII, de Julie.......................... 511
   Les lettres de son amant surprises par sa mère.

FIN DE LA TABLE.

www.ingramcontent.com/pod-product-compliance
Lightning Source LLC
Chambersburg PA
CBHW051404230426
43669CB00011B/1765